FEMINISMOS

LUCY DELAP

Feminismos
Uma história global

Tradução
Isa Mara Lando e Laura Teixeira Motta

Copyright © 2020 by Lucy Delap
Edição original em inglês publicada pela Penguin Books Ltd, Londres
Todos os direitos reservados.

*Grafia atualizada segundo o Acordo Ortográfico da Língua Portuguesa de 1990,
que entrou em vigor no Brasil em 2009.*

Título original
Feminisms: A Global History

Capa
Estúdio Passeio

Preparação
Julia Passos

Índice remissivo
Luciano Marchiori

Revisão
Tatiana Custódio
Aminah Haman

Dados Internacionais de Catalogação na Publicação (CIP)
(Câmara Brasileira do Livro, SP, Brasil)

Delap, Lucy
    Feminismos : Uma história global / Lucy Delap ; tradução Isa
Mara Lando e Laura Teixeira Motta. — 1ª ed. — São Paulo :
Companhia das Letras, 2022.

    Título original: Feminisms: A Global History
    ISBN 978-65-5921-246-0

    1. Feministas 2. Feminismo – História I. Título

21-89319   CDD-305.4209

Índice para catálogo sistemático:
1. Feminismo : Sociologia : História   305.4209

Maria Alice Ferreira – Bibliotecária – CRB-8/7964

[2022]
Todos os direitos desta edição reservados à
EDITORA SCHWARCZ S.A.
Rua Bandeira Paulista, 702, cj. 32
04532-002 — São Paulo — SP
Telefone: (11) 3707-3500
www.companhiadasletras.com.br
www.blogdacompanhia.com.br
facebook.com/companhiadasletras
instagram.com/companhiadasletras
twitter.com/cialetras

Sumário

Lista de abreviações.	7
Introdução.	9
1. Sonhos.	29
2. Ideias.	53
3. Espaços.	85
4. Objetos.	116
5. Visuais.	144
6. Sentimentos.	181
7. Ações.	209
8. Canções.	235
Conclusão: Feminismos globais.	266
Agradecimentos.	277
Notas.	281
Bibliografia complementar.	300
Créditos das imagens.	305
Índice remissivo.	307

Lista de abreviações

BUGA-UP: Billboard Utilising Graffitists Against Unhealthy Promotions [Pichadores de Cartazes Contra Promoções Danosas]

CEDAW: Convention on the Elimination of All Forms of Discrimination Against Women [Convenção para a Eliminação de Todas as Formas de Discriminação contra Mulheres]

CLIT: Collective Lesbian International Terrors

DCWLM: District of Columbia Women's Liberation Movement [Movimento de Libertação das Mulheres do Distrito de Columbia]

ERA: Equal Rights Amendment [Emenda pela Igualdade de Direitos]

FEN: Feminist Economic Network [Rede Econômica Feminista]

FFCU: Feminist Federal Credit Union [União de Crédito Federal Feminista]

ICW: International Council of Women [Conselho Internacional de Mulheres]

IWSA: International Woman Suffrage Alliance [Aliança Internacional pelo Sufrágio Feminino]

NAACP: National Association for the Advancement of Colored People [Associação Nacional para o Avanço das Pessoas de Cor]

NOW: National Organization for Women [Organização Nacional das Mulheres]

NUSEC: National Union of Societies for Equal Citizenship [União Nacional das Sociedades pela Igualdade de Cidadania]

NUWSS: National Union of Women's Suffrage Societies [União Nacional das Sociedades pelo Sufrágio Feminino]

NWRO: National Welfare Rights Organization [Organização Nacional pelo Direito ao Bem-Estar Social]

ONU: Organização das Nações Unidas

OOB: sigla da expressão *"off our backs"* [saiam das nossas costas]

RAWA: Revolutionary Association for the Women of Afghanistan [Associação Revolucionária das Mulheres do Afeganistão]

SPEW: Society for the Promotion of the Employment of Women [Sociedade para a Promoção de Emprego para Mulheres]

WCTU: Women's Christian Temperance Union [União das Mulheres Cristãs pela Temperança]

WIDF: Women's International Democratic Federation [Federação Democrática Internacional de Mulheres]

WIN: Women in Nigeria [Mulheres da Nigéria]

WSPU: Women's Social and Political Union [União Social e Política Feminina]

WTUL: Women's Trade Union League [Liga Sindical das Mulheres]

YWCA: Young Women's Christian Association [Associação Cristã de Moças]

Introdução

Em janeiro de 1886, uma mulher da Costa do Ouro (hoje Gana), então sob controle britânico, escreveu uma carta incendiária ao *Western Echo*, um jornal do país, fundado no ano anterior.

> Nós, as Senhoras da África, somos, de modo geral, não apenas lamentavelmente mal representadas, mas também somos passadas como uma bola de futebol por cada homem branco que chega à nossa Costa. [...] Temos sido tristemente abusadas por tais pessoas e, como nada dissemos, continuam a abusar de nós de maneira impune. [...] Embora não tenhamos um rosto branco ou angelical, somos capazes de alcançar um grau de cultura tão elevado como o de qualquer senhora branca.[1]

A carta expressa com eloquência o sentimento da autora de ser chutada de lá para cá pelos colonizadores europeus, a falta de respeito por sua cultura e o impacto do abuso e da impunidade do governo colonial sobre as mulheres. A autora não estava apenas zangada — ela também lançou um trocadilho satírico, chamando o poder do homem branco de "*Just Ass*" [traseiro ou asno justo] em vez de "Justice" [justiça]. Não sabemos o nome dela, mas sua disposição de falar em nome de "nós, as Senhoras da África" chama a atenção para sua imaginária comunidade feminina africana. A franqueza e a visão ampla foram favorecidas por fatores locais — a imprensa da Costa do Ouro há muito era de propriedade africana — e pelo alcance global dos movimentos de mulheres da época.

O ano de 1886 foi um momento de intensa expansão colonial. Algumas grandes potências europeias estavam anexando territórios africanos e asiáticos a toque de caixa, dando origem a uma ordem mundial violenta, na qual as hierarquias raciais e as normas de sexualidade passaram a ser mais policiadas — o que radicais, nacionalistas e anticolonialistas passaram a contestar no século seguinte. Foi também um momento em que a educação das mulheres estava em ascensão em todo o mundo, e o acesso — ou coerção — feminino aos empregos remunerados também aumentou, além do que a disseminação da bicicleta inaugurava novas opções de mobilidade e de ansiedades, resumidas na "nova mulher" ciclista de calças bufantes — um vestuário mais apropriado para a bicicleta. Aqui o caminho se abre para uma história mais ampla, a história de transformações profundas que ocorreram na maneira como as mulheres entenderam e habitaram o próprio corpo e a própria vida. Nossa história olha para trás e para a frente a partir de 1886, abrangendo 250 anos de tentativas de politizar as injustiças de gênero.

Todas e todos que desafiam as desigualdades enfrentadas pelas mulheres encararam o problema de maneiras profundamente determinadas por seu próprio momento histórico. Sua capacidade de dar um nome a si mesmas — como feministas, mulheres, senhoras ou irmãs — é sempre provisória. Sua política foi organizada em torno das divisões de classe, casta, etnia, religião, sexualidade, nacionalidade e idade. Não se pode garantir que ninguém seja feminista. Tampouco podemos impor "feminismo" como um rótulo para o ativismo de mulheres e homens que não o reconheceriam, ou o rejeitaram ativamente.

Podemos usar "feminismo" como uma porta de entrada para compreender melhor de que modo as campanhas sobre "os direitos das mulheres", "a nova mulher", "o despertar das mulheres" ou a "libertação das mulheres" têm preocupações e táticas em comum. Mas contarei também a história dos limites do feminismo, seus pontos cegos e seu aspecto silenciador, suas características específicas e suas cumplicidades. Até mesmo a ideia de "mulheres" (ou, como preferiam os comentaristas do século XIX, "a mulher") tem se demonstrado polêmica. E o "gênero", entendido como a organização cultural e social do sexo biológico, só se tornou um termo de uso comum no final do século xx. Este livro mostra de que maneira mulheres feministas e ativistas se relacionaram com o nacionalismo, as doutrinas religiosas, o imperialismo, o utopismo e o pensamento racial. Meu objetivo é oferecer uma inspiração feminista, mostrando como vínculos e ressonâncias inesperadas surgem em diferentes épocas e gerações feministas. A inspiração deve ser vista ao lado de uma história diferente de conflitos e tensões. Há muito tempo as coalizões feministas têm seus limites, e as preocupações do passado nem sempre se combinam facilmente com os esforços contemporâneos urgentes para tornar visíveis e erradicar os males relativos ao gênero.

O feminismo busca uma aliança que abrange mais da metade da humanidade. Talvez nunca tenha existido um movimento tão ambicioso em nossa história. Mas o que querem as feministas? Todas compartilham a noção de que ser mulher significa uma desvantagem em relação aos homens e que isso pode ser enfrentado por meio de lutas. Mas as reivindicações políticas resultantes variaram drasticamente ao longo do tempo e procederam sob muitos nomes diferentes. O feminismo seria mais bem compreendido como um conjunto de ações, questões e demandas imbricadas e internamente complexas, que vêm sendo formuladas desde o século XVIII, ou mesmo antes. Suas preocupações mudam com o tempo. Um século atrás, a feminista-socialista britânica Ethel Snowden descreveu o feminismo como um projeto que busca a pureza dos homens e das mulheres por meio do aproveitamento "das forças femininas instintivas que colaboram para a proteção da raça". É improvável que as feministas do século XXI se identifiquem com essa retórica, e a política racial de Snowden teria sido contestada por aquela escritora anônima da Costa do Ouro. Mesmo assim, há um notável frescor e relevância nos debates feministas do passado quando vistos pela lente das preocupações feministas contemporâneas. A insistência de Snowden, por exemplo, de que as mulheres tivessem o mesmo direito de lutar no Exército ressoa com as duras campanhas de hoje para obter igualdade nas ações em campos de batalha.

Uma grande motivação das feministas sempre foi a realidade deplorável da falta de controle das mulheres sobre o próprio corpo — estupro, abuso sexual, gravidez indesejada, e ainda a pressão implacável do olhar masculino. Elas chamaram a atenção para a pobreza das mulheres, sua exclusão dos empregos mais seguros e mais bem pagos, sua vulnerabilidade devido ao casamento ou à maternidade, seu analfabetismo. Mostraram o alto custo da falta de direitos legais femininos — assumindo a forma de perda da custódia dos filhos, trabalho obrigatório, falta de assistência médica, negação dos seus direitos à posse da terra — e também a vulnerabilidade da mulher em condições de ocupação, guerra e fome. O preço e o sofrimento humano da desigualdade de gênero foram e continuam sendo incalculáveis. No entanto, o ativismo feminista também vem sendo um fator criativo de empoderamento, criando coalizões e inspirando compromissos com a mudança. Ideias e sonhos ganharam corpo em campanhas e protestos; pessoas encontraram esperança, justiça e resiliência.

O feminismo foi descartado repetidas vezes como um movimento político que conseguiu alcançar seus objetivos — e, no entanto, ele volta com força renovada quando outra geração de mulheres tomadas de ira dá um nome ao seu mal-estar. As militantes de hoje têm um profundo interesse no que algumas chamam com ambivalência de "aquela palavra que começa com F". Mas muitas não têm certeza sobre como seu ativismo se relaciona com a história feminista: algumas abraçam "antepassadas" como Concepción Arenal, Mary Wollstonecraft ou Funmilayo Ransome-Kuti. Outras repudiam o passado e enfatizam a singularidade do "seu" feminismo. A ambivalência em relação ao termo e ao conteúdo do passado feminista não chega a surpreender. A estrutura da organização histórica das "ondas feministas" não se mostrou à altura da tarefa de dar um sentido à complexidade da história feminista. Falar das ondas do feminismo — a primeira, a segunda, a terceira e a quarta — ou de variantes como "novo feminismo" ou "*riot grrrl*" nem sempre teve facilidade em se encaixar na vivência das mulheres. E, para muitas, o ativismo sempre esteve tão ligado a outros movimentos — socialista, nacionalista, anticolonialista — que o termo "feminismo" foi rejeitado como excludente demais, muito euro-americano, muito branco, muito classe média.

Mais à frente teremos algumas histórias bem conhecidas, como a da militância sufragista e de protestos violentos, e a de como as feministas radicais celebraram o poder e a solidariedade das mulheres. Mas não se presume que o feminismo tenha tido as mesmas feições em todos os lugares e em todas as épocas. Um tema que está presente em todo este livro é um paradoxo central do feminismo: como movimento, o feminismo insiste na inclusão das mulheres em todas as áreas da vida social e política e exige a transformação radical dessas estruturas excludentes; mas o feminismo também exerce suas próprias formas de marginalização e tem lutado para abranger todas as mulheres de forma igualitária. As mulheres negras, as da classe trabalhadora, as lésbicas, trans e bissexuais, as com deficiência, as não ocidentais e não cristãs muitas vezes foram excluídas daquilo que a teórica Chela Sandoval chamou de "feminismo hegemônico".[2] Apesar das suas origens cosmopolitas, mapeadas nos capítulos a seguir, o "feminismo" se associou com frequência a um modelo ocidental de mulher emancipada. A voz de pessoas com origens ou objetivos diferentes nem sempre foi ouvida, e as campanhas feministas nem sempre atenderam às necessidades dessas pessoas. Os arquivos históricos — os poucos que documentam o feminismo — se inclinam para a história que as feministas mais poderosas e privilegiadas desejam contar. Como comenta Adele Murdolo, "há muito poucos documentos nos arquivos feministas que revelam com clareza um movimento conflituoso e dividido de acordo com raças e etnias".[3]

Algumas batalhas feministas foram por vezes consideradas já vencidas — vitórias realizadas no momento da conquista do voto, ou quando pioneiras conquistaram o direito de praticar medicina, de ter a custódia dos filhos ou de dirigir. Na década de 1990, falava-se muito de um "mundo pós-feminista", no qual o poder político, o sucesso econômico e as riquezas culturais estariam à disposição das mulheres. Mas essa certeza de que o feminismo já realizou seu trabalho diminuiu de maneira considerável na última década de austeridade econômica, guerras brutais e política autoritária. Em 2013, a notável autora nigeriana Chimamanda Ngozi Adichie declarou em um TED Talk: "Sejamos todos feministas". Ela publicou esse manifesto em 2014, e suas palavras também foram cantadas pela diva pop Beyoncé, que em 2013 fez uma turnê com uma projeção gigante da palavra "feminista". Na Suécia, logo após seu lançamento, o livro *Sejamos todos feministas* foi dado a todos os adolescentes de dezesseis anos. Ainda assim, a retórica antifeminista e misógina vem dominando debates políticos recentes. Em 2016, Hillary Clinton não conseguiu vencer a eleição presidencial americana depois de enfrentar intensa cobertura negativa sobre sua aparência. Ela e outras políticas enfrentaram a acidez do oponente Donald Trump, que comentou sobre Carly Fiorina, sua companheira de Partido Republicano: "Olha só essa cara!" e "Será que alguém votaria nisso aí?". No início de 2017, as palavras do político levaram milhões de mulheres em todo o mundo a protestarem. Ficaram furiosas com Trump por se gabar de "agarrar as mulheres pela xoxota" e cunharam o slogan "A xoxota agarra de volta". Em todo o mundo, o gorro cor-de-rosa se tornou onipresente em protestos e marchas, lembrando o "barrete da liberdade" ou *bonnet rouge* usado pelos *citoyennes* republicanos durante a Revolução Francesa. Foi também em 2017 que um importante dicionário norte-americano, o *Merriam-Webster*, marcou "feminismo" como sua palavra mais procurada. Uma pesquisa mundial mostrou que apenas no Japão a maioria das entrevistadas discordou da afirmação: "Eu defendo e apoio oportunidades iguais para as mulheres — faço mais do que apenas pensar sobre essas coisas, eu realmente falo e expresso minhas opiniões para mudar a situação das mulheres no meu país".[4] Falar de pós-feminismo não parece possível diante dessas tendências sociais e políticas.

Cunhado no final do século XIX, "feminismo" sempre foi um termo controverso. Um jornal de quadrinhos norte-americano o chamou de "um novo nome para cafajeste", com a caricatura de um homem abordando uma mulher na rua com gracinhas indesejadas, enquanto declarava: "Não ligue para mim, mademoiselle, sou apenas um feminista".[5] Demorou algum tempo para que a palavra ganhasse um significado mais estável como uma pessoa que combate a injustiça contra mulheres. Rebecca West, que em 1911, aos vinte anos, começou a escrever para um jornal feminista, *The Free Woman* [A mulher livre], deu a seguinte definição: "Feminista é como as pessoas me chamam sempre que expresso algum sentimento que me diferencia de um capacho". Mesmo assim ela escrevia sob pseudônimo, por medo de envergonhar a família.

Não foram só as mulheres que se inspiraram nas ideias de igualdade, de "justiça de gênero" e em levar uma vida diferente. Ao longo deste livro, encontraremos homens que trabalharam para promover os direitos da mulher, muitas vezes com um investimento pessoal profundo em objetivos feministas que consideravam benéficos também para os homens. Na verdade, o próprio termo "feminista" foi usado no final do século XIX para substituir a ideia de "movimento das mulheres" por uma identidade mais ampla, que fosse aberta a ambos os sexos. Em 1906, em uma reunião do Conselho Internacional de Mulheres, em Paris, um certo Monsieur Legendre interrompeu a reunião, declarando ser o candidato feminista em uma eleição local recente; as participantes não ficaram convencidas e, segundo os jornais, ele foi "impiedosamente expulso" do encontro exclusivamente feminino.[6] Ele não foi o único homem a concorrer numa chapa feminista no século XX. George Lansbury, que depois se tornou líder do Partido Trabalhista britânico, concorreu como defensor do sufrágio feminino em Middlesbrough, em 1906, e em Bow e Bromley, em 1913. Acusado de defender um "governo de camisolas" (ou seja, de mulheres), Lansbury perdeu as duas eleições, mas seu compromisso não diminuiu. Mais tarde, em 1913, foi preso por incitar violência na campanha pelo sufrágio feminino, quando aderiu à greve de fome, que era muito utilizada por mulheres presas para protestar contra seu encarceramento. Recentemente, ativistas produziram camisetas com o slogan *"This is what a feminist looks like"* [É com isso que um[a] feminista se parece] inclusive em tamanhos masculinos. Esse slogan foi adotado pelo ex-presidente dos Estados Unidos, Barack Obama, em 2016, embora ser feminista ainda seja algo que provoca sentimentos conflitantes e ansiedade em muitos homens.

Para alguns, o feminismo demonstrou ser uma maneira transformadora, explosiva e determinante de ver o mundo. Para outros, desperta reações de repúdio visceral, escárnio, ambivalência e ironia. Grupos de mulheres pobres pedindo ajuda à assistência social, de mulheres negras protestando contra a violência policial e as condições de moradia, de operárias sindicalizadas exigindo salários iguais e segurança no local de trabalho, de homens reunidos em coletivos masculinos — todos já optaram muitas vezes por outros rótulos, como "antissexistas", "mulheristas" e "militantes pela justiça social". Quem preferiu usar outros nomes para seu ativismo não deve ser chamado de "feminista". Mas suas motivações e as razões pelas quais evitaram esse rótulo são importantes para quem estuda o feminismo, que devem lançar uma rede ampla ao documentar o ativismo contra a injustiça de gênero.[7]

O "QUANDO" DO FEMINISMO

Ser "feminista" é um rótulo que já foi usado em pessoas de séculos passados, nem sempre com sucesso. Tem havido esforços para reivindicar para o feminismo figuras como a escritora medieval Christine de Pizan ou mesmo a filósofa Hipátia, que viveu na antiga Alexandria, no século IV d.C. É claro que essas personagens históricas não pensavam nesses termos, e é um equívoco vê-las com as nossas preocupações ideológicas atuais. Em vez disso, devemos perguntar que termos e conceitos elas empregavam para pensar sobre homens e mulheres. Não se pode assumir que o mundo sempre foi dividido em dois sexos.

Em algumas partes, não está dado que de fato havia um conceito claramente reconhecível de "mulher". Como argumentam os historiadores da China, a categoria de "pessoas do sexo feminino" (*funü*) é uma invenção relativamente tardia e diretamente relacionada ao status familiar. Em muitos contextos, as mulheres eram subdivididas — em "esposas" e "cortesãs" na China imperial da dinastia Qing. O mesmo se pode dizer sobre a divisão de classes entre "mulheres" e "senhoras" (*ladies*) na Grã-Bretanha do século xix.

A diversidade em cada lugar fez com que o surgimento de demandas por mudanças organizadas ocorresse de maneiras muito diferentes em todo o mundo. Onde as "feministas" existiam, elas falavam em nome de grupos distintos e em diversos registros. "O movimento das mulheres" ou "a questão da mulher" foi a terminologia da Europa e das Américas no século xix, enquanto "o despertar das mulheres" foi um tema amplamente debatido nos países do Oriente Médio e do Norte da África no início do século xx. Outros, nesse período, preferiram falar da "nova mulher" como um símbolo de oportunidades econômicas e culturais até então inéditas para as mulheres. As chinesas radicais fizeram diversas demandas em nome dos direitos da mulher (*funüjie*) e da igualdade de gênero (*nannü pingdeng*). O feminismo não se encaixa diretamente nesses contextos, e quem estuda a história do feminismo deve tomar cuidado para não apagar aspectos locais específicos das lutas e da militância. No entanto, seria um erro simplesmente considerar todos esses debates e movimentos de forma isolada; com frequência, compartilhavam ideias fundamentais ou se inspiravam nas lutas uns dos outros. Podemos mapear o rico entrelaçamento dos debates mundiais sobre a relação entre gênero e poder, ao mesmo tempo que reconhecemos o feminismo como um fenômeno profundamente histórico e específico de cada contexto.

Embora definido de maneiras muito diferentes, o termo "feminismo" foi adotado globalmente no início do século xx. Pode se referir aos "direitos" das mulheres, bem como às campanhas de promoção, proteção e igualdade das mulheres. Uma única edição de uma revista intitulada *La Aurora Feminista* foi publicada no Chile em 1904, mesmo ano em que Rosika Schwimmer (1877-1948) fundou a Feministák Egyesülete [Associação Feminista] na Hungria; no ano seguinte foi fundado um Centro Feminista em Buenos Aires, na Argentina. Nas Filipinas, foi fundada em 1905 a Asociación Feminista Filipina;

as mulheres do país viam o feminismo como uma forma de conseguir um papel cívico, em seus esforços para melhorar a regulamentação do trabalho feminino e evitar o casamento precoce.[8] No mesmo ano, foi sediado na Argentina o I Congresso Internacional Feminino, e em La Plata foi publicada a revista *La Nueva Mujer*. O lema do congresso era "Deixem-nos trabalhar!". A ênfase do feminismo latino-americano nesses primeiros anos foi no serviço social e na proteção das mulheres pelo Estado. Seus críticos acusavam as feministas de serem *marimacho* — meio homem, meio mulher. Mas o termo "feminismo" foi flexível o suficiente para ser adotado por conservadoras religiosas como Laura Correa de Bustos, que publicou um relato sobre o "*feminismo Christiano*" em Montevidéu, a capital uruguaia, em 1907.[9] Na Grã-Bretanha, o movimento sufragista costuma ser visto como uma expressão das preocupações feministas da época. No entanto, em 1911, as colaboradoras da primeira revista do país a se autodenominar "feminista", *The Freewoman* [A mulher livre], usaram "feminismo" para distinguir suas convicções da campanha pelo sufrágio feminino. Empregando a palavra "feminista", as editoras de vanguarda usaram um termo aberto a ambos os sexos e que rejeitava as instituições políticas convencionais. Elas buscavam uma mudança revolucionária. Uma editora, Dora Marsden, fez a declaração polêmica de que "rebeldes armadas com rifles" teriam maior probabilidade de ganhar respeito. Outros termos também estavam disponíveis — as radicais francesas optaram por "éclaireuse" [desbravadora] para captar o senso de mulheres pioneiras, "libertadas de todo o fardo que ainda pesa sobre a maioria das suas companheiras".[10] As ativistas de língua alemã hesitaram entre "Feminismus" e "Frauenbewegung" [movimento das mulheres], temendo que o primeiro termo trouxesse implicações de "amor livre" ou da militância britânica pelo sufrágio feminino.[11] A palavra "feminismo" tem sido muito usada como "empréstimo", adotada em muitos lugares para nomear diferentes tipos de política de gênero. No Japão, em 1910, falava-se em "feminizumu". As ativistas russas, porém, preferiram o termo "ravnopravki" [lutadores pelos direitos iguais], quando, no entusiasmo da revolução de 1905, fundaram a União dos Direitos Iguais para as Mulheres.[12] No mundo todo houve fascínio por esse novo conceito e desconfiança da influência europeia ou americana.

Há casos em que um rótulo vindo de fora acaba pegando. A mídia britânica zombou das militantes do início do século XX chamando-as de "sufragistas", mas esse nome foi adotado com entusiasmo pelas mulheres que atiravam pedras pelo direito de votar. "Queimadoras de sutiãs" era um insulto nos anos 1970, mas as ativistas inventaram seus próprios trocadilhos e formas de reapropriação subversiva: *Harpies Bizarre* [trocadilho com o nome da revista *Harper's Bazaar*], *Hags* [Bruxas], *Lavender Menace* [Ameaça lavanda], *Monstrous Regiment* [Regimento dos monstros] e *Society for Cutting Up Men* [Sociedade para cortar os homens em pedacinhos].

O significado de "feminista" continuou a evoluir e a ser controverso. Muitas ativistas nas décadas de 1970 e 1980 preferiam falar de "libertação das mulheres", uma vez que associavam "feminista" com políticas reformistas "liberais" relativas ao voto e aos direitos civis. Feministas na França ligadas ao grupo "Psych et Po" [Psicanálise e política] não gostavam do termo "feminista" por considerá-lo uma importação americana com conotações de confronto. Elas preferiam falar de *"femmes en lutte"* [mulheres em luta], como forma de retratar a importância que davam à diferença feminina e às qualidades maternas. Ativistas japonesas do final do século xx optaram por falar de uma sociedade "sem gênero". No século xxi, muitas militantes em todo o mundo sentiram necessidade de apresentar seu feminismo com outras bandeiras, resultando em rótulos como "feminismo interseccional" ou "feminismo transinclusivo".

Apesar de suas muitas variedades, um dos sonhos feministas mais comuns é formar um movimento capaz de abranger todas as mulheres: "Uma ajudando a outra, todas com o mesmo objetivo", como declarava a faixa da comitiva chinesa na conferência de 1913 da Aliança pelo Sufrágio das Mulheres. Essa fantasia leva consigo o paradoxo de uma agenda política abstrata que, pelo seu próprio desejo de inclusão, ignora exclusões concretas. Falar de "feminismo negro" ou "feminismo *chicano*", das norte-americanas de origem latino-americana, é uma tentativa de resolver esse problema, mas os críticos argumentam que isso apenas coloca em primeiro plano a exclusão das mulheres negras ou latinas da "corrente dominante" feminista, não marcada etnicamente. Em 1984, a escritora afro-americana Alice Walker cunhou o termo *womanism* [mulherismo], adotado por algumas mulheres negras. O termo "womanist" — ou "womynist", grafia escolhida pelas que preferiram extirpar totalmente o "homem" [*man*] escondido em "mulher" [*woman*] — corre o mesmo risco que "feminista" de universalizar suas reivindicações. Mas é um lembrete útil dos limites e exclusões do feminismo como afiliação. Como a ativista afro-americana Frances Watkins Harper (1825-1911) colocou de forma sucinta, já em 1866: "Vocês, mulheres brancas, falam aqui de direitos, do que é certo. Mas eu falo do que é errado". Harper queria que o movimento das mulheres desafiasse a segregação racial nos bondes, mas suas colegas brancas relutaram em enfrentar questões de exclusão racial. Harper, como afro-americana e ex-empregada doméstica, continuou: "Eu, como mulher de cor,* tive neste país uma educação que me fez sentir como se estivesse na situação de Ismael, minha mão contra todos os homens e a mão de todos os homens contra mim".[13] Ela e suas colegas ativistas afro-americanas formaram a Associação Nacional de Mulheres de Cor em 1897, preferindo, em um ambiente de crescente exclusão racial, organizar-se de forma separada das mulheres brancas e sem adotar o "feminismo" como plataforma.

Esses debates sobre nomes e pertencimento sugerem a necessidade de olhar com mais atenção para as variações de nomenclatura do ativismo de gênero ao longo da história, e de pensar com profundidade sobre a ação exercida por essas várias denominações. Não precisamos nos envolver em uma luta competitiva para identificar as primeiras feministas ou as mais verdadeiras. Em vez disso, podemos traçar experiências de exclusão e diferença entre ativistas de gênero e de justiça social e mapear suas coalizões — sejam elas entusiasmadas, dolorosas ou estratégicas.

Apesar do renovado interesse pelo "significado" do feminismo nos dias atuais, é importante reconhecer que seu sentido muda de forma muito fluida. Os símbolos e slogans feministas se tornaram maleáveis, remodelados em formatos que podem ser utilizados por diferentes públicos. *Feminismos: Uma história global* irá explorar tradições que incluem feminismos de origem islâmica, negra, indígena e lésbica. Num viés mais polêmico, também vai explorar a identificação dos homens com o feminismo e o antigo impasse sobre a quem se dirige o feminismo e quem pode fazer parte do movimento.

POR QUE GLOBAL?

Por que devemos abordar o feminismo de uma perspectiva global? As histórias já escritas sobre formas de feminismos em geral se organizam em torno

---

* No contexto norte-americano, as expressões *"people of color"*, *"woman of color"* e suas variações se referem a pessoas não brancas, como indígenas, negras, latinas etc. O uso não é pejorativo. (N. E.)

de um modelo "civilizacional" e eurocêntrico. Nessas histórias, o feminismo pode ter como data de início escritores europeus do século XVII como Aphra Behn, François Poullain de la Barre e Sarah Fyge, que começaram a pensar nas mulheres como uma "classe escravizada". Esses escritores e escritoras foram inspirados pela ideia da igualdade espiritual da mulher nas tradições religiosas, sobretudo do protestantismo. Quando falavam de "escravidão", quase nunca consideravam as mulheres que foram literalmente escravizadas nas grandes plantações e propriedades rurais das Américas e do Caribe. Elas começaram a encontrar maneiras de nomear e renunciar às experiências de estupro e de casamento forçado — embora, de novo, sem se referir à prevalência de tais experiências para as mulheres escravizadas. Muitos consideram essas intelectuais como "matriarcas" importantes da história do feminismo.

Nas histórias mais antigas, o bastão então passava para mulheres do final do século XVIII, que vivenciaram a revolução norte-americana e a francesa, como Abigail Adams e Olympe de Gouges. Esta, que proclamou os direitos da mulher em seu livro *Declaração dos direitos da mulher e da cidadã* (1791), muitas vezes é citada junto com a escritora britânica Mary Wollstonecraft como iniciadora de ideias e discussões reconhecidamente feministas. A influência delas atravessa o século XIX, época de ativismo mais proeminente em que surgiram campanhas pela educação das mulheres, pelo voto e pelos direitos de propriedade — movimentos que continuam no século XX. Faz pouco tempo que foram acrescentadas a essa narrativa figuras como a ex-escravizada e poeta Phyllis Wheatley (*c.* 1753-84). A história do feminismo em geral se estrutura em torno de um elenco limitado de matriarcas, sobretudo brancas e com educação formal. Isso levou a linhagens que não apenas correm o risco de dar uma interpretação falha das versões anteriores do pensamento e da ação feminista, mas que também foram organizadas em torno do desejo de mostrar "quem veio primeiro". Simplificando, os primeiros textos que podem ser lidos como "feministas" já foram usados para estabelecer uma prioridade nacional, nos quais pessoas brancas, cidadãs de potências imperiais, como França, Grã-Bretanha ou Estados Unidos, são tomadas como pontos de origem.

Mas já faz décadas que os textos sobre história global ou mundial não seguem esse tipo de relato. Foram propostas novas maneiras de compreender o global, considerando outros pontos de partida e novos pensadores. Podemos tomar como um momento feminista originário a Conferência de Mulheres de

Rashid (Roseta) de 1799, na qual um grupo de mulheres egípcias, radicalizadas por protestar contra a invasão francesa de Alexandria em 1798, se reuniu para discutir as condições de emprego das mulheres e a situação familiar. Outro ponto de partida pode ser encontrado em 1792 em Serra Leoa, quando foi conferido o direito ao voto às mulheres da população original do país — direito que foi perdido quando Serra Leoa se tornou colônia da coroa britânica, em 1808. Em 1893, na Nova Zelândia, mulheres da população indígena local e colonizadoras ganharam o direito ao voto, bem antes das mulheres europeias e americanas. Essas perspectivas questionam a prioridade presumida dos feminismos europeus.

Os livros de história do feminismo com perspectiva global em geral se concentram nas estruturas de larga escala subjacentes às ideias da "questão da mulher", dos direitos e da emancipação femininos. Tem-se dado muita atenção ao papel do colonialismo, por exemplo, na formação dos movimentos de mulheres dos séculos XIX e XX, ao produzir um mundo em que a liberdade e a cidadania foram negadas às populações colonizadas. Os povos colonizados passaram por migrações em massa por conta de sistemas de trabalho forçado e semiescravo. Em muitos locais, as mulheres tiveram restrições ao acesso à terra e ao direito de praticar o comércio. Mulheres das potências imperiais usaram a retórica do avanço racial e civilizatório para se tornarem autoridades em relação às mulheres colonizadas. Usaram seus papéis de missionárias, colonizadoras e esposas para viajar, descrever a vida de mulheres não ocidentais e intervir na forma como eram tratadas, por vezes em nome da igualdade ou do feminismo. Nas décadas posteriores, quando os impérios coloniais começaram a ser desmantelados, foram as disputas geopolíticas da Guerra Fria que ajudaram a legitimar e a dar forma ao ativismo feminino e feminista.

Os séculos XIX e XX também foram dominados pelo desenvolvimento do nacionalismo, e com isso o status da mulher e suas liberdades eram sempre vinculados a debates sobre o progresso nacional. Nessas discussões, destaca-se a ideia problemática de "atraso" como meio de captar o descontentamento local com as circunstâncias das mulheres. No Brasil, por exemplo, a imaginada mulher europeia ou norte-americana, emancipada e educada, foi usada para reivindicar o avanço da nação ou da região. A editora do jornal brasileiro de direitos da mulher, *O Jornal das Senhoras*, observou no primeiro editorial do periódico, em 1852:

na França, na Inglaterra, na Itália, na Espanha, nos Estados Unidos, em Portugal mesmo, os exemplos abundam de senhoras dedicadas à literatura colaborando com diferentes jornais.

Porventura a América do Sul, ela só, ficará estacionária nas suas ideias, quando o mundo inteiro marcha ao progresso e tende ao aperfeiçoamento moral e material da sociedade?

O Jornal das Senhoras, fundado no Rio de Janeiro, era editado pela argentina Juana Paula Manso de Noronha (1819-75), que via a publicação como uma plataforma para trabalhar pelo "aperfeiçoamento moral e material" das mulheres. Embora fosse útil retoricamente para Juana Manso traçar um contraste entre regiões "avançadas" e "atrasadas", as reformas que de fato ocorreram (ou que imaginamos ter ocorrido) em países como Grã-Bretanha, França e Estados Unidos também estavam evidenciadas no Brasil. A primeira faculdade para mulheres da Grã-Bretanha, Girton College, em Cambridge, foi inaugurada em 1869. No Brasil, as mulheres ganharam o direito de ingressar no ensino superior apenas uma década depois, em 1879 — no mesmo ano em que o governo francês resolveu oferecer o *lycée* [ensino médio] para meninas. O sufrágio feminino foi discutido com seriedade na Assembleia Nacional Constituinte de 1891, em paralelo a debates semelhantes na Grã-Bretanha e nos Estados Unidos. E, apesar de sua retórica de atraso, Juana Manso estava convencida de que a Europa não precisava assumir a liderança, já que "o estandarte da ilustração ondula gracioso à brisa perfumada dos trópicos".[14]

A mobilidade de Juana Manso através das fronteiras nacionais nos lembra que a história do feminismo não pode ser localizada apenas dentro de determinados países, regiões ou impérios coloniais. As influências globais se baseiam na migração dos indivíduos, seja como refugiados, estudantes, exilados ou trabalhadores. Uma das primeiras petições pelo sufrágio feminino na Grã-Bretanha, por exemplo, foi organizada em 1851 por Anne Knight, da Associação Feminina Política de Sheffield, depois que ela conheceu a ativista francesa Jeanne Deroin em Paris, nos dias revolucionários de 1848; Deroin, por sua vez, publicou o ensaio de Harriet Taylor Mill "The Enfranchisement of Women" [O direito ao voto das mulheres], de 1851, em seu diário *L'Almanach des femmes*, em 1852. Com o surgimento das tecnologias de viagens e comunicações no século XIX, algumas mulheres percorriam vários países — a historiadora Bonnie Anderson, por exemplo, acompanha a abolicionista e sufragista judia Ernestine Rose (1810-92) em suas viagens por lugares como Polônia, Berlim, Paris, Londres e Nova York enquanto fugia de um casamento arranjado e mergulhava no ativismo socialista e feminista.[15]

Recentemente os historiadores se tornaram mais atentos ao cultivo deliberado de espaços transnacionais — seja em páginas de periódicos de circulação global, seja em convenções, conferências, alianças e federações. Por vezes, o transnacionalismo foi uma tática deliberada, como se pode ver pela mobilização global empreendida no século XIX por órgãos como a União das Mulheres Cristãs pela Temperança. Organizações internacionais, como o Conselho Internacional de Mulheres, ajudaram a promover elementos importantes de governança global, como a Comissão da Liga das Nações sobre o Status Jurídico da Mulher (1937). Na segunda metade do século XX, a Federação Democrática Internacional de Mulheres, de caráter "feminista de esquerda", construiu redes semelhantes de campanha e mobilidade, que mais tarde ajudaram a fundamentar as influentes Conferências Mundiais da ONU sobre Mulheres, na Cidade do México (1975), em Copenhague (1980), em Nairóbi (1985) e em Beijing (1995).[16]

Uma abordagem global da história também nos permite ver as interações entre textos mundialmente famosos e tradições ativistas ou intelectuais locais.[17] Por exemplo, o importante livro de John Stuart Mill, *A sujeição das mulheres*, foi publicado na Grã-Bretanha em 1869, no contexto das recentes tentativas de Mill de fazer passar um projeto de lei sobre o voto feminino pelas Casas do Parlamento, onde ele representava a cidade de Westminster. A obra logo foi traduzida para muitos idiomas, inclusive para o espanhol por uma chilena, Martina Barros Borgaño, em 1872, e publicada na *Revista de Santiago* com o título de *A escravidão da mulher*. O movimento das mulheres chilenas se baseou em textos europeus, mas manteve ênfases próprias. No Chile, onde poucos homens votavam, a questão mais urgente não era o sufrágio, mas sim a exploração econômica das mulheres atraídas para a indústria, perspectiva que reformulou o significado das ideias de Mill sobre a "escravidão" das mulheres.

O feminismo é mais bem compreendido como uma conversa do que como uma importação; mas uma conversa com muitos registros. Já ocorreu em condições desiguais, em que algumas vozes são amplificadas e outras rotineiramente ignoradas.[18] A noção de "histórias entrelaçadas" tem sido usada por historiadores globais para captar a maneira como ideias, pessoas e textos cruzam e recruzam fronteiras, criando múltiplas "intersecções"; a historiadora Kathryn Gleadle nos convida a pensar a história feminista como uma estrutura de raiz de rizoma, não linear, cheia de pontos de crescimento, becos sem saída e padrões de influências inesperados.[19] Algumas dessas influências se prolongavam ao longo do tempo; feministas e outros atores mantiveram um diálogo crítico com textos anteriores e reformularam suas ideias. A suposta prioridade das mulheres euro-americanas brancas e com educação formal acabou se revelando um mito.[20] Nos capítulos seguintes, destaco certas constelações locais de ideias que permitiram que sonhos, pensamentos e ações feministas fossem desenvolvidos e contestados. Certas linhas de influência podem ser tênues, mas também é provável que haja repúdio e inovação. Em vez de tentar encontrar origens na Europa, trabalho com uma ideia mais difusa de "feminismo em mosaico", construído a partir de fragmentos herdados, mas oferecendo imagens e padrões distintos. Tal como os mosaicos, a visão de longe e a leitura atenta dos feminismos podem fornecer uma perspectiva muito diferente. E, do mesmo modo, as coalizões feministas foram construídas a partir dos elementos disponíveis — outros movimentos, indivíduos comprometidos, ações e ideias. Alguns mosaicos tiveram vida longa; outros, desmoronaram e suas peças foram reutilizadas ou não foram mais vistas.

A costumeira centralização europeia fica deslocada e "provincializada" ao contarmos as histórias de outras redes e outros lugares, tais como a importância do Japão em hospedar exiladas chinesas no início do século XX, criando um local de intercâmbio poderoso. Ativistas internacionais e escritoras que abordaram temas como sufrágio feminino, temperança, anticolonialismo e a questão da paz também são apresentadas, deslocando as que estão localizadas firmemente dentro do Estado-Nação. Ao longo deste livro, alterno entre resumos gerais de diversas convicções ou campanhas feministas e um exame minucioso da vida de algumas mulheres que lutaram contra as desigualdades de gênero. Ao fazer isso, espero obter novas maneiras importantes de ler as práticas e as ideias feministas ao longo do tempo histórico. Influenciada pelo conceito de "política das rachaduras" de Kimberly Springer, sugiro que olhemos não apenas para os cacos e para os fragmentos que constituem um mosaico, mas também para as lacunas entre as peças. O trabalho de Springer sobre organizações feministas negras, como a Aliança das Mulheres do Terceiro Mundo, descreve uma política criada nas "rachaduras" — momentos de intervalo arrancados entre as demandas do trabalho e dos afazeres diários. A organização das mulheres negras também se situava entre os direitos civis e os movimentos de mulheres, mostrando, quer de maneira desajeitada, quer de maneira criativa, as intersecções de classe, gênero e raça.[21] A política "intersticial" de Springer chama a nossa atenção para preocupações que não se encaixavam facilmente na política feminista existente e para as oportunidades e os deslocamentos que daí resultaram. Com um espírito semelhante, podemos perguntar o que torna o mosaico estável ou o que corrói seus desenhos. Ou então investigar de que maneira sonhos, campanhas, espaços e lugares, emoções e canções podem fornecer uma espécie de "cimento" feminista, incorporando a política no seu formato histórico e cedendo ao longo do tempo de modo que algumas peças do mosaico possam cair e novos desenhos possam surgir.

Conversas e metáforas sobre mosaicos dão uma ideia da riqueza dos debates feministas. Mas é importante ter em vista a discórdia, a violência e os problemas que também caracterizaram o movimento. Como observou a filósofa feminista bell hooks, "as mulheres podem participar da política de dominação, e participam, tanto como perpetradoras quanto como vítimas".[22] Alguns sistemas globais que surgiram aproximadamente no mesmo momento histórico da "questão da mulher" e do feminismo — como o imperialismo, o colonialismo dos missionários e o dos colonizadores, o trabalho semiescravo, o nacionalismo — foram projetos apoiados na violência e na subordinação. A história demonstra que o mundo não é um espaço que todos podem percorrer com liberdade. Embora nós, como observadoras do século XXI, possamos ter uma perspectiva global do passado feminista, esse privilégio não estava ao alcance das próprias agentes. Uma história global do feminismo, como insiste a historiadora Mrinalini Sinha, não irá simplesmente pluralizar o quadro que traçamos, de modo que passemos a pensar em termos de "feminismos".[23] Em vez disso, nossa explicação dos feminismos deve reconhecer o que Sinha chama de "histórias discrepantes de diversos movimentos de mulheres", marcadas por disputas, conflitos e jogos de poder.

TEORIA, ATIVISMO E USABILIDADE

Para o que os feminismos têm sido usados? Que usos podem ter hoje em dia? A ideia de "história utilizável" oferece um meio de pensar sobre a história em diálogo com o presente — o que pode ajudar a entender questões de estratégia feminista, prioridades e foco no momento contemporâneo, ao mostrar de que maneira dilemas e campanhas foram formulados no passado. As ideias e as campanhas feministas têm sido usadas para redistribuir o trabalho doméstico, transformar a maneira como as crianças são criadas e educadas, como a arte e a música são produzidas, como o "trabalho" é categorizado e remunerado e como funcionam os sistemas jurídicos. Sem querer afirmar que a história oferece repetições ou recapitulações diretas, podemos olhar para o passado dos feminismos e encontrar os precursores que levam aos problemas de hoje. Podemos perguntar, historicamente, quem poderia residir na categoria "feminista"? Quem fica de fora? Que diferença fez o feminismo para os indivíduos, para as sociedades ou para as nações?

Pensar na usabilidade não significa que devemos explorar o passado feminista apenas para a nossa inspiração contemporânea. Em vez disso, podemos também apreender a especificidade e a distinção de como, digamos, a religião moldou o feminismo no final do século XVIII, ou como a construção das nações forneceu um contexto específico para o desenvolvimento dos movimentos de mulheres na China ou no Oriente Médio no início do século XX. Uma história utilizável não é aquela que julga o passado segundo os padrões atuais. Em vez disso, a usabilidade nos lembra das diversas maneiras com que os feminismos foram utilizados retórica, intelectual e materialmente na vida de certos atores históricos.[24] Assim, é inevitável que cada leitor ou leitora terá suas próprias dúvidas e determinará o que é útil para si. Os feminismos utilizáveis devem ser abertos e não doutrinários, moldados, porém não determinados pelo encontro entre o passado e o presente.

Pode haver aspectos do passado feminista que hoje nos incomodam. Mas a ideia de usabilidade reconhece a necessidade de uma base histórica para o ativismo atual.[25] Há muito as feministas estão numa posição incômoda em relação à sua história — momentos de rejeição daquilo em que as mães ou as avós acreditavam são motivados por uma necessidade de rebelião, de declarar uma nova era e de descartar o que foi herdado. Novidades como as plataformas de mídia social podem fazer as feministas de hoje sentirem que os momentos #CuéntaLo ou #MeToo são muito diferentes dos levantes feministas anteriores. Mas, ao mesmo tempo, sempre houve um aspecto fortemente histórico nos movimentos feministas, por vezes impregnado de nostalgia do passado. E um breve olhar em retrospecto já revela temas importantes em comum, relativos ao assédio sexual no trabalho e nas ruas, e os enfrentamentos à violência masculina, à impunidade e ao desrespeito pelas mulheres.

Para muitos, um livro sobre a história feminista será, pelo menos em parte, uma jornada intelectual. O feminismo sempre foi, entre outras coisas, um convite para se pensar com seriedade sobre como e por que a sociedade é organizada e o motivo de (alguns) homens terem a voz mais alta, mais recursos e mais autoridade do que as mulheres. As pensadoras feministas se engajaram nas grandes ideias dos tempos modernos — elas desafiaram o eu liberal, o contrato social, a prestação de contas da cidadania democrática, do Estado e da nação, bem como as ideias socialistas de revolução. O feminismo convergiu com as críticas anarquistas e contribuiu para elas, bem como para os estudos ecológicos, teológicos e de crítica racial. Na verdade, à medida que o ensino superior se expandiu no final do século xx, o feminismo se tornou uma parte estabelecida da paisagem acadêmica em grande parte do mundo. No entanto, também se produziu teoria na vanguarda dos protestos, da conscientização e das campanhas. Muitas vezes seu propósito foi ser usada no ativismo e na transformação da vida pessoal.

As maneiras de escrever a história mudaram e se pluralizaram nos últimos vinte anos. Houve um florescimento dos trabalhos sobre história cultural e o desenvolvimento de novas abordagens ao estudo da cultura material, do espaço, do capitalismo e das emoções, para citar apenas algumas áreas de crescimento recente. Este livro tem em vista essas novas abordagens e expande a história feminista para além da sua localização típica dentro das análises dos movimentos intelectuais e sociais. Não tentarei contar uma história contínua abrangendo os movimentos feministas dos últimos dois séculos — tal empreendimento seria impossivelmente imenso. Em vez disso, ofereço alguns novos pontos de partida, enraizados em histórias inovadoras recentes. O capítulo 1, sobre os sonhos feministas, é informado pela virada para o pensamento literário e psicanalítico, que leva a sério nossos sonhos e o trabalho criativo e inconsciente que eles podem realizar. O capítulo 2 reconhece os recursos teóricos que as feministas criaram, discutindo como "patriarcado" e outros termos captaram os padrões de gênero que persistem na organização social humana. Examina também a influência de tradições intelectuais de longa data, como o republicanismo e o desenvolvimento mais recente de ideias de interseccionalidade e sexismo.

Inspirado pelo interesse acadêmico cada vez maior pela maneira como a localização e o espaço moldam os movimentos sociais, o capítulo 3 explora a ideia de um lugar feminista. Localiza o feminismo nos espaços de trabalho e de culto e mapeia tentativas de criar espaços de refúgio e segurança. O capítulo 4 examina alguns objetos feministas. Enquanto as histórias anteriores compreenderam o feminismo como uma ideologia, ou uma história que seria mais bem captada por meio de biografias, esse capítulo coloca em primeiro plano a cultura material e visual do feminismo, nas declarações políticas de bótons e pôsteres, em objetos cotidianos, tal como o livro, tão familiar e, contudo, poderoso, e o alfinete de chapéu. O capítulo 5 estende a cultura material à "aparência" da roupa e da moda feminista, enquanto o capítulo 6 se baseia em novos trabalhos sobre as emoções, ao pensar sobre os sentimentos ocasionados pelos feminismos. O capítulo 7 nos lembra da forte dimensão ativista que sempre permeou a história do feminismo e examina as formas como os protestos se realizaram, tanto no corpo como no espaço. Finalmente, o capítulo 8 explora as dimensões auditivas do feminismo, pensando nos slogans, nas palavras de ordem, nas canções e nas inovações musicais ligadas ao ativismo.

Essas novas perspectivas conectam a história feminista com algumas das áreas mais inovadoras da pesquisa histórica e transformam nossa percepção dos usos do feminismo. Elas nos levam através dos continentes e mostram por que as definições universais desse pensamento, abrangendo tempo e espaço, não vão funcionar. Em vez disso, convido os leitores a examinarem os "feminismos" expostos em uma tela global que abarca 250 anos. As histórias resultantes não tratam da igualdade de gênero, mas sim da justiça de gênero — ou seja, demandas por um ambiente em que todos possam crescer e se desenvolver. Isso pode significar pagar um salário justo, expulsar os ocupantes coloniais ou abraçar a espiritualidade da Deusa. Por vezes, significou também conflitos entre objetivos e sonhos feministas distintos. Defendo que podemos encontrar inspiração no passado feminista e uma compreensão mais plena do motivo para que o convite de Chimamanda Ngozi Adichie para que "sejamos todos feministas" não ser uma tarefa simples e direta.

1. Sonhos

Quando eu era aluna de pós-graduação, nos anos 1990, iniciando os estudos de história do feminismo, um encontro casual em um seminário certa noite me levou a pensar seriamente sobre que tipo de sonhos poderiam motivar as feministas. Uma colega mais velha se sentou a meu lado e ficamos ouvindo um debate sobre filosofia feminista. Ou talvez eu tenha ouvido, mas também tenho uma lembrança visual poderosa de suas meias cor de arco-íris que, como se fossem luvas, tinham espaço para os dez dedos dos pés. Sua aparência era não convencional de um jeito alegre. Começamos a falar sobre feminismo e fiquei chocada quando ela disse que, na sua visão, o feminismo apagaria por completo a divisão dos gêneros. Seu sonho era um mundo onde masculino e feminino fossem categorias simplesmente irrelevantes. Hoje, com várias formas de identidade queer, trans e gênero neutro sendo adotadas, seja de forma experimental ou mais energética, talvez esse sonho seja menos transgressivo, e minhas próprias opiniões tenham se tornado menos convencionais. Mas foi um momento importante para mim, que evidenciou a diversidade de esperanças utópicas ligadas ao feminismo, assim como meu próprio investimento nas categorias existentes de masculino e feminino. Os sonhos são uma maneira poderosa de estimular ideias de mudança e alteridade. No final do século XVIII, a escritora Mary Wollstonecraft os chamou de "desejos selvagens", e esses momentos de imaginação mostram bem o que levou mulheres e homens a terem uma consciência feminista.

Os sonhos nos dão um sentido muito pessoal e íntimo do que motivou o ativismo feminista. Eles são moldados pelas circunstâncias de quem sonha — a família, as experiências profissionais, as leituras, os estados emocionais. Mas os sonhos também estão ligados ao momento histórico — o que pode ser imaginado em determinado contexto, por exemplo de ocupação, revolução, urbanização ou fome. Pode-se imaginar que os sonhos feministas começaram pequenos, centrados em questões como a igualdade com os homens ou a conquista de direitos específicos, como a guarda dos filhos. Mas, ao nos lembrarmos da diversidade de sonhos e de sonhadores nas décadas finais do século XVIII e no século XIX, vemos algo diferente. Os sonhos de Charles Fourier (1772-1837) e de seus seguidores mostram a ambição e a surpreendente heterodoxia das visões anteriores de uma nova ordem de gêneros. Fourier argumentava que a felicidade humana requer um trabalho significativo e a livre expressão do desejo. E refletiu sobre os costumes sexuais corruptos da sua época:

> Pois não é uma jovem uma mercadoria posta à venda pelo melhor lance? Pois não é ela tiranizada pelos preconceitos desde a infância e obrigada a consentir com qualquer casamento que arranjem para ela? As pessoas tentam convencê-la de que ela só está presa por correntes feitas de flores. Mas será que ela pode, honestamente, duvidar da sua degradação?[1]

Fourier propôs, em vez disso, outro sonho feminista — uma sociedade ideal denominada "Harmonia", caracterizada pelo trabalho criativo e atraente, organizado de maneira cooperativa para que todos os trabalhadores — homens, mulheres e crianças — realizassem diversas tarefas, adequadas às suas inclinações. Quanto aos assuntos sexuais, todos seriam livres para expressar sua "grande variedade de inovações amorosas que ainda não podemos sequer imaginar". As mulheres participariam do governo de Harmonia, que abrangeria o mundo inteiro, segundo as previsões de Fourier. Mas os meios para atingir esse objetivo eram vagos, razão pela qual pensadores subsequentes chamaram o projeto de utopia, e não de uma proposta socialista séria. Em suas comunidades das décadas de 1830 e 1840 na França, na Espanha, na Argélia, nos Estados Unidos e em outros países, seus seguidores insistiram na abolição do casamento, da propriedade privada e da maternidade convencional em favor do "equilíbrio passional". Seus experimentos rebeldes nos lembram que o radicalismo do pensamento feminista não aumentou ao longo do tempo.

Neste capítulo, examino diversas fontes e locais de sonhos feministas, incluindo os que defendem a separação dos homens, os que colocaram no centro da sua visão o amor e a sexualidade e os que propõem o "progresso da raça". Pus fantasias bem desenvolvidas, literárias ou de ficção científica, ao lado de fragmentos inconscientes e caóticos da vida onírica. Os sonhos são um local de utopias inquietas, e por vezes também um indicador do mal-estar e do conflito que tantas vezes acompanham as visões de uma nova vida.

LADYLAND E HERLAND

Em 1905, uma mulher de 25 anos de Bangladesh chamada Rokeya Sakhawat Hossain (1880-1932) publicou *O sonho da sultana*, relato fictício de uma utopia feminista: um país tecnologicamente avançado que ela chamou de "Ladyland". Em sua visão, os homens tinham sido colocados em reclusão na *zenana*, ou harém, e as mulheres agora governavam, sem usar véus nem *purdah*, ou seja, roupas que as escondem e as segregam. Ladyland era um lugar semelhante a um jardim, onde a experiência das mulheres e as tecnologias que elas dominavam eram aproveitadas para gerar abundância. Nesse país, ela imaginou universidades dirigidas por mulheres, cujas pesquisas permitiriam uma agricultura ecologicamente sustentável. E um ponto crucial: deu grande importância ao acesso das mulheres à provisão abundante de água — talvez influenciada pelas tradições culturais e de cultivo de jardins do império mogol e por sua experiência direta da depredação ambiental causada pela ocupação colonial britânica na Índia. No "mundo real", declarou Rokeya, o uso da ciência pelos homens estava reservado para fins militares. No entanto, em Ladyland, as monarcas eram fortes e estavam dispostas a fazer valer sua autoridade; ela as imaginou empregando armas que utilizavam raios de calor intenso para repelir exércitos masculinos vindos de terras vizinhas.

Essa não era uma visão secular, porém a religião que a muçulmana Rokeya defendia não era ortodoxa. Ela a descreveu como uma crença baseada no amor e na verdade, redefinindo as relações "sagradas". Na sociedade bengali, as "relações sagradas" eram as que ocorrem na família imediata, com quem o casamento era proibido. Rokeya insistia, brincando, que em Ladyland o "sagrado" seria ampliado, como se *todos* fossem da "família", de modo que homens e mulheres podiam interagir com liberdade, sem nenhuma conotação sexual. A crítica de Rokeya ao *purdah* e ao véu não considerava o islã como um espaço de restrições. Como muitas outras, ela baseou sua política nas ideias oferecidas pela religião islâmica sobre a restauração dos direitos da mulher: "O que nós queremos não é nem esmola, nem um favor. Queremos nada mais do que aquilo que o islã nos deu 1300 anos atrás".[2]

Ao longo da vida, Rokeya se mostrou frustrada com a aparente conformidade das mulheres muçulmanas bengalis com o *purdah*: "Por que vocês se deixam calar? Vocês negligenciaram o compromisso que devem a si próprias e perderam seus direitos naturais". Defendia com entusiasmo a educação feminina como sendo o caminho para a liberdade das suas contemporâneas, e ela própria embarcou numa carreira no serviço social e na educação feminina.[3] Para ela, o isolamento das mulheres causado pelo *purdah* e pelo véu era "um assassino silencioso, como o monóxido de carbono". Nessa rejeição do *purdah*, as opiniões de Rokeya eram compatíveis com a maioria dos comentaristas dos países colonizadores, que consideravam a reclusão das mulheres muçulmanas, assim como o casamento infantil e a tradição de queimar as viúvas entre os hindus, uma prática primitiva ou selvagem. Rokeya decidiu escrever *O sonho de sultana* em inglês, e sua utopia foi publicada pela primeira vez no *Indian Ladies Magazine*. A opção por um jornal cristão em língua inglesa pode indicar que ela imaginava que seu público viria das elites coloniais escolarizadas. Ela se posicionou como membro dos círculos da elite local, cujas intervenções visavam "modernizar" as práticas domésticas da Índia sob domínio britânico. No entanto, Rokeya também publicou muitos artigos em jornais bengalis e fundou a sucursal de uma associação benemérita para mulheres muçulmanas, a Anjuman-e-Khawateen-e-Islam [Associação de Mulheres Muçulmanas]. Também traduzia e citava contos e textos feministas progressistas do Afeganistão e da Grã-Bretanha, além de ter feito campanha pela educação das mulheres no entreguerras.[4]

A visão de Rokeya de uma comunidade de mulheres governada por um regime autônomo era muito parecida com o sonho de outra importante figura feminista, porém vinda de uma formação cultural muito distinta. Charlotte

Perkins Gilman (1860-1935) foi uma das feministas mais importantes e conhecidas do início do século XX, defensora de diversas causas, como a reforma da indumentária, o direito ao voto, a reforma sexual, o controle da natalidade e a prostituição. Como Rokeya, Gilman apresentava o feminismo como o sonho de um futuro diferente. Charlotte Gilman nasceu em uma família que tinha vínculos paternos com ativistas conhecidos das causas sociais e do sufrágio feminino, como a sua tia-avó abolicionista Harriet Beecher Stowe, autora de *A cabana do Pai Tomás*. No entanto, o pai abandonou a esposa e os filhos, e Gilman passou a infância na pobreza e marginalização. O irmão foi enviado para a faculdade, mas Gilman não, o que a obrigou a se tornar uma mulher prática e independente, mesmo depois do casamento, em 1884. Suas dificuldades financeiras pioraram em 1888, quando ela toma um caminho relativamente incomum ao se separar do marido. Essas qualidades lhe serviram bem em uma prolífica carreira de escritora. De 1909 a 1916, ela publicou sozinha um periódico mensal, *The Forerunner* [A precursora], em que escrevia todos os editoriais, artigos, resenhas de livros, poemas e histórias. Ela redigia até os anúncios, como um elogio brilhante de 1909 da *Holeproof Hosiery Company* [Companhia das meias à prova de furos], de Wisconsin, no qual informava às leitoras: "Eu usei essas meias, usei, usei e usei, até que me cansei dessas meias imortais, resistentes a tudo, sempre e anormalmente inteiras — cansei tanto que as dei de presente!". Gilman promovia com leveza o feminismo, visando alcançar as leitoras "comuns". Segundo ela, o feminismo é uma forma de humanismo, ao promover "o desenvolvimento das qualidades e das funções humanas nas mulheres". Escrever livros de ficção a ajudou a imaginar alternativas para a dependência econômica feminina; sua utopia mais elaborada, *Herland*, foi publicada em 1915, uma década após *O sonho de sultana* de Rokeya. *Herland* foi escrito durante um período tenso da campanha pelo voto feminino e após a devastação geral causada pela Primeira Guerra Mundial. O livro imaginava uma comunidade exclusivamente feminina, onde o avanço racial da humanidade (ou "trabalho racial") seria realizado sem as restrições da dominação masculina. Gilman foi muito influenciada pelas teorias que propunham a cultura matriarcal, ou "ginecocêntrica", como a forma inicial em que a sociedade humana evoluiu. Sociólogos e etnógrafos argumentavam que razões de parentesco e posse dos bens levaram os homens a solapar o domínio social das mulheres nas primeiras sociedades humanas. Essa derrubada originou o que

Gilman chamou de sociedade "androcêntrica", na qual mulheres "parasitas", não trabalhadoras, eram subjugadas pelos homens.

Segundo Gilman, essa fase da evolução humana tinha acabado — tanto as mulheres quanto "a raça" se beneficiariam de uma sociedade mais igualitária, na qual a seleção sexual baseada no amor levaria a uma "raça superior". *Herland* foi uma forma de imaginar como isso poderia acontecer e suas consequências. Gilman descreveu, numa utopia de ficção científica, uma sociedade sul-americana de mulheres que teria massacrado os homens da tribo num passado distante. Após 2 mil anos de reprodução por partenogênese (reprodução unissexual), na qual nasciam apenas filhas, a sociedade de *Herland* desenvolvera valores humanistas. Suas mulheres eram inteligentes, fisicamente ativas e completamente autônomas em relação aos homens. A maternidade era valorizada acima de tudo e colocada no centro da sociedade — seja através da maternidade pessoal ou da "maternidade social", o cuidado da sociedade:

> A tão desejada maternidade não era apenas uma alegria pessoal, mas a esperança de uma nação. [...] Cada menina a conserva com carinho dentro de si, como uma alegria intensa, uma honra que virá a coroá-la, a coisa mais íntima, mais pessoal, mais preciosa de todas

Na *Herland* de Gilman, as relações sexuais eram banidas. A forma de se vestir era descomplicada e esteticamente agradável: "Cabelo curto, sem chapéu, solto e luzidio; uma roupa de material leve e firme, túnicas e calções até o joelho, terminando em botinas bem-acabadas". Sempre prática, Gilman também destacou que haveria grandes bolsos nessa vestimenta idealizada. As moradoras de Herland viviam em regime de semicomunidade, cada uma com seu próprio quarto, saleta e banheiro. Para Gilman, que perdera a custódia da filha quando seu casamento se desfez e que vivia uma vida semiperipatética de palestras e campanhas, dormindo em quartinhos e alojamentos, essa visão deve ter ajudado a conservar sua esperança de mudanças na sociedade.

O romance de Gilman não foi apenas uma homenagem a um estilo de vida centrado na mulher. Também foi moldado pela trama em que três americanos descobrem *Herland* e tentam capturar as mulheres com quem querem formar casal. Seus esforços iniciais para atrair as mulheres usando joias baratas fracassam e suas suposições iniciais logo são desfeitas, como relata o narrador principal (um homem): "Jeff, com suas ideias românticas e antiquadas, pensava nas mulheres como plantas que se enroscam e não soltam mais. Terry tinha suas teorias claras, práticas e decididas: havia dois tipos de mulher — as que ele queria e as que não queria".

As habitantes de *Herland* cercavam cada intruso "em grande número, claramente indiferentes ao que ele pudesse pensar, decididas a seguir algum objetivo próprio em relação a ele e, aparentemente, bem capazes de realizar esse propósito". O narrador ficou maravilhado com o físico das mulheres: "Uma feirante ou que vende peixe no mercado pode demonstrar uma força semelhante, mas seria uma força grosseira e pesada. Estas eram simplesmente atléticas: leves e poderosas". Apesar das tentativas de usar a força das armas para conseguir parceiras conjugais, os visitantes foram capturados e forçados a manter o respeito, embora de maneira relutante, pela sociedade de *Herland* e suas formas "mais elevadas de camaradagem". Eles acabam se casando com mulheres de *Herland*, e Gilman descreve como vieram a compreender, gradualmente, que a "hiperfeminidade" do velho mundo podia ser uma condição prejudicial tanto para as mulheres como para os homens.

Em suas publicações e palestras, Gilman sempre enfatizava o interesse que ambos os sexos tinham numa reforma feminista baseada no amor e no respeito mútuo. Mas ela estava ciente da fragilidade de tudo isso e usou *Herland* para levantar a questão do estupro conjugal, em uma época em que um marido podia ignorar o consentimento sexual da esposa com total apoio dos tribunais (situação alterada em todo os Estados Unidos apenas em 1993). Gilman narra como um dos visitantes americanos, Terry, tentava fazer valer seus "direitos conjugais" contra os desejos das habitantes de *Herland*, usando a justificativa: "Nunca houve, até hoje, uma mulher que não gostasse de ser DOMINADA". Mas a tentativa de Terry de forçar o sexo com sua esposa fez com que os três homens, no final do texto utópico de Gilman, fossem expulsos de *Herland*.

As conclusões de Gilman foram, aparentemente, pessimistas; ainda assim, os historiadores notaram sua vontade de incluir os homens como agentes da mudança feminista, e seu otimismo de que a violência e a coerção masculinas acabariam vencidas quando confrontadas com as demandas da raça humana.[5] Sua defesa da contenção sexual do homem parece ingênua e "vitoriana" quando vista pelo prisma dos novos preceitos sexuais da psicanálise e da informalidade e das experiências sexuais que foram tão comuns nos Estados Unidos em meados do século xx. No entanto, sua utopia de mulheres de cabelos curtos, fisicamente livres e mentalmente alertas, que levariam uma vida emocional e sexual independente dos homens, continua sendo um sonho possível de um futuro feminista.

UM GRANDE AMOR

Tanto Rokeya quanto Gilman imaginaram a libertação feminina por meio do abandono dos vínculos sexuais com homens. A vida de Gilman como divorciada, dando palestras pelo país, refletia as novas possibilidades de poder viver sem homens e centrar os vínculos emocionais em outras mulheres. Um número cada vez maior de mulheres na Europa e nos Estados Unidos passaram a viver como solteiras e, embora algumas lamentassem isso, outras enxergavam essa vida como amorosa e gratificante. Mas a exclusão dos homens provavelmente não era o objetivo principal; a maioria das que sonhavam com um futuro feminista continuavam a inclui-los de maneiras e em papéis diversos. Alexandra Kollontai (1872-1952) foi uma dessas sonhadoras. Embora tivesse entusiasmo e paixão pelo poder transformador do amor e do sexo entre o homem e a mulher, imaginava um mundo muito diferente, no qual o amor pudesse florescer.

Seu pai era um homem abastado russo, e a mãe era finlandesa de origem camponesa. A distância social entre os dois criara enormes obstáculos para o seu casamento. Kollontai sempre soube dos conflitos para quem buscava fazer um "casamento por amor" na Rússia do final do século xix. Assim, ficou fascinada pelo poder do amor. Rejeitando os esforços dos pais para impor sobre ela um papel feminino burguês, convencional, acabou entrando, ela também, em um casamento rebelde — mas que acabaria sendo muito infeliz. Apesar do nascimento de um filho, Kollontai se tornou cada vez mais ativa politicamente nos círculos marxistas de São Petersburgo. Ficou muito impressionada com as greves das operárias da indústria têxtil em 1896, e se convenceu da necessidade de engajar as mulheres na luta socialista. Deixou o marido em 1898, após cinco anos de casamento, e embarcou em uma vida de militância.

Os esforços feministas para obter acesso ao voto e às profissões na Rússia pareciam questões marginais para Kollontai.[6] Em vez disso, ela fundou um

À esquerda, Alexandra Kollontai, revolucionária marxista, escritora e, após a Revolução Bolchevique, Comissária do Povo para o Bem-Estar Social (1917-8).

clube de mulheres operárias e se envolveu intensamente na agitação revolucionária. Como esse trabalho passou a ameaçar sua segurança na Rússia tzarista, deixou o filho com os avós maternos e partiu para o exílio na Alemanha, na Suíça e na Escandinávia. Foi, talvez, durante suas extensas viagens pela Europa e pelos Estados Unidos que ficou mais exposta às ideias de realização individual nos relacionamentos amorosos. Para ela, o status das mulheres era fundamental para o comunismo; e ela acreditava num mundo transformado após uma futura revolução comunista.

No livro *Mulher trabalhadora e mãe* (1916), Kollontai comparou as chances de vida de quatro mulheres com o mesmo nome: Mashenka. Uma era a mulher do dono de uma fábrica, uma era lavadeira, uma era empregada doméstica e uma, operária de tinturaria. Enfurecida com a desigualdade material entre elas, imaginou o fim das hierarquias de classe que criavam "parasitas" e trabalhadores. Em vez disso, Kollontai pedia a seus leitores: "Imaginem uma sociedade, um povo, uma comunidade, em que não haja mais madames Mashenka e lavadeiras Mashenka", em que as necessidades humanas "serão atendidas pela sociedade, que será como uma grande e amistosa família".[7] Kollontai via uma enorme possibilidade para as mulheres nas mudanças prometidas pela Revolução Bolchevique. Na verdade, seus primeiros escritos tomavam essas mudanças como inevitáveis, enraizadas na interpretação marxista dos sistemas econômicos:

> Mas tal sociedade, sem dúvida, só pode ser encontrada nos contos de fadas? Poderia uma tal sociedade existir? A ciência econômica e a história da sociedade e do Estado mostram que essa sociedade deve existir e existirá. Por mais que os capitalistas ricos, os proprietários de fábricas, os proprietários de terras e os donos das coisas lutem, o conto de fadas se tornará realidade.[8]

Após a Revolução Bolchevique de 1917, quando fez parte do comitê executivo soviético de Petrogrado, Kollontai se tornou uma agitadora de alto nível. Suas previsões sobre o trabalho doméstico coletivo, a nova moralidade e a nova feminilidade foram amplamente divulgadas na União Soviética, e seus escritos foram traduzidos na China pelos revolucionários do movimento Quatro de Maio, na década de 1920. No entanto, seu sonho de uma mudança inevitável minimizava os obstáculos apresentados pelo poder masculino e parecia deixar pouco espaço à ação feminina. Um sonho pode ser inspirador, mas, se não oferecer nenhuma oportunidade de as mulheres trabalharem pela sua realização, continua sendo uma quimera.

Alguns anos após a Revolução Bolchevique, Kollontai reconheceu, em seus escritos, algumas limitações de seus sonhos anteriores de transformação da vida feminina. Ela teve a oportunidade de experimentar alguns desses desejos na vida real quando, em 1917, se tornou a primeira Comissária do Povo para o Bem-Estar Social, no governo de Vladimir Lênin. Em 1919, fundou o Zhenotdel [Departamento da Mulher] e lutou pela alfabetização e pelos direitos reprodutivos femininos no início da União Soviética. O aborto foi legalizado em 1920, mas Stálin o criminalizou novamente em 1936. Nos anos turbulentos após a revolução, Kollontai não achou fácil realizar seus sonhos e acabou se desentendendo com a liderança bolchevique. Seus romances e contos, escritos na década de 1920 após ter ido para o semiexílio, revelavam a sua evolução na consciência de como seria complexa a mudança na hierarquia entre os gêneros. Ao contrário de muitos colegas revolucionários, o sonho de Kollontai foi além da perspectiva de um padrão de vida melhor para suas Mashenkas. Seus escritos utópicos posteriores estavam centrados em uma sociedade na qual todos poderiam experimentar um "grande amor" — cujo potencial transformador ela acreditava que mudaria toda a ordem social. Kollontai buscava a libertação sexual e via o desejo (heterossexual) como uma força transcendente: "Apenas quando as palavras não forem mais adequadas elas descobrirão a expressão máxima de seus sentimentos na paixão sexual — aquela força ardente, radiante, que era tão bela e que abrangia todas as cores de seus sonhos".[9]

No entanto, Kollontai reconhecia que o amor e o desejo eram emoções difíceis de controlar, podendo acarretar custos significativos para as mulheres. Sua vida pessoal também refletia sua ênfase no amor: viveu uma relação transgressiva e pouco convencional com Aleksandr Chliápnikov, um metalúrgico, e depois com Pavel Dybenko, um revolucionário da classe operária muito mais jovem que ela, com quem se casou em 1917. Foi forçada a encarar os limites dos seus sonhos e de sua realização na atmosfera pesada da década de 1920, quando a transformação sexual e emocional que ela buscava foi eclipsada pela realidade da crise econômica e política do país. Kollontai foi posta de lado por Lênin por causa de seu apoio ao controle das fábricas pelos operários e obrigada a deixar a União Soviética, assumindo cargos diplomáticos na Escandinávia e no México. Foi durante a década de 1920 que ela escreveu suas explorações ficcionais sobre a vida das mulheres no comunismo e ganhou notoriedade global como o rosto identificável do "amor livre". Assim como a reputação da escritora britânica Mary Wollstonecraft foi dominada pelas acusações de imoralidade sexual quando seus casos amorosos e gravidez fora do casamento vieram à tona, Kollontai ficou conhecida como promotora subversiva dos excessos sexuais. Ficou famosa pela analogia entre o sexo e beber água; segundo relatos, a resposta de Lênin foi mordaz e estigmatizante: "A sede deve ser satisfeita. Mas será que a pessoa normal, em circunstâncias normais, haveria de se deitar na sarjeta e beber de uma poça d'água, ou então de um copo com a borda engordurada por muitos lábios?". Quaisquer que fossem as intenções de Kollontai, tanto sonhar como viver uma vida alternativa a levaram à exclusão e ao silenciamento.

Ao contrário de muitos escritores utopistas, Kollontai projetou sua ficção no passado, antes da Revolução Bolchevique ou na época da própria revolução. Suas histórias estavam centradas em personagens femininas que amavam homens e estavam comprometidas com novos tipos de vida. A utopia de Kollontai não era futurística, mas utópica, ao imaginar a psique humana transformada, capaz de amar, de desfrutar da paixão sexual e de equilibrar a autorrealização apaixonada com o compromisso com o bem coletivo. Em "Um grande amor", conto escrito em 1923, Vasilisa Malyguina era apresentada como uma militante comunista da classe operária que lutava para fundar casas comunitárias. Ela foi amante e depois esposa de Vladimir, anarquista que se tornou bolchevique; o relacionamento dos dois era uma combinação de desejo, amizade e frustração. Vasilisa, como muitas das outras heroínas criadas por Kollontai, lutava para combinar um relacionamento amoroso individual, sempre tempestuoso, com o trabalho pela revolução. Rejeitando o prêmio patriarcal da virgindade, teve relações sexuais com vários homens, e mesmo assim era atormentada pelas ideias antigas de respeitabilidade sexual, que ainda sobreviviam e que seus amantes por vezes conservavam de maneira hipócrita. Por fim, a personagem operária deixa o marido infiel e volta ao trabalho no Partido; as heroínas de Kollontai eram, infalivelmente, mais felizes quando libertadas de seus exigentes amantes. Vasilisa se relacionava com homens de uma maneira quase maternal; os homens de Kollontai pareciam infantis em sua dependência emocional das mulheres.

Em *Um grande amor* o amor passional de Vasilisa por Vladimir acaba se transformando em amizade, e ela chega até mesmo a ter um sentimento fraternal pela nova amante dele, embora se sentisse penalizada pela confiança dessa amante burguesa em amar um único homem. Mas Kollontai reconheceu na conclusão do conto a vulnerabilidade reprodutiva feminina, quando Vasilisa descobre que estava grávida. Talvez tivesse um otimismo ingênuo em relação às perspectivas de criar um filho com o apoio do sistema coletivo soviético. No livro *Mulher trabalhadora e mãe*, Kollontai havia feito previsões cheias de confiança:

> Quando Mashenka, que agora não é nem uma senhora, nem uma empregada, mas apenas uma cidadã, engravida, não precisa se preocupar com o que acontecerá com ela nem com sua criança. A sociedade, essa grande família feliz, cuidará de

tudo. Uma casa especial com jardim e flores estará pronta para recebê-la [...]. As crianças iriam crescer no jardim de infância, na colônia infantil, na creche e na escola sob os cuidados de profissionais experientes. Quando a mãe quiser ficar com os filhos, basta dizer; e quando não tiver tempo para eles, sabe que eles estarão em boas mãos.[10]

A realidade da vida na União Soviética pós-revolução não foi tão animadora, mas Kollontai manteve seu otimismo quanto à imaginada gravidez e maternidade de Vasilisa. Talvez seu relativo privilégio e o impacto limitado de sua própria maternidade sobre seu ativismo político a tenham deixado com pouco espaço para imaginar a experiência real das mulheres que criam filhos fora das estruturas familiares convencionais.

Embora as três tenham sido escritas em um espaço de vinte anos, as utopias feministas de Rokeya, Gilman e Kollontai diferem de forma drástica na maneira de imaginar as relações entre mulheres e homens — um reflexo de seus contextos culturais, religiosos e políticos distintos. No trabalho intelectual de Charlotte Perkins Gilman, sua espiritualidade e sua visão eram entrelaçadas com preocupações darwinianas e eugênicas em uma formação que ela denominou "o feminismo mais amplo". Os sonhos de Rokeya Hossain desenvolveram uma versão islâmica transcendente, visionária e heterodoxa de um sonho feminista. Alexandra Kollontai também estava interessada na transcendência espiritual por meio do poder do amor, embora preferindo que isso se realizasse em um contexto marxista e secular. Essas escritoras também estavam inseridas em campanhas locais específicas em favor de causas como o sufrágio feminino, os direitos reprodutivos e a educação; mas as três se propuseram a explorar mundos imaginários, e às vezes fantásticos, de mudanças nas relações de gênero. Tinham em comum a ênfase no trabalho significativo e universal das mulheres como a chave para um futuro feminista. Essa característica era comum na tradição socialista utópica e, na obra de Kollontai, estava mais intimamente ligada a uma visão marxista do governo dos trabalhadores. O emprego trouxe independência econômica, e a maioria das feministas reconheceu isso como uma conquista importante. Mas o trabalho das mulheres — projetos de atividades criativas e úteis à sociedade — era um objetivo básico compartilhado por todos esses sonhos feministas.

ATUALIZANDO A UTOPIA

Esses sonhos de utopias feministas refletem um rico período do final do século XIX e início do século XX, quando ambos os sexos foram capazes de imaginar tipos diferentes de organização social. Também houve tentativas de viver esses sonhos de maneira mais concreta. Os radicais do século XIX experimentaram de modo amplo com comunidades "modelo" e utópicas e insistiram na sua capacidade de transformar sonhos em realidade. Pandita Ramabai (1858--1922) foi uma dessas sonhadoras, que estava convencida da necessidade de suas amigas indianas viverem de maneira autônoma, em comunidades femininas de apoio mútuo. Era uma reformista social de status elevado, cuja vida fora moldada pela decisão incomum de seu pai, um professor de sânscrito brâmane de alta casta, de levar seu conhecimento das escrituras à esposa e à filha. Ramabai levou uma vida precária e pouco ortodoxa de peregrinação com seus pais e irmãos. O pai resistiu às ofertas de um casamento arranjado, e Ramabai acabou escolhendo seu próprio marido aos 22 anos, relativamente tarde, depois que os pais e seu irmão morreram na grande fome de Madras de 1877. Antes do casamento, ela fora um exemplo celebrado da erudição tradicional hindu em Calcutá, embora causasse polêmica por sua opção de se casar fora da sua casta, numa cerimônia civil. Passou então a ter um profundo interesse pelas questões que afetavam as mulheres indianas. Como argumentou a historiadora Padma Anagol, a fundação da Arya Mahila Samaj [Sociedade de Mulheres de Ary] por Ramabai em 1882, no estado indiano de Maharashtra, lhe deu uma plataforma para expor às autoridades coloniais os problemas da subordinação das mulheres e a necessidade de reformas.[11]

O casamento precoce e a morte do marido se tornaram questões proeminentes de justiça e de igualdade de gênero para Ramabai, que ficou viúva depois de apenas dois anos de casada e teve que sustentar a filha sozinha. Foi essa experiência que a levou a promover lares de viúvas, especialmente voltados para as que tinham perdido o marido ainda na infância ou na juventude. Inaugurado em 1889, o primeiro desses lares, denominados Sharada Sadan [Lar da Deusa do Aprendizado], visava promover a autossuficiência econômica feminina por meio de atividades artesanais e agrícolas.

Como muitas outras ativistas do movimento das mulheres, Ramabai apostava no poder da alfabetização e da cultura impressa para a realização dos sonhos feministas. Os lares Sharada Sadan, disse ela, deveriam ter bibliotecas com os melhores livros de ciência e literatura. Além disso, "também deve haver palestras nas bibliotecas [...] para abrir os olhos e os ouvidos daquelas que há tanto tempo moram na prisão da ignorância".[12] Ramabai ajudou a montar uma gráfica dirigida por mulheres e incentivou a publicação de jornais femininos. Promoveu oportunidades de emprego para as mulheres indianas no ensino e na enfermagem, e um novo casamento para viúvas. E embora inicialmente tenha apresentado seu trabalho como garantia do futuro das mulheres de castas elevadas, permaneceu atenta às necessidades das menos educadas e privilegiadas. Dada sua própria experiência trágica com a fome, tomou as rédeas ao ajudar mulheres que se tornaram vulneráveis pelas constantes fomes de que padecia a Índia colonial. Seu compromisso feminista foi organizado em torno da ideia de autossuficiência feminina, baseada em um forte senso das possibilidades transformadoras da educação feminina.

Ramabai viajou extensivamente pela Grã-Bretanha e pela América do Norte, buscando estudar medicina e arrecadar fundos para seus lares de viúvas. Suas palestras eram reforçadas por publicações, incluindo *A mulher hindu de alta casta*, que publicou em inglês, em 1887. Conseguiu arrecadar dinheiro, fundando também a Ramabai Association of America.[13] Ao se envolver com sufragistas, abolicionistas e ativistas da Temperança, movimento que propunha a proibição do consumo de álcool, Ramabai conseguiu montar uma coalizão de apoiadoras que lhe deu oportunidades de dar respaldo às mulheres indianas socialmente marginalizadas.

No entanto, esse apoio teve um custo; o trabalho de Ramabai foi apresentado em termos que tornavam as mulheres indianas seres exóticos e as mostravam como vítimas. Uma de suas patrocinadoras, Rachel L. Bodley, foi reitora da Faculdade de Medicina da Mulher da Pensilvânia. Bodley ajudou a treinar Anandibai Joshee (1865-87), a primeira mulher hindu a se formar em medicina, apesar de ter se casado aos nove anos. Sua gravidez aos treze anos e a perda do filho recém-nascido inspiraram Joshee a buscar uma formação na área. Bodley apoiou Joshee, mas achou impossível não ver as mulheres indianas como vítimas impotentes. Ao receber a incumbência de escrever a introdução ao livro de Ramabai *A mulher hindu de alta casta*, Bodley fez uma apresentação melodramática:

o silêncio de mil anos foi quebrado, e o leitor deste pequeno volume despretensioso capta as primeiras palavras dessa voz desconhecida. Palpitantes de dor, elas são reveladas nas páginas seguintes a mulheres inglesas e americanas inteligentes, educadas e felizes.

A própria Ramabai parecia seguir o exemplo de Bodley, descrevendo as mulheres hindus em termos altamente pejorativos:

> Elas foram reprimidas tão cruelmente em seus primeiros anos de vida que a autossuficiência e a energia morreram dentro delas; vítimas indefesas da indolência e da falsa timidez, sentem-se aterrorizadas com facilidade e têm pouca ou nenhuma força para resistir às provas e dificuldades que uma pessoa deve enfrentar em seu caminho para o progresso. [...] Não será o dever de nossas irmãs ocidentais ensiná-las a se tornar autossuficientes?[14]

Apesar de suas posições sobre a timidez das mulheres indianas, a própria Ramabai desenvolveu uma reputação de personagem contestatária e heterodoxa, que não se dispunha a representar o papel de mulher indiana vitimizada. Também causou polêmica ao se converter ao cristianismo durante uma visita à Grã-Bretanha; oferecia às residentes de Sharada Sadan ensinamentos tanto sobre o hinduísmo quanto sobre o cristianismo. No entanto, ela rejeitou elementos-chave do ritual e da teologia anglicana, recusando-se a usar um crucifixo ou a endossar a divindade e a ressurreição de Cristo; em vez disso, preferiu trazer elementos indianos para o cristianismo, compondo salmos em marata e hindi e traduzindo a Bíblia para o idioma marata. Também estava convencida do baixo impacto que as intervenções ocidentais, por meio de missionários e instituições de caridade, poderiam ter sobre a situação das mulheres indianas. Em sua opinião, as chamadas missões zenanas nunca poderiam dar conta da extensão territorial da Índia. A fim de efetuar a mudança, Ramabai insistiu: "Temos que dar prioridade a professoras de nossa própria nacionalidade".

Quanto à administração dos lares Sharada Sadan, foi difícil para Ramabai exercer autoridade no ambiente complexo da Índia colonial. Suas atividades competiam com missionários britânicos e americanos, assim como com as autoridades da Igreja anglicana e o governo colonial. Ramabai buscou o controle dentro dos lares que fundou, para logo em seguida ser marginalizada por comitês de financiadores americanos abastados. Também desafiou a autoridade ritual dos brâmanes e, como mulher cristã, era uma presença indesejável. Seu lar para viúvas foi boicotado por hindus influentes de Maharashtra, por temerem que as internas pudessem se converter ao cristianismo. Sempre se suspeitou que sua tolerância para com um ambiente multifacetado e seu apoio à liberdade espiritual das mulheres fossem uma forma subversiva de missão cristã, em especial quando Ramabai estendeu a adesão ao lar das viúvas da classe alta para as mulheres de áreas rurais menos educadas, que padeceram de inanição durante os anos da grande fome de Madras. O comitê administrativo acabou restringindo o acesso de Ramabai a certos espaços nos lares das viúvas, como a cozinha, a sala de jantar e o alojamento de moradoras hindus.

O sonho de oferecer às mulheres um espaço de liberdade pessoal e religiosa era extremamente difícil de implementar naquele ambiente tenso de interações inter-religiosas. As tentativas de Ramabai de criar espaços de refúgio e de oportunidades, administrados por mulheres, foram boicotadas não só pela oposição patriarcal, como também pelo sectarismo religioso e pelos interesses dos poderes coloniais. No entanto, suas ações e sua determinação inspiraram outras ativistas que vieram depois. Na Indonésia, uma estudante chamada Kartini leu sobre Ramabai e escreveu mais tarde: "Eu tremi de excitação; então não é só a mulher branca que pode atingir uma posição independente; a mulher asiática marrom da Índia também pode se libertar. Pensei nela durante muitos dias e nunca consegui esquecê-la".[15] Kartini (1879-1904) se tornou a primeira mulher a contestar abertamente a poligamia e a fazer campanha pela educação feminina nas Índias Orientais Holandesas (atual Indonésia), por meio de sua correspondência com mulheres holandesas. Abandonando os planos de se formar professora em Tóquio, em 1903 se tornou a terceira esposa de um chefe indonésio e morreu no ano seguinte, aos 25 anos, após o nascimento de seu filho. Apesar de uma vida tão breve, ao externar seu apoio à ampliação das oportunidades para as mulheres indonésias, Kartini se tornou uma figura importante para as ativistas indonésias que se seguiram.

OS LIMITES DOS SONHOS

Até agora, os sonhos feministas examinados aqui têm sido utopias, expressas na ficção e na fantasia e, vez ou outra, na vida cotidiana. Mas os sonhos nem sempre são puramente utópicos ou meras aspirações. Os sonhos noturnos podem ser ambivalentes e repletos de tensões inconscientes que nos fazem lembrar a dificuldade de viver com os princípios feministas. Recalibrar os relacionamentos entre homens e mulheres significava repensar os domínios mais íntimos do ser. Como era de se esperar, isso provoca certa ambivalência e angústia, sentimentos que surgiam nos sonhos de mulheres e homens que imaginavam um mundo diferente.

Há pouquíssimos sonhos registrados em arquivos históricos, e temos que tratar aqueles que estão escritos apenas como um registro muito aproximado do que pode de fato passar pela nossa mente sonhadora. E, claro, os que chegam a ser escritos são aqueles que o sonhador decide compartilhar. Temos um extraordinário vislumbre dos desejos inconscientes de um importante pensador feminista britânico, John Stuart Mill (1806-73). Numa carta escrita por esse filósofo, político e defensor dos direitos da mulher, ele descreve um sonho.

Em 1869, Mill publicara um argumento filosófico e ético defendendo a igualdade de gênero, *A sujeição das mulheres*. Fez pressão pela aprovação do sufrágio feminino, patrocinando uma emenda nesse sentido ao Projeto de Reforma de 1867, que estava prestes a conceder o direito de voto na Inglaterra a uma nova grande categoria de homens da classe trabalhadora. Suas contribuições para o sufrágio feminino nos recordam de um importante fio condutor deste livro: que também houve homens feministas ativos e influentes. A ideia de que só as mulheres podem ser feministas é uma afirmação que deve ser entendida em seu devido contexto histórico — em certos momentos e lugares, essa foi uma convicção profundamente arraigada. Mas está longe de ser verdade em todos os períodos, e vemos Mill ao lado de outros homens, como o americano Frederick Douglass, ex-escravizado e sufragista, e o chinês Jin Tianhe, como defensores de oportunidades mais amplas para as mulheres. Mill, como muitos homens feministas, se inspirou em uma colaboradora — nesse caso, sua esposa Harriet Taylor Mill. Ele a idealizava, afirmando que tinha "uma sabedoria quase incomparável", e os dois escreveram juntos textos sobre violência doméstica e outras questões importantes para as suas campanhas.[16]

John Stuart Mill tinha uma visão muito específica da mulher-cidadã ideal. Celebrava a vida das mulheres casadas e "donas de casa" como a forma mais elevada de feminilidade, apesar do número crescente de mulheres em muitos países europeus no final do século XIX que não conseguiam se casar. A emigração dos homens europeus para países como Estados Unidos, Argentina, Austrália e Canadá criou um desequilíbrio de gênero nos países de origem. Isso causou enorme preocupação pública com o fato de que as mulheres solteiras eram "excedentes" em termos sociais e sexuais. O apoio de Mill ao voto feminino se baseava em sua percepção das qualidades específicas das mulheres casadas como cidadãs; tinha menos entusiasmo pelas mulheres solteiras, que considerava terem fracassado por não alcançar sua maior realização. No entanto, embora a mulher casada fosse o ideal de Mill, Sandra Zerilli argumenta que a descrição feita pelo autor da virtude feminina dependia de uma "feminilidade assexuada como uma força moralizadora".[17] Prudência, moderação e supressão dos apetites mais primitivos eram essenciais para essa visão da cidadania; o próprio Mill manteve um relacionamento de vinte anos, apaixonado, mas casto, com Harriet, por esta já ser casada. Foi apenas quando ela ficou viúva que John Stuart Mill e Harriet Taylor puderam se casar, e Mill manteve, durante toda a vida, sua posição crítica em relação às "paixões mais baixas" como males sociais.

Sua própria vida onírica sugere algo da dissonância que o desejo sexual exerce sobre ele. Em 1857, escreveu para sua esposa Harriet contando um sonho. Era uma conversa que ocorria em um jantar, "com uma mulher à minha esquerda e um rapaz à minha frente". No sonho, o rapaz declarava:

> "Existem duas coisas excelentes e raras para se encontrar em uma mulher: uma amiga sincera e uma Madalena sincera." Respondi que "a melhor coisa seria encontrar as duas juntas em uma só", ao que a mulher disse: "Não, isso seria demasiada vaidade". Irrompi então: "Você acha que quando alguém fala do que é bom em si, deve estar pensando nos seus próprios interesses mesquinhos? Não, eu falei sobre o que é abstratamente bom e admirável".[18]

"Madalena" era, na época, um eufemismo para uma mulher promíscua ou que vendia sexo. O sonho de Mill sugeria que ele estava procurando uma figura que pudesse combinar sensualidade e desejo com a igualdade intelectual e o companheirismo que ele prezava como virtudes da cidadã — embora ele temesse que esse desejo fosse considerado *vain* [ou seja, "vão" ou "vaidoso"]. A ambiguidade é que a referência a essa combinação como "vã" pode significar "impossível" ("em vão"), ou ser uma acusação à vaidade pessoal. Os sonhos raramente oferecem clareza, embora possam sugerir tensões e sentimentos não resolvidos. No relato de Mill sobre o sonho, ele corrigiu seu personagem onírico: "Ele havia citado errado; as palavras *corretas* eram '*uma madalena inocente*'".

O paradoxo desse conceito — consciência sexual da mulher combinada com inocência — mais uma vez aponta para a frustração inconsciente e a ambivalência de Mill quanto à sua política de gênero. A "madalena inocente" impossível era uma figura ameaçadora, desestabilizadora. Sua carta para a esposa continuava: "Que estranho sonhar com palavras estúpidas de zombaria, e de um tipo totalmente diferente da maneira de ser ou do caráter da pessoa". E se distanciou do sonho, chamando-o de "cômico" e "ridículo". No entanto, esse sonho oferece um vislumbre interessante da dificuldade de sustentar uma posição feminista, que, para Mill, assim como para Gilman e Rokeya, se centrava na repressão sexual e na elevação da razão sobre a paixão.

O sonho da feminista americana Doris Stevens nos dá outro exemplo vívido das tensões que ocorrem quando se vive uma vida feminista. Stevens havia aderido à luta pelo voto feminino nos Estados Unidos através do Partido Nacional das Mulheres; mais tarde, no entreguerras, teve lugar de destaque nos esforços para aumentar a influência das mulheres na política internacional, como chefe da Comissão Interamericana de Mulheres (1928--39). Casou-se em 1921 com o conhecido advogado Dudley Field Malone e declarou seu apoio a novos tipos de relacionamento conjugal. Propôs que as mulheres casadas deveriam conservar seu sobrenome original e permanecer em empregos remunerados. E esperava que seu próprio casamento fosse um exemplo de como o amor e o companheirismo podiam ser possíveis — uma demonstração viva das esperanças que Kollontai expressara apenas uma década antes e que, no fermento da Revolução Bolchevique, pareciam utópicas e, ao mesmo tempo, possíveis.

No entanto, o relacionamento entre Doris Stevens e seu novo marido não assumiu a forma que ela esperava. Ele era abusivo emocionalmente e passou a menosprezá-la e a mantê-la isolada. Malone não compreendia as necessidades de autonomia e realização profissional da mulher; era sexualmente infiel, e o casal acabou se divorciando em 1927. Doris registrou em seu diário um sonho que teve quando morava em Paris com Dudley. Sonhou que, ao se aproximar de um grupo de amigos, Dudley falou dela como "uma esposinha — e uma bela de uma vadia, é isso que ela é". Mortificada pelo comportamento dele, ela pensou em imitar um trem, fazendo "chuff-chuff", para disfarçar a postura do marido e neutralizar a situação.[19] O sonho revela o custo psíquico de se tentar viver fora dos limites do convencional. Doris foi duramente criticada na imprensa depois do divórcio, descrita como uma mulher cujas aspirações de trabalhar e viver um amor "moderno" tinham destruído seu casamento.

SONHANDO COM A DIFERENÇA

Os sonhos feministas que examinamos aqui abrangeram um período relativamente curto, das décadas de 1880 a 1920, e mostram como três ambientes distintos — a Índia sob domínio britânico, a Rússia soviética e os Estados Unidos — produziram visões muito diferentes entre si. Cada "mosaico" feminista tem seu desenho único, embora às vezes o mesmo azulejo ou cor se repita no tempo e no espaço.

O impulso de encontrar semelhanças entre os diversos feminismos se tornou mais urgente e preocupante dentro do quadro conceitual de sororidade que marcou as ideias da libertação das mulheres nos anos após 1968. A feminista norte-americana Adrienne Rich (1929-2012) publicou em 1978 sua coletânea de poemas *The Dream of a Common Language* [O sonho de uma linguagem comum]. Ela já era uma poeta reconhecida e uma figura importante na corrente do movimento de libertação das mulheres norte-americanas denominada "radical", por exaltar a autonomia feminina e seus conhecimentos e interesses comuns, enraizados na maternidade e no desejo sexual autônomo. Os poemas de Rich não ofereciam um simples apelo à unidade; destacavam a maneira como o poder é retirado das mulheres nas estruturas de linguagem impostas a elas pelos homens. Rich também estava bastante ciente do desafio que as divisões de raça, etnia, sexualidade e classe representavam para as noções de "sororidade". Porém, em um poema dedicado à feminista lésbica negra Audre

Lorde, Rich parece estender a mão, em um ato de solidariedade feminina ou materna, para superar a hostilidade das divisões raciais entre as mulheres:

Sou culpada de todas as minhas convicções — e você também. Nós evitamos o toque.
Nosso poder — nós recuamos, fugimos dele, e passamos fome de poder. E uma e outra, estamos aterrorizadas
do que poderia ser se tomássemos o nosso amor e o usássemos...
Poderíamos colocá-lo numa mangueira e regar toda uma cidade, um mundo.
Poderíamos manejar e dirigir o seu jato, destruindo
Venenos, parasitas, ratos, vírus —
Tal como as mães terríveis que desejamos ser e tememos ser.[20]

Audre Lorde (1934-92) publicou uma longa conversa com Rich, gravada em 1979 e divulgada em 1981, sobre o poder da escrita para transmitir as experiências e os traumas femininos. A conversa sugere a profunda tensão racial entre as feministas norte-americanas, mas também a possibilidade de aproveitar a energia criativa de reconhecer as diferenças. Rich terminou assim seu poema dedicado a Lorde: "Até que encontremos uma à outra, estaremos sozinhas".

Mas os fatos mostraram a dificuldade de se alcançar uma posição comum. Lorde perdeu a paciência por ter que lidar constantemente com o racismo de suas compatriotas brancas, sem nunca resolver o problema. Em 1979, ela decidiu não mais se engajar, em protesto contra o racismo que estava esgotando sua energia ativista. Em uma carta aberta a outra feminista radical branca, Mary Daly, Lorde declarou:

Decidi nunca mais falar com mulheres brancas sobre racismo. Achei que era um desperdício de energia, devido à culpa destrutiva e à atitude defensiva, e porque tudo o que eu tinha a dizer poderia ser mais bem dito pelas mulheres brancas umas às outras, com muito menos custo emocional para quem fala e, provavelmente, com ouvintes mais atentas.[21]

Foi uma sensação parecida de inutilidade que levou Pratibha Parmar, cineasta e ativista britânico-asiática, a contribuir com um texto de reflexão intitulado "Other Kinds of Dreams" [Outros tipos de sonhos] para a revista *Feminist Review*, em 1989. Parmar havia enfatizado em outras ocasiões a força que obtinha do compromisso das feministas negras com a diversidade, embora notasse a atitude defensiva que isso provocava nas feministas brancas. Celebrar as diferenças, com base em experiências específicas de opressão, poderia ser produtivo; mas também poderia facilmente terminar com uma acumulação improdutiva de "identidades oprimidas" e um recuo para a "política de estilo de vida". Parmar propôs que, em vez de se organizar em torno de uma opressão em comum, tornando-se "parceiras na infelicidade", o conceito de diáspora era a forma mais produtiva de capturar a diversidade, evitando o essencialismo de identidades como "negritude" e "branquitude". Parmar citou a poeta americana June Jordan sobre o poder de "outros tipos de sonhos, que nada têm a ver com o fato de sermos brancas ou não brancas".[22]

Em 1871, a sufragista americana Susan B. Anthony estava dando uma palestra em Salt Lake City, em Utah, nos Estados Unidos. Um ouvinte incômodo tentou expressar seu ponto de vista, e Susan Anthony deu uma resposta que ficou famosa: "Fora com as suas visões de homem! [em inglês, *'man-visions'*] As mulheres propõem rejeitar todas elas e começar a sonhar seus próprios sonhos". A ideia de que os sonhos das mulheres eram diferentes dos sonhos dos homens era profundamente subversiva. No entanto, até que ponto todas podem compartilhar os mesmos sonhos? Essa se demonstrou ser uma preocupação definidora das feministas e uma área com divisões profundas. Os sonhos não só vislumbram inovações, mas também podem sugerir os limites e as tensões embutidas nas expectativas de mudança, como descobriu Ramabai nas suas tentativas mirabolantes de criar um abrigo para mulheres. As visões feministas de um futuro imaginário são radicalmente plurais. A ideia da abolição do gênero, por exemplo, foi usada no extraordinário romance de Ursula Le Guin, de 1969, sobre a androginia: *A mão esquerda da escuridão*. Mas a abolição do gênero pode ser o pesadelo de outra pessoa. Não há evidências de que as sonhadoras feministas do início do século xx, como Rokeya, Gilman e Kollontai, tenham se lido. Provavelmente elas não teriam se reconhecido como participantes de um movimento "feminista" comum a todas, nem compartilhado qualquer tipo de identidade. Colocar os sonhos dessas mulheres lado a lado não é uma tentativa de reconciliá-los. Pelo contrário, mostra os diversos registros da imaginação utópica feminista em diferentes lugares, bem como algumas semelhanças e ecos que ressoaram em seus sonhos de uma à outra.

Deixar de lado o dilema impossível da unidade feminista e substituí-lo por coalizões mais flexíveis e provisórias, formando um mosaico, tem se mostrado um movimento produtivo no pensamento feminista recente. Como argumentou a filósofa feminista Iris Marion Young em 1997: "Precisamos acordar para o desafio de compreender as diferenças, em vez de continuar sonhando com um sonho em comum".[23] Enquanto Adrienne Rich chamava seu anseio de uma "linguagem comum", Lorde falava da "própria casa da diferença". Seu sonho, expresso na sua autobiografia *Zami, uma biomitografia*, era o de um mundo sensual no qual as mulheres "trabalham juntas como amigas e amantes", fazendo a ponte entre a divisão do trabalho e do amor — divisão que tanto perturbava os escritos de Mill, Gilman e Kollontai. Vou dar a Lorde a última palavra aqui:

> *Sermos mulheres, juntas, não bastava. Nós éramos diferentes.*
> *Sermos lésbicas, juntas, não bastava. Nós éramos diferentes.*
> *Sermos negras, juntas, não bastava. Nós éramos diferentes.*
> *Sermos mulheres negras, juntas, não bastava. Nós éramos diferentes.*
> *Sermos sapatões negras, juntas, não bastava. Nós éramos diferentes.*[24]

2. Ideias

Os sonhos feministas podem ter sido utópicos, mas ao imaginar, especular e fantasiar sobre diferentes futuros eles mostraram a violência, os absurdos e as contingências da organização dos gêneros na sociedade. Os sonhos encontraram apoio em vidas e campanhas feministas e inspiraram ideias, teorias e análises. Este capítulo examina as inovações intelectuais feministas mais importantes e traça os empréstimos de diversas tradições, como o cristianismo, o socialismo, o liberalismo, o constitucionalismo, o nacionalismo e o republicanismo. Concentro-me aqui em uma constatação fundamental: que a diferença por sexos não é uma divisão natural, mas sim imposta de diferentes formas no tempo e no espaço.

As ideias de gênero são mantidas por meio de estruturas sociais e políticas. Algumas sociedades trabalham com uma organização binária masculino/feminino. Outras podem ter formulações múltiplas de sexo e gênero, pautadas por idade, posição social, tipo de trabalho, papel espiritual e assim por diante. O Japão, por exemplo, oferecia no início da era moderna oportunidades para rapazes ou jovens monges assumirem um papel de "terceiro sexo"; também algumas sociedades dos povos nativos americanos eram organizadas em torno de diversos gêneros. Algumas sociedades podem ver a diferença entre sexos como uma forma fundamental de organização; outras podem considerar a idade, a etnia ou a raça como fatores muito mais importantes. Estudiosos como Ifi Amadiume, por exemplo, argumentaram que na organização de algumas sociedades africanas, a hierarquia e o agrupamento das faixas etárias eram mais importantes do que o gênero, o que permitiu que as mulheres adotassem papéis transgressivos ou poderosos, tais como a "mulher-marido".[1]

Essa ideia de variabilidade é realmente importante porque torna a mudança possível — ou seja, a diferença entre os sexos não é um dado e pode assumir formas diversas. Portanto, está aberta a desafios e mutações. A história é tão poderosa para as feministas porque demonstra essas variações ao longo do tempo e recusa a noção de que a subordinação das mulheres é um fato indiscutível. No entanto, a ideia de fluidez e diversidade na organização da diferença entre os sexos se desenvolveu em paralelo com outra ideia feminista: a que diz que as formas de organização socioeconômica que colocam as mulheres em desvantagem são antigas e difíceis de mudar. Essas formas malignas já foram chamadas de várias maneiras pelas feministas: "esferas separadas", "androcentrismo", "*nannü*" ou "patriarcado".

Reconhecer as iniquidades permanentes e a opressão não impediu que houvesse uma linha de pensamento mais otimista. Algumas feministas se animaram e se inspiraram na ideia de que as mulheres possuem características próprias distintas e duradouras, enraizadas, para algumas, na função materna, ou em ideias de uma "cultura da mulher", associada a formas sociais mais humanas, mais pacíficas ou igualitárias. Examinarei aqui as noções de diferença sexual e a persistente natureza da dominação masculina nos últimos 250 anos.

MULHERES, RAZÃO E VIRTUDE

Os debates sobre gênero na Europa do século XVIII tendiam a focar na natureza das mulheres como uma ameaça ao bem público, devido ao seu suposto amor pelo luxo e pela fofoca. Em um século que enfatizou os "valores do Iluminismo" — o poder da razão e da educação para transformar a humanidade e dar apoio a boa governança —, a feminilidade parecia ameaçar as ideias de progresso. Alguns dos primeiros pensadores a contribuir para os debates sobre as mulheres na vida pública rejeitaram essa visão e insistiram no potencial intelectual e moral feminino. A "questão da mulher", como era chamada, não se detinha no poder dos homens sobre as mulheres, mas sim nas qualidades contestadas da feminilidade.

Educada nos círculos de elite em Aragão, na Espanha, Josefa Amar y Borbón (1749-1833) foi uma conhecida tradutora e escritora do Iluminismo espanhol. Ganhou renome por suas contribuições à cultura literária da Espanha em uma época de sensibilidade nacional às acusações de atraso e ignorância que pesavam sobre o país. Escreveu livros sobre a "questão da mulher", centrados na educação feminina e em seu papel apropriado na vida pública. Seu ensaio *Discurso en defensa del talento de las mujeres y de su aptitud para el gobierno y otros cargos en que se emplean los hombres* [Discurso em defesa dos talentos das mulheres e sua aptidão para o governo e outras posições em que os homens são empregados], publicado em 1786, apelava para que cessasse todo o debate sobre os méritos relativos das mulheres e dos homens até que os dois sexos tivessem oportunidades iguais de educação e de aperfeiçoamento. Ela argumentava que, sujeitas à bajulação e à tirania, as mulheres "nascem e são criadas na ignorância absoluta", tendo seus talentos sufocados. Baseando-se na crença do Iluminismo na razão e na educação, Amar insistia: "Se a ignorância for destruída, a escravidão também o será". Mas ela não deixava de zombar da vaidade masculina. Quando Eva comeu a maçã no Jardim do Éden, observou Amar, Eva pecou — mas pelo menos, demonstrou curiosidade. Adão comeu apenas por ordem de Eva, "por aquiescência". Para Amar, a narrativa cristã da Expulsão do Paraíso, longe de mostrar a mulher como pecadora e transgressora, indicava que "a mulher está à frente do homem em seu desejo de conhecimento".[2]

Dirigindo-se aos progressistas que buscavam modernizar e reformar a sociedade espanhola, Amar clamou pela entrada das mulheres nos "salões" que vigoravam entre os homens. Denominados "sociedades econômicas", era nesses espaços que ocorriam os debates reformistas. Como muitas escritoras da sua época, Amar se voltou para o passado, para as conquistas de mulheres de outrora, da Grécia Antiga, da França, da Rússia e da Espanha. Mas também estava decidida a contrariar os pressupostos dos *philosophes* de seu tempo. Em seu livro *Emílio, ou Da educação* (1762), Jean-Jacques Rousseau argumentou com veemência que as mulheres e os homens eram profundamente diferentes em suas necessidades e seus deveres sociais. A visão sentimental de Rousseau das mulheres — de que elas eram, na melhor das hipóteses, ajudantes amáveis dos homens — foi extremamente influente nas ideias dos séculos XVIII e XIX sobre a domesticidade e a submissão como virtudes femininas essenciais. Amar aceitava a ideia da orientação das mulheres para as tarefas domésticas, mas insistia que era necessária uma educação racional para que pudessem cuidar da família. E essa educação, segundo ela, deveria incluir habilidades avançadas — contabilidade, latim e grego, história e aritmética. Embora suas demandas não incluíssem os direitos políticos e cívicos, ao publicar com seu próprio nome e exigir, com ousadia, o reconhecimento das mulheres como iguais aos homens, moral e intelectualmente, Amar deu uma contribuição essencial para a "questão da mulher" na Espanha. Suas ações durante as Guerras Napoleônicas, ao enfrentar combates pesados para levar os feridos para um local seguro, também sugeriam a capacidade das mulheres de servir seu país de maneiras inesperadas.

Os escritos de Amar sobre a "questão da mulher" são ainda hoje lidos por seu estilo incisivo, sagaz e furioso, ao discorrer sobre a maneira como as mulheres eram julgadas e tratadas. Suas contribuições, no entanto, foram eclipsadas pelos anos caóticos que a Espanha atravessou durante e após a perda das suas colônias e no conflito com outras potências europeias no início do século XIX. Além disso, a reação política contra a França após as invasões napoleônicas a vários países europeus no início do século XIX não ajudou muito escritoras como ela. Os "direitos das mulheres" eram malvistos por sua associação com o discurso revolucionário francês. No entanto, mesmo nesse período de reação contrária, havia fortes vínculos entre os debates na Espanha e no resto da Europa acerca da "questão da mulher". Em especial, e apesar da sua nacionalidade francesa, o socialista utopista Charles Fourier foi importante ao promover a igualdade entre os sexos. Suas ideias influenciaram mulheres como a escritora irlandesa Anna Wheeler e a alemã Louise Otto, na Turíngia. As propostas de Fourier foram adotadas em comunidades experimentais em toda a Europa e nas Américas — apesar de que, para as mulheres envolvidas, o caráter subversivo das ideias de Fourier quanto ao sexo tornava essas comunidades experimentos arriscados e incertos. Mesmo assim, o desejo de viver de acordo com novos valores manteve viva a "Harmonia" em vários grupos de todo o mundo.

A disseminação de ideias radicais sobre o sexo pelo mundo foi fortalecida pelos movimentos de exílio e migração que caracterizaram os revolucionários do século xix. Na cidade andaluza de Cádiz, por exemplo, as ideias de Fourier foram propostas por Joaquín Abreu, figura revolucionária que passara alguns anos exilado na França. Ali, em 1812, houve um dos primeiros esforços no mundo de se escrever uma constituição. Seus autores afirmavam os direitos liberais da imprensa livre e exigiam o sufrágio masculino em massa, sob uma monarquia constitucional. Embora nunca tenha sido promulgado, esse texto deixou um legado de constitucionalismo radical que foi adotado e ampliado na direção do feminismo e dos primeiros experimentos socialistas. Mulheres de Cádiz inspiradas por Fourier, como Margarita López Morla, publicaram uma série de periódicos nas décadas de 1850 e 1860 com traduções tanto da obra de Fourier como de outros socialistas europeus que escreveram sobre a "questão da mulher", como o radical polonês Jan Czyński (1801-76). As mulheres de Cádiz ecoaram o apelo de Fourier para que a harmonia social fosse alcançada através da cooperação e da liberdade sexual.[3] Fourier forneceu um recurso importante para essas primeiras intervenções feministas na Espanha porque suas ideias eram facilmente adaptadas aos problemas locais. Em Cádiz, isso significava interesse pela reforma agrária e pelas tradições políticas do republicanismo, que enfatizavam o autogoverno participativo e a liberdade.

As contribuições feministas para periódicos em Cádiz foram reunidas em livro por "Rosa Marina" (possivelmente um pseudônimo), que publicou *La mujer y la sociedad*, em 1857. O texto foi o primeiro manifesto na Espanha a exigir a transformação da situação social das mulheres. Inspirada em escritoras do passado, como Josefa Amar, "Rosa Marina" baseou seus apelos pela igualdade das mulheres no compromisso cristão com a igualdade espiritual entre os sexos. Isso produziu uma linguagem feminista que ressoava bem no ambiente religioso católico da Espanha. Essa conciliação entre feminismo e cristianismo seria um tema persistente nos textos feministas espanhóis do século xix e início do século xx.[4] Nesse contexto, "Rosa Marina" reivindicava acesso a todas as formas de emprego para as mulheres, mesmo após o casamento, bem como sua autonomia jurídica. A típica ênfase do socialismo utópico no trabalho continuava presente, embora a liberdade sexual do feminismo de Fourier tenha sido abafada. Tampouco mencionava a maneira como os homens se beneficiavam de uma sociedade organizada em torno da marginalização das mulheres. Como em muitos textos do final do século xviii até meados do século xix, a ênfase era sobre as vantagens que ambos os sexos usufruiriam quando as mulheres alcançassem a igualdade com os homens.

Essa combinação do pensamento cristão com o iluminista e o socialista influenciou as contribuições da Espanha oitocentista sobre a "questão da mulher". Apesar das tensões internas, essa união definiu um discurso que alimentou os debates também florescentes nos países latino-americanos. Como na Espanha, os latino-americanos testemunharam guerras, mudanças sociais bruscas e levantes constitucionais no final do século XVIII e início do século XIX. A região viu a evolução dos jornais ocorrer em paralelo com o aumento dos empregos industriais para as mulheres da classe trabalhadora. As mudanças, somadas às controvérsias sobre a reforma constitucional, alimentaram um amplo debate sobre a "questão da mulher".

No Brasil, por exemplo, a vida das mulheres no início do século XIX era profundamente restrita por um código jurídico herdado de Portugal, que considerava as mulheres como perpetuamente menores de idade. As brasileiras em geral se casavam cedo e não recebiam educação, embora as mulheres da classe trabalhadora adotassem muitos sistemas familiares distintos, incluindo, ocasionalmente, famílias chefiadas por mulheres. E, é claro, algumas brasileiras não eram apenas menores de idade em termos legais, mas também consideradas *propriedade* pessoal. O Brasil foi uma sociedade escravagista até 1888. As mulheres escravizadas viviam em profunda privação, embora algumas tivessem papéis de liderança nos cultos afro-brasileiros.

O Brasil oitocentista era dominado politicamente pela classe dos cafeicultores e pelo domínio português. Apenas mulheres excepcionalmente determinadas e em geral da elite conseguiam ter alguma voz na esfera pública. Entre elas estavam figuras como Nísia Floresta Brasileira Augusta (1810-85), que em 1832 traduziu para o português um texto que acreditava ser de Mary Wollstonecraft, *Reivindicação dos direitos da mulher*. Mas o livro, publicado como *Direitos das mulheres e injustiça dos homens*, não se baseava em Wollstonecraft, mas sim num texto setecentista de autoria obscura, *Woman Not Inferior to Man* [A mulher não é inferior ao homem].[5] No ambiente da época, a autoria literária podia ser fluida ou indeterminada, e os tradutores podiam desempenhar um papel substancial no texto.

Floresta, que adotou o nome de "Brasileira" para enfatizar seu patriotismo, foi uma defensora eloquente dos direitos da mulher ao longo de toda a sua carreira editorial, durante quatro décadas. Teve um casamento curto aos treze anos; depois teve dois filhos com outro homem, porém ficou viúva com um filho pequeno e um bebê. Foi obrigada a se sustentar lecionando e publicando textos, em Porto Alegre e no Rio de Janeiro, além de viajar pela Europa. Floresta tinha um profundo compromisso com a educação feminina, mas também com a visão proeminente na tradição republicana da responsabilidade das mulheres como produtoras e formadoras de bons cidadãos. Essas ideias foram moldadas por sua amizade com o filósofo positivista francês August Comte (1798-1857), que acreditava que as mulheres eram uma força moral superior e regeneradora. Floresta, como muitas de suas colegas, se indignava com as ideias setecentistas que viam a mulher como um bibelô que amava o luxo. Ela insistia no poder de raciocínio feminino, com crítica direta a Rousseau e outros filósofos. Seu trabalho honrava as qualidades femininas de abnegação e influência materna, que, segundo ela, eram essenciais para a construção da nação e o avanço da humanidade.

As defensoras dos direitos da mulher no Brasil, tal como suas contemporâneas em Cádiz, recorreram à poderosa linguagem do constitucionalismo. No século XIX, após décadas ou séculos de domínio colonial absolutista da Espanha e de Portugal, os países latino-americanos estavam surgindo como entidades independentes. Em diversos países, assembleias constituintes e congressos debatiam que tipo de texto poderia governar a ordem política, e ali havia oportunidades para as defensoras da cidadania feminina argumentarem pela sua inclusão. No entanto, essas reivindicações continuavam a ser formuladas em termos de preservação da vida familiar e da moralidade cristã — uma luta pelo "progresso feminino", não por um feminismo mais distinto e radical.[6]

Floresta não via o papel da mulher se ampliando para além da esfera familiar. Ao contrário das socialistas de Cádiz, ela não se interessou pela vida das mulheres pobres, indígenas e da classe operária. No entanto, o aumento ocorrido no século XIX dos empregos femininos (compreendendo o trabalho manual na indústria e, para as mulheres de classe média, profissões como professora primária) foi um fator importante que deu às mulheres mais acesso à alfabetização, mais recursos e um sentido mais forte do seu valor social e cívico na sociedade brasileira. Os jornais femininos, uma inovação da segunda metade do século XIX no Brasil e em toda a América Latina, tiveram especial importância, articulando os direitos das mulheres e lhes permitindo participar dos debates políticos. O tipo de cidadania imaginada não era o do confinamento doméstico, embora a vida familiar tivesse papel central. O Brasil fora proclamado uma república em 1889, com um compromisso fundamental com o papel ativo que os cidadãos deveriam assumir ao servir o país. Nos anos seguintes, as demandas pelo sufrágio feminino foram formuladas em termos não apenas do dever de votar, mas também do direito das mulheres de se candidatarem e assumirem um papel mais ativo na vida política.

O PATRIARCADO

Versões cristãs e liberais do republicanismo apresentavam tradições importantes que empoderaram as radicais a defender a inclusão das mulheres nas estruturas já existentes. Essas tradições, porém, não eram tão úteis para as que tentavam identificar a natureza onipresente e estrutural da subordinação das mulheres. Embora a tirania masculina e a exploração das mulheres fossem visíveis para muitos observadores, poucas vezes eram compreendidas como algo sistêmico. A metáfora da mulher "escravizada" pelo homem foi amplamente usada por radicais de ambos os sexos, inspirada pela oposição cada vez mais ativa e organizada ao tráfico transatlântico de pessoas escravizadas, movimento no qual as mulheres tinham grande participação. Mas os homens eram em geral retratados como opressores apenas no nível individual, e os primeiros textos que abordavam a "questão da mulher" preferiam se debruçar sobre os poderes de raciocínio das mulheres e como elas poderiam ser cidadãs e mães melhores.

Enquanto surgia um movimento de mulheres mais proeminente e organizado em certos locais em meados do século xix, pensadores e teóricos do movimento das mulheres começaram a experimentar maneiras de transmitir a profundidade e o significado da opressão das mulheres pelos homens. Desses conceitos, o patriarcado foi o mais bem-sucedido. Concebido de início por etnógrafos, popularizado no movimento socialista, foi posteriormente retomado, reinterpretado e contestado por feministas de várias vertentes.

A ideia do patriarcado como uma forma abrangente de organização social que coloca as mulheres sob o domínio masculino foi formulada de início no século xix por Lewis Henry Morgan (1818-81) em seu relato do progresso humano desde a "selvageria" até a "civilização", publicado em 1877 sob o título

Ancient Society [Sociedade antiga]. Esse maciço apanhado sobre as complexidades da organização sexual e social humana foi fundamental para a antropologia moderna. Morgan traça a evolução dos humanos da promiscuidade à monogamia e do matriarcado ao patriarcado, com base em seus estudos sobre os povos nativos americanos e outros povos indígenas. Influenciado intelectualmente por Charles Darwin, Morgan elaborou um relato linear da "civilização" como uma sequência progressiva de estágios. Argumentava que as formas "degradadas" ou promíscuas de casamento grupal eram "primitivas", mas "não precisam revoltar a mente" porque são sistemas que gradual e necessariamente dariam lugar a formas mais "civilizadas" de "coabitação exclusiva", com base no reconhecimento da paternidade e da propriedade privada.[7] Morgan também estava profundamente comprometido com o acesso das mulheres ao ensino superior e deixou uma doação em seu testamento para um colégio feminino.

Os socialistas europeus Karl Marx (1818-83) e Friedrich Engels (1820-95) foram influenciados por Morgan, aplicando sua ideia de patriarcado para explicar a influência nefasta da propriedade privada. Os direitos de propriedade causaram a exploração pelos homens do poder reprodutivo das mulheres (seus "direitos maternos") e subverteram as primeiras formas de sociedades matriarcais. Em uma reversão das narrativas de progresso típicas do século XIX, Engels afirmou que as mulheres eram o primeiro proletariado, criado no momento histórico específico em que, segundo ele, o trabalho feminino passou a ser explorado pelos homens. Em seu livro de 1884, *A origem da família, da propriedade privada e do Estado*, argumentava que nas primeiras sociedades humanas as mulheres haviam desfrutado de "uma posição social mais elevada do que jamais desfrutaram desde então". O comunismo primitivo fora substituído por uma condição de escravidão ou prostituição para as mulheres em sociedades patriarcais mais "avançadas": "A dama civilizada, rodeada de falsas homenagens e alheia a todo trabalho real, tem uma posição social infinitamente inferior à da mulher trabalhadora da época da barbárie, que era considerada pelo seu povo como uma verdadeira dama".[8]

Na crítica de Engels à "dama civilizada" há ecos da associação corrente no século XVIII entre as mulheres e o luxo. Essa linha de pensamento continuou em textos posteriores sobre o "parasitismo" das mulheres, que forneceram a base para importantes escritos feministas, como *Woman and Labour* [A mulher e o trabalho], da sul-africana Olive Schreiner (1855-1920). Empregando a ficção e a polêmica, Schreiner defendia a liberdade das mulheres, o pacifismo e a igualdade racial. *Woman and Labour*, uma "bíblia feminista" de grande influência, foi publicada em 1911. Era uma versão retrabalhada de um manuscrito anterior, mais longo, que fora destruído durante os conflitos da Guerra dos Boêres — uma perda da qual Schreiner nunca se recuperou por completo. O livro ecoava o compromisso com a independência econômica e o medo do "parasitismo" que Charlotte Perkins Gilman havia desenvolvido em uma obra popular anterior, *Women and Economics* [Mulheres e economia], de 1898. Ambos os livros foram traduzidos e republicados em todo o mundo e estabeleceram um feminismo focado na decadência da raça humana. Nas palavras de Schreiner: "O parasitismo da mulher anuncia a decadência de uma nação ou classe, e tão invariavelmente indica doença, assim como as pústulas da varíola na pele indicam a existência de um vírus purulento no organismo".[9]

No interior do movimento socialista, porém, a posição de Engels quanto ao patriarcado continuou sendo um conceito central e servia para absolver os homens da culpa pela opressão às mulheres. Engels argumentou que foram elas que promoveram a transição para o patriarcado à medida que as condições econômicas foram passando para a agricultura, ao rejeitar a poligamia em favor da monogamia, devido ao seu "anseio pelo direito à castidade". E uma vez que Engels assumiu que o patriarcado era uma fase intermediária no caminho para a libertação socialista, julgou que seria melhor fazer oposição a ele com uma frente unida de homens e mulheres organizados contra o capitalismo. Essa posição de Engels redundou no fato de que não houve nenhum reconhecimento ou uma análise profunda da natureza da opressão das mulheres por parte de muitos socialistas importantes do século XIX; alguns, como Pierre-Joseph Proudhon, continuaram a sustentar convicções antifeministas — por exemplo, que as mulheres estavam destinadas "por natureza e pela lei conjugal" a exercer "funções puramente domésticas".

O socialista alemão August Bebel (1840-1913) adotou e popularizou a terminologia do patriarcado. Para ele, o patriarcado era como um meio poderoso de explicar como a opressão das mulheres pelos homens estava ligada à ascensão da propriedade privada e da apropriação do trabalho, porém sem culpar os homens pessoalmente por essa característica estrutural da sociedade. Na verdade, para ele o patriarcado era apenas uma entre muitas formas características de organização social. Em seu livro *Woman and Socialism* [Mulher e socialismo], de 1885, Bebel insistia que o movimento feminino da época não conseguia compreender esse quadro geral. As reformadoras feministas estavam presas ao status quo e só conseguiam imaginar reformas de menor importância, tais como mais acesso à educação ou direitos políticos para as mulheres. Já o socialismo reconhecia que o casamento, em si, era uma escravidão sexual e que todas as mulheres tinham um interesse comum em sua abolição. Para Bebel, isso era associado à abolição da "escravidão assalariada" e da propriedade privada. Ele acreditava que, embora as mulheres "burguesas" não compartilhassem essa preocupação, mesmo assim podiam agir em conjunto com as mulheres da classe trabalhadora: "Embora marchem em exércitos separados, elas podem desferir um golpe unificado". Em condições revolucionárias, previu Bebel, todas as formas de dependência seriam abolidas, levando à "completa independência econômica e intelectual".[10]

O livro de Bebel foi um best-seller, extremamente influente para alinhar o socialismo com o feminismo em toda a Europa e, depois, nos países sob influência soviética. A obra inaugurou toda uma tradição de pensamento feminista profundamente focado na exploração enfrentada pelas mulheres da classe operária sob o capitalismo. Clara Zetkin (1857-1933) foi uma feminista socialista proeminente dessa tradição, ativa na França, na Grã-Bretanha, na Alemanha e na Rússia soviética. Muito comprometida com a revolução socialista e, mais tarde, com a comunista, Zetkin também atuou em campanhas antimilitaristas e antifascistas. A partir de 1892, trabalhou na organização socialista, como editora do periódico feminino socialista *Die Gleichheit* [A igualdade]. Zetkin era implacavelmente hostil ao que considerava feminismo burguês; e, como Engels, reiterava o poder das mulheres operárias de se organizar junto com os homens operários contra o capitalismo. Mas enquanto Engels e Bebel viam a possibilidade de as mulheres se unirem, ultrapassando as barreiras de classe, Zetkin rejeitava essa ideia por completo. Embora julgasse que as mulheres compartilhavam "a função de gerar, nutrir e criar novas vidas humanas", via o privilégio de classe como um obstáculo a qualquer ativismo em comum, e trabalhou duro para manter o feminismo socialista separado de outros grupos feministas.[11] Mesmo os revolucionários que apoiavam o feminismo presumiam que ele seria alcançado como um subproduto da revolução socialista. Os primeiros escritos da revolucionária russa Alexandra Kollontai ecoavam a recusa rígida e reducionista de Zetkin de qualquer possibilidade de aliança com as mulheres "burguesas". Ela também afirmava que a libertação das mulheres seria inevitável, ecoando o otimismo de August Bebel e de seus seguidores no Partido Social-Democrata da Alemanha: a emancipação das mulheres era, nas palavras de Bebel, um "rio grandioso, cujo curso majestoso não pode ser interrompido por nenhum objeto na natureza".[12]

A esse respeito, a formulação de Engels do patriarcado carecia de potencial crítico para muitos ativistas. Numerosas mulheres — socialistas e de outras convicções — contestaram a ideia complacente de que a emancipação feminina seria apenas um efeito secundário da revolução. Reconheciam que o patriarcado tinha sua própria dinâmica e não seria resolvido apenas por uma revolução socialista. O patriarcado foi capaz de se transformar ao longo do tempo e até mesmo de trazer benefícios para algumas mulheres. Ele oferecia vantagens aos homens, a maioria dos quais se beneficiava diretamente do trabalho e da exclusão política da mulher. O resultado é que muitos homens socialistas que tinham lido Engels e Bebel ainda assim não percebiam seu próprio comportamento opressor em relação às mulheres.

O "COMPLEXO DA TURQUIA"

Os primeiros teóricos socialistas entendiam o patriarcado como um sistema de distribuição da propriedade e, portanto, fundamentalmente como uma forma de organização econômica. O patriarcado também teve manifestações jurídicas e políticas, como o conceito de *Pátrio Poder*, presente na legislação de muitos países latino-americanos, que colocava a mulher numa posição jurídica permanente de menor de idade, sob a autoridade do pai ou do marido. Mas o conceito de patriarcado também passou a ser empregado pelas feministas para indicar maneiras de pensar e de ver as coisas — como um conjunto de valores que moldavam não apenas o direito e a política, mas também a cultura e as normas sociais.

A ativista britânica Eleanor Rathbone (1872-1946) buscava compreender de que forma o patriarcado consegue penetrar nos mais profundos rincões da psicologia dos homens e das mulheres quando apresentou a ideia racialmente marcada do "complexo da Turquia" para descrever a mentalidade masculina em relação às mulheres. Para ela, representava o domínio do homem, prático e material, exercido por meio de suas vantagens salariais, e o egoísmo e o narcisismo que o acompanham. Rathbone empregou uma linguagem orientalista para captar sua indignação; era lugar-comum em muitos contextos nacionais imaginar o "Oriente" como um local de subordinação e confinamento das mulheres pelos homens. O contraste entre o tratamento dispensado às mulheres pelos muçulmanos e pelos não muçulmanos fora central para os argumentos sobre a subordinação das mulheres produzidos no século XVIII por figuras como Josefa Amar. O harém, as noivas crianças da Índia e a imolação das viúvas, a clitoridectomia, o pagamento do dote — todos esses hábitos alimentavam a maneira de imaginar o mundo com base na poderosa dicotomia entre "Oriente" e "Ocidente", mesmo se a diferença fosse em geral vaga em termos geográficos e religiosos. Esse enquadramento intelectual tornava difícil para muitas feministas dos países colonialistas considerar as mulheres do Oriente Médio, do Sul da Ásia e da Ásia Oriental como potenciais agentes do feminismo. Como disse Elizabeth Cady Stanton, líder feminista norte-americana:

> No harém turco, onde a mulher está pouco acima do animal do campo, onde a mente imortal é esmagada e a própria alma, por assim dizer, é apagada [...] nesses serralhos onde o intelecto e a alma estão enterrados debaixo do sensualismo e da brutalidade que são o resultado inevitável da crença na inferioridade da mulher — mesmo aqui ela não apenas está satisfeita com sua posição, mas se orgulha dela.[13]

Com o "complexo da Turquia", Rathbone desejava transmitir os elementos psicológicos do patriarcado, construídos por meio do mundo íntimo da família, do sistema educacional e dos grupos de amizade. Figura bem relacionada na sociedade, nascera em Liverpool numa família de ricos proprietários de navios e foi ativa no serviço social. Seu trabalho com esposas e mães de militares britânicos na Primeira Guerra Mundial a levou a endossar o pagamento de benefícios do Estado diretamente às mulheres por seu trabalho como mães. A proposta, que denominou "dotação familiar", gerou profundo antagonismo dos líderes sindicais, que temiam que servisse de desculpa para os empregadores cortarem os salários dos trabalhadores homens. No entanto, seria uma aspiração feminista importante para as que insistiam nas necessidades reprodutivas da mulher.

Durante seus anos de campanha nas décadas de 1920 e 1930, Rathbone descreveu a dotação como uma política utópica — aparentemente, um pequeno pagamento de assistência social, mas na prática um forte golpe contra a maneira como o homem se via como a figura mais poderosa da família. Se o homem não pudesse mais alegar ser o provedor familiar, então a mulher poderia se imaginar como um indivíduo autônomo — essa era a esperança de Rathbone. Se os salários fossem igualados, as mulheres poderiam aspirar a novas carreiras e resolver seu problema básico de pobreza. Também teriam a oportunidade de viver sem homens, se assim desejassem — como fez a própria Rathbone, que viveu em um longo relacionamento com outra mulher. Como muitas feministas, usou suas propostas de mudança para chegar ao conceito básico de como a sociedade era organizada, de uma forma profundamente estrutural, para beneficiar os homens:

> Entre os instintos mais fortes da natureza humana está o desejo de poder, de dominação, de ser respeitado e admirado. Em todas as eras e em todos os países [...] os homens, até os mais humildes e mais oprimidos, encontraram espaço para satisfazer esse desejo exercendo o poder sobre suas esposas e seus filhos. Até o homem escravizado era rei na sua choupana.[14]

O "complexo da Turquia" captava as ideias de Rathbone sobre a tirania e o egoísmo dos homens.

Essa forma de pensar incentivou as mulheres "ocidentais" a se imaginarem como salvadoras das vítimas da agressão masculina, com frequência associada à violência e à brutalidade da ocupação colonialista. Rathbone usou sua posição de membro do Parlamento britânico para viajar pela Índia em 1931 e defender a aplicação das leis britânicas quanto ao casamento de crianças no país. Antes já havia formado um "Comitê para a Proteção das Mulheres de Cor nas Colônias da Coroa", para trabalhar pelos objetivos feministas no Parlamento britânico, porém usando métodos que quase não consultavam as mulheres em questão. No entanto, Rathbone percebeu que o paternalismo imperialista era a ferramenta errada, em especial depois que se deparou com a profunda resistência das mulheres indianas em conversar sobre proteção. Começou a fazer campanha pelo voto das mulheres indianas, embora estivesse disposta a aceitar uma "licença especial" para as esposas, em vez do pleno direito ao sufrágio para todas as mulheres adultas que as britânicas haviam recebido em 1928.[15] Rathbone pode ser vista como uma das muitas "feministas imperialistas" — era totalmente comprometida com a autodeterminação democrática como o melhor meio de corrigir as injustiças contra as meninas e mulheres, porém continuou a ver o controle britânico sobre outras nações como um acordo, que provavelmente iria promover, e não impedir as causas feministas.[16]

A formulação de Rathbone sobre o "complexo da Turquia" não foi adotada por outras feministas, mas seu fascínio pela estrutura mental e a onipresença do patriarcado obteve grande aceitação. A norte-americana Charlotte Perkins Gilman também era fascinada pela estrutura mental da opressão masculina, e até cunhou um termo alternativo para denominar as sociedades organizadas em torno de uma hierarquia de gênero favorável aos homens: "androcentrismo", uma "estrutura sexuoeconômica" que, segundo ela, tinha graves implicações para a humanidade. O pensamento de Gilman sobre o androcentrismo, ou "o mundo feito pelo homem", se baseou, como o de Engels, no trabalho etnográfico de Lewis Morgan. Gilman acusou as sociedades humanas de serem obcecadas pela diferença entre os sexos: "Vivemos tão ocupados com os fenômenos da masculinidade e da feminilidade, que nossa humanidade em comum acaba quase não sendo notada". Seu feminismo era humanista em seu campo, embora, como o de Rathbone, sempre impregnado da hierarquia racial da "civilização". Apesar do seu humanismo, ela afirmava que "o selvagem capaz de contar até cem é mais humano do que o selvagem capaz de contar até dez".[17]

Na visão de Gilman, o androcentrismo deforma a evolução humana, ao confinar as mulheres ao "trabalho sexual". Em tais sociedades, "a maternidade é uma mercadoria de troca dada pelas mulheres em pagamento pelas roupas e pela comida". Gilman procurou dar apoio às mães, mas também priorizar sua "vida útil de trabalho", que ocorre antes e depois do período reprodutivo. Ao contrário das feministas mais influenciadas pelos direitos individuais do liberalismo, a crítica de Gilman ao androcentrismo levava consigo uma visão do bem coletivo da "raça" e da humanidade em geral: "Nossa humanidade não reside tanto no que somos individualmente, mas sim em nossas relações uns com os outros".[18]

Em vez de androcentrismo, Gilman propôs um sistema econômico baseado na cooperação. Tal como os socialistas "utópicos", ela imaginou uma ordem socioeconômica diferente, embora não recomendasse que as pessoas se retirassem em comunidades isoladas. Em vez disso, ela antecipou uma mudança social total, renegando a privacidade, com casas individuais sem cozinha, com produção coletiva de alimentos, espaços para refeições conjuntas e serviços de limpeza profissionais. Fazia questão de se distanciar das conotações socialistas ou comunistas dessa proposta e insistia que esta deveria se realizar "numa base comercial, para provar que pode ser um sucesso comercial substancial".[19] Enquanto Rathbone buscara a intervenção do Estado, para Gilman era o mercado que poderia dar conta das necessidades não atendidas das mulheres em relação a uma organização doméstica científica e eficiente e, assim, provocar uma revolução feminista ou "sexuoeconômica".

NANNÜ

Ao evocar o amplo termo "raça", Gilman empregava uma tática retórica comum entre as ativistas de gênero do final do século XIX, cujo trabalho se enraizava nas ideias do darwinismo social de progresso racial. A China, vista pela ótica do costume de amarrar dolorosamente os pés das mulheres, era imaginada pelos europeus como um local de degradação da mulher, mas também como um lugar fascinante. A escritora feminista sul-africana Olive Schreiner escreveu a seu amigo Karl Pearson, um eugenista britânico, afirmando que em relação à "questão da mulher" é "muito importante compreender alguma coisa sobre os chineses. Pode-se lançar uma luz maravilhosa sobre todo o nosso tema de interesse ao estudá-los". Isso parecia promissor, mas ela continuou em termos de objetificação racial: "Eles estão quase tão distantes de nós quanto o orangotango está do gorila".[20] A ciência racial incitava uma abordagem sensacionalista e ocasionalmente racista das ideias e da organização social de outras culturas. À medida que aumentou a influência dessa visão no decorrer do século XIX, seus princípios imbuíram algumas versões do feminismo com a violência do estigma racial.

Mas mesmo Schreiner teve de admitir que a China não poderia ser facilmente classificada desse modo quando, em 1912, foi noticiado em todo o mundo que as mulheres chinesas em algumas regiões haviam obtido o direito ao voto. Era estranho, para dizer o mínimo, que isso tivesse acontecido alguns anos ou décadas antes do direito ao voto das mulheres norte-americanas e muitas europeias.[21] Schreiner observou, em termos tipicamente orientalistas: "A China está acordando do seu longo sono, e até as mulheres estão parando de amarrar os pés".[22] Mas ela não sabia nada sobre o movimento feminista ativo que se desenvolvera na China, estimulado pelos projetos patrióticos de construção da nação e da campanha contra o longo governo da dinastia Qing (1633-1912). A maioria das ativistas pelo sufrágio feminino do início do século xx eram aliadas da Aliança Revolucionária de Sun Yatsen e esperavam alcançar tanto os "direitos da mulher" [funüjie] como o avanço do país com a nova República da China, criada em 1911. À medida que a autodeterminação nacional foi se tornando um projeto mais proeminente, no século xx, o feminismo muitas vezes se expressou em termos de raça e pela construção da nação. O filósofo político chinês Liang Qichao, por exemplo, argumentou, em relação à prática de amarrar os pés, que "as mulheres sofrem à vista de todos com a amargura desse terrível veneno; mas, na verdade, é a toda a nossa raça que cabe a maior chaga".[23]

Em relação às ideias do patriarcado, alguns intelectuais chineses foram profundamente influenciados por fontes idealizadas da "liberdade do Ocidente". Isso incluía os muitos homens que escreveram sobre os direitos das mulheres chinesas no início do século xx. O exemplo mais importante talvez seja a histórica publicação de Jin Tianhe (1873-1947), autor de um ensaio feminista republicano, O Sino das mulheres, de 1903. Jin Tianhe escreveu sobre seu anseio pelo "ar fresco da civilização europeia", citando pensadores do Iluminismo, como Rousseau e John Stuart Mill, e educadores japoneses para dissipar o "adormecido mundo das trevas" em que se encontrava a China. Concordando com a crítica de Rousseau ao amor das mulheres pelo luxo e pela imoralidade, pintou um quadro alternativo, com o ideal da mulher livre que era uma boa educadora de seus filhos, uma patriota, vestida com recato e imune a superstições. Ele apelou às mulheres para "espalhar as sementes da liberdade do Ocidente", sendo professoras, falando em público e fazendo exercícios físicos.[24]

A feminista He-Yin Zhen (c. 1884-c. 1920), influenciada pelos anarquistas, tinha pouca paciência com a conversa de Jin Tianhe sobre "o espírito de todas as mulheres, espíritos que são como flores". Ela havia participado dos vibrantes círculos políticos dos radicais chineses exilados no Japão no início do século xx. Isso a levou a coeditar um jornal intitulado Justiça Natural, publicado em Tóquio (1907-8) pela Sociedade para a Restauração dos Direitos da Mulher, além de contribuir para o jornal O Novo Século, baseado em Paris e publicado por exilados chineses. He-Yin assumiu uma perspectiva ambiciosa para teorizar sobre a desigualdade estrutural que caracterizava a experiência da mulher. Ela propôs uma releitura de um termo do idioma mandarim da época confucionista, *nannü*, que significa um sistema de organização social baseado no sexo. Essa palavra pode ser traduzida como "sexo-gênero" ou "patriarcado", embora seja um desafio fazer a sua tradução porque, ao contrário de "patriarcado", *nannü* também engloba oposições diversas e amplas — o passado e o presente, a China e o mundo. Formada por *nan* [homem] e *nü* [mulher], a palavra pode ser considerada "o fundamento de todas as abstrações patriarcais e marcas de distinção".[25]

No início do século xx, o idioma mandarim era fluido e relativamente pouco codificado e, portanto, aberto à invenção de novas palavras e à influência estrangeira. Havia uma variedade de termos para denominar a "mulher" surgidos na China durante as convulsões ocorridas nesse período, conforme os intelectuais destacavam diferentes qualidades femininas. Escritores baseados no pensamento evolucionário falavam das mulheres como *nüxing*, um termo sexuado, com conotações da modernidade ocidental. Os socialistas chineses preferiam identificar as mulheres como *funü*, termo extraído das traduções da obra marxista de Bebel e Engels sobre a "questão da mulher", que definia a "mulher" em relação à produção social como um "sujeito de massa".[26]

Os textos de He-Yin, enraizados nas suas experiências com os debates intelectuais japoneses, sugeriam o ímpeto que a abertura linguística e cosmopolita poderia conferir ao pensamento inovador, em especial em um contexto em que o gênero não se enquadrava muito bem nas ideias biológicas de sexo. *Nannü* oferecia uma maneira de vincular as distinções de gênero à organização dos corpos, ao trabalho e ao poder através da vida cultural e econômica. Isso permitiu a He-Yin imaginar um mundo onde "os substantivos *nanxing* [natureza masculina] e *nüxing* [natureza feminina] não seriam mais necessários".[27] Para ela, isso implicaria o fim do capitalismo, do Estado e da propriedade privada, bem como das diferenças raciais e sexuais.

He-Yin rejeitava as ideias de influência da Europa Ocidental e criticava os fundamentos liberais e capitalistas das ideias modernizadoras. Em vez disso, ela se inspirou nos escritos anarquistas do russo Piotr Kropotkin e do anarquista japonês Sentarō Kemuyama. Seu ensaio de 1907, "Da vingança das mulheres", expunha o caráter global e trans-histórico do *nannü*:

Dirijo-me às mulheres do meu país: já vos ocorreu que os homens são o nosso arqui-inimigo? [...] Essa situação não está, de forma alguma, confinada ao mundo antigo e é tão prevalente no mundo moderno quanto era no passado; tampouco é uma situação exclusivamente chinesa, já que o mesmo acontece em terras estrangeiras.[28]

Ela atribuía a origem desse sistema a instituições sociais como o casamento e a tradições intelectuais da erudição confucionista clássica. Ao lado das estruturas patriarcais econômicas, sexuais e psíquicas, He-Yin foi uma precursora das feministas do final do século xx no sentido de realçar que o patriarcado está embutido na estrutura da linguagem. Para He-Yin, o patriarcado estava corporificado no próprio caráter da escrita chinesa; a palavra *furen* (outro termo para "mulher") deriva do caractere chinês *fu*, que significa "vassoura", amarrando a mulher ao trabalho doméstico.

He-Yin afirmava que as mulheres enfrentam a opressão despótica e a objetificação que faz delas uma forma de propriedade masculina. Seu "Manifesto feminista" (1907) clamava pelo fim da tradição patriarcal de dar à mulher o sobrenome do marido. Embora tivesse se casado, seu nome representava sua posição política (*zhen* significa "trovão") e incluía *Yin*, o sobrenome de solteira de sua mãe. Ela buscava a igualdade de tratamento e de educação para ambos os sexos, como parte de uma revolução social mais ampla. Em termos sexuais, exigia o fim do casamento monogâmico, a liberação do divórcio e a abolição da prostituição. Em termos típicos anarquistas, tudo isso seria alcançado não pela "reforma ou [pelo] boicote, mas pela aplicação da força bruta para coagir os homens a nos tornar iguais".[29]

Apesar das condições revolucionárias da queda da dinastia Qing em 1911, foi difícil para He-Yin Zhen manter sua posição como mulher intelectual e agitadora. Quando seu marido morreu, em 1919, ela desapareceu da vista do público e não se sabe mais nada sobre o seu destino desde então. Seu breve e brilhante período de ativismo é uma prova tanto das possibilidades como do custo pessoal da militância feminista.

LIBERTAÇÃO FEMININA E PATRIARCADO

Desse modo, vemos que vários pensadores do final do século XIX e início do XX fizeram reflexões ambiciosas sobre como o gênero modela as estruturas da sociedade, e propuseram várias maneiras de dar nome à dominação masculina. Apesar dessas alternativas, foi a ideia de patriarcado (às vezes reformulada como "o Patriarcado") que se mostrou mais viável para as mulheres dos anos 1960 em diante, embora tenha criado uma gama de significados mais ampla do que os previstos em suas origens marxistas.

A escritora americana Kate Millett (1934-2017) teve papel importante na teorização de versões posteriores do patriarcado. Millett cresceu em Minnesota e aos catorze anos viu o pai alcoólatra abandonar a família, deixando a mãe sozinha para criar os três filhos. Na década de 1960, Millett, formada em Oxford, estava envolvida na contracultura hippie, no ativismo pela paz e na arte feita por mulheres. Participou da vanguarda de influência surrealista no Japão enquanto vivia no país, no início dos anos 1960, e testemunhou a profunda oposição à presença de tropas americanas em solo japonês. Porém foi a agressiva política sexual dos Estados Unidos e do Japão que se tornou sua preocupação central. Ficou chocada com as mulheres japonesas "que nos serviam de joelhos nas festas onde eu [como artista estrangeira] tinha permissão para me sentar numa cadeira e conversar com os homens".[30] Millett também se radicalizou após a tortura sexual e o assassinato de Sylvia Likens, de dezesseis anos, fato ocorrido em Indianápolis em 1965. Esse crime foi cometido por uma mulher e várias crianças, e Millett queria compreender de que modo valores sociais distorcidos puderam tornar isso possível.

Millett considerava que a política sexual se baseava no poder psicológico dos "estereótipos de papéis sexuais", elaborados pelas instituições religiosa, familiar e do casamento a fim de produzir "uma doutrina predominante de superioridade masculina", que não só causou a vitimização das mulheres pelos homens como também a distorção generalizada dos valores, capaz de levar a um comportamento tão abusivo como o assassinato de Likens. Ela tinha a esperança de que as coisas pudessem se organizar de forma diferente após uma revolução sexual. Seu "Manifesto pela revolução", de 1968, afirmava: "Quando um grupo governa outro, a relação entre os dois é política. Quando tal arranjo continua por muito tempo, ele desenvolve uma ideologia (feudalismo, racismo etc.). Todas as civilizações históricas foram patriarcados: sua ideologia é a supremacia masculina".[31]

Millett abordou as ideias do patriarcado por meio de uma revisão de diversas figuras literárias. Destacou a violência e a misoginia de Sigmund Freud, bem como de autores canônicos de romances sexualmente explícitos, como D. H. Lawrence e Henry Miller. A elaboração feita por Kate Millett da ideia de "heterossexualidade forçada", mais tarde denominada por Adrienne Rich "heterossexualidade compulsória", viria a ser uma influência poderosa nas reflexões de pensadoras lésbicas. Ajudou também a formar o conceito de "heteronormatividade" — a ideia de que as interações binárias de gênero entre sexos opostos são impostas socialmente como o padrão "normal" nas sociedades euro-americanas contemporâneas. Assim, as ideias sobre o patriarcado deram origem a uma rica literatura que mais tarde levaria ao desenvolvimento de teorias queer de fluidez e possibilidades sexuais. Ecoando o sonho de He-Yin Zhen de transcender a diferença sexual, Millett previu que os seres humanos seriam "unissex": "Cada indivíduo pode desenvolver uma personalidade inteira — ao invés de parcial, limitada e conformista". Em termos de desejo sexual, isso criaria o "bissexo, ou seja, o fim da perversa heterossexualidade forçada".[32]

Mais tarde Millet elaborou suas ideias no livro *Política sexual*, que se tornou uma influência definidora entre as mulheres americanas e britânicas do movimento pela libertação feminina. Sua popularidade levou Millet a ser capa da revista *Time* em 1970, descrita como "a Mao Tse-Tung da libertação das mulheres". A revista foi obrigada a usar um retrato desenhado, porque Millett não queria ser identificada como "líder" do movimento e se recusou a ser fotografada. Mesmo assim ela se tornou uma das escritoras feministas mais conhecidas dos primórdios do movimento de libertação das mulheres.

Inspirada na filósofa feminista francesa Simone de Beauvoir, Millett chamou o patriarcado de um "hábito mental" profundamente enraizado que permitia que a dominação dos homens sobre as mulheres, bem como dos brancos sobre as minorias raciais, dos velhos sobre os jovens e das mulheres por outras mulheres, parecesse normal. Sua crítica do patriarcado foi complementada pela teóloga feminista Mary Daly (1928-2010), que identificou a tradição judaico-cristã como uma instituição central do patriarcado. Daly argumentou que a imagem de Deus como exclusivamente um pai e não uma mãe, por exemplo, foi gerada pela imaginação humana nas condições de uma sociedade patriarcal e sustentada como plausível pelo patriarcado.[33]

Em seu trabalho em universidades americanas, Daly criou espaços exclusivos para mulheres na sala de aula, atitude que levantou controvérsias. A prática se estendeu depois a locais como centros, livrarias, discotecas, abrigos e grupos de discussão sobre a libertação feminina. Daly foi uma figura importante na ala radical desse movimento, caracterizado por uma ênfase na "cultura feminina" e no separatismo. Ela explorou o universo espiritual alternativo da libertação feminina em seu livro *Gyn/Ecology* [Gin/ecologia] e conectou essas ideias ao seu senso de degradação ambiental que acompanhava o "patriarcado planetário". Prevendo a urgência de agir em relação à extinção ambiental que se generalizou no século XXI, Daly classificou seu trabalho como "um livro extremista, escrito em uma situação extrema, escrito no limite de uma cultura que está se matando e matando toda a vida consciente". Daly estava mais disposta do que a maioria das feministas a culpar os homens individualmente por isso, definindo-se, sem nenhuma vergonha, como "anti-homem": as mulheres, dizia ela, devem ter "a coragem [de] admitir para nós mesmas que os homens, e somente os homens, são os criadores, planejadores, controladores e legitimadores do patriarcado. O patriarcado é a pátria dos homens; é a Pátria Terra [*Father Land*]: e os homens são seus agentes".[34] Daly dirigia sua ira diretamente aos homens; mas, tal como He-Yin Zhen, também queria estudar a maneira como o patriarcado se integra na própria linguagem. Seus textos experimentavam novos modos de expressão, tentando ir além da ordenação do mundo em categorias patriarcais. Ali se incluía a reapropriação de nomes estigmatizados — bruxas, feiticeiras, harpias, solteironas — e a celebração de modos de vida e de criação centrados nas mulheres, por meio de estratégias que ela chamou de "sparking" [acender uma centelha], "spinning" [fiar] e "paranoia positiva". Para Daly, o feminismo era "uma batalha incrível, que é o exorcismo, [e] o processo jubiloso das mulheres Solteiras descobrindo o labirinto do nosso desdobramento/nossa evolução [...] alcançando o Outromundo — que é seu próprio tempo/espaço".[35]

Seus livros não eram fáceis de ler; além disso, Daly foi criticada pelo movimento das mulheres indígenas por se apropriar de símbolos e ideias dessas culturas, ao mesmo tempo em que continuava vendo as mulheres de cor como "menos femininas, menos humanas, menos espirituais" que as brancas.[36] Para algumas mulheres, Daly significou uma mudança de vida. Uma crítica publicada em Milwaukee em 1980 definiu *Gyn/Ecology* como "um dos livros mais eloquentes e mais perigosos que surgiram do movimento feminista", um livro que deu às mulheres "o poder inerente à nossa capacidade de falar e de definirmos a nós mesmas". Retrabalhar a linguagem se tornaria um projeto extremamente importante para o movimento de libertação das mulheres, em especial nos Estados Unidos e na França. Para algumas, essa era uma questão pura e simples de desafiar os estereótipos de gênero incorporados na linguagem. O *Non-Sexist Code of Practice for Book Publishing* [Código de práticas não sexistas para a publicação de livros], produzido na Grã-Bretanha em 1982 pelo Women in Publishing Industry Group [Grupo de Mulheres na Indústria Editorial], afirmava simplesmente:

> Palavras e imagens podem reforçar a ideia de que as mulheres são seres inferiores aos homens. Por exemplo, o sufixo "-ette", quando usado em palavras como "usherette" [lanterninha de cinema], não implica apenas o gênero feminino, mas também o status humilde, mas sugestivamente gracioso, que as descrições femininas possuem — assim, uma pequena cozinha se torna uma "kitchenette".

O grupo pedia a designers, copidesques, editores e ilustradores que questionassem ativamente os materiais sexistas: "Os meios de comunicação são veículos especialmente eficazes e insidiosos do sexismo. E são também, em potencial, instrumentos influentes de mudança".[37]

Outros, em contraste, consideravam a linguagem menos aberta a reformas diretas. O interesse pelas dimensões psíquicas da linguagem levou a filósofa feminista búlgaro-francesa Julia Kristeva a teorizar sobre um "reino" que existiria antes de a criança aprender a falar, um lugar onde ela tem uma relação com a mãe que é feminina, poética, rítmica, musical. Kristeva, com forte influência da psicanálise, chamou esse reino de "semiótica" ou "*chora*", um lugar de riqueza e conexão que existe antes do mundo "simbólico" da linguagem. Esse insight influenciou as experiências das feministas francesas com a *écriture féminine*. Críticas literárias feministas, como Hélène Cixous, incentivaram as mulheres a escreverem sobre si mesmas e seu prazer sexual em uma escrita não linear, subversiva, que fosse além dos formatos "falocêntricos":

Onde está a mulher exuberante, infinita, que, imersa como estava em sua ingenuidade, mantida no escuro sobre si mesma, levada ao desprezo por si mesma pelo longo braço do falocentrismo parental-conjugal, nunca sentiu vergonha da sua própria força? Quem, surpresa e horrorizada com o fantástico tumulto dos seus impulsos [...], não se acusou a si mesma de ser um monstro?[38]

Cixous convidou as mulheres a escrever com paixão, precisão e invenção sobre seus corpos e seus desejos, e "soltar-se da armadilha do silêncio". "Falocentrismo" seria uma outra forma de chamar a dominação masculina, mas com uma ênfase particular no reino simbólico do "phallus" (o pênis ereto). A ênfase na linguagem levou algumas filósofas a falar de "falogocentrismo" — combinando "falo" com "logos" (palavra ou lógica) — para mostrar a profunda infiltração da dominação masculina no reino simbólico da linguagem. Romancistas como a argelina Assia Djebar (1936-2015) assumiram o desafio de escrever no contexto de uma sociedade moldada pela ocupação colonial francesa e pelo islamismo, onde "a esfera pública masculina [era] oposta à esfera íntima, familiar; os espaços dos homens diferentes da polifonia feminina — murmúrios e sussurros...".[39]

Apesar de toda a empolgação de retrabalhar a linguagem e imaginar a monstruosidade feminista/feminina, o feminismo radical que seguia esse modo poderia ser impraticável na vida cotidiana. Assia Djebar tinha uma relação complexa com o movimento e desconfiava das afirmações a respeito dos interesses comuns entre as mulheres. Poucas escritoras conseguiram se expressar com facilidade na *écriture féminine*, e outras se queixavam de que era algo excessivamente intelectual, ou baseado em uma visão essencialista do feminino. Até mesmo Mary Daly, popular e muito lida, concluía: "Nos deixa com a sensação de estarmos prontas para agir, mas sem sabermos como proceder ou em que direção seguir [...]. Como poderemos obter direitos iguais e liberdade reprodutiva se não lidarmos diretamente com a estrutura do poder masculino?".[40]

O problema é que patriarcado ou falocentrismo poderiam parecer indistintos — a influente reflexão de Kate Millett englobava num mesmo termo uma mistura heterogênea de tradições intelectuais e literárias e não levava em conta as significativas mudanças entre ordens econômicas ou políticas diferentes.[41] Essa falta de precisão foi considerada uma força por algumas pessoas, que julgavam as diferenças históricas e interculturais como simplesmente sem sentido em face da opressão das mulheres. Um grupo feminista radical norte-americano publicou em 1972 o "Fourth World Manifesto" [Manifesto do Quarto Mundo], baseado num conceito, que hoje parece ingênuo, de interesses globais comuns entre as mulheres:

> A repressão da cultura feminina é apenas uma questão de grau em todo o mundo; a realidade subjacente é basicamente a mesma: a negação da autodeterminação para as mulheres. As mulheres que viajam para um país estrangeiro podem se comunicar e compreender de imediato outras mulheres daquele país porque o trabalho feminino e os papéis (a cultura) são basicamente os mesmos em todo o mundo.[42]

Esse grupo adotou o termo "colonialismo" para captar a noção de hegemonia masculina, mas isso era profundamente insensível às intersecções das opressões de raça, colonialismo e origem nacional. Ficou claro que era difícil permanecer consciente das diferentes experiências femininas ao usar o conceito de "patriarcado", e os diversos movimentos associados à libertação feminina com frequência alienavam mulheres que também tinham sido vítimas da escravidão, da exclusão de classe, da violência colonial ou do racismo.

RISCO EM DOBRO

Desde o início do poderoso surto de organização feminista que se seguiu aos movimentos anticolonialista e pacifista e aos protestos de direitos civis no final dos anos 1960, a interação dos diversos eixos de opressão ficou visível para muitas pessoas do movimento de mulheres. Em 1969, Frances Beal escreveu um panfleto intitulado *Double Jeopardy: To Be Black and Female* [Risco em dobro: Ser negra e mulher], expressando sua percepção do entrelaçamento da opressão das mulheres negras e dos homens negros:

> As mulheres negras não se ressentem da ascensão ao poder dos homens negros. Nós nos regozijamos com isso. Vemos nisso a libertação final de todos os negros deste sistema corrupto sob o qual sofremos. No entanto, isso não significa que

tenhamos que negar um para aceitar o outro. Esse tipo de pensamento é produto de um erro da educação, que nos diz que alguma coisa é ou X ou Y. É um raciocínio falacioso dizer que, para o homem negro ser forte, a mulher negra tem que ser fraca.[43]

Devido às suas experiências de gênero, raça e classe, as mulheres afro-americanas tinham o que Beal denominou de "problemas muito específicos que precisam ser enfrentados". Mulheres ativistas afro-americanas do século XIX, como Sojourner Truth e Anna Julia Cooper, já haviam escrito sobre a "dupla escravidão" e a "tripla exploração". Essas ideias também foram desenvolvidas pela esquerda comunista e socialista na obra de Claudia Jones (1915-64), nascida em Trinidad. Ativa no movimento comunista americano e no nacionalismo negro, Jones foi deportada para a Grã-Bretanha em 1955, onde continuou a organizar a luta pelo comunismo, pelo anticolonialismo e pelos direitos da mulher. Falou sobre a "tripla exploração" e destacou a relação entre "patroa e empregada" ocorrida entre mulheres brancas e negras, que se infiltrara profundamente nas relações entre esses dois grupos nos Estados Unidos. Para Jones, até mesmo os esforços bem-intencionados para superar essas divisões foram prejudicados pelo hábito dos empregadores de "assumir que o dever de uma empregadora progressista branca era 'informar' a mulher negra sobre sua exploração e opressão, o que ela sem dúvida conhece intimamente".[44]

A formulação do feminismo negro por Frances Beal era urgente e não deveria ser adiada em favor das lutas pela libertação racial: "Devemos ser libertadas junto com o resto da população. Não podemos esperar para começar a trabalhar nesses problemas até aquele grandioso dia no futuro, quando a revolução, de alguma forma milagrosa, vai se realizar". As mulheres negras não podiam presumir que as feministas brancas apoiariam suas necessidades. Tal como Claudia Jones, Beal chamou as mulheres brancas de "inimigas econômicas" das mulheres negras: "Se sua mãe trabalhou na cozinha de uma mulher branca, ela sabe o que quero dizer".[45]

Beal fora ativa no Comitê Estudantil de Coordenação Não Violenta no movimento norte-americano pelos direitos civis, mas ficou frustrada com a política cada vez mais machista do Black Power. Em 1970, foi cofundadora da Aliança para a Libertação das Mulheres Negras, que mais tarde se tornou a Aliança das Mulheres do Terceiro Mundo e visava colocar a justiça social, o antirracismo e a libertação das mulheres no centro do seu ativismo, que englobava ambos os sexos. Com sede em Nova York, a Aliança das Mulheres do Terceiro Mundo publicou posteriormente seu periódico intitulado *Triple Jeopardy: Racism, Sexism and Imperialism* [Risco triplo: Racismo, sexismo e imperialismo].

Foi útil trabalhar com esse conceito de múltiplas fontes de opressão mas, na prática, as atitudes políticas resultantes chegavam a parecer uma competição de marginalidade. A feminista Elizabeth Martínez, de origem mexicana, chamou, de forma irônica, esse efeito de "Olimpíada da opressão". Em 1988, a socióloga Deborah King cunhou o termo "risco múltiplo" para indicar "várias opressões simultâneas" e as "relações de multiplicação entre elas". King desejava ressaltar que as diversas opressões pelas quais passavam as mulheres negras não eram apenas somadas, mas interativas.[46] Chamada mais tarde pela socióloga Patricia Hill Collins de "matriz de dominação", ou "interseccionalidade" pela acadêmica Kimberlé Crenshaw, esse conceito de opressões interativas é uma das contribuições mais importantes da teoria do feminismo negro.[47] Essa formulação possibilitou a recusa em comparar e quantificar a qualidade da marginalidade ou da opressão e exigir que o ativismo abordasse ao mesmo tempo as exclusões de raça, classe, gênero, capacidade e assim por diante. A importante teórica feminista bell hooks, educada em escolas norte-americanas racialmente segregadas, se mostrou muito alerta para a maneira como as mulheres brancas tendiam a ver a exploração racial e de classe como "meramente um produto do sistema que o originou: o patriarcado. [...] Dentro do movimento feminista no Ocidente, isso levou à suposição de que resistir à dominação patriarcal é uma ação feminista mais legítima do que resistir ao racismo e a outras formas de dominação". Em vez disso, hooks propôs:

> Acabar com a dominação patriarcal deve ser de importância primordial para as mulheres e os homens globalmente, não porque seja a base de todas as outras estruturas de opressão, mas porque é a forma de dominação que encontramos de maneira mais sistemática na vida cotidiana.

Sua posição foi muito influenciada pela experiência de estar sob a autoridade de seu pai — uma autoridade mais ameaçadora no dia a dia do que a opressão de raça ou de classe. No entanto, hooks via esse julgamento como historicamente específico, algo que não poderia ser ampliado para uma suposição de que "o movimento feminista deveria ser a agenda política central para as mulheres em todo o mundo".[48]

O PATRIARCADO E O MOVIMENTOS DOS HOMENS

Desde os primeiros dias da "questão da mulher" e se estendendo até as fases posteriores da libertação feminina, muitos homens sentiram que deveriam responder ao feminismo, ou até mesmo compartilhar a libertação prometida. A noção de "patriarcado" identificava com precisão um sistema contra o qual os homens podiam lutar e repudiar individualmente — mesmo sendo eles próprios beneficiários dessas estruturas de poder. Oriundo sobretudo do movimento pelos direitos civis e da política de esquerda, um movimento de homens antissexistas e pró-feministas surgiu e cresceu rapidamente nas décadas de 1970 e 1980. Relevantes em lugares como Austrália, Bélgica, Grã-Bretanha, Escandinávia e Estados Unidos, grupos de homens que se identificavam com a política feminista se uniram a grupos de conscientização e manifestações de mulheres. A presença deles nem sempre era bem-vinda e, na década de 1970, a maioria das mulheres feministas passou a preferir trabalhar na libertação feminina em ambientes exclusivamente femininos.[49] Sem desanimar, alguns homens fundaram "grupos de homens antissexistas" para debater maneiras de se tornarem aliados das feministas. Muitos estavam convencidos de que os homens também sofrem devido às estruturas e hierarquias convencionais de gênero exclusivamente binárias, que os prendem em formas prejudiciais de isolamento emocional, violência e ansiedade sexual. Os homens gays, em especial, estavam conscientes das maneiras com que compartilham com as mulheres os estragos causados pelos preconceitos patriarcais. Homens héteros antissexistas tentaram aprender a ficar mais em contato com suas emoções e com seu próprio corpo e a repudiar sua homofobia. Buscaram assumir mais responsabilidade pelos filhos e renunciar aos seus privilégios masculinos ouvindo as feministas e se responsabilizando diante delas.

O movimento dos homens antissexistas se considerava uma resposta tanto à libertação das mulheres quanto ao movimento gay. A revista australiana *XY*, por exemplo, foi editada se declarando "positiva em relação aos homens, pró-

-feminista e afirmativa em relação aos gays". Os grupos de homens ofereciam versões alternativas do patriarcado. A revista britânica antissexista *Achilles Heel* [Calcanhar de Aquiles] debateu a noção de "patripsíquico", desenvolvida pelo terapeuta John Rowan. O adjetivo "patripsíquico" visava designar as estruturas internas, inconscientes da opressão das mulheres que correspondem às formas sociais externas. Assim como Eleanor Rathbone havia tentado, de maneira um pouco desajeitada, mapear a psique da opressão masculina em sua ideia do "complexo da Turquia", os homens antissexistas também se debruçaram sobre sua experiência interna como opressores. Segundo Rowan, os homens mantêm modelos inconscientes de agressão que os impedem de tomar consciência da sua opressão sobre as mulheres. O uso da noção de "patripsíquico" visava abrir uma discussão sobre a auto-opressão dos homens e incentivar formas de masculinidade mais positivas e emocionalmente mais "alfabetizadas". Enquanto as feministas saudavam os esforços masculinos de parar de descarregar suas emoções nas mulheres, a "masculinidade positiva" continuou problemática para muitas feministas, atentas às vantagens que todos os homens obtêm com a cultura masculina de violência, dominação e agressão às mulheres.

A australiana Raewyn W. Connell, que teoriza sobre a masculinidade, ofereceu recursos mais viáveis para os homens feministas ao reconhecer abertamente a violência e a desigualdade associadas à masculinidade contemporânea. Como ativista nos anos 1970 e antes de sua transição de gênero, Connell havia aderido às primeiras marchas de protesto e a grupos de conscientização do movimento masculino australiano. Em seus estágios iniciais, a reflexão sobre gênero dentro do movimento masculino era com frequência estruturada por meio de conversas sobre "papéis sexuais" e "papéis masculinos". Uma crise nos "papéis masculinos" poderia trazer consigo, esperava-se, o fim do patriarcado. A ênfase, no entanto, parecia estar nas crises enfrentadas pelos homens, e não na opressão e no trauma enfrentados pelas mulheres. Os trabalhos posteriores de Connell, nas décadas de 1980 e 1990, se concentraram de modo mais útil na masculinidade como um conjunto de práticas configuradas dentro das estruturas das relações de gênero e do legado histórico do colonialismo. Ela enfatizou o enorme poder e privilégio que isso oferece aos homens, reconhecendo a ingenuidade da esperança na renúncia voluntária masculina:

A posição dominante dos homens na ordem de gênero tem uma recompensa material, e as discussões sobre masculinidade constantemente subestimam sua verdadeira dimensão. Nos países capitalistas ricos, a renda média dos homens é aproximadamente o dobro da renda média das mulheres. Em todo o mundo, os homens têm dez vezes mais acesso às esferas da política do que as mulheres. Os homens controlam os meios de violência, sob a forma de armas e exércitos. Chamo essas vantagens de "dividendos patriarcais" para os homens, e esses dividendos não estão dando sinais de que vão desaparecer.[50]

Nesse ambiente, argumentou Connell, o status quo quase não era ameaçado pelos grupos de homens. Qualquer movimento de "opressores", por mais bem--intencionado que seja, iria (na melhor das hipóteses) recuar para uma forma positiva, orientada de forma terapêutica, de política masculina que visasse fazer os homens se sentirem melhor quanto a si mesmos e suas ações. Muitas mulheres feministas não estavam convencidas da profundidade do compromisso masculino com a mudança. Havia uma suspeita persistente de que aderir ao feminismo era, para muitos, um compromisso muito limitado e sem entusiasmo, ou mesmo uma maneira de puxar conversa ou flertar com mulheres ativistas.

No entanto, apesar de todo o seu ceticismo, o movimento dos homens antissexistas produziu novas ideias importantes. O ponto-chave de Connell foi pensar em diversos gêneros e identificar as formas de masculinidade hegemônicas ou dominantes, ao lado das subordinadas. Os homens capazes de ganhar um salário ou praticar determinados esportes, por exemplo, podem gozar de privilégios negados aos homens desempregados ou não esportistas. A hegemonia masculina nunca é estática, mas sempre contestada; Connell apresentou, na década de 1990, um retrato dinâmico e historicamente consciente das lutas de poder baseadas no gênero, acrescentando um novo nível de sofisticação às teorias do patriarcado. Seu trabalho sobre os diferentes tipos de masculinidade que podem surgir em relação aos recursos e restrições de classe, etnia, capacidade física etc. dialoga fortemente com o poderoso recurso intelectual das teorias feministas de interseccionalidade.

Nos tempos atuais de escândalos envolvendo o abuso de poder masculino, o patriarcado tem sido menos discutido do que termos mais recentes, como "masculinidade tóxica" e "cultura masculina". Compreender as origens intelectuais do patriarcado pode ajudar a explicar por que ele foi eclipsado. Suas raízes na etnografia e na teoria marxista deram ao patriarcado uma associação com modelos sequenciais da sociedade humana que o deixaram sujeito a ser compreendido como uma "fase passageira". Essa teleologia fez com que muita gente pensasse que a passagem do tempo resultaria, inevitavelmente, em políticas de gênero mais liberais e igualitárias. Foi, portanto, uma surpresa quando, no século XXI, a retórica e as ações de líderes políticos como Donald Trump, Jair Bolsonaro e Rodrigo Duterte se tornaram antifeministas de maneira tão aberta. Veja-se a eliminação, ameaçada ou real, do direito ao aborto, a crescente perseguição às minorias sexuais e a impunidade dos perpetradores de violência sexual e de gênero nos tribunais. Assim, o feminismo vem concentrando sua atenção neste ponto: por que a mudança foi tão lenta, ou mesmo revertida? Nesse clima, falar em "patriarcado" para dar ênfase aos fatores estruturais e isentar os homens de culpa individualmente parece uma resposta inadequada. Muitas evidências do abuso deliberado de mulheres e meninas e da impunidade para os abusadores vieram à luz nos últimos anos, em escândalos que parecem se multiplicar, abrangendo o mundo dos negócios, a política, o show business, a religião, a educação e a assistência às crianças. O conceito de "masculinidade tóxica" *pode* ser compreendido como sistemático, mas também pode ser aplicado de forma útil a um indivíduo, como característica de certos homens.

Em paralelo, o patriarcado foi amplamente cooptado pela situação geopolítica atual, de uma maneira que o torna menos conveniente para os objetivos feministas. Existe uma tendência entre os legisladores de demonizar o islamismo radical, em especial desde a invasão do Afeganistão pelos Estados Unidos, em 2001, e do Iraque, em 2003. Foram feitas associações poderosas entre a "guerra ao terror" empreendida pelas potências ocidentais e o status das mulheres. Laura Bush, esposa do ex-presidente norte-americano George W. Bush, argumentou em 2001 que "a luta contra o terrorismo é também uma luta pelos direitos e pela dignidade das mulheres". Seu marido, George W. Bush, tinha opiniões semelhantes, argumentando: "Um objetivo central dos terroristas é a opressão brutal das mulheres, e não apenas das mulheres do Afeganistão". A Fundação da Maioria Feminista, baseada nos Estados Unidos, endossou a invasão como um passo em direção à libertação de mulheres e meninas afegãs, embora outros grupos feministas, tais como Code Pink, a tenham rejeitado. As subsequentes intervenções dos Estados Unidos no Oriente Médio continuaram a se referir à religião patriarcal como uma justificativa.

O vínculo criado entre o islamismo e o patriarcado resultou em um amplo debate sobre a natureza da ortodoxia e das práticas de gênero entre os muçulmanos, com a tendência a formular generalizações abrangentes. Em 2016, o ex-primeiro-ministro britânico David Cameron falou em "sociedades patriarcais" ao apresentar uma política para impor aulas de língua inglesa para mulheres muçulmanas na Grã-Bretanha. Para Cameron, as mulheres muçulmanas eram impedidas pelos homens de se integrar, e por isso ele apelou aos "valores britânicos" de liberalismo e tolerância para atuar contra o extremismo. Ironicamente, a política resultante ameaçava deportar aquelas que não falavam inglês. Esse uso do patriarcado para criticar determinadas culturas religiosas, e não como uma forma mais ampla de organização social, fez com que fosse muito difícil identificar a longa existência do feminismo islâmico (estudada no cap. 5).

Não devemos ficar muito ansiosos em descartar o "patriarcado", embora possamos colocá-lo em diálogo com termos concorrentes, como *nannü*, e reconhecer sua tendência a agrupar diferenças importantes entre mulheres e homens, assim como entre períodos históricos. Compreender as linhas gerais de como as sociedades podem ser organizadas para desfavorecer e desapropriar as mulheres é um movimento intelectual fundamental para as feministas. Esse trabalho ajudou a resistir às ideias de uma "guerra dos sexos", deslocando, em vez disso, o debate para questões estruturais de como as desigualdades de gênero funcionam na linguagem, nos mercados de trabalho, nas religiões, nos sistemas de justiça criminal, na psique e nas famílias. Nenhuma ideia sozinha pode servir em todos os contextos. No entanto, neste capítulo vimos como conceitos semelhantes de dominação masculina funcionaram ao longo de vários séculos, inserindo as preocupações feministas nas doutrinas socialistas, anarquistas, nacionalistas, republicanas e no movimento Black Power, além de desenvolver suas formas próprias de ativismo. O próximo capítulo se volta para os espaços desse ativismo e para as táticas de invasão e ocupação que permitiram às feministas reivindicar novos terrenos.

3. Espaços

Em 1792, quando escreveu *Reivindicação dos direitos da mulher*, Mary Wollstonecraft estava morando em uma residência própria no bairro de Bloomsbury, em Londres. Como tantos escritores, vivia em condições um tanto espartanas. Havia dedicado seu livro ao diplomata francês Charles Talleyrand, encarregado da educação popular logo após a Revolução Francesa. Quando ele a visitou em Londres, ela lhe ofereceu vinho, mas era tão pobre que teve que servi-lo em uma xícara de chá. Ainda assim, aquele espaço que ela podia chamar de seu tinha muita importância para ela. Wollstonecraft (1759-97) levou uma vida peripatética, sempre viajando entre a Inglaterra, a França e a Escandinávia. Passou por casos de amor infelizes, profunda angústia mental e o nascimento de uma filha ilegítima. Em 1797, quando passava por uma fase mais feliz, ela se estabilizou em um casamento com o filósofo radical William Godwin. Porém, mesmo depois do casamento, ela insistiu em morar em sua própria casa, embora já estivesse grávida da filha, a escritora Mary Shelley. Esse "casamento sob dois tetos" causou polêmica na época, e continuou causando mais de um século depois — o que fez com que a reputação de Wollstonecraft de liberdade sexual e anticonvencionalismo eclipsasse seu trabalho intelectual durante boa parte do século XIX, chegando a ser chamada de "hiena de anáguas" por seus críticos. No entanto, sua necessidade de ter seu próprio espaço era fundamental — e lembrava a profunda e persistente preocupação das feministas com a política do espaço.

Os esforços de Wollstonecraft para receber seus colegas intelectuais e políticos em sua própria casa encontraram eco no *salon* parisiense de Flora Tristan (1803-44). Filha de um aristocrata peruano e de uma francesa, Tristan foi, como Wollstonecraft, uma escritora que frequentava a periferia dos círculos literários e políticos radicais. Escreveu sobre os direitos das mulheres e dos trabalhadores em Paris durante as décadas revolucionárias de 1830 e 1840. Recebia amigos em seu pequeno apartamento na Rue du Bac, onde os visitantes tinham que subir vários lances de escada. Mas, ao contrário de Wollstonecraft, Tristan não podia alugar em seu nome o apartamento; era perseguida sem tréguas pelo marido, André Chazal, com quem se casara em 1821. Profundamente infeliz, abandonou o casamento quatro anos depois. Chazal reivindicou a custódia da filha e, em 1838, seguiu Tristan até a Rue du Bac e lhe deu um tiro. Ela sobreviveu e publicou seus diários de viagem, *Peregrinations of a Pariah* [Peregrinações de uma pária] e *Promenades in London* [Passeio em Londres], nos quais observava com perspicácia as desigualdades de gênero e classe na França, na Inglaterra e no Peru. Porém, sua vulnerabilidade na própria casa nos recorda que, seja por falta de dinheiro ou por agressão masculina, não é fácil estabelecer um espaço feminista.

As feministas têm se apropriado, de forma persistente, criativa e obstinada, de espaços para ativismo político e conforto moral. Algumas de suas intervenções foram concebidas para subverter os espaços dominados pelos homens e evidenciar a ausência das mulheres. A sufragista Susan B. Anthony (1820-1906), por exemplo, liderou tentativas de usurpar espaços públicos nos Estados Unidos, como a cabine de votação e o comício político. Em 1872, em Rochester, no estado de Nova York, ela e dezesseis outras mulheres invadiram um local de votação e tentaram votar para presidente, ato pelo qual foi presa. Em 1876, Anthony interrompeu uma grande comemoração pública do centenário da Declaração de Independência dos Estados Unidos ao subir na plataforma dos palestrantes e oferecer sua Declaração dos Direitos das Mulheres.[1]

As ativistas que vieram depois usaram táticas de ocupação, como acampamentos de paz, protestos sentados, marchas e greves. Elas também se voltaram para novos espaços — em especial o espaço íntimo da casa — como locais de atuação política. "*Lasciate le piazze!*" [Saiam das praças!] era o slogan de pequenos grupos feministas italianos dedicados a promover a conscientização da mulher, cansados da dinâmica das multidões da política radical e da masculinidade heroica que a acompanhava. Em vez disso, elas convidavam as mulheres a se encontrar em suas próprias casas e politizar o que acontecia nesse espaço, antes considerado a esfera privada.[2]

A contestação do espaço é um tema central para as feministas, embora muitas vezes tenha sido difícil reivindicá-lo diante de reações hostis e agressivas. Os espaços ocupados às vezes não eram nada promissores ou almejados, como era o caso das celas por onde passaram sufragistas e militantes feministas presas devido aos seus protestos, em todo o mundo. Outros espaços são comerciais, mas ainda assim capazes de serem imbuídos de potencial feminista. A casa de chá, por exemplo, deu às mulheres um lugar seguro para se encontrar com amigas e, assim, se tornou parte integrante das campanhas feministas no início do século XX.[3] As vendedoras de jornais sufragistas eram expulsas das calçadas e jogadas na sarjeta, com a justificativa de que era proibido o comércio ambulante. Mesmo assim, elas aproveitavam a oportunidade para escrever com giz nas calçadas seus slogans e o horário dos eventos. Da mesma forma, a praça central onde se podia improvisar uma reunião política, o mercado onde as mulheres feirantes podiam defender seus interesses e direitos — todos esses espaços proporcionavam oportunidades de solidariedade e resistência entre as mulheres, além de maneiras de ganhar a vida.

Historicamente, as mulheres em geral não têm recursos e, portanto, sempre ficaram confinadas e restritas aos espaços que podem acessar. O "casamento sob dois tetos", ou seja, a vida independente, estava disponível apenas para mulheres relativamente privilegiadas. Uma delas, a escritora modernista Virginia Woolf (1882-1941), lançou um livro em 1929 no qual pedia que as mulheres tivessem "um teto todo seu". No entanto, ela não tinha ilusões quanto à vida das mulheres mais pobres, que nunca alcançariam essa autonomia de espaço. Três anos mais tarde, ela escreveu uma introdução a uma coleção de ensaios de mulheres da classe trabalhadora que refletia sobre sua própria situação financeira privilegiada. Woolf se sentia em parte fascinada e em parte chocada com os braços musculosos e os corpos grandes dessas mulheres e estava bem ciente do abismo de classes entre ela e essas trabalhadoras.[4]

A japonesa Hiratsuka Raichō (1886-1971) teve recursos para criar um espaço só para si. Ela se apropriou do dinheiro que sua mãe reservara para pagar seu casamento e o utilizou, em 1911, para fundar o grupo feminista japonês Seitōsha [Meias azuis] e a revista do grupo, *Seitō*. Ela chocou a opinião convencional por viver abertamente com seu amante e ter dois filhos fora do casamento, até que enfim se casou com o pai dos filhos em 1941, aos 57 anos. Como editora da *Seitō*, Hiratsuka reivindicou e assumiu um espaço próprio, mantendo um escritório em sua casa em Akebono-chō. A sala refletia a relação que as mulheres japonesas mantinham com o feminismo, como um conjunto de ideias que muitas consideravam importado do "Ocidente". Assim, seu espaço de trabalho era dividido em uma parte principal "ocidental", com uma escrivaninha de trabalho e livros, e, em frente, um espaço "japonês", com incenso e esteiras, que ela usava para meditação.[5] O espaço é mais que um simples recurso e sempre foi marcado por fatores como etnia e religião. Hiratsuka teve a liberdade de aproveitar o que considerava o melhor das duas culturas. Mas, para muitas mulheres, religião, classe, etnia ou raça contribuíam para definir em quais espaços elas podiam habitar.

A maneira como as mulheres habitam o espaço também é uma preocupação feminista. Em 1974, Rita Mae Brown observou no periódico feminista *Quest* [Busca]: "As mulheres e os homens são ensinados a usar o espaço de maneira totalmente diferente".[6] Como uma proeminente romancista lésbica-feminista, Brown descreveu como as mulheres ocupam seu espaço pessoal de modo estruturado pela expectativa do olhar masculino, além de sua relutância em assegurar espaços:

> uma postura básica do não feminismo é lançar o quadril ligeiramente para frente quando se está em companhia masculina. Mesmo ao ser sedutora, a não feminista tem o cuidado de nunca diminuir a autoridade do homem. [...] A maioria das não feministas abaixa os olhos ou olha para o lado, devolvendo os olhares de forma furtiva, ainda mais com os homens.

Ela defendia uma compreensão mais profunda de como o sexismo estava enraizado nos gestos, nas expressões faciais e na postura femininas.

Essa politização da postura e do espaço pessoal se tornou um tema importante no ativismo de libertação das mulheres, incentivando o surgimento da crítica feminista de arte, de aulas de autodefesa para mulheres, de movimentos feministas de dança e de campanhas para espaços exclusivos para mulheres nos

Participantes da Seitōsha de Tóquio em 1911. Hiratsuka é a segunda à esquerda, em pé.

transportes públicos. Com base na noção de "espaço livre" desenvolvida por Chude Pamela Allen, ativista norte-americana pelos direitos civis e pela libertação das mulheres, priorizou-se a ideia de espaços separados nos círculos de militância, a fim de desenvolver a "cultura das mulheres" e oferecer segurança para a socialização de mulheres heterossexuais, lésbicas e queer.

    Neste capítulo, examino os tipos de espaços reivindicados pelas feministas, incluindo o local de trabalho, espaços de culto e refúgios da violência exclusivos para mulheres. Também incluo uma discussão sobre os esforços feitos pelas feministas para usar o "espaço" do mercado para se empoderar. As muitas críticas do feminismo ao capitalismo podem obscurecer o fato de que ganhar a vida é uma poderosa preocupação feminista. Historicamente, empreendimentos feministas abarcaram desde a vida precária das feirantes até empresas mais elaboradas e duradouras, como livrarias e editoras.

ESPAÇOS DE TRABALHO

Em 1859, uma jovem rica de Lincolnshire, Jessie Boucherett (1825-1905), propôs repensar de forma radical o mercado de trabalho para abrir profissões comerciais e liberais "honradas" para as mulheres. Ela estava bastante ciente da oposição masculina à entrada de mulheres em "empregos de homens", mas enfatizou a falta de autoconfiança feminina e o desconhecimento da "indústria". E, embora soubesse que muitas mulheres tinham que trabalhar por sua sobrevivência material, ressaltou como objetivos o respeito da mulher por si própria e o status mais elevado que o trabalho lhes traria.

Boucherett se inspirou nas "palestras de sala de estar" proferidas pela escritora e historiadora da arte Anna Jameson (1794-1860), em meados da década de 1850, sobre a posição das mulheres. Jameson, desde os anos 1820, vivia dos seus escritos, o que lhe permitiu abandonar um casamento infeliz, viajar muito e se estabelecer publicamente como intelectual. Utilizava suas palestras para pedir "uma esfera de trabalho social mais ampla" para as mulheres em prisões, hospitais e asilos. Apesar das necessidades financeiras femininas, Jameson preferia exortar o trabalho voluntário.[7] Algumas de suas colegas estavam mais atentas às necessidades econômicas que levavam as mulheres a precisar ganhar dinheiro com seu trabalho. Harriet Martineau (1802-76), por exemplo, outra escritora famosa que conseguiu se sustentar sozinha, insistiu que "3 milhões em cada 6 milhões de mulheres inglesas adultas trabalham pela subsistência".[8] No entanto, nesses primeiros anos de demanda pela liberdade feminina de trabalhar, havia muitas vezes certa reticência sobre por que elas gostariam ou precisariam fazer isso. As mulheres mais ricas apostavam no emprego como forma de se cultivar; as mais pobres buscavam a sobrevivência econômica. Essas interpretações conflitantes iriam criar uma divisão nos movimentos feministas de vários países, assim como a insistência em convencer as mulheres da classe trabalhadora de que o feminismo podia atender às suas necessidades.

Os debates sobre o trabalho feminino foram centrais para *The English Woman's Journal* [O periódico da mulher inglesa], diário londrino fundado em 1858 que demandava o acesso profissional para mulheres "educadas". Não se contentando com polêmicas, as editoras também criaram seu próprio espaço físico. Alugaram um pequeno escritório para administrar a produção do jornal e ofereciam às leitoras uma sala de leitura, primeiro na Princes Street e depois um espaço maior na mesma região, em Langham Place. Foi nessas salas, decoradas com quadros da editora Barbara Bodichon, que Jessie Boucherett dirigiu, desde 1859, a Sociedade para a Promoção de Emprego para Mulheres (SPEW, na sigla em inglês). Esse grupo integrava uma agência de empregos, além de outras atividades, como a capacitação de mulheres em contabilidade, telegrafia e funções paralegais. A SPEW também fundou a Victoria Press, dirigida por mulheres, que imprimia o *The English Woman's Journal*. Boucherett lembrou mais tarde que "deste pequeno escritório e desta humilde sala de leitura saíram quase todos os grandes movimentos atuais de mulheres". As ativistas do SPEW estavam em sintonia com outra poderosa reivindicação do espaço público: o acesso feminino a escolas e faculdades que surgiram no século XIX.

Na Grã-Bretanha, em 1869, Emily Davies (1830-1920) fundou o Girton College. Trabalhando com Barbara Bodichon, editora do *English Woman's Journal*, ela criou a primeira instituição britânica de ensino superior com residência para mulheres, na Universidade de Cambridge. Contudo, sua recepção não foi nada entusiasmada; nessa universidade, as mulheres só receberam o direito de obter um diploma em 1948, ou seja, 79 anos após a fundação do Girton College.

No Império Britânico ocorreram casos semelhantes. Por exemplo, na Birmânia sob domínio britânico, Mya May Hla Oung foi uma figura-chave do patrocínio de escolas e faculdades para mulheres e meninas. Ela enquadrava esses esforços numa visão crítica do impacto que teve sobre a Birmânia a "civilização estrangeira" dos britânicos; temia que a "influência desintegradora" reduzisse a igualdade de gênero em relação aos direitos conjugais e de propriedade que vigoravam na Birmânia budista. "Prefiro ser uma mulher birmanesa que [...] uma mulher da mais orgulhosa das nações do Ocidente", declarou ela em um artigo de 1903.[9] Em 1908, iniciando um movimento ambicioso, Hla Oung buscou desafiar a hegemonia cristã na Grã-Bretanha, financiando e participando da primeira missão budista ao país. Quando fundou um posto avançado dessa missão no subúrbio londrino de Penge, as mulheres britânicas já estavam entrando em grande número em novas profissões, como cabeleireiras, farmacêuticas, funcionárias de escritório, gráfica e artes decorativas. Enquanto isso, a SPEW continuou a alugar escritórios para sediar organizações de mulheres até 1920, fornecendo recursos e espaços físicos fundamentais para quem buscava melhorar a condição feminina.[10] A localização se tornou icônica e deu nome ao grupo, que é lembrado como "as feministas de Langham Place".

A exigência básica da SPEW — o acesso das mulheres aos locais de trabalho — se revelou divisiva e controversa nos anos seguintes. O que as muitas mulheres que já trabalhavam em empregos mal remunerados e exaustivos, como na agricultura e no serviço doméstico, queriam era ganhar melhor e serem tratadas com mais respeito. As que vendiam sexo desejavam sofrer menos perseguição da polícia. As britânicas da classe operária, cuja taxa de emprego no século XIX e início do século XX era mais alta do que a das mulheres de classe média, ficaram profundamente frustradas com a ingenuidade das demandas de livre acesso ao mercado de trabalho. As pobres, que não tinham nenhum direito trabalhista e labutavam em condições de extrema precariedade, nem sempre viam o emprego como um espaço de autorrealização e emancipação. Tampouco estavam buscando novas carreiras e qualificações. Pelo contrário, valorizavam os esforços do Estado britânico e do movimento sindical de restringir as horas de trabalho e proibir certas profissões "perigosas" para as mulheres.

Feministas como Jessie Boucherett desconfiavam da maneira como as mulheres eram classificadas como trabalhadoras fracas, que precisavam de proteção, tal como as crianças. Ela suspeitava que uma legislação "protetora", que as impedisse de trabalhar à noite ou definisse intervalos para descanso, faria os empregadores preferirem contratar homens. Mas para muitas mulheres da classe trabalhadora, o paternalismo do Estado era uma tábua de salvação, poupando-as de tarefas cansativas e perigosas.

O movimento feminista britânico sofreu uma profunda divisão nos debates sobre locais de trabalho. Algumas feministas fizeram campanhas para evitar o que consideravam ser a perseguição do Estado a uma série de trabalhadoras, incluindo mulheres em "profissões perigosas" como mineração de carvão, trabalho em bares e, talvez o mais polêmico, a prostituição. Havia também defensoras da proteção estatal, muitas no interior do movimento sindical e, depois, no Partido Trabalhista Britânico. Ethel Snowden, sufragista e militante do Partido Trabalhista, argumentou em 1913 contra o que ela chamou de "feminista extremista". Apoiava a ideia de que as mulheres deviam ser impedidas de trabalhar à noite e após dar à luz. Mas seus argumentos eram perigosamente vagos sobre o que isso significava e quanta pressão se poderia exercer sobre as opções das mulheres. Devido à maternidade, observou Snowden, "o corpo da mulher pode ser requisitado para o trabalho especial" da reprodução. Seria melhor "se a futura mãe pudesse ficar em casa até que seus próprios filhos conseguissem trabalho remunerado".[11] Houve uma rápida transição no seu argumento em favor de uma forma de licença-maternidade para uma exclusão total do mercado de trabalho durante todo o período de criação dos filhos até a idade adulta. A ideia da "requisição" do corpo da mulher para a maternidade parece ecoar as tentativas anteriores de regulamentar o trabalho sexual segundo as Leis das Doenças Contagiosas, que dera poderes à polícia britânica para deter, examinar e tratar à força qualquer mulher suspeita de ser prostituta. As palavras de Snowden também ressoavam com ideias que mais tarde se tornariam o compromisso fascista com altas taxas de natalidade.

Em 1918, depois de concedido o sufrágio a mulheres britânicas proprietárias de terras e com mais de trinta anos, a maior organização feminista do país, a União Nacional das Sociedades pela Igualdade de Cidadania (NUSEC, na sigla em inglês) enfrentou grandes divisões por conta da questão do trabalho "protegido". A campanha pelo sufrágio tinha encoberto profundas cisões relativas ao emprego feminino. Na sua fundação, em 1919, a NUSEC tinha defendido "pagamento igual para trabalho igual, incluindo abertura para as mulheres na indústria e nas profissões liberais". Contudo, em 1927, Eleanor Rathbone, a líder da NUSEC, argumentou que as feministas deveriam aprovar a legislação protetora se "o bem-estar da comunidade" o exigisse ou se as próprias trabalhadoras o demandassem. Isso levou à renúncia de um grande grupo da comissão executiva da NUSEC, que temia que apelos nebulosos à "raça" ou à "comunidade" proibissem as mulheres de assumir determinados empregos. O jornal feminista britânico *Time and Tide* [Tempo e maré] declarou que a NUSEC "não era mais uma organização feminista". Porém, outras mulheres, sobretudo as operárias de fábricas, continuavam a aceitar de bom grado qualquer proteção que o Estado pudesse lhes oferecer.[12]

Tensões semelhantes surgiram nos Estados Unidos com a luta pela Emenda pela Igualdade de Direitos (ERA, na sigla em inglês). Defendida pelo Partido Nacional das Mulheres e, a partir de 1966, pela Organização Nacional das Mulheres, essa tentativa de promulgar uma emenda constitucional dominou o ativismo pós-sufrágio e se tornou emblemática na causa feminista nos Estados Unidos. Como na Grã-Bretanha, a proposta de emenda causou grande controvérsia por ter como possível efeito a exclusão de formas de legislação "protetoras", como licença-maternidade e salário-mínimo para as mulheres. Os críticos argumentavam que as trabalhadoras necessitavam de proteções específicas contra a intensa exploração que sofriam, sobretudo com baixos salários e longas jornadas de trabalho. Não houve consenso e, apesar de uma campanha que se estendeu até os anos 1980 (e algumas ratificações recentes nos estados de Nevada, em 2017, e Illinois, em 2018), até agora a Emenda pela Igualdade de Direitos não foi aprovada por um número suficiente de estados para entrar na Constituição.

Para a historiadora Dorothy Cobble, a luta pela ERA foi simplesmente irrelevante para a vida de muitas mulheres. Ela argumenta que o ímpeto do movimento feminista nos Estados Unidos em meados do século XX migrou da emenda e da Constituição para o movimento trabalhista.[13] Os principais espaços feministas se tornaram o sindicato e os piquetes nas greves. Cobble destaca a organização de ativistas como a pan-africanista Maida Springer Kemp (1910-2005) e a judia lituana Pauline Newman (1887-1986). Ambas ajudaram a organizar as costureiras do setor de confecções em Nova York. Springer Kemp se tornou uma figura importante no Sindicato Internacional das Trabalhadoras da Indústria do Vestuário Feminino e, nos anos 1950, lutou para ampliar os direitos sindicais na Libéria, na Tanzânia, no Quênia e em Gana. O pan-africanismo, ao lado do feminismo, era a base da sua política; uma preocupação central era igualdade salarial e creches para as trabalhadoras.[14] Newman trabalhou para a Liga Sindical das Mulheres e viveu uma relação íntima com outra sindicalista feminista, Frieda Miller, que em 1944 se tornou diretora da Secretaria da Mulher. Elas são chamadas por Cobble de "feministas da justiça social".

Esse foi um período significativo de reorientação do ativismo sindical para melhor representar as necessidades femininas. O enorme crescimento no número de mulheres trabalhando em empregos de escritório, na indústria leve, no ensino e no comércio fez delas um novo eleitorado importante para a organização sindical. Maida Springer Kemp identificou seu sindicato como tendo "um histórico notável na elevação do status das mulheres", embora fosse uma das poucas líderes femininas com alguma visibilidade na organização. Apesar de ser composto principalmente de mulheres, o Sindicato Internacional das Mulheres Trabalhadoras na Indústria do Vestuário era liderado por

Maida Springer Kemp (no centro, em pé) visita costureiras de uma fábrica em Bristol, na Inglaterra, em 1936.

homens e mantinha uma política de "não discriminação" por gênero, em vez de fazer uma análise mais profunda das desvantagens que as mulheres sofriam. As sindicalistas Newman e Springer Kemp ressaltavam que, em vez de mudar a legislação, a negociação sindical era o melhor caminho para a igualdade salarial para as mulheres, e se opuseram à Emenda pela Igualdade de Direitos. Elas também insistiam em que as necessidades das mães e das crianças fossem incorporadas às obrigações dos empregadores — uma exigência de enorme importância, já que o baby boom das décadas de 1940 e 1950 fez com que cada vez mais trabalhadoras tivessem que dar conta das demandas de parto, amamentação e cuidados com os filhos. A abordagem gradualista, caso a caso, poderia ser criticada por não desafiar a hierarquia de gênero na sociedade; essa era a queixa das mulheres liberacionistas, frustradas pelas concessões que as sindicalistas haviam feito no interior de um status quo fortemente desigual.

Mesmo assim, é importante reconhecer a existência de uma tradição de "justiça social" dentro do movimento feminista, em que as mulheres operárias, migrantes e negras têm sido proeminentes e eficazes.

Foram ativistas do movimento trabalhista que apresentaram diversas vezes novas versões de uma alternativa à Emenda pela Igualdade de Direitos — o Projeto de Lei sobre o Status da Mulher, apresentado pela primeira vez ao Congresso em 1947. No ponto em que a Emenda pela Igualdade de Direitos propunha uma igualdade perante a lei rígida, as feministas defensoras da justiça social associadas ao movimento trabalhista preferiam que as trabalhadoras fossem tratadas de acordo com a situação em que se encontravam. Pauline Newman chamou as partidárias da Emenda pela Igualdade de Direitos de "carreiristas egoístas"; e as apoiadoras da emenda, por sua vez, viam suas oponentes como ingênuas manipuladas por sindicatos dominados por homens. Esses desafios foram claramente ilustrados nos intensos debates sobre a Lei de Igualdade Salarial, ocorridos em 1963 nos Estados Unidos. Enquanto as feministas da justiça social esperavam salário igual para trabalho *comparável*, a congressista republicana Katharine St. John, apoiadora da emenda, alinhou-se com o "feminismo da igualdade" e insistiu que a legislação deveria garantir salários iguais para o *mesmo* trabalho. Em um mercado altamente segregado por gênero como o norte-americano, isso garantiu que a legislação resultante só se aplicasse à pequena faixa de ocupações em que homens e mulheres eram contratados para exercer exatamente as mesmas funções. As interpretações conflitantes sobre o que o emprego remunerado significa para as mulheres ficaram no centro das disputas travadas entre essas diferentes vertentes feministas. As que optavam por trabalhar com sindicatos encontravam tanto recursos como oposição às reivindicações e às necessidades femininas. As demandas das mulheres por melhores salários e melhores condições às vezes refletiam as dos trabalhadores homens, porém a maioria das disputas envolvendo mulheres também levantava questões sobre os tipos específicos de marginalização enfrentados pelas trabalhadoras, incluindo problemas de maternidade e assédio sexual no trabalho. Os sindicatos dominados por homens demoraram a reconhecer essas questões e a colocar mulheres em papéis de liderança. Ainda assim, o movimento sindical é um importante aliado para quem tenta tornar o local de trabalho um espaço para o empoderamento feminino.

O MERCADO E A FEIRA

As feministas que atuavam no movimento trabalhista se posicionavam contra os "patrões" e muitas vezes criticavam todo o sistema capitalista e como este tratava os trabalhadores. No entanto, o movimento das mulheres não se opôs ao mundo empresarial e do comércio sempre e nem em todos os lugares. Em várias economias do século XIX, podemos ver exemplos de mobilização cotidiana em torno dos pequenos serviços que mulheres em condições precárias faziam. Na falta de alternativas, as mulheres pobres eram forçadas a aceitar trabalhos casuais e temporários, como lavadeiras, ambulantes e profissionais do sexo. Vendendo e trocando no comércio clandestino, essas atividades lhes permitiam sobreviver em uma batalha constante para escapar das autoridades que tentavam proibir e regular suas vidas. O estudo de Maria Odila Silva Dias sobre trabalhadoras livres e escravizadas em São Paulo, no século XIX, exemplifica essa precariedade e o empoderamento alcançado por meio do comércio. Antes da abolição da escravatura em 1888, o Brasil era um país onde o trabalho manual era culturalmente desvalorizado. Como "mulheres combativas", trabalhadoras livres e escravizadas encontravam solidariedade entre outras mulheres comerciantes e resistiam às tentativas do governo de controlar e cobrar impostos sobre suas atividades econômicas.[15] Sua resistência em geral se baseava nas chamadas "armas dos fracos" — boatos, protelação, manipulação e evasão.

Às vezes, essas estratégias femininas eram insuficientes, e assim as mulheres se voltavam para formas abertas de organização e resistência. Na Nigéria sob o domínio britânico, por exemplo, as mulheres das aldeias eram importantes produtoras e comerciantes de óleo de palma. Entre o povo igbo da região do delta do Níger, as mulheres exerciam um poder considerável em funções públicas como *omu*, que controlava a atividade feminina em mercados e feiras, ao lado do seu equivalente masculino, o *obi*. As intervenções coloniais britânicas nessa divisão de poder visavam fortalecer o *obi* e relegar à *omu* um papel apenas secundário. No entanto, nos anos 1920, as demandas britânicas por "tributos de cabana" mais elevados, cobrados por "chefes de confiança" nomeados pelos ingleses, passaram por cima da aparente autoridade hierárquica local e da capacidade dos chefes de obrigar as mulheres a pagarem taxas. As mulheres tinham o poder do insulto coletivo, conhecido como "sentar em cima dos homens", e em 1929 essa estratégia foi usada para contestar a tributação excessiva e a marginalização política feminina. Mais de 10 mil mulheres se uniram em protesto, usando formas tradicionais de insulto — como a nudez — para desafiar o governo das elites locais e britânicas.[16] Essas manifestações se baseavam nas tradições locais de dança e possessão por espíritos e na autoridade moral derivada da divisão de trabalho de acordo com as profissões dos igbo. Uma fonte observou que as mulheres do mercado estavam "quase nuas, usando apenas grinaldas de folhas ao redor da cabeça, cintura e joelhos; algumas usavam uma cauda feita de folhas".[17] As mulheres zombavam da autoridade desses "chefes de confiança" jogando areia — ou seja, terra estéril — nos "governantes" e exigindo que entregassem seus símbolos de autoridade às mulheres. Esses protestos terminavam em uma saraivada de insultos. Brandindo facões, as mulheres enfrentaram soldados britânicos e locais em uma rebelião que já foi chamada de "guerra das mulheres".

Essa militância acabou levando, em dezembro de 1929, ao uso de força letal pelos militares, que atiraram contra as manifestantes, matando 21 delas. No contexto das tentativas de mecanizar a agricultura e controlar o comércio, que conferiam mais poder aos homens, e com estruturas administrativas coloniais que também privilegiavam o poder masculino, essas formas ritualizadas de desordem revelam a importância de mercados e feiras como locais de ativismo feminino, mas também mostram o elevado custo do acesso a esses espaços.

Os memoráveis protestos de 1929 podem ser interpretados como uma contribuição aos movimentos anticoloniais que resultaram, por fim, na expulsão dos governantes britânicos em 1960. Mas foram, de fato, uma ação liderada por mulheres defendendo seu espaço nas feiras, um espaço que permitia que mulheres igbo tivessem alguma liberdade para determinar seu status econômico, além de estarem baseados na solidariedade e na ação femininas. Em um período histórico no qual a maioria das atividades autodenominadas feministas tinham como objetivo o acesso às profissões, ao voto e à igualdade salarial, aquela ação não pode ser considerada feminista. Os protestos se baseavam na economia moral tradicional igbo e na cultura do insulto, e não em um repertório reconhecidamente feminista. No entanto, a liderança e a solidariedade femininas ressoaram em modos de luta feministas e tornaram esses protestos importantes para as ativistas nigerianas que vieram depois.

Funmilayo Ransome-Kuti, ativista nigeriana pelos direitos das mulheres, pelo socialismo e pelo pan-africanismo. Ela adotou as roupas típicas das feirantes como sinal de respeito pelos problemas enfrentados por essas mulheres.

A "guerra das mulheres" ajudou a inspirar as ousadas reivindicações pelo direito de trabalhar em feiras das mulheres da cidade nigeriana de Abeokuta, lideradas pela carismática Funmilayo Ransome-Kuti (1900-78). Educada na Nigéria e na Grã-Bretanha, nos anos 1940 ela participou do Clube das Mulheres de Abeokuta, uma organização assistencialista de viés paternalista que visava "elevar o padrão da condição das mulheres". Ransome-Kuti ampliou essas atividades para incluir a alfabetização de mulheres feirantes; com isso, passou a compreender melhor a precariedade da sua subsistência. As mulheres se queixavam de impostos injustos e de serem obrigadas a se despir diante dos inspetores, para que avaliassem a idade delas e, assim, sua situação tributária. Em 1946, o Clube das Mulheres mudou de nome para União das Mulheres de Abeokuta, e Ransome-Kuti adotou as roupas estampadas típicas das comerciantes. Ela organizou essas mulheres de modo que resistissem aos impostos, chamando as manifestações de "piqueniques" para escapar das proibições policiais. Algumas duraram 48 horas, durante as quais as mulheres se recusavam a trabalhar e só entoavam canções — mais de duzentas foram compostas durante os "piqueniques" e protestos do final de 1946. As manifestantes desafiavam tanto as autoridades coloniais como os chefes locais Ogboni, recusando-se a homenagear objetos rituais exclusivamente masculinos e buscando visibilidade internacional para protestar contra a repressão policial, que fazia uso de detenção e de gás lacrimogêneo. Como notou a historiadora Cheryl Johnson-Odim, Ransome-Kuti seria uma renomada ativista pelo pan-africanismo e pelo socialismo democrático, viajando para China, Moscou, Gana e Serra Leoa para protestar contra o colonialismo e as injustiças contra as mulheres. Embora hesitante em relação ao comunismo, Ransome-Kuti se alinhou à Federação Internacional Democrática de Mulheres, uma organização de cúpula que patrocinava o ativismo feminino em toda a esfera de influência comunista. A partir de 1966, passou a fazer fortes críticas aos governantes militares da Nigéria e foi perseguida pela polícia. Em 1978, durante um cerco da polícia à casa de seu filho, o músico Fela Kuti, ela foi atacada e acabou morrendo.[18]

O legado de Ransome-Kuti na Nigéria e em muitas outras nações africanas é o de manter uma forte consciência das necessidades das mulheres da classe trabalhadora e de áreas rurais. Embora alguns estudiosos africanos não acreditem que o feminismo possa se distinguir da sua origem, vista por eles como ocidental e imperialista, Ransome-Kuti deixou claro que as mulheres carregavam de forma desproporcional o fardo doloroso da ocupação colonial. Ela evidenciou que a luta pela libertação das mulheres estava inserida na "libertação dos oprimidos e da maioria pobre do povo da Nigéria".[19] Essa frase deu origem à declaração de missão do grupo Mulheres na Nigéria (WIN, na sigla em inglês, que significa "vitória"), fundado em 1983 para ressaltar os efeitos negativos que a economia do petróleo, a inflação e as políticas de ajuste estrutural impostas por governos estrangeiros tinham sobre as mulheres nigerianas. As dificuldades econômicas haviam se tornado cada vez mais evidentes e, mais uma vez, os custos recaíram de forma desproporcional sobre as mulheres. Os militares que governavam a Nigéria nessa época haviam reprimido qualquer oposição e manifestação.[20] Visando ampliar a esfera pública de debate, a WIN levantou questões femininas como o acesso à água, os casamentos forçados, a proteção às profissionais do sexo e a escolaridade das meninas.

Esse trabalho exigia coalizões com comerciantes, estudantes universitárias, trabalhadoras do sexo e agricultoras, além de sensibilidade para se entrosar com as diversas etnias e religiões da Nigéria. A WIN insistia em uma estratégia não doutrinária que incluía os homens como membros e, por vezes, até mesmo como beneficiários das suas ações. Apesar de haver alguns precedentes de homens no feminismo, a disposição da WIN de aceitar e integrar homens continua inusitada. Essa atitude estava baseada no compromisso de dividir o fardo da transformação das relações entre os sexos. As mulheres, sobrecarregadas pelo trabalho doméstico e pela marginalização econômica, dispunham de tempo e recursos limitados. A WIN não apenas recebia de bom grado as contribuições masculinas para o seu trabalho, como também as elogiava e exigia o envolvimento de homens. Isso representava, na prática, não apenas uma fonte de energia e de recursos, mas também, segundo o argumento da WIN, uma reorientação fundamental da conscientização masculina. Muitos eram atraídos à WIN pelo envolvimento da organização em lutas pela justiça social que abrangiam ambos os sexos; a WIN, por sua vez, esperava que os homens se comprometessem de modo mais profundo com os objetivos feministas.[21]

A inclusão dos homens também respondia a um desafio específico da época e do lugar: refletia uma resistência ao crescente fundamentalismo religioso que caracterizava a Nigéria islâmica e cristã nas décadas de 1980 e 1990. Os líderes religiosos tinham começado a defender formas de culto e de associação divididas por sexo, e era importante para a WIN, como organização secular, apresentar um modelo de cooperação entre os sexos e espaços mistos. Sua abertura a todas as pessoas — não havia qualquer critério para a adesão — gerou tensões com objetivos e prioridades conflitantes; mas também estimulou esforços internos para construir alianças que superassem divisões. A WIN deu uma resposta à perene questão "quem pode ser feminista?" ao experimentar uma política de portas totalmente abertas.

NEGÓCIOS FEMINISTAS

Muitas mulheres que levavam uma vida precária como feirantes estavam apenas sobrevivendo. Apoiavam umas às outras por solidariedade e tinham um forte senso de quais eram seus direitos. No entanto, raras vezes tinham os recursos necessários para fazer campanha por muito tempo ou estabelecer seus próprios espaços e instituições. Porém, houve momentos históricos em que iniciativas explicitamente feministas acumularam recursos e conseguiram financiar espaços dedicados ao empoderamento feminino. Por exemplo, em 1976, ativistas do movimento das mulheres conseguiram comprar e reformar um edifício de prestígio no centro de Detroit, o antigo Women's City Club, e transformá-lo em um centro para a socialização feminista, criação de novas empresas e campanhas diversas.

Nos anos 1970, as mulheres de Detroit aproveitaram uma onda de pequenos negócios feministas catalisada pelo movimento de libertação das mulheres. Os Estados Unidos já tinham uma cultura de empreendedorismo bastante sólida e não surpreende que muitas norte-americanas, inspiradas pelas discussões sobre autonomia e controle do movimento feminista, optassem por iniciar um negócio próprio. Muitas criticavam as grandes empresas capitalistas e queriam uma alternativa mais ética. Também consideravam espaços como livrarias, editoras, escritórios de advocacia e centros de saúde da mulher uma oportunidade para divulgar a mensagem feminista. Criaram vários produtos feministas polêmicos — o anúncio de um avental com os dizeres "Foda-se o trabalho doméstico", produzido pela Liberation Enterprises, de Nova York, foi recusado até pelo tolerante *Village Voice*, o jornal da contracultura. Mesmo assim, as empresárias feministas encontraram um mercado pronto para aceitar firmas comerciais politizadas.

Essas empreendedoras também se basearam em uma tradição já bem estabelecida entre as lésbicas de fundar bares e cafés que fossem espaços seguros e tolerantes para as minorias sexuais. Ao enfrentar bastante discriminação por causa de sua aparência e orientação sexual, as lésbicas estavam bem conscientes da necessidade de um espaço autônomo para as mulheres.[22] Suas campanhas por um "espaço para a mulher" às vezes se alternavam entre destacar feministas e lésbicas, mas, como disse a historiadora Alexandra Ketchum sobre os cafés e restaurantes de Ontário, muitas vezes se podia apelar para os dois grupos. No Canadá, mulheres desacompanhadas tinham dificuldade para entrar em espaços onde se servia bebida alcoólica por causa de uma tradição do país de restringir o álcool, o que tornava os bares espaços estigmatizados ou hostis. Ao criar lugares como os "clubes de mulheres", em que era preciso se associar, era possível garantir um ambiente exclusivamente feminino, como o da cafeteria Three Cups em Toronto, que desde 1975 oferecia um espaço de dança para mulheres. A falta de financiamento impediu o projeto de realizar todas as suas ambições, sendo forçado a improvisar. A tentativa de conseguir, com muito esforço, um "espaço da mulher" foi uma batalha simbólica que se deslocou pela cidade toda, à medida que vários espaços sociais já existentes foram ocupados de forma temporária.[23]

Quaisquer que fossem a sexualidade e as tendências políticas, a maioria dos negócios dirigidos por mulheres tinha pouco acesso ao capital necessário para adquirir estoque, alugar instalações e contratar funcionários. Os bancos não se dispunham a emprestar dinheiro a mulheres, em especial às casadas. Em geral, hipotecas e cartões de crédito eram recusados, ou exigiam um marido como fiador. Isso ocorria sobretudo com as mulheres de cor, impedidas de acessar as fontes de financiamento. Como mostrou o historiador Joshua Clark Davis, os problemas financeiros levaram à criação de bancos e de organizações de crédito feministas, como a União de Crédito Federal Feminista (FFCU, na sigla em inglês) de Detroit, fundada em 1973.[24] As fundadoras queriam expandir sua oficina de saúde da mulher, mas logo perceberam que havia uma demanda nacional por crédito e empréstimos entre as mulheres. Logo no início, um folheto convidava as apoiadoras a "investir nossas economias em empréstimos para nossas irmãs, e não para instituições bancárias que pertencem a homens e são controladas por eles, com políticas de empréstimo e práticas de emprego sexistas". O FFCU era dirigido por mulheres e se definia como "um centro para mulheres [...] com quadros de avisos e cartazes sobre atividades feministas".[25] Elas abriram filiais em todo o estado de Michigan, e o modelo se espalhou para outras regiões dos Estados Unidos. Em 1975, os ativos das uniões de crédito feministas em todo o país totalizavam cerca de 1,5 milhão de dólares. Esses valores inéditos para o movimento de mulheres, em geral mal financiado, criaram oportunidades para investimentos maiores.

Depois de muito debate, as cooperativas de crédito fundaram a Rede Econômica Feminista (FEN, na sigla em inglês) para coordenar suas atividades. As ambiciosas fundadoras da FFCU de Detroit propuseram que a FEN comprasse e reformasse o antigo Detroit Women's City Club. Algumas feministas ficaram bastante desconfiadas, temendo que uma organização tão rica pudesse acabar assumindo o controle de um movimento feminino de base, sem hierarquia. Embora a FFCU funcionasse sem fins lucrativos, suas adversárias viam as empresas feministas como "irremediavelmente enredadas em um sistema econômico mais amplo que só compreende uma única coisa — o lucro".[26]

Mesmo assim, a FEN foi em frente com o plano, empregando feministas ativas para limpar e reformar o prédio. A intensidade do trabalho exigido — longas jornadas, baixos salários e más condições — causou polêmica de imediato, e as trabalhadoras ameaçaram fazer uma greve em protesto. A inauguração ocorreu em abril de 1976, oferecendo um hotel com piscina para mulheres, bares e uma boate. Na abertura, Gloria Steinem, militante de renome nacional, cortou uma fita feita de notas de dólar para simbolizar o compromisso feminista com o enriquecimento das mulheres. Entretanto, esse lançamento espetacular não deu certo. Entrar no clube custava 100 dólares anuais, muito mais do que a maioria das mulheres em Detroit podia pagar. Os custos operacionais eram impeditivos, e o grosso do movimento das mulheres era ambivalente sobre o projeto como um todo. As instalações fecharam após apenas cinco meses.

Esse foi um duro golpe para a visão de um espaço feminista dentro de um mercado capitalista. No entanto, a ascensão e queda meteóricas da FEN não devem ser vistas como representativas de todos os negócios feministas. No nível local, bares e cafés lésbico-feministas continuaram a prosperar, assim como negócios como joalherias artesanais e cabeleireiros feministas. Apesar das críticas à indústria da beleza e de suas exigências impossíveis para as mulheres, os salões femininos acabaram oferecendo espaços importantes para contatos e solidariedade feminista e antirracista. Na Grã-Bretanha, por exemplo, a cooperativa de mulheres negras de Manchester, fundada em 1975 e rebatizada como Abasindi em 1980, oferecia espaços para salões de cabeleireiro para mulheres negras. As participantes da cooperativa reconheciam que o cabelo das mulheres negras havia sido desvalorizado em uma cultura de beleza voltada para os brancos.[27]

As editoras feministas eram outro meio para as mulheres conquistarem espaço no mercado e ocuparem o "espaço cultural" da publicação de livros. Projetos como Kali for Women, na Índia, Virago Press, na Grã-Bretanha e Asmita Women's Publishing House, no Nepal, duraram mais tempo do que o Detroit Women's City Club. Alguns sobreviveram até o século xxi e continuam em plena atividade, como veremos no cap. 4. Essas editoras lançavam livros para o espaço feminista talvez mais icônico e reconhecível: a livraria especializada em assuntos da mulher. Nesses lugares era possível organizar campanhas, fazer uma reflexão silenciosa, se inspirar e promover um debate intelectual, além de oferecer espaço para alimentação e socialização. Tentavam abarcar o aspecto empresarial e político, com sucesso desigual. Livrarias como a Women's Press em Londres (1907), Women and Children First em Chicago (1967), a Shokado Women's Bookstore em Kyoto (1975), a Libreria delle Donne de Milão (1975), Streelekha em Bangalore (1984) e Binti Legacy em Nairóbi (1996) formaram uma poderosa rede de distribuição de ideias feministas. E um fator primordial: eram espaços comerciais abertos para mulheres de todas as classes sociais, e a maioria também recebia homens, pelo menos em determinados locais. Elas ajudaram a consolidar o feminismo no ambiente cotidiano das principais ruas de comércio, e lembram, de forma bem visível, as esperanças feministas de mudança.

A Streelekha, uma livraria feminista em Bangalore, foi fundada em 1984 como, "acima de tudo, um ponto de encontro para mulheres". Oferecia leituras abertas, aconselhamento, apoio jurídico e um serviço de encomendas por correio para levar livros feministas a um público indiano mais amplo. Suas fundadoras observaram que "os movimentos de mulheres no Terceiro Mundo não estão isolados de outros movimentos pela mudança social". Assim, a livraria também teria livros sobre "paz, desenvolvimento, ecologia, movimentos de trabalhadores, Dalits ["intocáveis", a casta mais baixa na Índia] e camponeses".[28] Comprometido em fornecer o "lastro teórico para a ação feminista", o coletivo

Streelekha se preocupava em saber se as mulheres indianas conseguiriam comprar as obras. Tinham plena consciência de que a maioria das mulheres do país não tinha dinheiro para comprar livros feministas caros e que as perspectivas comerciais da livraria eram precárias. Para se fortalecer, entraram numa aliança com a Toronto Women's Bookstore, no Canadá, e a New Words Bookstore, em Massachusetts, nos Estados Unidos, o que propiciou um intercâmbio de mão dupla de livros e periódicos e experiências no setor livreiro. Por exemplo, o *Feminist Daybook* da Streelekha era vendido nas lojas "irmãs" da América do Norte, onde se fazia campanha para apoiar a Streelekha em seus planos de abrir uma van com livros e uma biblioteca de empréstimos, a Kavya para Mulheres.[29] A Streelekha foi um local em que se forjaram alianças, seja com outros movimentos radicais de protesto que atravessaram o feminismo, seja com as redes internacionais já bem estabelecidas de comércio de livros feministas. As participantes estavam decididas a usar o comércio para sustentar a si próprias, suas instalações, as gráficas feministas e as autoras — embora também tivessem sérias críticas ao setor livreiro capitalista mundial que estabelecia preços inacessíveis para os livreiros de países mais pobres e a manipulação de preços por editoras poderosas. Apesar dos pontos de atrito dessa aliança, a empresa comercial também podia ser um espaço comunitário, e as empreendedoras feministas estavam atentas aos limites que o mercado impunha ao empoderamento.

ESPAÇOS DE CULTO

Em outros tempos, historiadoras do feminismo por vezes retrataram o movimento como uma rebelião contra a religião. A fé sempre foi muito associada aos esforços dos fundamentalistas para controlar as mulheres em seu vestuário e na sua forma de exercer o culto. Ernestine Rose, judia e ateia, há muito rejeitava a religião por ser um fator importante para as desigualdades sociais e sexuais. A sufragista Elizabeth Cady Stanton também questionava a religião convencional e lançou um apelo por uma "revolução inteira", baseada em uma releitura crítica da Bíblia cristã. Ela declarou: "A Bíblia ensina que a mulher trouxe o pecado e a morte ao mundo, que ela precipitou a queda da raça humana, que foi processada perante o tribunal do Céu, julgada, condenada e sentenciada". Essa doutrina significava para a mulher cristã que "o casamento, para ela, seria uma condição de escravidão; a maternidade, um período de sofrimento e angústia; e, em silêncio e sujeição, ela deveria desempenhar o papel de dependente da generosidade do homem para todas as suas necessidades materiais".[30]

Stanton queria manter a fé cristã, mas sem a ênfase na subordinação da mulher. Ela reuniu uma comissão internacional de mulheres no polêmico projeto de reler a Bíblia sob uma perspectiva feminista. Muitas mulheres que ela abordou recusaram, mas um grupo de 26 por fim se reuniu, incluindo a ativista finlandesa Alexandra Gripenberg, a austríaca Irma von Troll-Borostyáni e a reformadora social francesa Isabelle Bogelot. Em 1895 e 1898, Stanton publicou os comentários das participantes sobre a posição da mulher no Antigo e no Novo Testamento, sob o título de *The Woman's Bible* [A Bíblia da mulher]. Argumentando que as orações deveriam ser dirigidas a uma Mãe e a um Pai Celestiais, o texto de Stanton logo se tornou um best-seller, muito conhecido entre outras sufragistas e por um público mais amplo.

Essas obras nos lembram que o feminismo não foi um movimento secular. Stanton se interessou pelo movimento espiritualista na década de 1860, e muitas feministas encontraram inspiração nas religiões, tanto ortodoxas como não ortodoxas. As religiões também abriram espaços importantes, embora muitas vezes improvisados, para mulheres, como a afro-americana Violet Johnson (1870-1939), empregada doméstica e líder batista leiga, que trabalhava em um subúrbio de Nova Jersey. Contrastando com o feminismo declarado de Stanton, Johnson era motivada pelo seu compromisso espiritual com a moralidade e a justiça. Esses princípios, porém, acarretavam implicações políticas de justiça social e de reivindicação de espaços profundamente divididos por gênero. Mesmo sem os recursos que outras feministas, a exemplo de Jessie Boucherett, empregaram para exigir direitos e lugares, Johnson foi capaz de criar espaços físicos modestos, que revelam como o ativismo feminino poderia ser ativo num nível popular.

Como empregada doméstica, o acesso de Violet Johnson a um espaço próprio era limitado. Os criados sabiam bem que os quartos, as cozinhas e as áreas de serviço onde dormiam e trabalhavam eram propriedade alheia. Os patrões tinham o direito legal de entrar nesses locais, inspecionar pertences e corpos e controlar idas e vindas. Os empregados estavam sujeitos à demissão por ofensas triviais ou imaginárias, e isso podia ocorrer de maneira súbita e difícil de contestar pelos trabalhadores sem recursos. Quando desempregados, só podiam recorrer a pensões ou ficar temporariamente com parentes. Isso tornava a demarcação e o controle do espaço um problema central. Os empregados muitas vezes só tinham um baú ou uma caixa de pertences pessoais como espaços de privacidade respeitados. Talvez tenha sido essa sensação de intrusão dos patrões em seus espaços íntimos que fez com que Violet Johnson desse uma importância especial à criação de um local de encontro para o estudo da Bíblia. Como documentou a historiadora Betty Livingston Adams, em 1898, depois de alugar uma lavanderia comercial, Johnson a transformou em um espaço sagrado, que mais tarde se tornaria a Igreja Batista da Fonte, em Summit, em Nova Jersey. As oito fundadoras da congregação eram todas empregadas domésticas afro-americanas.[31]

Embora aprovasse o surgimento de igrejas lideradas por afro-americanos, a Igreja batista dos anos 1800 costumava tratá-los com paternalismo. Frustrados, os ministros afro-americanos organizaram suas próprias convenções e congregações nas décadas de 1870 e 1880, visando destacar sua respeitabilidade e autonomia. Contudo, isso acabou excluindo as mulheres, que com frequência assumiam papéis proeminentes como líderes espirituais. As igrejas batistas afro-americanas passaram a ver com cautela as ministras e sua pregação, negando a elas papéis de liderança, apesar de sua importância ao sustentar e financiar congregações. As mulheres que tinham um forte sentido de missão religiosa eram temidas como uma ameaça à respeitabilidade social, mesmo precária, almejada pelas igrejas afro-americanas. A congregação da Fonte fundada por Violet Johnson em Summit era dominada por mulheres, mas o pastor Edward McDaniels era formalmente o líder.

A lavanderia original logo ficou pequena para a Igreja Batista da Fonte e a congregação se comprometeu a construir uma nova sede. Sem recursos entre os membros, foi forçada a recorrer a doadores externos, cujos motivos não eram apenas filantrópicos. O dinheiro vinha através do apelo do pastor McDaniels, que explicava aos doadores os problemas que o número crescente de "negras do Sul" representaria quando entrassem no serviço doméstico em Nova Jersey.[32] As mulheres afro-americanas eram associadas à licenciosidade sexual e à fecundidade, e uma igreja ajudaria a regular seu comportamento, argumentava McDaniels de maneira implícita ao falar com partidários da classe média, tanto brancos como negros. Assim, o espaço sagrado que Violet Johnson queria criar nem sempre era, na prática, um espaço de libertação. Era um local de mensagens contraditórias, onde as vozes das mulheres e suas ações podiam ser apoiadas, mas também negadas.

Qualquer que fosse a justificativa, os recursos para serviços de qualquer tipo para congregações afro-americanas eram escassos. Em Summit, os doadores conseguiram pagar apenas a construção do subsolo para a nova igreja prevista. A obra foi concluída em 1908, com um telhado provisório, e logo ocupada para serviços religiosos. Em 1912, repetidas inundações forçaram a congregação a abandonar o local. Buscando um espaço mais substancial e habitável, a igreja propôs um plano ambicioso: comprar o prédio da prefeitura de Summit, que não estava mais em uso. Essa tentativa de ocupar um espaço cívico de prestígio ultrapassou os limites do que era aceitável para uma congregação afro-americana dominada por mulheres. Os moradores brancos fizeram campanha contra a venda, argumentando que isso levaria seus negócios à ruína e ameaçaria o valor das propriedades. O discurso incendiário sobre uma "colônia" de "negros" no subúrbio deixou clara a profunda importância de preservar os "espaços brancos".[33]

A crescente barreira racial em Nova Jersey no início do século xx tornou irrealizável a promessa de um espaço sagrado que pudesse servir à comunidade negra, ou mesmo transcender as divisões raciais. A Igreja Batista da Fonte acabou ocupando um prédio modesto financiado por doadores brancos, motivados pelo desejo de manter a congregação fora de outras áreas de maior prestígio. Os patrocinadores brancos possuíam a escritura do prédio e controlavam a contratação dos pastores.[34] Assim, conseguir um espaço utilizável veio com o alto custo da perda de controle substancial sobre seus usos.

Apesar dos problemas de qualidade física dos espaços disponíveis e das disputas sobre como e por quem deveriam ser ocupados, Violet Johnson continuou priorizando a criação de espaços dedicados às necessidades das mulheres. Em 1918, durante as interrupções de trabalho causados pela guerra, ela passou a morar em um apartamento que também denominou Industrial Home for Working Girls ou *Home away from Home*", isto é, "Uma casa longe de casa". Seu objetivo era oferecer um espaço dedicado a "moças de cor" empregadas na indústria bélica, um lugar que fosse "caseiro e agradável".[35] Tratava-se de um concorrente para as iniciativas de maior envergadura dominadas por mulheres brancas na Associação Cristã de Moças (YWCA, na sigla em inglês). A pequena casa de Johnson proporcionou espaço e apoio para mais de oitocentas jovens durante a Primeira Guerra Mundial e nos anos posteriores. A YWCA, feliz por evitar a delicada questão de como acomodar a experiência e a liderança das mulheres negras em seus espaços, apoiou o projeto de Johnson e ofereceu às suas residentes acesso às instalações da YWCA — desde que fosse respeitada a segregação racial.

No contexto da intensificação da segregação racial e da violência no Norte dos Estados Unidos, as comunidades afro-americanas se viram cada vez mais sitiadas nas primeiras décadas do século XX. Ficou mais difícil formar espaços multirraciais, sobretudo devido ao impacto econômico da Depressão na década de 1930, que dificultou a vida material das mulheres da classe trabalhadora e das minorias étnicas. No entanto, a "Casa" de Johnson continuou a oferecer seu espaço, permitindo que moças formassem clubes de estudo de literatura e história afro-americana durante os anos 1920 e 1930.

Apesar do complexo jogo de poder entre homens e mulheres e da resposta racista dos residentes brancos de Summit e da comunidade da YWCA local, a Igreja Batista da Fonte e outros espaços femininos deram a Violet Johnson e suas colegas oportunidades de se engajar em reformas sociais. Tiveram um papel importante nas atividades contra o alcoolismo da União das Mulheres Cristãs pela Temperança e na campanha pelo direito ao voto feminino. Johnson também se envolveu em atividades contra o linchamento, assim como a ativista sindical Maida Springer Kemp. Para Johnson, a questão não só levantava a necessidade de proteger os homens afro-americanos, mas também ilustrava a vulnerabilidade das mulheres afro-americanas ao estupro e à gravidez pela ação de homens brancos. Em 1919, ela escreveu ao presidente Woodrow Wilson: "A história dos ataques que os homens brancos fizeram à honra das mulheres negras está escrita nos rostos da nossa raça".[36]

Violet Johnson buscou justiça na intersecção de raça e gênero e, apesar de morar nos subúrbios de Nova Jersey e, portanto, longe de centros de poder oficial, não hesitou em se dirigir ao presidente. Seu trabalho foi se ampliando no nível popular, com a participação em órgãos como a Associação Nacional de Mulheres de Cor e o Clube Republicano das Mulheres de Cor do Estado. Mas as tentativas de fazer lobby na esfera legislativa nacional acarretaram escolhas difíceis para ela. As mulheres negras foram forçadas a optar: aliar-se às mulheres brancas em causas como o controle do alcoolismo, ou manter sua lealdade às organizações de justiça racial, como a Associação Nacional para o Avanço das Pessoas de Cor (NAACP, na sigla em inglês), que se opunham à proibição da venda de bebidas alcoólicas e priorizavam a pauta racial. Em 1922, Violet Johnson se aliou a mulheres brancas para apoiar um candidato favorável à "Lei Seca". Em 1924, ela rompeu com mulheres brancas para apoiar um candidato que lutava contra a prática de linchamento de homens negros. Seu apoio às necessidades das mulheres não foi feito em nome do feminismo, embora ela tenha trabalhado constantemente para promover as necessidades e os interesses das mulheres em muitos contextos. Mas "feminismo" era um termo inadequado para captar os vários tipos de opressão de raça, classe e gênero que moldaram o ativismo de Violet Johnson naquele momento histórico. De qualquer forma, sua preferência pela "missão cristã das mulheres" como uma forma alternativa de dar sentido ao seu trabalho deve ser respeitada. Sua luta por justiça social compartilhava preocupações e táticas com as feministas; mas muitas vezes, ao longo da vida, mulheres negras e da classe trabalhadora não viram seus problemas tratados com respeito nos movimentos feministas que encontravam.

Violet Johnson morreu em 1939, na sua *"Home away from Home"*. Como era apropriado, seu funeral foi realizado na Igreja Batista da Fonte que ela havia fundado. Mas, mesmo na morte, os limites de espaço para as mulheres afro--americanas da classe trabalhadora ficaram evidentes: Violet Johnson foi enterrada em uma sepultura sem identificação, no terreno de seus ex-patrões brancos.[37]

ESPAÇOS AUTÔNOMOS

O uso do próprio apartamento por Violet Johnson para oferecer um espaço seguro para jovens trabalhadoras afro-americanas foi uma tática bem conhecida das gerações posteriores. As décadas de 1970 e 1980 testemunharam uma explosão de abrigos, refúgios e locais seguros feministas, focados sobretudo em casos do que passou a ser denominado "violência doméstica", assim como de estupro e violência sexual. Enquanto os debates anteriores falavam de "agressão à esposa", o novo termo enfatizava o quão grave e generalizada era essa violência, além de que não se limitava às esposas, mas incluía filhos, namoradas e outros parentes.

Na Austrália, o movimento de refúgio para mulheres usava em geral abrigos administrados por igrejas e havia sido fundado por mulheres que utilizavam táticas semelhantes às de Violet Johnson. Mas na década de 1970, a poderosa ideia de patriarcado (ver cap. 2) chegou para infundir uma abordagem feminista, inspirando mulheres a criarem outros espaços. Tirando o foco das experiências individuais com parceiros violentos, em que muitas vezes a culpa recaía sobre as próprias vítimas, as feministas ofereceram outra análise. Elas explicaram a violência masculina contra mulheres não como um evento patológico individual, mas como uma característica estrutural do patriarcado que preservava a estabilidade do status quo.

Ao reconhecer a escala e a centralidade da violência masculina contra as mulheres, tornou-se urgente encontrar novos espaços para resistir a ela. No início dos anos 1970, foram inaugurados abrigos como o Halfway House, no estado de Victoria, na Austrália. Seu objetivo era dar às mulheres um lugar seguro onde pudessem reavaliar sua vida, descansar de suas lutas e ter a experiência de exercer controle sobre a situação. Os locais oferecidos eram muito usados e com frequência ficavam superlotados. O espaço para cozinhar era mínimo e havia colchões apertados onde era possível. Os abrigos eram administrados por uma combinação de funcionárias pagas, residentes e voluntárias. O envolvimento das residentes, em especial, era crucial na tomada de decisões e no trabalho diário, como meio de atraí-las para o debate feminista e evitar uma abordagem de cima para baixo, como se outras mulheres quisessem "resgatá-las" de sua situação. No início, os abrigos eram improvisados — um quarto na casa de uma ativista ou ocupava-se um edifício vazio. No entanto, o movimento prestava um serviço fundamental em um momento em que a polícia e os serviços de assistência social não tinham interesse, na melhor das hipóteses, em apoiar as mulheres que viviam com parceiros violentos.

Na Austrália, o financiamento para os refúgios foi dado pelo Estado bastante cedo, com fundos de um programa nacional de abrigo para mulheres, disponível desde 1975. No país, o movimento feminista estava mais disposto do que em outros lugares a ver o Estado como um aliado útil. Isso possibilitava ampliar e equipar os espaços disponíveis para as mulheres, mas também criava o problema da cooptação, resumido no novo termo "femocrata" — uma feminista burocrata. A situação deixava as instituições feministas australianas dependentes de fundos que poderiam ser interrompidos caso um governo hostil fosse eleito. E mostrava uma tendência a privilegiar a liderança de mulheres brancas, com educação formal, que tinham a autoconfiança e os conhecimentos necessários para vencer o labirinto da burocracia estatal.[38]

A aliança com o Estado gerou tensões especialmente difíceis para as mulheres aborígenes australianas e fez com que elas tivessem grandes dúvidas de se esses espaços feministas eram, de fato, acolhedores e seguros para elas. O histórico da privação de direitos da população aborígene, marcado por adoções forçadas e programas de remoção de crianças das comunidades, esterilização e vigilância da assistência social, evidenciava como as instituições públicas eram profundamente problemáticas para os aborígenes australianos. Algumas organizações, como a União das Mulheres Australianas, tentaram incluir as mulheres aborígines e suas questões nas campanhas dos anos 1950 e 1960. Filiada à Federação Internacional Democrática de Mulheres, órgão feminista de esquerda, a União das Mulheres Australianas destacava com frequência a luta dos aborígines contra a expropriação. No entanto, o movimento de libertação das mulheres dos anos 1970 era menos enraizado nas lutas das mulheres da classe trabalhadora e racialmente marginalizadas. Em 1996, Tikka Jan Wilson, funcionária de um dos refúgios, escreveu sobre como um abrigo feminista australiano ficou polarizado entre as mulheres brancas e as aborígenes kooris. Apesar de sua política de antirracismo, as funcionárias brancas do refúgio costumavam julgar as kooris como "preguiçosas". Tinham pouca consciência de que isso poderia ser um estereótipo cultural, e que o abrigo poderia ser vivenciado como um espaço "branco" em seus códigos raciais e valores culturais. As feministas brancas desejavam tratar as usuárias do refúgio apenas como "mulheres", eliminando as desvantagens específicas que as aborígines encontravam para acessar serviços. Essa narrativa de sororidade era ingênua ou se esquecia de uma longa história de agressão racista e de violência sexual por parte dos brancos. As mulheres brancas participaram intensamente dos serviços de assistência social que buscavam controlar comunidades aborígenes nos séculos XIX e XX, e essas práticas eram por vezes reproduzidas nos abrigos feministas.[39]

Da mesma forma, as imigrantes na Austrália sofreram exclusão em um sistema em que havia pouca compreensão de suas necessidades específicas e poucos recursos para tradução. Os funcionários dos abrigos muitas vezes não se dispunham a dar espaço às imigrantes porque não acreditavam que elas deixariam seus parceiros violentos. Uma delas lembrou que suas colegas "viam as mulheres migrantes como 'difíceis' e acreditavam que os esforços para lhes dar apoio e empoderamento eram em vão, visto que elas acabavam voltando para casa, para um parceiro violento".[40] Era comum culpar a origem étnica como a causa da violência, em vez dos fatores estruturais mais amplos de isolamento e pobreza que tornavam alguns grupos mais propensos a sofrer abuso e menos capazes de contestá-lo. Abrigos administrados por australianas brancas também não demonstravam ter vontade de questionar suposições racistas, como afirmar que as imigrantes eram sujas ou necessitavam de acomodações especiais por causa de dieta ou da religião. Assim, alguns desses espaços proibiam, ainda que de maneira informal, a admissão de mulheres migrantes. Como lembrou uma funcionária: "Não se passava uma semana sem recebermos comunicações de pelo menos dois ou três abrigos dizendo: não queremos mulheres vietnamitas, turcas, aborígines ou árabes".[41] Como resultado, foram fundados no país centros especializados para receber mulheres imigrantes ou aborígenes, como o que foi criado em 1975 em Melbourne pelo grupo italiano de apoio aos imigrantes Co As It. Embora o projeto tenha recebido financiamento estatal, os valores foram sintomaticamente mais baixos do que os concedidos para os espaços convencionais. O domínio dos valores denominados "brancos" ou "anglo" no movimento australiano de abrigos limitou os espaços feministas disponíveis para mulheres imigrantes e aborígenes.

Reivindicar e criar espaços é uma atividade feminista central, embora os resultados não estejam sempre livres de ambiguidades e de policiamento. Mulheres sem os privilégios de classe ou de cor tiveram às vezes que lutar para ter acesso a abrigos, livrarias e centros abertamente feministas. Criar espaços usando financiamento estatal ou trabalhando em conjunto com assistentes sociais ou a polícia já resultou em muitos dilemas para as feministas. O Estado autoritário, cúmplice no controle, no aprisionamento e na deportação de pessoas pobres, com deficiência, queer, migrantes e pessoas de cor, forçou em certas situações as feministas a manter distância.

Alguns lugares feministas foram provisórios ou não estiveram totalmente sob o controle de mulheres; alguns prosperaram mesmo em espaços inesperados, como nas congregações de uma igreja liderada por homens ou em pequenas empresas de tecnologia. As feministas nem sempre investiram na construção de espaços duradouros ou elaborados; os boletins e panfletos do final do século XX eram muitas vezes deliberadamente amadores e fugazes. Muitas ambições feministas foram direcionadas ao controle do microespaço do corpo feminino e à sua maneira de estar no mundo. No entanto, locais pequenos e íntimos e peças de mídia efêmeras já demonstraram ser meios tão importantes para os sonhos feministas quanto lugares maiores e mais duradouros — um espaço na Constituição, um local de trabalho livre de assédio ou centros, arquivos, bibliotecas e livrarias de mulheres — tudo isso que constituiu a infraestrutura concreta do feminismo moderno.

Agora nos voltamos para um objeto efêmero que apresenta as "coisas" que povoam o feminismo, com a invenção da primeira etiqueta postal com os direitos das mulheres, na década revolucionária de 1840.

4. Objetos

Anne Knight (1786-1862) foi uma quaker inglesa ativa na campanha contra a escravidão na década de 1820. Oriunda de uma família modesta de Chelmsford, Essex, era instruída e conhecia os debates políticos radicais, como muitos quakers. Foi membro da Sociedade Antiescravidão de Senhoras de Chelmsford quando essas mulheres viajaram pela Europa em 1825, fazendo contato com abolicionistas de todo o continente. Mas, como tantas outras mulheres radicais do movimento, ficou chocada com o tratamento que recebeu na Convenção Mundial Antiescravidão de 1840, em Londres.

As mulheres haviam desempenhado um papel de liderança no movimento — um cronista da época as definiu como "o cimento de todo o edifício antiescravista".[1] Mesmo assim, os organizadores da convenção estavam decididos a não deixar as mulheres ocupar o palanque ou o salão principal. A delegação norte-americana ficou particularmente irritada com isso, e o assunto dominou todo o primeiro dia do evento. No final, as mulheres tiveram permissão para assistir aos trabalhos da galeria, mas sem participar. Alguns apoiadores se juntaram a elas para expressar sua solidariedade. A controvérsia inspirou as delegadas norte-americanas Lucretia Mott e Elizabeth Cady Stanton a realizar sua própria convenção sobre os direitos da mulher, que ocorreu em 1848 em Seneca Falls, em Nova York.

Anne Knight encontrou nesse episódio inspiração para fazer campanha pelos direitos da mulher na Grã-Bretanha. Em 1840, escreveu a uma amiga: "Não somos mais as mesmas de cinquenta anos atrás, já não 'sentamos ao pé da lareira para fiar' ou destilar alecrim e alfazema para as vizinhas pobres".[2] Ela levantou a questão dos direitos da mulher dentro do movimento britânico cartista e teve intenso envolvimento com o movimento das mulheres francesas. Participou das revoluções de 1848 em Paris, que se seguiram à queda da monarquia e às tentativas dos trabalhadores de formar um governo radical. Aliou-se à feminista socialista Jeanne Deroin (1805-94), costureira e seguidora de Charles Fourier, que reivindicara o sufrágio e os direitos da mulher durante a revolução por meio de uma série de periódicos — *Voix des Femmes* [Voz das mulheres], *Politique des Femmes* [Política das mulheres], *Opinion des Femmes* [Opinião das mulheres]. Voltando à Grã-Bretanha, em 1851, Knight formou a primeira associação sufragista feminina britânica, a Associação Política Feminina de Sheffield. Foi uma decisão profundamente controversa, pois Deroin tinha sido presa por seu ativismo feminista pelo governo francês, cada vez mais repressivo. No entanto, o grupo de Knight conseguiu que uma petição para que todos os adultos votassem em igualdade de condições fosse apresentada à Câmara dos Lordes.

Knight era uma mulher articulada, com contatos em muitos países, que advogava pela "equalização dos privilégios humanos". Foi ela, provavelmente, a autora do panfleto anônimo que circulou na Grã-Bretanha em 1847, afirmando: "Nunca as nações da terra serão bem governadas até que ambos os sexos, bem como todos os partidos, estejam plenamente representados e tenham uma influência, uma voz e uma participação na aprovação e na administração das leis". Como mantinha correspondência com outras defensoras dos direitos da mulher em todo o mundo, ela foi notavelmente inovadora ao usar as cartas que escrevia como veículo para uma nova ferramenta política — a criação de uma "marca" reconhecível para dar suporte à sua mensagem. Knight desenhou "etiquetas impressas em cores vivas — amarelo, verde e rosa", que citavam suas opiniões sobre o sufrágio feminino. Ela as colava nas suas cartas, criando o que podemos chamar de a primeira combinação de cores feminista. Como descreve a historiadora Bonnie Anderson, "esses panfletos em miniatura comprimiam algumas linhas de caracteres minúsculos em um retângulo de cinco por sete centímetros e garantiam que uma única missiva pudesse convencer muitas

Anne Knight segurando uma placa que diz: "Pelos milhões torturados, pelo divino Redentor, liberte a humanidade, apresente-se ao mundo indignado, SEJA LIVRE".

mulheres".[3] No entanto, nem todas se convenceram com essa mensagem. A prima de Anne Knight recusou as etiquetas que Anne lhe havia enviado, comentando com severidade: "Não vejo bem o sentido de colá-las em todas as nossas cartas. Acho que a maneira pela qual a verdade é transmitida à mente é muito material, e somos advertidas a não lançar pérolas aos porcos".[4]

Na história moderna, as mulheres sempre estiveram intimamente associadas ao consumo, variando desde a associação entre a mulher e o luxo, no século XVIII, com enfeites e joias suntuosos — até o consumo doméstico mais mundano, que se tornou básico para a feminilidade no século XIX, quando a dona de casa se tornou uma figura reconhecida. No século XX, o aumento do capitalismo de massa levou a uma avalanche de consumo por ambos os sexos, mas as mulheres mantiveram, de modo geral, seu destaque como consumidoras de moda, produtos domésticos e alimentos. A incorporação da feminilidade no consumo é uma fonte de frustração para as mulheres. Algumas vezes, as ativistas preferiram o reino das ideias e dos sonhos e tentaram se livrar dos estereótipos da compradora e da dona de casa. Fazer compras, segundo algumas opiniões, enraíza as mulheres no mundo da avidez e do prazer. Mas as feministas não tentaram apenas transcender a cultura material; os objetos de consumo ajudaram a apresentar argumentos políticos, a comunicar ideias feministas, a identificar outras feministas e a promover os sonhos feministas. Foram apropriados e produzidos por feministas, circularam no movimento e cruzaram fronteiras internacionais. O comércio e as compras acabaram sendo, por vezes, atividades feministas.

Essa reflexão sobre as formas *materiais* pelas quais as ideias feministas podem circular ou ser representadas se tornou uma preocupação importante dos historiadores. Se o feminismo é um mosaico, de que materiais são formados seus elementos? Novos estudos vêm examinando o uso dos objetos pelas ativistas, buscando entender melhor de que modo nosso envolvimento sensorial com o mundo pode inspirar políticas e ideias. A capacidade de tocar, saborear e vestir objetos femininos pode ser um meio poderoso de apoiar ou contestar o movimento. A prima de Anne Knight pode ter achado que isso era "jogar pérolas aos porcos", mas as gerações de mulheres que usaram cores sufragistas, faixas e emblemas da libertação feminina podem ter considerado que isso as fortalecia. A reutilização feminista criativa das "coisas" tornou-se generalizada. Na Inglaterra, durante o Bloqueio de 1982, o Greenham Common Peace

Camp [Campo pela paz de Greeham Common] montou correntes de cartas que convidavam mulheres de todo o país a participar do protesto pacifista trazendo objetos pessoais, como roupas e fotos, para recobrir a cerca. Velas, fraldas, absorventes higiênicos, desenhos e lã colorida foram usados para fazer da cerca um chamariz de vida contra a morte. E apesar da rápida destruição de seu trabalho pelos soldados, as mulheres em Greenham continuaram a "cerzir" a cerca, como lembrou uma delas: "Nunca vi um cerzido tão lindo e meticuloso [...]. Grandes áreas daquela cerca horrível logo começaram a parecer belas tapeçarias [...]. Tudo se transformou em uma adorável superfície bem lisa, costurada por elas com muita engenhosidade e cuidado".[5]

As circunstâncias podem transformar o objeto mais improvável em um item feminista. Na Grã-Bretanha, o copo de cerveja se tornou um ícone do direito das mulheres ao espaço de lazer e ao álcool quando, em 1980, uma mulher a quem foi recusado um copo de cerveja de um pint (quase meio litro) em um pub de Cardiff processou o dono do bar. Em 1972, ele começara a limitar meio pint (240 mililitros) para as mulheres quando duas lésbicas pediram canecas de um pint em seu bar: "Elas estavam mostrando claramente o afeto uma pela outra, então decidi proibir as canecas de um pint para mulheres". Oito anos mais tarde, o juiz considerou ilegal essa ação homofóbica. Mas a alegria dos brindes de um pint erguidos pelas feministas em comemoração deve ter murchado quando o juiz deixou claro que havia sido menos motivado pela igualdade das mulheres que pelo medo da violência dos homens: "Se alguém se recusar a servir um pint de cerveja a uma jovem, isso pode fazer com que seu companheiro se torne desordeiro".[6]

As acadêmicas Alison Bartlett e Margaret Henderson escreveram recentemente sobre as "coisas feministas" do movimento de mulheres australiano. Elas dividiram as "coisas" em várias categorias, com grande proveito: coisas corporais, como roupas e acessórios para o corpo; coisas que "fazem o mundo", como filmes e livros; e coisas de protesto, como cartazes. Elas nos lembram que alguns objetos só se tornam "feministas" quando retirados de um contexto cotidiano. Alicates de corte, por exemplo, comprados em lojas de ferragens, começaram a ser usados pelas pacifistas do Greenham Peace Camp e "se tornaram a nossa ferramenta favorita", lembrou uma manifestante; "pedaços grandes e pequenos da cerca começaram a decorar carros, orelhas, roupas e paredes em casa". Esses objetos podem se tornar icônicos e festejados.

Por exemplo, no acampamento feminino pela paz de Pine Gap, na Austrália, um cartaz com pedaços de cerca cortados com alicate no acampamento de Greenham, na Inglaterra, foi exibido com orgulho, ao lado de um "arame da cerca [de Greenham]".[7] Henderson e Bartlett concluem que "objetos ativistas [...] fazem as coisas feministas acontecerem".[8] Ao imbuir as coisas materiais de cultura feminista, os objetos a fazem ser concreta, tornando-a mais duradoura e deixando um legado que as gerações posteriores poderão assumir, ou então transformar. Neste capítulo, veremos como os objetos fizeram as coisas feministas acontecerem nos últimos dois séculos.

DAR UMA "MARCA REGISTRADA" AO FEMINISMO

As cores escolhidas por Anne Knight — rosa, verde e amarelo — talvez se destinassem apenas a chamar a atenção dos leitores. Mas, no início do século xx, o movimento sufragista britânico adotou esquemas de cores reconhecíveis: vermelho e branco para a União Nacional das Sociedades pelo Sufrágio Feminino (NUWSS, fundada em 1897); mais tarde foi adicionado o verde em referência às cores do *Risorgimento* (movimento pela reunificação da Itália). O nacionalismo republicano romântico do movimento italiano, liderado por Giuseppe Mazzini e Giuseppe Garibaldi, teve grande influência em radicais britânicas como Charlotte Despard e Emmeline Pankhurst. Pankhurst argumentou: "Assim como a Itália foi mantida sob controle por uma mão forte, as mulheres são mantidas em sujeição por uma mão forte".[9] No entanto, ela queria distinguir a sua União Social e Política Feminina (WSPU, fundada em 1903) da rival NUWSS. Sua organização adotou o roxo, o branco e o verde — representando, respectivamente, dignidade, pureza e esperança.

Essas cores eram exibidas em faixas, em geral usadas sobre um vestido todo branco, ou ostentadas em chapéus, acessórios ou no próprio vestido. Usar as cores escolhidas permitia que as ativistas reconhecessem as demais — e, talvez, o mais importante, lhes dava a oportunidade de se unirem em eventos espetaculares, criando a sensação de que havia um apoio em massa irresistível para a emancipação feminina, com milhares de mulheres desfilando em lugares como Hyde Park e Trafalgar Square em Londres e Princes Street em Edimburgo. Em 1913, as mulheres que se uniram à peregrinação da NUWSS a

Londres marcharam pela Grã-Bretanha usando fitas de ráfia no chapéu, com faixas vermelhas, brancas e verdes e sacolas de viagem combinando.[10] Outras organizações sufragistas também escolheram suas cores — a Liga dos Homens pelo Sufrágio Feminino optou pelo preto e dourado, visando uma combinação elegante e ousada. A Aliança Internacional pelo Sufrágio Feminino escolheu branco e ouro, enquanto a Liga de Resistência aos Impostos adotou uma combinação sóbria, com preto, branco e cinza.[11]

Na WSPU, Emmeline Pethick-Lawrence disse às apoiadoras: "Cada uma de vocês pode se tornar uma representante das cores" ao escolher o que vestir no dia a dia.[12] As lojas de departamentos anunciavam nos jornais sufragistas, e as sufragistas que estavam em melhor situação usavam com prazer vestidos e chapéus elegantes. Algumas historiadoras já notaram uma relação próxima, denotando tino comercial, entre as lojas de moda e o movimento sufragista. Em 1910, a grande rede Selfridges anunciou no jornal *Votes for Women* [Votos para mulheres] as bolsas "Suffrage Dorothy" [Dorothy, a sufragista], feitas de pelica macia e com cordão de couro branco, verde e roxo. Também era possível encomendar a fita com as cores da WSPU a um xelim por jarda, bem como papéis de carta divulgando o sufrágio, anunciados como "papel liso e resistente": "O desenho é um diamante roxo dentro de uma coroa de folhas verdes, com as palavras 'Votos para as mulheres' inscritas no centro". A WSPU dava a sua "aprovação" a lavanderias, cabeleireiros, lojas de tecidos e restaurantes. No entanto, quando as sufragistas inglesas decidiram quebrar janelas para protestar contra sua privação de direitos, optaram pelas das grandes lojas de departamentos do centro de Londres, que vendiam esses itens ao lado de objetos dos escritórios do governo e de parlamentares. Em um dia memorável em março de 1912, grupos de mulheres apareciam a cada quinze minutos para atirar pedras nas vitrines de lojas de prestígio em Haymarket, Piccadilly e Oxford Circus, quebrando cerca de quatrocentas vitrines a um custo de mais de 5 mil libras esterlinas. Mais de cem mulheres foram presas por essa ação.

Essa disposição para atacar as vitrines das lojas de departamentos marcou a posição política de que nenhuma instituição estava excluída da ação feminista. Porém a WSPU também tinha suas lojas, que criavam e vendiam itens como bótons com fotos de membros importantes, calendários com citações inspiradoras de mulheres famosas e guardanapos de papel que ilustravam acontecimentos como as marchas ou a prisão de figuras de destaque do movimento. Os bótons que lembravam os dias em que passaram presas fazia a conexão do movimento sufragista com tradições de artesanato e ourivesaria. E, reconhecendo a presença dos apoiadores homens, também vendiam uma bolsa para tabaco, bem como muitos itens temáticos inspirados nas personalidades célebres da organização, como a sufragista "Emmeline", cuja imagem decorava bolsas, cartões, fotos e pôsteres. Em 1910 havia mais de trinta lojas da wspu espalhadas por toda a Grã-Bretanha. Suas vitrines ofereciam locais visíveis, abertos 24 horas por dia, para divulgação das campanhas. Localizadas em ruas movimentadas, incentivavam outras mulheres a se oferecerem como voluntárias, levantavam fundos para o wspu e afirmavam uma posição decisiva em prol de políticas feministas na esfera pública comercial.

Lojas e escritórios sufragistas também patrocinavam a carreira de pequenas empresárias, que costumavam ser sufragistas e criavam artigos de artesanato ou de moda para expressar seus sentimentos. A sufragista Clara Strong (1858--1938) foi uma dessas mulheres. Modista e secretária honorária da filial da wspu de Clapham, Strong oferecia às leitoras da revista *Votes for Women* chapéus elegantes, incluindo "chapéus para andar de carro aberto, com véu". Roberta Mills (1870-1928) vendia cintos e outros artigos de couro nas cores de todas as sociedades sufragistas, anunciando que "não há nada como o couro para as sufragistas". Ela vendia seus artigos por meio da sede da wspu em Clements Inn, no centro de Londres, ao lado de modistas que ofereciam "vestimentas artísticas", como mantos folgados, golas bordadas e enfeites de flores e folhagens em cores sufragistas para as passeatas.[13] Outra apoiadora anunciava sementes de ervilha em branco, verde e roxo, trazendo a cultura visual feminista para os jardins britânicos.

Nos Estados Unidos também havia relações íntimas entre o comércio e o movimento sufragista, dando origem a uma série de objetos feministas. A Associação Pró-Sufrágio do Estado da Califórnia, por exemplo, adotou o amarelo como sua cor, seguindo o precedente da primeira campanha pelo sufrágio feminino do Kansas, em 1867, e a bem-sucedida campanha no estado de Washington, em 1910. Os escritórios das sufragistas na Califórnia exibiam fartura de crisântemos, assim como faixas e pôsteres amarelos. Em 1911, em San Francisco, durante a campanha que deu às mulheres o direito ao voto, ativistas pediram aos lojistas para que montassem vitrines amarelas. Mais de cinquenta lojas fizeram isso durante a campanha, como observa a historiadora

Jenny Sewell: "A cidade toda usava a cor que logo seria a cor do sucesso". As sufragistas californianas também adotaram um artigo específico para simbolizar sua causa, vendendo e servindo o "Chá da Igualdade" em escritórios, feiras e lojas de departamentos. Em uma embalagem produzida especialmente para a ocasião, e talvez homenageando o movimento sufragista britânico que as inspirara com a opção por um revigorante chá English Breakfast, a escolha do item não foi aleatória. Ao contrário, o "Chá da Igualdade" simbolizava a determinação de erradicar os males do álcool por um movimento feminista fortemente associado à temperança. Essa ênfase causou polêmica e, por fim, a derrota da campanha pelo sufrágio em 1911 em San Francisco, onde fora contestada por proprietários de bares e salões, embora vencendo em toda a Califórnia com o apoio dos eleitores rurais.[14]

A historiadora Margaret Finnegan documentou as tentativas das sufragistas americanas de usar técnicas de propaganda em massa, encomendando enormes cartazes, propagandas em bondes, placas nas ruas e letreiros iluminados. Quando uma empresa que não apoiava a causa lhes negou o espaço para fazer propaganda nos metrôs de Nova York, as sufragistas se voltaram para o próprio corpo. Elas organizaram grupos de mulheres que deveriam andar de metrô segurando cartazes com a mensagem: "Um milhão de mulheres em Nova York querem votar". Elas encomendavam e vendiam, ou doavam, objetos feministas como alfinetes de véu, abotoaduras, flâmulas, cartas de baralho, mata-moscas, caixas de fósforos e diversos objetos amarelos, como fitas para chapéu, guardanapos, cornetas e balões. Em 1915, a campanha no estado de Nova York distribuiu 1 milhão de bótons pró-sufrágio, junto com chocalhos de bebê e 35 mil leques com a mensagem "Fique fria! Não haverá preocupações depois que conseguirmos os Votos para as Mulheres".[15]

Enquanto cultivava um mundo de objetos feministas, o movimento sufragista às vezes também renunciava ao consumo como uma tática de arrecadação de fundos. O movimento britânico organizava campanhas periódicas de "abnegação" com esse fim, provavelmente copiando o Exército de Salvação, nas quais as participantes eram convidadas a abdicar de pequenos luxos, como flores, cacau, manteiga ou passagens de ônibus. O dinheiro liberado desses usos seria enviado às sociedades sufragistas; todos os anos eram arrecadadas somas substanciais nas semanas de "abnegação". Pedidos semelhantes para doações eram feitos em grandes comícios pelo sufrágio, como o que ocorreu no

"Chá da Igualdade", produzido em 1910 para a campanha pelo sufrágio feminino na Califórnia.

Albert Hall de Londres em outubro de 1908. Nessa ocasião, com as líderes do WSPU Christabel e Emmeline Pankhurst presas, Emmeline Pethick-Lawrence convocou as mulheres do público a renunciar aos seus confortos mundanos. Isso levou as apoiadoras não só a prometer dinheiro, como também a tirar seus relógios e joias, levados cerimonialmente ao palco por jovens colaboradoras em vestidos brancos com cintos roxos e verdes, enquanto o valor das doações ia sendo somado em uma lousa.[16]

Apesar de algumas mulheres mais pobres responderem aos apelos à abnegação e enviarem seus centavos, estava claro que falar em desistir de flores e manteiga, ou em se vestir com as cores do sufrágio, era uma mensagem dirigida sobretudo às mulheres mais ricas. As sufragistas americanas notaram que atingir as mulheres da classe trabalhadora era "o desespero de nossas militantes, porque elas são muito difíceis de se contatar". Em 1910, as sufragistas do Brooklyn encontraram um meio de colocar sua propaganda nas mãos das mulheres mais pobres, imprimindo 30 mil sacolas de papel com slogans sufragistas pedindo "menos impostos, menos aluguel, uma cidade limpa e feliz, escola em tempo integral para todas as crianças". As sacolas eram distribuídas de forma gratuita para serem usadas por donos de mercearias solidárias, visando levá-las às "mães, irmãs e tias fiéis que podem ser encontradas trabalhando nas cozinhas".[17] O que as mulheres cuja vida se restringia à cozinha pensavam dessa campanha e das sacolas de papel que tanto prometiam não ficou registrado, mas as sacolas eram um objeto deliberadamente efêmero de uso cotidiano, arregimentado para colaborar na campanha sufragista.

As sufragistas às vezes temiam que sua mensagem política fosse banalizada por se associar a objetos de consumo baratos ou descartáveis, que poderiam evitar formas mais profundas de compromisso. Isso era mais problemático quando os fabricantes desses objetos percebiam o potencial do sufrágio como "isca" promocional. Houve uma grande produção de objetos com marcas e símbolos do sufrágio que não tinham nada a ver com o movimento das mulheres, como, o Suffragette Cracker [Biscoito da Sufragette] da Johnson Educator Food Company. Em 1911, a sufragista Mary Ware Dennett comentou, com cinismo, ao ver mais um objeto que afirmava: "'Todas as mulheres votam em...' Em quê? Não me lembro. Pode ter sido um cereal, uma pasta de dentes, um limpador de tapetes ou qualquer outra coisa".[18] O mal-estar de Dennett com essa invasão do consumo capitalista foi compartilhado e ampliado por gerações posteriores de mulheres liberacionistas que se sentiam profundamente comprometidas em fugir da compulsão capitalista de consumir.

CORPOS FEMINISTAS

Em um contexto de militância anticapitalista, punk e popular, talvez não surpreenda que o movimento de libertação das mulheres na Inglaterra dos anos 1970 não quisesse aderir ao consumo politizado das suas antecessoras sufragistas. Preferiam o mundo discreto e barato do artesanato feminista, como a Marged Shoes, de Tregaron, no País de Gales, que se definia como "um coletivo de mulheres que fazem sapatos para mulheres". Não houve nada parecido com a explosão do comércio com cores temáticas do início do século xx. Em vez disso, o movimento se voltou para objetos transformadores e de protesto. Em Londres, a livraria feminista Sisterwrite colocou, ao lado de seus livros, uma série de objetos à venda, como pôsteres, bótons e discos; e, numa decisão polêmica, passou a vender espéculos, que acabaram sendo ressignificados como objetos feministas.

Na década de 1970, vários grupos de mulheres passaram a criticar as tecnologias médicas, projetadas e utilizadas por homens, que vigiam e controlam o corpo da mulher. O espéculo de metal frio foi imposto às mulheres por ginecologistas homens, em geral sem a preocupação de consultá-las e inclui-las nos cuidados com a saúde feminina. O espéculo fora criado pelo médico americano James Marion Sims, proprietário de escravos do Alabama, que na década de 1840 o utilizava à força nas mulheres escravizadas. O instrumento logo passou a ser usado na França e em seus territórios coloniais com agressividade pela polícia contra as prostitutas durante exames forçados de infecções sexualmente transmissíveis — uso que se estendeu até fins do século xx com as técnicas de perseguição policial às profissionais do sexo, o que era comum em muitos lugares. Feministas do período vitoriano, como Josephine Butler, afirmaram que a inspeção médica forçada das prostitutas, usando espéculos, era um "estupro instrumental". A feminista radical Andrea Dworkin (1966-2005) descreveu como os médicos usaram contra ela um espéculo ao ser presa, em meados dos nos 1960, num protesto contra a Guerra do Vietnã: "Eles praticamente me rasgaram por dentro com um espéculo de aço, enquanto se divertiam me insultando também verbalmente".[19] Assim, parece surpreendente que o espéculo tenha sido assumido pelo feminismo; no entanto, ele foi recuperado e reutilizado. O Detroit Women's City Club tinha planos de montar no prédio uma fábrica de espéculos. Em Londres, a livraria Sisterwrite, já citada, vendia versões baratas de plástico, menos frias do que os instrumentos de metal preferidos pelos médicos, tendo em mente usos muito diferentes.

A apropriação feminista do espéculo convidava as mulheres a utilizá-lo para ver o próprio corpo, na esperança de superar qualquer sentimento de repulsa ou vergonha que sentissem por sua vagina, antes vista como oculta ou "suja". Adrienne Sallay lembrou uma reunião de seu grupo de mulheres em Sidney, na Austrália:

> Tiramos nossas calcinhas e nos deitamos no chão em círculo, os pés voltados para o centro, cada uma segurando um espelho. Ainda me lembro do cheiro do tapete novo, da sensação da almofada nas minhas costas, da maneira séria como abordamos nossa biologia, o clássico conjunto de espelhos. Havia espelhos de mão com cabos longos e elegantes, espelhos curvos, de aumento (!), espelhinhos de bolsa sem moldura, espelhos minúsculos de caixinhas de batom e o meu espelho dourado, do estojo de maquiagem. No início fizemos caras muito sérias enquanto nos espiávamos e olhávamos para nós mesmas, segurando os espelhos com braços longos e os inclinando em direção às vaginas inocentes. Mais tarde, porém, a solenidade da ocasião foi desarmada. Alguém ergueu os olhos do espelho e fitou nossas pernas balançando, nossos rostos corados, nossas calcinhas descartadas, e logo estávamos todas rindo das posições que havíamos adotado, das descobertas que fizemos e do prazer que sentimos.[20]

Com a ênfase na autorrevelação, as mulheres se sentiram empoderadas para ver o próprio corpo de outra forma e aprender a amá-lo. Também ajudou a criar autonomia dos profissionais de saúde, uma área hierárquica e dominada por homens. O espéculo se tornou, assim, um símbolo da recuperação da autonomia médica das mulheres — conceito captado num cartum da Mulher-Maravilha de 1973, impresso no jornal *Sister*, do Los Angeles Women's Center. Pegando um espéculo de um médico acovardado, a Mulher-Maravilha declara: "Com meu espéculo, eu *sou* forte! Eu *consigo* lutar!". No entanto, para

Mulher-Maravilha brandindo um espéculo, na capa do jornal Sister [Irmã], do Los Angeles Women's Center, jul. 1973.

a filósofa feminista Donna Haraway, a escolha da Mulher-Maravilha revelava um etnocentrismo branco e uma falta de sensibilidade para questões de saúde mais abrangentes. O espéculo, disse ela, era uma tecnologia visual que corria o risco de replicar o olhar colonial e suas tecnologias invasivas. A apropriação do corpo da mulher, mesmo que segurando um espéculo, era paralela à apropriação que conquistadores fizeram da terra e do corpo dos indígenas durante muitos séculos. Para Haraway, o espéculo ainda poderia ser uma tecnologia feminista, se fosse compreendido não como um objeto, mas como uma forma de enxergar o panorama. Para ela, esse quadro geral abrangia não apenas as mulheres relativamente privilegiadas que podem ser encontradas em grupos de autoajuda no Norte global, mas também as mulheres pobres, carentes não só de liberdade reprodutiva, como de cuidados básicos de saúde. Um espéculo poderia, portanto, ser uma "formação de políticas orientadas para a liberdade e a justiça", e não apenas um objeto. Isso, disse ela, representava um novo foco de "direitos civis" nos movimentos feministas.[21]

Haraway fez uma defesa convincente das desigualdades na saúde citando o custo das condições insalubres de trabalho e a ausência de assistência médica, problemas que atingem a maioria das mulheres não brancas, tanto no Norte como no Sul do planeta. Mas a leitura que ela fez do ativismo feminista pela saúde talvez tenha sido pessimista demais. Muito dessa atitude provinha dos próprios grupos que ela havia identificado — as mulheres pobres, as sem plano de saúde, as imigrantes ilegais, as migrantes. Grupos de mulheres eram espaços nos quais se discutiam as preocupações materiais com o corpo e a saúde, muitas vezes com uma consciência profunda do papel das estruturas globais na distribuição dos cuidados médicos. O manual de saúde *Nossos corpos por nós mesmas* foi um sucesso nas livrarias dos anos 1970. Criado em Boston, circulou pelo mundo e foi um elemento-chave no ativismo feminista pela saúde. Como demonstrado pela acadêmica Kathy Davis, ao ser traduzido para muitos idiomas e formatos, o livro permitiu que o ativismo feminista pela saúde se moldasse aos diversos lugares onde feminismos emergiram. Muitas edições locais de *Nossos corpos por nós mesmas* adaptavam o texto segundo as condições locais.[22] Apesar de o coletivo ter nascido nos Estados Unidos, Davis argumenta que o livro não foi imposto como "imperialismo cultural", mas foi retrabalhado para refletir os conhecimentos das mulheres dos locais que o adaptaram.

Na Bulgária, por exemplo, na edição de 2001, as tradutoras preferiram destacar o empoderamento feminino individual em relação ao próprio corpo. O fim do governo socialista da Bulgária em 1989 deixou pouco espaço para o destaque a grupos e comunidades. A edição búlgara tratou o aborto de maneira direta, refletindo o status legal e incontroverso do procedimento no país. O título foi modificado para *Nasheto Tyalo, Nie Samite* [Nosso corpo, nós mesmas], com a palavra "corpo" no singular, refletindo uma abordagem individualista. Na América Latina ocorreu o oposto — as tradutoras preferiram enfatizar o papel da saúde da mulher tal como entendida nas famílias, nos movimentos de saúde, nas práticas da medicina tradicional e nas comunidades. Versões muito distintas, com diferentes ilustrações, testemunhos e ênfases, tornaram o manual um objeto "feminista" que servia de ponte para várias localidades e também respondia às preocupações locais. Uma dessas preocupações era a importância do "feminismo" como rótulo — o que não era popular entre as mulheres búlgaras, pois trazia conotações da propaganda coletivista marxista e leninista. Nas edições latino-americanas, porém, era o termo *autoajuda* que era inaceitável. Como explicou uma editora cubana: "Ninguém cuida de si mesma por si mesma [...]. São os relacionamentos que mantêm a pessoa bem, e é nos relacionamentos que a pessoa ganha todas as coisas que a fazem se sentir bem, inclusive a energia para a ação coletiva, que faz parte da saúde".[23]

A determinação de desafiar elementos coercitivos ou comerciais da experiência corporal feminina levou à invenção de "coisas feministas" inovadoras. A ativista Susanne Gannon relembrou a descoberta "alucinante" de como fazer absorventes com esponjas do mar e algodão, quando estava na universidade, em Melbourne, nos anos 1970. Há uma antiga tradição de ativismo feminista em relação aos custos da menstruação, em especial quanto aos impostos cobrados sobre os produtos menstruais. Em protestos feministas na Austrália, havia "vingadoras menstruais" usando capas vermelhas, e em Camberra manifestantes usando camisetas com os dizeres "Eu menstruo e eu voto" alertavam legisladores diante de escritórios do governo.[24] Os absorventes internos, quando disponíveis, podem representar a libertação das mulheres de absorventes externos ou trapos incômodos. Eles permitem mais liberdade física, que jovens alunas não percam aulas e discrição sobre os ciclos corporais. Em 1980, a revista britânica *Spare Rib* [Costela extra] chamou a atenção para a condição miserável das mulheres chinesas que usavam um "papel pardo áspero". Em 1980, uma delegação de visitantes britânicas levou absorventes internos à Associação de Mulheres da China, em Nanjing, e demonstrou suas propriedades com xícaras de chá, apresentando-os como um objeto de libertação.[25] Porém, diziam alguns, a verdadeira libertação não vinha apenas do acesso a um item comercial, mas sim de fabricar seu próprio produto. Em 1977, o Grupo de Bristol por Protetores Sanitários Gratuitos fabricou seus próprios absorventes internos como parte de uma apresentação de teatro de rua e os distribuiu para o público. Em 1986, uma mulher em Salem, nos Estados Unidos, publicou no jornal *Lesbian Connection*, de Michigan, instruções para fabricar absorventes internos em casa. Utilizando componentes naturais, os absorventes incluíam "¼ de xícara de pedacinhos de esponja, lã virgem e algodão picado. Uma colher de chá de alga marinha seca (laminaria) ou pedacinhos de couro secos (para maior absorção)". Seu método exigia passar a ferro o algodão e cerzir o cordãozinho para facilitar a retirada, mas proporcionava "conforto e uma opção. Pode custar caro (o dobro do comprado na loja) e demorado, mas vale a pena!".[26]

Os absorventes internos continuavam sendo objetos tabu em muitas partes do mundo, onde tocar nos órgãos genitais era considerado problemático, ou onde havia uma exigência social para preservar o hímen para provar a virgindade, ou onde apenas não estavam disponíveis. E mesmo em lugares onde esses produtos já faziam parte da rotina de muitas mulheres, seu uso ainda estava sujeito a extrema discrição. Sua natureza tabu foi demonstrada pelo seu poder de chocar quando usado por punks como itens de moda ou em fantasias feministas. E havia um esforço constante das feministas para destacar os pontos negativos do objeto — os aplicadores plásticos não são recicláveis, há associações com choques tóxicos e os preços são inacessíveis para muitas mulheres. Os esforços de grandes fabricantes, como a Playtex, para comercializar absorventes perfumados encontraram resistência, pois implicavam em afirmar que os órgãos genitais femininos têm um cheiro desagradável. E a associação entre os materiais sintéticos presentes nos absorventes internos e a síndrome do choque tóxico causou amplo debate entre feministas, preocupadas com a falta de transparência e responsabilidade dos fabricantes quando confrontados com a morte de dezenas de mulheres.

Assim, havia uma espécie de relação de amor e ódio entre feministas e absorventes internos no Norte global, e uma busca por alternativas. A esponja do mar era "amiga do meio ambiente, barata e reutilizável, menos marcada pelas imagens de discrição e vergonha do que outros produtos concebidos para tornar a menstruação invisível".[27] Muitas feministas gostaram da associação com o "natural" e do fato de excluir grandes empresas e seus lucros. A imprensa feminista britânica começou a anunciar esponjas do mar naturais, um grupo de libertação feminina em Sheffield afirmou que a esponja era "mais eficiente, parece mais natural, mais confortável e decerto é muito MAIS BARATA".[28] Uma farmácia comunitária em Madison, em Wisconsin, anunciava "esponjas marrons naturais" às leitoras do jornal feminista *Bread and Roses* [Pão e rosas]: "Vendemos esponjas do mar e incentivamos as mulheres a compartilhar seus comentários. E o mais importante: incentivamos você a buscar a paz com seu corpo, que pertence a você".[29] Um abrigo feminino de Melbourne chamado Matilda denominou seu boletim informativo de *Sea Sponge Monthly* [Esponja do mar mensal], uma referência bem-humorada à cultura menstrual alternativa e uma metáfora para "a maneira como as mulheres estão absorvendo informações e elaborando novas maneiras de viver a vida".[30] O corpo provou ser um local de energia criativa feminista e de conexão espiritual, e ainda uma centelha para a invenção ou o reaproveitamento de "coisas" feministas.

ALTERNATIVAS AFRICANAS

As reformulações lúdicas e radicais do absorvente interno entre as feministas no Norte global contrastam com a relativa ausência de produtos sanitários adequados em grande parte do Sul. Na década de 2010, isso levou a campanhas sobre a "pobreza menstrual" que pressionavam para que esses artigos estivessem mais disponíveis para mulheres forçadas a faltar à escola ou ao trabalho devido à menstruação. Quarenta anos antes, porém, muitas feministas euro-americanas não achavam que as mulheres na África tinham a mesma necessidade que elas de dignidade e segurança durante os ciclos mensais. Essas preocupações eram eclipsadas pelo foco na genitália feminina como ponto de violência religiosa ou cultural masculina, por meio de práticas de corte que ficaram conhecidas como "mutilação genital feminina". Já foram feitas muitas campanhas lideradas por mulheres africanas contra essas práticas, porém também geraram tensão quando enquadradas, com pouca sensibilidade, em termos de "barbárie". Isso levou a uma recepção complexa do feminismo e da libertação das mulheres na

África subsaariana. Muitas mulheres da região não se identificavam com um movimento político que sentiam ser dominado por mulheres brancas e pela mentalidade colonial. Mas africanas envolvidas em movimentos nacionalistas de libertação se interessaram por explorar o lugar das mulheres em seus países e o viés de gênero nas ideias de "negritude" elaboradas por acadêmicos como Aimé Césaire e Frantz Fanon.

Segundo as estudiosas radicais, o imperialismo não apenas desencadeara a violência, como também instilara o complexo de inferioridade e outros traumas psíquicos entre os povos colonizados. Essas ideias foram exploradas por Awa Thiam, escritora senegalesa educada na França. Sua coletânea de testemunhos narrados em primeira pessoa por mulheres da África Ocidental foi publicada na França em 1978 sob o título *La Parole aux Négresses* [Com a palavra, as mulheres negras]. Thiam se decepcionou com o fato de que as lutas pela libertação nacional com frequência trouxeram muito pouco proveito para as mulheres de países recém-independentes como Senegal e Costa do Marfim. Mas também se sentia frustrada ao ver que as próprias mulheres pareciam ser cúmplices do patriarcado. A transcrição das suas conversas com grupos de homens e mulheres com frequência registrava o silêncio feminino nos momentos em que Thiam esperava um debate acalorado. Ela caracterizou muitas mulheres africanas como "dominadas, vítimas passivas". Para ela, usar produtos para clarear a pele e alisar o cabelo mostrava a conformidade das mulheres com a cultura colonial e patriarcal.

No entanto, os testemunhos que Thiam recolheu contradiziam as ideias de vitimização e cumplicidade. As mulheres relatavam que se valiam das estruturas religiosas islâmicas e tradicionais para se divorciar e terminar um casamento infeliz. Uma mulher senegalesa identificada como "Medina" contou que fez greves informais de fome e de sexo quando a obrigaram a casar sem o seu consentimento com um primo que ela nunca tinha visto. Medina fora criada em Saint-Louis, cidade cosmopolita e ex-capital colonial do Senegal. Ela conta que se apaixonou por um rapaz que conheceu na escola; seu relato transmite com força seu desejo de liberdade de escolha e de rebelião contra as restrições familiares. Em outro testemunho marcante, uma professora nigeriana conta que dividia com o marido as tarefas de cuidar dos cinco filhos: "Ele estava sempre disposto a trocar a fralda dos bebês ou dar banho neles se eu estivesse ocupada com outra coisa". Ela e o marido estudaram no exterior, mas enfrentaram críticas familiares aos seus hábitos: "'A esposa deve trabalhar pelo marido até desgastar os dedos e chegar aos ossos, se deseja ir para o paraíso', eles diziam, e acrescentavam: 'Está escrito no Alcorão'. Muitas vezes me senti tentada a responder: 'Que merda! Vá cuidar da sua vida!'". Eram vozes de mulheres da África Ocidental assertivas, instruídas e muitas vezes com contatos pelo mundo afora, que estavam longe de ser passivas ao remodelar seu relacionamento com os homens.

Embora Awa Thiam estivesse ciente do problema de usar a palavra "feminista" em um contexto africano e parecesse ignorar as mulheres vigorosas que lhe deram seu testemunho, ela assumiu a ideia de um movimento feminista africano negro. Antes, Thiam havia criticado feministas brancas como Kate Millett por ignorar as mulheres negras e orientar de forma silenciosa o feminismo para as necessidades das mulheres brancas. Sua inspiração feminista alternativa foi tirada das icônicas lutas anticoloniais de mulheres da Argélia, do Vietnã e do Zimbábue, homenageadas por ela. Ela imaginava uma celebração da cultura das mulheres africanas e um feminismo que pudesse trabalhar em aliança com os homens africanos. Chegou a experimentar essa ideia como membro da Coordenação das Mulheres Negras, fundada na França em 1976 para contestar o racismo e o sexismo. Não era fácil inserir tais preocupações na pauta do movimento de mulheres que existia na época. O livro de Thiam *Com a palavra, as mulheres negras* oferecia uma pequena lista de indicações de leitura que mostrava uma estranha combinação de textos canônicos. Livros feministas como o de Benoîte Groult *Ainsi Soit-Elle* [Assim seja ela], *O segundo sexo* de Simone de Beauvoir e *A dialética do sexo*, de Sulamita Firestone, eram listados ao lado de autores anticolonialistas e contraculturais (Fanon, Wilhelm Reich) e estudos antropológicos da África. Havia muito pouca literatura feminista negra ou de mulheres africanas que pudesse contribuir e apoiar o apelo de Thiam por um feminismo africano. Textos como *Ainsi Soit-Elle* não ajudaram. Escrito pela francesa Benoîte Groult (1920-2016), branca e de classe alta, esse livro polêmico apresentava a cultura africana como sendo profundamente violenta com as mulheres, centrada nas práticas de clitoridectomia e infibulação (corte dos lábios vaginais e do clitóris e costura da vulva). Isso preparou o terreno para o livro de Thiam, que foi amplamente citado na França para reforçar a ideia de que as mulheres africanas eram vítimas de uma opressão especial. Os relatos de Thiam sobre poligamia, clitoridectomia e casamento forçado eram separados dos que mostravam resistência e ordens de gênero alternativas, cosmopolitas, que também estavam presentes no livro.[31] Ela foi criticada por mulheres como Aissatou Diallo, editora da revista *Amina*, por sua representação ingênua da feminilidade africana como enraizada na opressão rural e religiosa. Em contraste, *Amina*, uma produção Paris-Dakar destinada a mulheres da África francófona e da diáspora africana, refletia as preocupações das africanas instruídas que viviam nas cidades, e ajudou a diluir os relatos paternalistas sobre a vitimização das mulheres africanas.

Continuaram a ser travados debates intensos sobre a relevância do feminismo em contextos africanos. Alguns países viram nascer movimentos de mulheres patrocinados pelo Estado, como a Organização das Mulheres Moçambicanas, fundada pela Frente de Libertação de Moçambique (Frelimo), em 1972. A Frelimo já tinha denunciado a poligamia e o pagamento do "preço da noiva" no seu segundo Congresso do Partido em 1968. Depois de chegar ao poder em Moçambique em 1975, o partido considerou a libertação das mulheres, nas palavras do presidente Samora Machel, como "a necessidade fundamental para a revolução". Na prática, porém, o marxismo ortodoxo da Frelimo e as tendências centralizadoras deixavam pouco espaço para as mulheres encontrarem autonomia e voz em suas iniciativas de "feminismo de Estado". Os movimentos da Frelimo pela alfabetização das mulheres e aumento da produção se baseavam materialmente no suprimento de objetos como tratores e canetas. No entanto, as mulheres nem sempre tiveram acesso a essas coisas. As políticas da Frelimo em geral eram tocadas com pouca consulta às próprias interessadas e ignoravam as tarefas reprodutivas e domésticas que também eram exigidas das mulheres. Os tratores continuaram sendo usados por homens e o analfabetismo continuou alto entre as mulheres moçambicanas (cerca de 70% em 2005, em comparação com 40% dos homens).[32]

Nem os feminismos europeus, com seu viés racial, nem as alternativas patrocinadas pelo Estado ofereceram muita criatividade ou motivação política para os feminismos africanos. Contudo, nas décadas de 1980 e 1990, estudiosos como Ifi Amadiume e Oyèrónké Oyěwùmí ressaltaram a diversidade de gênero em muitas sociedades africanas. Eles destacaram formas não binárias de gênero que se cruzavam com a época, de modo a gerar oportunidades complexas para mulheres e pessoas não binárias exercerem o poder na África pré-colonial e colonial.[33] Esse trabalho ressoou com os relatos de gêneros fluidos e não binários que começaram a ser desenvolvidos por outras teóricas feministas no período e indicavam como as perspectivas africanas podiam ser inovadoras e influentes. O Fórum Feminista Africano começou a se reunir com frequência para refletir sobre a cultura africana e suas visões de mundo nas campanhas feministas. Fundado em Gana em 2006 e representado nacionalmente por organizações como o Fórum Feminista da Libéria, a carta de fundação do Fórum Feminista Africano afirmava:

> Ao invocar a memória dessas mulheres cujos nomes quase nunca aparecem em qualquer livro de história, insistimos que é um profundo insulto alegar que o feminismo foi importado do Ocidente para a África. Nós reivindicamos e reafirmamos a longa e rica tradição de resistência das mulheres africanas ao patriarcado na África. Doravante, reivindicamos o direito de teorizar por nós mesmas, escrever por nós mesmas, criar estratégias para nós mesmas e falar por nós mesmas como feministas africanas.[34]

Cento e vinte anos antes, na mesma Gana, a anônima missivista que satirizava a justiça do homem branco citada no início deste livro poderia muito bem ter concordado.

PROTESTO E COISAS "QUE TRANSFORMAM O MUNDO"

As poderosas palavras do Fórum Feminista Africano se tornaram um objeto material ao serem impressas, como uma "coisa" feita de tinta e papel. Livros, panfletos e revistas foram os elementos mais atraentes, visíveis e portáteis do feminismo. Eles transmitem os sentimentos profundos discutidos no cap. 6. Como lembrou uma feminista australiana sobre os textos escritos na "estimulante onda inicial do feminismo" dos anos 1970, "as emoções se elevam das páginas como um vapor: alegria, euforia, união, irmandade".[35] Escrever e ler são tão centrais no feminismo que, para algumas estudiosas, "parece que o movimento das mulheres escreveu a si mesmo até ganhar uma existência".[36]

O sentimento do poder da escrita levou à experimentação com canetas com símbolos feministas. O Partido do Sufrágio Feminino de Nova York, por exemplo, produziu uma caneta com as cores preto e amarelo e o slogan: "Votos para as mulheres". A União Política e Social das Mulheres, da Grã-Bretanha, também fez uma caneta, cujas vendas ajudariam na causa feminista. A caneta também pode, é claro, ser usada para outros fins, incluindo escrever textos antifeministas. Mas a relação especial entre o feminismo e a palavra escrita torna esse item um poderoso objeto feminista.

Durante a maior parte dos últimos dois séculos, o poder da caneta foi ampliado pelas tecnologias de impressão e de encadernação de livros e pelos meios, sempre crescentes, de distribuição global. A palavra impressa tem sido uma inspiração crucial para a circulação de ideias e sonhos feministas, seja em capa dura, panfleto efêmero, jornal ou *zine* feito em casa. Grande parte dessa produção impressa aconteceu fora das editoras formais, com pequenos grupos publicando livros e panfletos quando os recursos permitiam. Nos anos 1970, no Japão, o movimento de libertação das mulheres circulava boletins informais chamados *mini-komi*. Os *zines* do movimento *"riot grrrl"* dos anos 1990 também foram produzidos com orçamento apertado, sem tecnologia nem redes de distribuição. A cultura impressa feminista às vezes é patrocinada por editoras que não se identificam diretamente como feministas, mas nas quais as mulheres assumem papéis importantes como autoras ou sócias, como a Baobab Books do Zimbábue ou a Le Fennec do Marrocos. Em outras ocasiões, textos feministas foram encomendados e incentivados com a criação de editoras como a Kali for Women, na Índia. Fundado por Ritu Menon e Urvashi Butalia em 1984, o projeto se baseou na experiência de administrar a revista feminista indiana *Manushi*, publicada em inglês, em 1978. As fundadoras estavam decididas a ampliar a produção dos conhecimentos feministas indianos para fazer frente ao predomínio editorial de visitantes e pesquisadoras do Norte global, além de baratear os livros para as leitoras indianas. Uma das publicações mais conhecidas da Kali for Women foi *Sharir ki Jaankari* [Sobre o corpo]. Com tiragem de milhares de exemplares, nunca foi colocado à venda em uma livraria, mas distribuído a preço de custo para as mulheres da zona rural. Foi escrito originalmente em oficinas em vilas rurais no estado de Rajastan e abordava questões de saúde feminina. A primeira versão foi escrita coletivamente por mais de cem mulheres e produzida à mão. Fazendo eco ao sentimento de *Nossos corpos por nós mesmas*, a ideia era empoderar e educar as mulheres do campo para resistir a questões como estupro no casamento e a escolha do sexo do feto. No entanto, as ilustrações de corpos nus foram rejeitadas nas oficinas subsequentes, com as moradoras protestando que no seu dia a dia não viam corpos nus. A Kali for Women retrabalhou o livro, inserindo corpos vestidos, mas com abas que poderiam ser levantadas para ver os corpos com mais intimidade. A gráfica, de propriedade de homens, recusou-se a imprimir até mesmo essa versão, e a Kali for Women encomendou o livro em uma gráfica coletiva exclusivamente feminina, em Delhi. A encadernação continuou sendo manual, permitindo assim produzir um livro feminista tangível, bem utilizável e que respondia às necessidades locais.[37]

Outras editoras criaram, com designers profissionais, um estilo visual que se tornou uma estética feminista instantaneamente reconhecível. A Virago Press foi lançada em Londres em 1973 por Carmen Callil, uma australiana que trabalhava nos periódicos contraculturais *Ink* e *Oz*. Callil e sua equipe estavam decididas a recuperar os livros esgotados de escritoras mulheres em uma coleção de clássicos modernos; a lombada verde dos seus livros criava uma estética feminista marcante. Como observou uma visitante americana sobre a livraria londrina, "o mais incrível na livraria Virago é entrar e ser recebida, cara a cara, por todos os títulos da editora em catálogo. Um mar de livros verdes...".[38]

O verde se relacionava com um projeto anterior de publicação para mulheres na Irlanda, que, segundo o escritor James Joyce, produziam livros com "capa de bezerro cor de verde mijado". A Cuala Press, dirigida por Elizabeth e Susan Yeats desde 1902 em Churchtown, perto de Dublin, nunca se declarou feminista. Publicava muito mais autores homens do que mulheres em seus luxuosos livros de arte, produzidos à mão. Como irmãs do poeta irlandês W. B. Yeats, as contribuições delas eram ofuscadas pelas do irmão famoso. Mas, como demonstrou Simone Murray, as irmãs Yeats, solteiras, sustentaram seus parentes homens e treinaram uma equipe só de mulheres para fazer composição e tipografia por quatro décadas, enquanto a Irlanda passava por uma revolução e uma guerra civil para se livrar do domínio britânico e alcançar a independência. Elas destacavam que as mulheres precisavam ter autonomia econômica e acesso ao mercado de trabalho, com argumentos semelhantes aos das pioneiras da Victoria Press, na década de 1860 (ver cap. 3). De fato, foram as fundadoras da Victoria Press que ofereceram treinamento em impressão a Elizabeth Yeats, por meio da Sociedade Feminina de Impressão, em Londres.[39] A infraestrutura de iniciativas para apoiar mulheres no acesso a empregos produziu, ao longo do tempo e do espaço, um legado tangível de textos e livros femininos e feministas.

Elizabeth Yeats trabalhando na prensa manual na oficina de impressão da editora irlandesa Dun Emer (posteriormente Cuala), c. 1903.

Em suma, a produção de livros e revistas abarca seu próprio mundo de cultura material, enraizado em processos mundanos de produção, por meio da escrita, da encadernação e da operação das impressoras, com a manipulação e o suprimento de tinta. Mesmo no final do século xx, quando primeiro o rádio e a televisão e depois a mídia digital pareceram substituir a imprensa, a função de um registro do ativismo feminista tangível, em papel, continua sendo fundamental. Como observou a ativista filipina Anna Leah Sarabia, apesar de ter produzido milhares de horas de conteúdo de rádio e televisão, o que importava era "um histórico em papel, seja na forma de folhetos e jornais fotocopiados, monografias mimeografadas difíceis de ler, ou compilações de trabalhos já publicados várias vezes". Sarabia coproduziu um livro sobre as experiências das mulheres filipinas, *Telling Lives* [Narrando vidas], que esteve à venda na Feira Internacional do Livro Feminista de 1992 em Amsterdã, e depois seguiu publicando livros.[40]

Partindo de instrumentos tão simples como lápis, caneta e tesoura, a prensa manual Albion e o tipo móvel de catorze pontas usado pelas irmãs Yeats, as máquinas Gestetner e Roneo transformaram a produção do conhecimento feminista no século xx ao permitir a reprodução barata de boletins e panfletos, a sofisticação crescente de ferramentas como a máquina de escrever ibm de esfera e as tecnologias posteriores de processamento de textos e publicação digital. Essas tecnologias de comunicação dos últimos duzentos anos, em constante mudança, foram centrais para a materialização das ideias feministas e de sua energia criativa.

Embora por vezes tenham ocorrido experiências feministas revolucionárias e dramáticas de luta em barricadas, emoções intensas e militância, o trabalho cotidiano, o financiamento e a venda de coisas feministas foram igualmente significativos. Este capítulo revelou uma rica seleção de objetos comprados e vendidos, reformados e subvertidos, que deram às feministas maneiras tangíveis de tocar, vestir ou comprar o feminismo. Desde o valor temporário simbólico de um copo de um pint de cerveja empunhado por uma mulher ao papel de "espécie companheira feminista", assumida (talvez a contragosto) pela esponja do mar, os objetos foram convocados pelos movimentos feministas, reaproveitados, recortados, pintados, dados de presente, vendidos e guardados como pequenos tesouros.

A ideia de que o feminismo pode ser mercantilizado gerou polêmica; os críticos temem que isso leve um movimento político radical para o mundo do lucro e da produção. Empresas oportunistas já tentaram comercializar a criatividade feminista. Mas ganhar dinheiro é uma meta útil para as ativistas, como vimos no cap. 3. Movimentos políticos precisam de recursos, como bem sabiam as sufragistas do início do século xx. Ficou claro que as mulheres podiam utilizar suas livrarias, editoras, designers e serviços de impressão para ajudar a se sustentar e possibilitar outros tipos de ativismo. A historiadora Joan Marie Johnson argumentou que "o dinheiro era um meio eficaz de forçar mudanças em uma sociedade altamente patriarcal".[41] Os espaços criados no mercado poderiam oferecer uma porta de entrada para todas as mulheres que achavam que participar de um grupo de conscientização feminista seria uma perspectiva assustadora. E, da mesma forma, revistas, bótons, canetas, lenços e pôsteres feministas podiam permitir de maneira tentadora que as mulheres explorassem sua afiliação feminista ou exibissem suas posições políticas de uma forma divertida.

No próximo capítulo, vou tratar da moda feminista. Mas vou terminar este com um hino irresistível à cultura material feminista, da australiana Deni Fuller, que escreveu sobre o símbolo que representa a "mulher":

> Fizemos o símbolo em papel, lata, tecido, tinta, madeira, impressos, lantejoulas, prata, papelão, linho, lã, tela, brim, giz, *texta*, Letraset, porcelana, *batik*, vitral, tatuagem, linha, argila, cristal, areia, miçangas, purpurina e folhas de eucalipto. Nós o agitamos ao vento, usamos como vestido, o pintamos e grafitamos, fizemos com ele serigrafias, laminações e bordados, e o colocamos em brincos, pingentes e anéis. Acrescentamos a ele um punho cerrado, para simbolizar a nossa determinação. Unimos dois para simbolizar a sexualidade e a solidariedade. Produzimos em massa em cozinhas, varandas e quintais, e o colamos em postes de iluminação da cidade e nas paredes das lojas, nós o distribuímos pelo correio e de mão em mão nas ruas. Nós amamos nosso símbolo, e ele nos amou também.[42]

O símbolo da "mulher" nos emblemas de libertação feminina das décadas de 1970 e 1980 na França, na Grã-Bretanha e na Itália.

5. Visuais

Desde a Marcha das Mulheres de 2017, um "visual feminista" passou a ser facilmente reconhecível graças à invenção do *pussy hat*: um gorro cor de rosa de tricô ou crochê com duas saliências que lembram orelhas de gato — ou poderia ser uma vulva. A adoção do gorro por milhares de mulheres e pessoas não binárias durante a marcha e, depois, em todo o mundo funcionou como uma declaração visual de protesto em massa. O fato de ele ser feito à mão atesta a longa história das habilidades artesanais femininas, e seu nome contesta e remove o estigma do comentário de Donald Trump (*"grabbing women by the pussy"*)* divulgado à exaustão durante sua campanha presidencial. No entanto, já faz muito tempo que a moda é uma faceta particularmente contestada e carregada de implicações das "coisas" feministas. O corpo da mulher foi machucado e aprisionado em termos físicos e simbólicos por vestimentas concebidas para imobilizar, agradar aos homens e objetificar atributos sexuais femininos, ou ainda para demonstrar pureza e recato. Da "moda racional" aos gorros de gatinho, o vestuário tem sido um recurso feminista que desafia e subverte.

---

* "Pussy" pode significar "gatinho" ou ser uma referência pejorativa ao órgão sexual feminino. A frase de Trump poderia ser traduzida como "agarrar as mulheres pela xoxota" (N. T.).

Quando eu brincava com os meninos no parque Bryant mesmo que você dissesse que uma mocinha não faz essas coisas, isso era feminismo. Quando eu tirava o véu ou as luvas toda vez que você virava as costas ou preferia ficar no quarto por dois dias a usar espartilho, isso era feminismo. Quando eu trocava sair para fazer visitas por cavalgar ou velejar, isso era feminismo. Quando eu ia para a faculdade apesar dos seus protestos, isso era feminismo. Quando eu cumpria as minhas horas de trabalho a despeito de ser tachada de "egoísta", isso era feminismo. Quando tive um bebê quando desejei ter um, apesar das críticas de que eu não era egoísta o suficiente, isso era feminismo.[1]

Foi assim que a etnógrafa e antropóloga americana Elsie Clews Parsons (1875--1941) respondeu à pergunta dolorosa de sua mãe: "O que *é* feminismo?", ela conta. Parsons pôs seus protestos adolescentes contra o uso do espartilho, das luvas e do véu no centro do palco, ao lado da educação, do trabalho com propósito e da liberdade reprodutiva.

A imagem da mulher de calça comprida, sem chapéu ou sem sutiã há muito tempo ocupa um lugar de destaque na imagem visual da "feminista". Figuras como a escritora francesa George Sand (1804-76) ganharam má fama quando adotaram o modo de vestir masculino, afirmando que seria econômico e prático. A partir de 1800, as mulheres parisienses precisaram solicitar autorização policial para vestir roupas masculinas, o que tornava os trajes preferidos de Sand subversivos. Ela não tinha autorização, e muitos a criticavam por se travestir. O escritor Victor Hugo comentou de forma satírica: "George Sand não consegue decidir se é homem ou mulher. Tenho grande consideração por todos os meus colegas, mas não me cabe determinar se ela é minha irmã ou meu irmão".[2]

Para Elsie Parsons, o que teve as conotações mais fortes do que seriam os sentimentos e a aparência de uma feminista não foi sua resistência à moda convencional, mas um ato visível de consumo: fumar cigarro. George Sand adotou uma combinação polêmica do hábito de fumar (no seu caso, charuto e narguilé) com a rebelião contra o vestuário feminino. No século XX, Parsons também se viu em um ambiente hostil. Em seu livro *Journal of a Feminist* [Diário de uma feminista], escrito nos anos 1910 mas só publicado em 1994, ela mencionou as incontáveis tentativas de fumar em restaurantes, estações e vagões de trem americanos. Ela foi proibida com frequência, mas constatou que mesmo assim ela desfrutava de liberdades consideráveis por ser uma mulher branca com formação universitária. Parsons pôde fumar, usar calça e percorrer o Sudoeste dos Estados Unidos registrando o folclore dos nativos americanos. Suas observações antropológicas lhe permitiram perceber que as convenções sociais eram maleáveis e impostas de fora. Ela ousou estender isso ao seu gênero: "Pela manhã eu posso me sentir homem; vou agir como um. À tarde eu posso me sentir mulher; vou agir como uma. Ao meio-dia ou à meia-noite, posso me sentir assexuada; então vou agir como assexuada". Está claro que a "descoberta" da fluidez dos gêneros no século XXI tem ressonâncias no passado, apesar de o termo "transgênero" ser usado há relativamente pouco tempo.

Neste capítulo, examinarei o papel da moda e do corpo no ativismo feminista. Controvérsias do século XX como o véu e o "burkini", além do escrutínio obsessivo feito pela mídia dos trajes de figuras públicas como Hillary Clinton, nos lembram do papel central das roupas para delinear o "lugar" das mulheres na sociedade. Escolher uma aparência destoante é um ato que tem potencial revolucionário. As feministas, além de subverterem as normas do vestuário, também problematizaram ideias sobre quem está "olhando". Nos anos 1970, ativistas identificaram o *male gaze* [olhar masculino] como uma característica opressiva importante na arte, na cultura e na vida social, e adotaram práticas próprias de visual subversivo. Em 1986, a intelectual feminista Chandra Talpade Mohanty levou esse conceito mais adiante ao escrever uma dura crítica intitulada "Under Western Eyes" [Sob o olhar ocidental],[3] sobre o fracasso do feminismo "ocidental" em compreender e combater as desigualdades de poder enfrentadas pelas mulheres de países mais pobres. Portanto, a ideia de "um visual" pode assumir muitas formas e indicar alguns elementos críticos do pensamento e da prática feminista.

Começaremos com um enfoque na ascensão da "nova mulher" em fins do século XIX: uma mulher confiante que se sustenta e cuja busca pela individualidade a levou para além da esfera familiar, adentrando o local de trabalho, as ruas e a legislação. Essa figura icônica — de cabelos curtos e resoluta — popularizou-se no mundo todo à medida que mulheres britânicas, japonesas, chinesas, neozelandesas e russas, para citar apenas algumas, exploraram modos "modernos" de ser. A "nova mulher" passou a ser fortemente associada à reforma do vestuário e à iconoclastia no tratamento de seu cabelo e seu corpo.

Como veremos, as ativistas da libertação feminina nos anos 1970 e 1980 também adotaram um "visual feminista", associado a um modo de se vestir para agradar a si mesmas ou a outras mulheres.

Em seguida, trataremos de outro modo de se vestir: o contestadíssimo ato de se cobrir, que pode ser encontrado em diversas tradições culturais e religiosas. Apesar das divisões quanto a seu significado, procurarei mostrar que itens como o véu, o lenço de cabeça ou o chador podem, ao mesmo tempo, empoderar e tolher as mulheres. Por fim, refletirei sobre os problemas que a reforma no vestuário enseja porque alimenta estereótipos de feministas "masculinizadas" ou doutrinadoras, cria facções e grupos fechados e dá voz às exclusões de classe e raça que às vezes surgem na esteira de um "visual feminista".

BELEZA, MODA E POLÍTICA

Mulheres em busca de poder com frequência fazem uso de ferramentas da elegância e da beleza. As feministas enfrentam um dilema: devem aproveitar as vantagens sociais da conformidade no vestuário ou arriscar as perdas caso recusem uma aparência igual às demais? Nas Filipinas, por exemplo, a experiência da colonização espanhola (1521-1898) e do domínio colonial americano (1898-1946) criou um ambiente complexo para as feministas, no qual a moda assumiu um lugar de destaque. A partir de fins do século XIX, eclodiram reivindicações de direito de voto para as mulheres, embora a maioria das que eram ativas na vida pública preferisse se organizar por meio do "movimento de clubes", uma corrente conservadora que não atribuía grande importância ao sufrágio. As práticas políticas das "clubistas" se caracterizavam por normas conservadoras de feminilidade doméstica e de recato no vestuário. As clubistas viam utilidade em se apresentarem como convencionalmente maternais, respeitáveis e femininas na aparência, considerando que isso ajudava em suas campanhas pela saúde e pela alimentação femininas durante a gravidez e pela redução da mortalidade infantil. Nesse contexto, a valorização da maternidade como fundamental para a feminilidade, uma característica da vida colonial hispânica, era um fator poderoso até mesmo entre as mulheres educadas e ativas que buscavam assumir novos papéis.

Apesar da experiência política e do empenho das filipinas, as carreiras públicas eram muitas vezes estabelecidas pela aparência. Os concursos de beleza eram um meio importante para dar visibilidade pública às mulheres do país. Muitas sufragistas, clubistas e jornalistas foram eleitas Rainhas do Carnaval e posaram em trajes glamorosos.[4] A habilidade de exibir a beleza feminina convencional foi um recurso poderoso para mulheres alcançarem a proeminência cívica.

Em 1898, a substituição do domínio espanhol pelo americano gerou clamores para que as Filipinas se modernizassem e dessem mais acesso à educação e finalmente o direito ao voto para as mulheres. Contudo, como muitos colonialistas, os norte-americanos tinham dificuldade de imaginar um mundo onde as filipinas poderiam votar antes das norte-americanas. Embora em fins do século XIX, nos Estados Unidos, algumas mulheres brancas tivessem o direito ao voto em territórios de fronteira e do Oeste, como Wyoming, Colorado e Utah, o direito ao voto para a totalidade das norte-americanas adultas não veio antes de 1920, e após essa data a legislação racista Jim Crow limitou os direitos ao voto de mulheres e homens afro-americanos e nativos americanos. Isso talvez explique por que uma campanha filipina pelo direito ao voto só apareceu de forma organizada após 1918, quando o movimento pelo sufrágio feminino nos Estados Unidos alcançara a vitória em muitos estados e se acreditava em seu sucesso generalizado. Para as filipinas, reivindicar o voto representava uma escolha complexa, pois muitas vezes os argumentos em favor do sufrágio feminino eram verbalizados usando os termos dos direitos das mulheres ocidentais, o que trazia o risco de as mulheres filipinas serem acusadas de cooperar com a potência colonial. O movimento nacionalista relutava em priorizar o sufrágio feminino, e algumas figuras eminentes fizeram oposição declarada, preferindo associar as mulheres à maternidade e ao lar. Não era uma paisagem fácil de percorrer para as feministas, e a aparência pessoal permaneceu como um recurso crucial.

Nesse contexto nacional, além de decidir sua posição quanto à reforma do vestuário, as mulheres ativistas precisaram fazer escolhas com respeito ao seu modo de vestir. Os homens dos círculos políticos nas Filipinas viam vantagens em adotar principalmente o estilo "ocidental", mas das mulheres ativas na vida pública se esperava, muitas vezes, que usassem trajes "tradicionais" ou folclóricos. Havia no país grande resistência feminista às desconfortáveis tradições espanholas da blusa [*camisa*], do xale [*pañuelo*] e da túnica [*terno*],

Sufragista, diplomata e filantropa filipina Trinidad Fernandez Legarda como Rainha do Carnaval de Manila, em 1924.

com suas nada práticas mangas em estilo "borboleta". Dizia-se que esse traje, conhecido como "Maria Clara", tendia a causar acidentes em locais de trabalho e escolas, além de impedir as mulheres de praticar atividades físicas. Ademais, quando chovia, as mangas ensopadas desabavam. Mesmo assim, feministas filipinas como Pilar Hidalgo Lim (1893-1973) e Trinidad Fernandez Legarda (1899-1998) tinham consciência de que era necessário se distanciar das conotações "ocidentais" do feminismo, e sempre adotavam esse tipo de traje em eventos públicos. Criticavam duramente as implicações de obediência e confinamento doméstico daquele traje, porém cuidavam para não parecer demasiado norte-americanas ou transgressoras em sua "nova feminidade". Essa escolha pragmática limitava o grau em que elas conseguiam subverter as normas conservadoras sobre o lugar "natural" da mulher no mundo, mas assegurava a resolução das tensões entre as versões colonial e nacionalista do feminismo filipino. O sufrágio feminino se tornou um objetivo essencial das feministas, e foi alcançado graças a um retumbante apoio em um plebiscito nacional em 1937.

O TRAJE RACIONAL E A HETERODOXIA DA MODA

As estratégias filipinas de convencionalidade cautelosa encontraram eco em outros contextos. Nos Estados Unidos, a jornalista e defensora da reforma do vestuário Amelia Bloomer (1818-94) lançou uma campanha polêmica para que as mulheres adotassem calça comprida larga sob uma saia que ia até os joelhos em 1849, um ano depois de as mulheres do mundo inteiro terem participado com grande entusiasmo das lutas revolucionárias antimonárquicas de 1848, e de mulheres norte-americanas terem organizado um encontro para discutir o direito ao voto em Seneca Falls. Bloomer conseguiu convencer algumas mulheres de que, por questões de praticidade e saúde, era preciso abandonar os vestidos vitorianos de cintura estreita, anáguas compridas e espartilhos com barbatanas. Os modelos que ela desenhou, publicados em sua revista *The Lilly* [O lírio], foram muito procurados, e as lojas começaram a ter em estoque os trajes "racionais". Contudo, para algumas ativistas desse período, o envolvimento de Bloomer com o mundo da moda não combinava com um comprometimento sério com a reforma. A ativista dos direitos das mulheres

Angelina Grimké (1805-79), que tinha em comum com Bloomer a defesa do abolicionismo e dos direitos femininos, optava pela "simplicidade" dos trajes: recusava babados e meias de seda, baseada em sua noção das sanções bíblicas à moda. "Minhas amigas dizem que eu me exponho ao ridículo", escreveu em seu diário; mesmo assim, ela permaneceu convicta de seu "chamado superior e santo".[5] Para outras, o tremendo clamor do público diante do novo modo de se vestir proposto por Bloomer só servia para atrapalhar a causa e atiçar a mídia. A sufragista e abolicionista Paulina Kellogg Wright Davis (1813-76) vestia-se conscientemente de modo a "dissipar a ideia de que todas as defensoras dos direitos femininos são umas velhas horrorosas de barba e bigode". Quando participou das convenções pelos direitos femininos nos anos 1850, havia sido caricaturada como uma megera. Reparou que seu público esperava ver "uma pessoa grosseira, masculina, mandona e indócil, com a casa suja, a família negligenciada e o marido oprimido". Surpreenderam-se ao encontrar "uma mulher de boa aparência, delicada, de maneiras afáveis e voz suave".[6]

Ainda assim, as mudanças que Bloomer preconizava em nome da saúde e da higiene ficariam na gaveta por muito tempo, em especial depois que a transmissão mundial das ideias feministas ensejou um diálogo com tradições de vestuário alternativas. Em 1902, a jornalista japonesa Hani Motoko (1873-1957) escreveu dois artigos para o periódico *Fujin shinpo* [Mensageiro das mulheres], publicado pela filial japonesa da União das Mulheres Cristãs pela Temperança (WCTU, na sigla em inglês). Motoko destacou o aspecto da higiene no vestuário feminino; ela defendia uma reforma que combinasse o quimono japonês com elementos do vestuário ocidental para facilitar os movimentos do corpo.

A WCTU era dominada por ativistas europeias e norte-americanas, enviadas a outros países para promover ideias de pureza moral e liderança moral feminina. Além de se empenharem em refrear o consumo de bebidas alcoólicas, elas prestavam serviços sociais a mulheres e procuravam controlar e prevenir a prostituição. Era um trabalho que convinha aos objetivos do Estado japonês da era Meiji para "modernizar" o Japão, com um enfoque particular em tornar a maternidade moderna e eficiente. A WCTU defendia alternativas confortáveis ao rígido e restritivo quimono com *obi* [cinto]. Entretanto, havia limites ao grau em que as mulheres podiam ser incluídas na reforma Meiji. Um decreto emitido no ano em que Motoko nasceu proibia

"O traje Bloomer", litografia de 1851.

as japonesas de usar o cabelo curto, e sempre havia uma tensão entre o desejo de adotar novas modas e a necessidade de as mulheres personificarem e encarnarem as tradições japonesas.

O interesse de Motoko por novas formas de vestimenta tinha correspondentes no mundo todo. Militantes pela reforma do vestuário argumentavam que as mulheres não precisavam mais usar saias longas e pesadas, golas engomadas, luvas e chapéus. Preferiam culotes, meias com separação nos dedos e saias-calças ou de comprimento até os tornozelos. Na Nova Zelândia, as mulheres haviam conseguido o direito de votar nas eleições nacionais para o Parlamento em 1893; no ano seguinte foi fundada a Associação Neozelandesa para o Vestuário Racional, e uma de suas reivindicações era a permissão para que as mulheres pudessem deixar de usar o espartilho, que constringia os movimentos e a respiração. Obviamente, as mulheres da classe trabalhadora nunca haviam adotado essas peças como fizeram as mulheres de classes média e alta. Acontece que a maioria das que defendiam essas novas formas de se vestir eram mulheres ricas ou socialmente poderosas — que podiam se dar ao luxo de ser vistas como não respeitáveis. Na Nova Zelândia, o movimento chegou à comunidade Maori, cuja elite feminina também adotou ocasionalmente o vestuário racional. Embora alguns considerassem essas medidas claramente como uma reforma em benefício da saúde, outros as associavam a demandas femininas mais abrangentes pela liberdade de se movimentar com mais desenvoltura nos espaços públicos, andar de bicicleta e praticar esportes. A filial neozelandesa da WCTU defendia o vestuário racional, embora alguns dos polêmicos trajes com calças adotados pelas mais liberadas conflitassem com os ideais de recato e pureza da WCTU.

As proponentes da reforma do vestuário tiveram grande visibilidade na imagem mundial da "nova mulher", um poderoso símbolo de mudança social e desordem de gênero no final do século XIX e começo do século XX. A imprensa não se cansava de publicar caricaturas das "novas mulheres" como ciclistas deselegantes de calções. Porém, nos anos 1920, o que fora um "visual feminista" alcançara mais proeminência na cultura popular. Se antes as pessoas riam das "novas mulheres" com seus culotes e torso sem espartilho, nos anos 1920 a saia de barra mais para cima, a roupa de baixo mais simples e o cabelo curto eram adotados por um número muito maior de mulheres, que apreciavam as novas liberdades físicas proporcionadas por essas modas. Para

Maoris partidárias da reforma do vestuário em trajes racionais, c. 1906.

as "novas mulheres" do período entreguerras, a autoexpressão acontecia não apenas por meio dos modos tradicionais de ativismo, como a participação em associações políticas, mas também através do consumo dos recursos oferecidos pela cultura popular que atravessavam fronteiras nacionais com relativa facilidade — cinema, rádio, dança, revistas. As "novas mulheres" e as "moças modernas" do Japão, por exemplo, combinavam um ambicioso aperfeiçoamento pessoal obtido graças a seu crescente acesso à educação com novos acessórios da individualidade: o chapéu cloche, o vestido inteiriço e o pó de arroz associados ao consumismo ocidental.[7] Em outros contextos, surgiram versões mais híbridas da "feminidade moderna" que usavam a moda para reivindicar liberdades e influência. A historiadora Dorothy Ho descreveu a adoção dos sapatos de salto alto ocidentais em Xangai nos anos 1920, usados com o *qipao*, um tipo de vestido justo de gola alta. Algumas mulheres chinesas dos primeiros tempos da república criaram calçados capazes de acomodar e tornar atraentes os pés recentemente desatados.[8] A imagem das "novas mulheres" era a de pessoas com mobilidade nas ruas e nas lojas, ou alcançando sua independência graças ao trabalho remunerado.

O fenômeno da "nova mulher" e da "moça moderna" traz questões importantes sobre até que ponto essas mudanças podem ser associadas aos feminismos. Certamente não devemos interpretar que todas as mulheres de cabelo curto no período entreguerras estavam anunciando uma posição política, e algumas feministas criticavam o hedonismo e o narcisismo que elas relacionavam com essas modas. Entretanto, associar as feministas ao clichê de intelectuais malvestidas e mal-amadas é desconsiderar os ricos experimentos com vestuário e apresentação pessoal que marcaram o empoderamento das mulheres no mundo todo.

O traje também podia ter usos políticos mais diretos. As mulheres que militavam pelo direito ao voto empregavam o que a historiadora Carol Mattingly chamou de "retórica do vestir", adotando cores e estilos que tinham significados políticos. Algumas delas também escolhiam o vestuário com base em propriedades protetoras e práticas: roupas acolchoadas e chapéus robustos eram prevenção contra agressões de policiais e transeuntes. Alfinetes de chapéu e leques podiam servir como armas defensivas; calçados de salto baixo facilitavam a fuga. As sufragistas britânicas presas logo aprenderam a usar suas roupas para subverter as ações penais. Mulheres detidas permutavam suas roupas para impossibilitar a polícia de registrar testemunhos — acentuadamente baseados na descrição visual do traje — que identificassem a pessoa no banco dos réus. Além disso, as vantagens de classe advindas de uma vestimenta elegante às vezes protegiam a mulher de ser detida, e as militantes podiam entrar e sair dos locais de manifestação graças à relutância dos policiais em confrontar senhoras de classe média e alta vestidas do modo convencional. As ativistas do direito ao voto procuravam manter a respeitabilidade vestindo-se com "refinamento e precisão" e politizavam as qualidades da feminilidade convencional.[9]

O VISUAL DA LIBERTAÇÃO

Algumas estratégias das ativistas do começo do século xx foram repetidas muitas décadas mais tarde. A feminista turca Gul Ozyegin recordou seu trabalho, junto com outras feministas, de distribuir alfinetes de lapela decorados com grandes miçangas roxas nos anos 1980 em Ancara. Esses objetos, que refletiam as propriedades ofensivas dos alfinetes de chapéu e dos leques das sufragistas, destinavam-se a ser usados por mulheres contra homens que tentassem tocar em seus corpos no transporte público. O alfinete de lapela entrou para a forte tradição do ativismo feminino voltado para a autodefesa e se mostrou ser uma marca significativa, útil e visível da rebeldia das mulheres turcas.[10] Também podia evocar o reconhecimento e a construção de uma comunidade entre as feministas, como um sinal, codificado pela cor, de participação no movimento.

Entretanto, muitas ativistas feministas da segunda metade do século xx viram com ceticismo certas estratégias e escolhas de suas precursoras. Uma das áreas de conflito era o *dress code* do feminismo. As sufragistas do começo do século xx, com sua adoção estratégica da feminidade convencional e usando com frequência trajes burgueses ou tradicionais, pareciam relutantes em desafiar o poder masculino que lhes impunha modas desconfortáveis e limitações físicas. As subversões cotidianas do movimento pela reforma do vestuário de meados do século xix estavam em melhor sintonia com a determinação dos movimentos de libertação das mulheres de descartar tudo o que fosse convencionalmente feminino.

Marie-Thérèse McGivern, feminista residente em Belfast, recorda estratégias adotadas nos anos 1970:

> Não usávamos maquiagem, isso era visto como uma imposição do patriarcado. Não usávamos salto alto, só calçados ditados pelo bom senso, de salto baixo, nada de salto alto naquela época... Não usávamos roupas justas, nos vestíamos com conforto, e não mais para os homens."

McGivern frisa logo que isso não significava ter uma aparência masculina: "Éramos estilosas, pois em certo sentido éramos mulheres, e os brincos foram ficando cada vez mais rebuscados, os cabelos, cada vez mais espetados e ruivos".[11] O espírito do faça você mesmo do punk dos anos 1970 convinha ao movimento feminista e podia ser combinado à recuperação de habilidades manuais femininas tradicionais como o tricô e o patchwork. McGivern se lembra de usar "jaquetas acolchoadas feitas de tecidos de cores vivas, muitas vezes no estilo patchwork [...], eram lindas, apesar de muito retas, não tinham cintura, nada". Essas jaquetas aludiam à estética visual da China maoísta, em um aceno deliberado à importância das tradições socialistas para o movimento de libertação feminina. Mao escrevera em 1961:

As filhas da China têm em mente grandes aspirações
Amam seus uniformes, não sedas e cetins.[12]

A jaqueta de algodão chinesa foi copiada e remodelada para se tornar um "visual feminista" para as mulheres de Belfast e anunciar a recusa a apresentar o corpo feminino para a aprovação masculina.

As ativistas da libertação das mulheres adotavam a justaposição de estilos, criavam visuais subversivos, usando coturnos com vestido. Estampavam palavras de ordem nas roupas; as camisetas usadas pelo Grupo Pirofeminista do Darthmouth College, em fins dos anos 1970 nos Estados Unidos, traziam a sigla BTMFD — "*burn the motherfucker down*" [queime o filho da puta].[13] Sue Katz, membro de um grupo de lésbicas da classe trabalhadora de Boston, o Stick-It-In-The-Wall-Motherfucker Collective [Coletivo Mete na Parede, Filho da Puta], lembra-se de usar roupas de couro e desejar ardentemente o potencial transgressor oferecido por uma minissaia de vinil.[14] Muitas ativistas do movimento de libertação das mulheres viram nas novas opções de vestuário um recurso poderoso para sinalizar rebelião no dia a dia, e para algumas isso incluía se travestir, não depilar o corpo ou prender os seios com faixas para demonstrar a não conformidade com o seu gênero. Mulheres falavam da satisfação de se vestirem para agradar a si mesmas ou a outras mulheres, em vez de seguirem modas convencionais ou definidas por homens. Na Austrália, Alison Bartlett recorda: "Foi um alívio não usar sutiã. Era sensual e libertador de um modo funcional [...] além de economizar dinheiro". Em uma memorável marcha "Reclaim the Night" [Retome a noite] em Brisbane, na Austrália, uma das manifestantes lembra a remoção espontânea de saias e camisetas:

quando aumentou a repercussão do coletivo, outras se sentiram impelidas a se despir até a cintura e desfilar com orgulho pelas ruas da cidade e pela ponte [Victoria]. Velhas e jovens, gordas e magras; peitos balançavam e flutuavam, sentados, espetados, caindo de cansaço, esbarrando-se excitados [...]. Os policiais pareciam mais vulneráveis com a farda e as armas, como se fossem eles que precisassem de proteção contra aqueles peitos nus soltos pela rua.

Para ela, essa manifestação foi "exuberante e subversiva, até sexy", e fez o equipamento de segurança da polícia parecer absurdo.[15] Portanto, o "visual feminista" não era apenas um novo guarda-roupa: era também pensar nos usos da postura corporal feminina, assumir uma posição no espaço físico ou público.

No Greenham Common Peace Camp, nos anos 1980, mulheres britânicas forjaram um estilo característico "que era colorido, prático e criativo: cabelo cortado rente e amarrado com fitas de cores chamativas, roupas folgadas em camadas que incluíam lenços coloridos, coturnos e capas impermeáveis". Às vezes, essa estética feminista era abandonada com o objetivo de contornar medidas de segurança. Usando vestidos e saias convencionais, duas mulheres de Greenham conseguiram acesso à base da Força Aérea e se divertiram vendo televisão em uma sala de recreação para famílias de militares. Sem as fitas e as jaquetas compridas, elas não foram identificadas como ativistas até saírem do acampamento pelo portão da frente.[16]

Mulheres que estavam mais próximas de posições de poder também escolhiam estrategicamente o que vestiam. Valerie Wise, britânica que exerceu cargos políticos municipais e canalizou milhões de libras do orçamento público para grupos femininos nos anos 1980, rejeitava a jardineira de brim em favor de tailleurs convencionais. Numa época em que as ativistas da libertação feminina desafiavam as convenções da moda, descartavam o sutiã e se negavam a depilar as axilas, Wise julgou ser "um lance arriscado" o simples ato de adotar um corte de cabelo curto. No entanto, estava claro para ela que um vestuário convencional fazia com que causasse mais impacto como política: "Eu desejava que as pessoas ouvissem o que eu estava dizendo em vez de gastarem séculos comentando o que eu vestia, pois eu não queria distrair com minhas roupas. Eu não era uma pinup".[17] Sara Dowse, que nos anos 1970 chefiou o Escritório de Assuntos Femininos no serviço civil australiano, também contou que se vestia de um modo "nem chamativo, nem elegante demais". Quando assumiu o cargo, trocara seu visual de jeans por saias longas de brim. Nos anos 1980, porém, ela reparou que os códigos haviam mudado para as "femocratas", que agora andavam de *power suit*, o terninho com ombreiras: "O paletó costumava ser vermelho — em muitas culturas, o vermelho é associado ao poder e à sexualidade. E igualmente significativo [...], em sua intricada e destoante mistura de poder e sexualidade, foi o ressurgimento do salto alto".[18]

O cultivo de um "visual feminista" era um modo visível e acessível de criar uma nova comunidade. Para as feministas de Belfast, a moda unia quem adotava um aspecto reconhecível: McGivern salientou o papel fundamental das jardineiras de brim, apesar de a cidade sofrer problemas de fornecimento nos anos 1970. Ela foi a Nova York no final daquela década e encomendou jardineiras idênticas para as mulheres do coletivo onde ela vivia, criando assim uma uniformidade no vestuário que condizia com o éthos de autossuficiência e compartilhamento de recursos do coletivo.

O POLICIAMENTO DO VESTUÁRIO

Entre os objetivos do "visual da libertação das mulheres" não estava apenas agradar às usuárias, mas também, em alguns casos, julgar. Decididas a protestar contra a objetificação sexual, ativistas feministas atacavam concursos de beleza no mundo inteiro — justamente os lugares que as filipinas haviam usado para conseguir acesso às tribunas políticas. Interrupções e protestos de mulheres em competições de alta visibilidade, como o concurso Miss América, ficaram famosos. Em 1968, o grupo feminista New York Radical Women [Mulheres Radicais de Nova York] fez piquete em frente ao local do concurso e encenou manifestações teatrais — como um desfile de ovelhas que protestava porque as modelos eram "julgadas como animais numa feira rural". Elas se recusaram a falar com repórteres do sexo masculino e, com isso, forçaram os jornais a alocar mulheres jornalistas que trabalhavam nas marginalizadas revistas femininas para cobrirem a manifestação. Ganhou fama a criação da "Freedom Trash Can" [lata de lixo da liberdade], na qual foram jogados sutiãs, cílios postiços e exemplares de revistas como *Playboy* e *Ladies Home Journal* — porém, contradizendo o mito popular, as manifestantes não atearam fogo a esses objetos.[19] Essas ações se disseminaram pela Grã-Bretanha, onde ativistas lançaram bombas de farinha e atrapalharam o Miss Mundo de 1970 com matracas;[20] pela Nova Zelândia, onde ativistas cortaram o fornecimento de energia do Miss Nova Zelândia de 1971; e pelo Peru, onde a Alimuper (Ação para a Liberação da Mulher Peruana) fez uma manifestação em 1973 contra o Miss Peru, em Lima. Também regionalmente mulheres militaram contra inúmeros concursos. Na Escócia, Sandie Wyles, estudante da Universidade Aberdeen, inscreveu-se em 1975 em um concurso de beleza para as alunas da universidade, junto com outras de seu grupo feminista, em sua primeira ação política:

> Então preenchemos o formulário, e eles quase caíram de costas quando nos viram chegar em bando, e na ocasião várias de nós estávamos de jardineira, mesmo naqueles dias, e sem maquiagem [...]. E os organizadores disseram: "Ah, não, não, vocês não podem entrar, não podem entrar, tem de ser uma por vez". E nós respondemos: "Nada disso, vamos entrar todas juntas".[21]

Apesar da forte oposição de mulheres não feministas no concurso, que foram "bastante ofensivas", segundo Wyles, seu grupo fez o protesto, virou notícia em um jornal da cidade e passou a fazer manifestações pelo direito ao aborto e passeatas "Reclaim the Night" em Aberdeen. No entanto, poderíamos avaliar esses protestos icônicos sob outro ponto de vista: eles hostilizavam as candidatas dos concursos de beleza e prejudicavam as ideias de união entre as mulheres. Muitas das candidatas tinham origem na classe trabalhadora e viam o sucesso em concursos de beleza como uma fonte de amor-próprio e de acesso a prêmios em dinheiro e a um status social mais elevado. Na comunidade negra britânica, os concursos de beleza eram uma tradição de longa data, e haviam sido patrocinados pela ativista antilhana Claudia Jones nos primeiros anos do Carnaval de Notting Hill, em Londres. As manifestações feministas tendiam a hostilizar essas dinâmicas de raça e de classe. Os protestos também contribuíam para a ideia de que as feministas eram contra o erotismo e o prazer (heterossexuais) e de que elas se empenhavam em policiar o corpo de outras mulheres com base em seus próprios padrões de comportamento aceitável. A reputação de críticas ferozes e moralistas rígidas resultante dessas práticas se tornou um obstáculo para alcançarem um público mais amplo. Além disso, as jardineiras ou jaquetas em estilo Mao compulsórias podiam ser um código de vestimenta restritivo, que dificultava imaginar formas de sororidade e solidariedade entre mulheres que se vestiam diferente.

CRIAÇÃO DE UMA MODA PESSOAL SUBVERSIVA E TENSÕES DE CLASSE

Como a roupa tende a definir a classe, há muito tempo o vestuário é fonte de tensão e de manobras pelo poder no movimento feminista. As estratégias de convencionalismo excessivo das sufragistas do período eduardiano se revelaram problemáticas para quem não tinha chapéus e roupas elaborados. As mulheres da classe trabalhadora eram relativamente excluídas de manifestações que exigiam trajes elegantes, e assim muitas das ações mais visíveis da WSPU foram dominadas por mulheres de classe média e alta. Entretanto, as trabalhadoras encontravam oportunidades de participar de marchas, usando roupas que identificavam o seu ofício, como o de tecelã com xale e tamancos, adotados ocasionalmente pela líder sufragista Annie Kenney, ou então protestando uniformizadas como parteiras e enfermeiras. Às vezes, porém, o vestuário da classe trabalhadora era adotado como disfarce ou por prazer. A sufragista Barbara Ayrton Gould (1886-1950), mulher instruída e bem relacionada, se vestiu como "pescadora" para representar a heroína Grace Darling, filha de um faroleiro, na Exposição das Mulheres em 1909. Muitos pensam que mulheres de classe média e alta gostam de se fantasiar de trabalhadoras. Porém, com um intuito mais sério, a aristocrata Lady Constance Lytton (1869-1923) personificou uma trabalhadora fictícia, "Jane Warton". Lytton ficou frustrada após ter sido libertada mesmo tendo sido detida mais de uma vez, em 1909, e desconfiava que a culpa era de sua posição social, embora as autoridades do presídio alegassem que a causa seria a doença cardíaca dela. Quando foi presa como a desalinhada Jane Warton, em 1910, ela usava "um chapéu de tweed, um casaco longo de tecido verde, que comprei por oito xelins e seis pence, cachecol e luvas de lã, lenço de seda branca no pescoço, pincenê, bolsa e uma sacola de crochê com alguns dos meus artigos".[22] Vestida dessa forma, ela foi sentenciada a trabalhos forçados e, sem exame médico, foi alimentada à força oito vezes. A doença cardíaca era de verdade, e Lytton sofreu um ataque do coração do qual nunca se recuperou por completo. O poder da roupa para alicerçar as desigualdades de classe na Grã-Bretanha eduardiana foi demonstrado e compreendido com clareza pelas sufragistas. Contudo, em muitos aspectos, o movimento pelo voto feminino continuou relutante em contestar as convencionalidades do vestuário. As gerações posteriores foram muito mais iconoclastas, mas temas de classe continuam a permear a questão de qual seria a vestimenta apropriada às feministas.

A sufragista Constance Lytton disfarçada de "Jane Warton", uma costureira, c. 1914.

Na segunda metade do século xx, quando grupos de ativistas da libertação feminina e de lésbicas criaram visuais característicos, a classe social dava ao vestuário significados bem distintos para diferentes mulheres. A feminista australiana Lekkie Hopkins se recorda de usar macacão azul e cáqui, uma peça que, para ela, tinha fortes conotações de autonomia física: "Nos apoderamos da roupa do homem trabalhador para indicar que o nosso corpo nos pertencia, que devia ser usado para os nossos prazeres, não para venda ou pilhagem".[23] Mas isso talvez não fosse tão diferente da insensibilidade das sufragistas privilegiadas que se vestiam com apuro. As diferentes classes sociais das mulheres tornavam a política de classe do "visual feminista" dolorosa para algumas. Nett Hart, uma ativista do movimento das livrarias feministas da América do Norte, comentou: "Nem todas têm opções econômicas para dizer 'não' a códigos de vestimenta coercitivos para o seu gênero". Hart declarou que os esforços das feministas para se diferenciarem com seus "brins e flanelas" podiam significar apenas que "as mulheres de classe média e alta estavam se vestindo como as trabalhadoras e pobres sempre haviam se vestido".[24] Para Sue Katz, os experimentos com a posse compartilhada de roupas no seu coletivo em Boston foram problemáticos. Katz, oriunda de um meio pobre, explicou que mulheres negras e da classe trabalhadora podem ter uma relação muito diferente com as roupas, o que dificultava a posse compartilhada:

> Muitas crianças brancas e negras da classe trabalhadora tinham sido rigidamente ensinadas a se apresentar com asseio, capricho, com a roupa bem passada — em vez de serem mimadas com coisas caras e elegantes. Algumas de nós possuíam roupas preciosas que tínhamos economizado ou feito uma extravagância para comprar, e não estávamos muito a fim de dividi-las [...].
>
> Eu não queria compartilhar roupas. Quando criança, praticamente tudo o que eu vestia era de segunda mão [...]. Quem teve coisas bonitas e novas durante toda a infância com certeza não tinha a mesma relação com o que vestia. Não estava nem aí, pois a mamãe e o papai comprariam mais depois. Para elas, as pilhas no meio da sala pareciam um baú de surpresas.[25]

O panfleto *Double Jeopardy* (1969), de Frances Beal, também apontou essas tensões. A autora tinha consciência da longa história da oposição feminista à mulher chique, a quem ela descreveu de maneira memorável como aquela que "passa horas de ócio se arrumando e se enfeitando, obcecada com o consumo ostentatório, limitando as funções da vida a apenas um papel sexual". Mas, para Beal, as mulheres negras não tinham afinidade com esse ideal:

> É inútil até sonhar em conceber as mulheres negras simplesmente cuidando da própria casa e dos filhos como a modelo de classe média. A maioria das mulheres negras precisa trabalhar para ajudar no orçamento de casa, alimentar e vestir os filhos. Mulheres negras são uma porcentagem substancial da força de trabalho negra, e isso vale tanto para a família negra mais pobre como para a chamada família de "classe média" negra. As mulheres negras nunca puderam pagar por esses luxos afetados.

As percepções de Beal evocavam as exclusões raciais do passado. A ex-escravizada e abolicionista Sojourner Truth reclamou que as participantes de uma convenção sobre o direito ao voto feminino em 1870 se vestiam com tanto requinte que não dava para levá-las a sério. "Que tipo de reformadoras são vocês, que vêm com essas plumas de ganso na cabeça, como se fossem voar, e vestidas dessa maneira ridícula, para falar sobre reforma e direitos das mulheres?".[26] Mas as sufragistas brancas não queriam saber de críticas à sua maneira de se vestir feitas por uma ex-escravizada. Truth, que com frequência usava o modesto vestuário dos quakers, foi criticada por sua aparência no periódico sufragista *Woman's Journal*.

Em resumo, as feministas estavam divididas: enquanto umas achavam que a moda era prejudicial e patriarcal, outras a julgavam um reino de prazer expressivo, e esses debates se estenderam por muitas décadas. O vestuário foi uma faceta cultural que muitas mulheres da classe trabalhadora e negras preferiram não politizar. Como Nett Hart concluiu: "[Deve ficar a cargo da] mulher a definição e a determinação do seu próprio corpo. Porém temos de estar cientes de que as primeiras a fazer uso desse privilégio serão as que estão mais acostumadas ao privilégio".[27]

HOMENS DE SAIA

Se o vestuário feminino está sujeito a passar por um exame minucioso, pressão comercial e debate político, os códigos de vestimenta masculinos também passam pelo olhar feminista. Quando discursou no pioneiro congresso pelos direitos das mulheres em Seneca Falls em 1848, Elizabeth Cady Stanton sabia que o estereótipo das mulheres de calça seria usado para ridicularizar e depreciar suas palavras. Ela apoiava a campanha por roupas femininas confortáveis e sem espartilho, mas não queria adotar estilos masculinos: "Quanto aos seus trajes, os cavalheiros não precisam temer que os imitemos, pois consideramos isso uma violação de todos os princípios de beleza, bom gosto e dignidade". Ela defendeu as "roupas leves e folgadas" do vestuário racional, e não resistiu a fazer mais um comentário satírico voltado para os homens em posição de autoridade:

> todos os bispos, padres, juízes, advogados e prefeitos da capital da primeira nação do mundo, e até o papa de Roma, quando oficiam em suas mais elevadas funções, usam túnicas leves e folgadas, e portanto reconhecem tacitamente que o traje masculino comum não é enaltecedor nem imponente.[28]

Essa mesma acusação foi feita por Virginia Woolf. Ela achava tão engraçada a pomposidade do establishment britânico que publicou fotografias de juízes e clérigos de peruca, túnica e peles em seu polêmico *Três Guinéus*:

> Suas roupas, para começar, nos deixam boquiabertas. Como elas são numerosas, esplêndidas, extremamente ornadas — as roupas do homem muito instruído quando exerce sua função pública! Ora vocês se vestem de violeta, com um crucifixo cravejado pendente do peito; ora trazem os ombros cobertos de renda, ou então de pele de arminho...[29]

Woolf associou as elaborações do vestuário masculino aos misteres da guerra, e a farda seria o exemplo supremo de como a vestimenta masculina era uma ferramenta perigosa de status social, violência e hierarquia. Baseada na perspectiva racista de civilizados e selvagens que permeava sua época, ela declarou: "Expressar valor de qualquer espécie, intelectual ou moral, com pedaços de metal, fitas, capelos coloridos ou togas, é uma barbaridade digna da zombaria que destinamos aos ritos dos selvagens".[30] Entretanto, nem todos os homens procuravam manter os códigos de vestimenta convencionais da masculinidade. Alguns tentaram diversificar o que os homens podiam vestir, ou subverter as normas; o poeta e radical Edward Carpenter (1844-1929) chamou os sapatos masculinos de "ataúdes de couro". Ele se identificava como do "terceiro sexo" e calçava sandálias que ele mesmo confeccionava, seguindo o modelo de um par que ele mandara trazer da Índia.

Carpenter fez sandálias para seus amigos radicais, mas sua heterodoxia no vestuário levou muitos no começo do século xx a considerá-lo excêntrico. Só na segunda metade do século xx o projeto de subverter o guarda-roupa masculino ganhou mais proeminência na cultura dominante, quando movimentos como hippie, beatnik, punk, *glam rock* e de libertação feminina desafiaram os códigos da moda convencional. Para alguns homens, isso começou com a pequena rebelião de usar distintivos feministas e antissexistas com dizeres como "apenas um homem qualquer" ou "o celibato é subversivo". Outros tentaram uma transformação mais completa: o galês Pete Six, ativista contra o sexismo, participava de grupos masculinos nos anos 1980 usando uma capa preta, tamancos vermelhos e calças pintadas à mão. Influenciado pelo punk, ele tricotava suas jardineiras vermelhas e rosa, raspava os lados da cabeça e prendia o resto dos cabelos em um rabo de cavalo trançado, tudo isso para criar uma cultura de moda masculina alternativa antissexista.[31] Os críticos nem sempre aplaudiam; um jornalista do *Guardian* comentou de maneira sarcástica: "O novo homem saiu de um estereótipo tradicional e de pronto encontrou outro para chamar de seu. Com suas calças pregueadas, camisas volumosas, chinelos chineses e maneiras recatadas, ele labuta sob um fardo altamente incapacitante; ninguém o leva a sério".[32] Apesar disso, o *Guardian* fora copatrocinador, junto com a empresa Aramis Menswear, de uma competição fotográfica, "O Novo Homem de 1985". Deram o prêmio a John Colvin por seus figurinos de vestidos masculinos, que John usara ao participar de grupos de homens antissexistas em Bristol nos anos 1980.[33]

Assim como hierarquias de classe e de raça haviam dificultado os esforços feministas para reformar a moda, também raça e etnicidade se revelaram um campo minado para homens antissexistas. Colvin, que era bailarino, inspirara-se no senso de completude física que ele percebeu nos homens afro-caribenhos e africanos. Depois, durante uma entrevista, ele refletiu:

Acho que muitos de nós aceitariam o estereótipo de que, sendo homens de origens culturais nas Índias Ocidentais ou na África negra, temos maior consciência dos movimentos do nosso corpo e maior flexibilidade e desenvoltura do que a maioria dos homens de origem cultural ocidental, mas preciso ver esse senso de movimento corporal exposto ou explorado no ramo da moda.

Esse "nós" descuidado e a evocação da maior intimidade dos homens não brancos com o próprio corpo foram uma escolha infeliz de inspiração e ressaltaram a ausência de interesse dos homens negros e asiáticos pelo movimento masculino antissexista na Grã-Bretanha.

Na prática, reformar o vestuário masculino não se mostrou nada fácil. John Colvin se surpreendeu com o nível de assédio sexual que ele recebeu de homens, e se recorda de que homens o tocavam por baixo da saia. Ele refletiu que, para um homem de saia, "a realidade de sair vestido assim nas ruas é arriscada. Toda vez é um ato político. Se você se sente confiante, fique esperto: vai ser assediado, vai sofrer abuso, em especial. Eu nunca fui abusado por uma mulher, por homens sim".[34] Alguns experimentos de homens antissexistas com androginia ou travestismo foram motivados por sua aliança e filiação ao movimento feminista. Outros usavam saia, vestido e sutiã porque desejavam expressar uma sexualidade queer ou gay. Outros ainda sentiam que haviam nascido no gênero errado. As tentativas de todos esses grupos para subverter o vestuário masculino demonstram com veemência o quanto é difícil, para ambos os sexos, ter uma apresentação pessoal que contradiga as normas de gênero. Homens que usaram roupas de mulher ou modas "alternativas" muitas vezes se viram em situações de insegurança. Contudo, raros reconheceram que mulheres e pessoas não binárias sofriam diariamente formas semelhantes de assédio, agravadas por instituições legais que se recusavam a mover ações judiciais por estupro ou agressão a mulheres que tinham usado uma "provocativa" saia curta.

HIJABISTAS

Roupas femininas funcionam muitas vezes como um refúgio deliberado contra abusos na rua e no local de trabalho, graças a recursos para cobrir ou esconder o corpo. Essas estratégias de autoproteção tiveram potencial feminista, apesar de muitas vezes serem interpretadas como uma forma de opressão.

Quando a escritora franco-peruana Flora Tristan viajou para o Peru em 1833-4, encontrou mulheres em Lima que usavam a *saya* e o *manto* — peças de roupa que velavam a parte de cima do corpo e a cabeça. O *manto*, uma capa preta, cobria a parte superior do corpo, enquanto a *saya* cobria a cabeça, a boca e um olho — um arranjo que Tristan qualificou como "ao mesmo tempo econômico, alinhado, conveniente e sempre pronto, sem jamais necessitar de cuidados".

Tristan frisou que esse traje dava às mulheres o poder e a liberdade do disfarce:

> A mulher de Lima, independentemente de sua posição na vida, é sempre *ela mesma*; nunca está sujeita a restrições. Quando jovem, escapa da dominação dos pais graças à liberdade proporcionada pela sua vestimenta. Quando se casa, não recebe o nome do marido: mantém seu próprio nome e permanece sempre dona de si mesma.

As mulheres peruanas eram livres para andar pelas ruas de Lima, conversar e flertar com homens. Tristan relata:

> Essas senhoras vão sozinhas ao teatro, a touradas, a reuniões públicas, a bailes, aos passeios públicos, a igrejas, fazem visitas e são muito vistas por toda parte. Se encontram pessoas com quem querem conversar, elas conversam, vão embora, e permanecem livres e independentes no meio da multidão, muito mais do que os homens, que andam de rosto descoberto.

Apesar de todo esse entusiasmo, Tristan mantinha as conhecidas ideias sobre a hierarquia de civilizações que atribuíam à Europa a precedência sobre o resto do mundo. Ela acreditava que as mulheres peruanas eram "inferiores em assuntos morais [em comparação com as] mulheres europeias": "O estágio de civilização que esse povo atingiu ainda está muito distante do nosso na Europa. No Peru não existe instituição para a educação de cada sexo". Tristan situava a liberdade das mulheres em Lima em uma espécie de infância moral. Talvez, além disso, tenha sido ingênua em pensar que era possível alcançar a liberdade por meio de um simples véu. O sistema legal peruano não reconhecia as mulheres como cidadãs, e a sociedade era dominada por instituições e grandes proprietários de terra socialmente conservadores. Não era um lugar

Mulher com saya *e* manto, *Lima, c. 1860-80.*

onde as mulheres já estavam liberadas, como bem mostraram as reivindicações das feministas peruanas no começo do século xx. María Jesus Alvarado Rivera (1878-1971), por exemplo, foi presa em 1924 e depois exilada por sua militância pelos direitos das mulheres. Entretanto, as observações de Tristan são interessantes em razão das intensas controvérsias que há tempos são associadas às práticas femininas de velar-se, muitas vezes vistas como uma ferramenta do patriarcado. Esses debates têm tido grande destaque sobretudo em relação às práticas islâmicas. Aliás, Tristan percebia a similaridade entre os costumes peruanos e o véu usado em muitos países muçulmanos. Ela concluiu que, no Peru, "todas as mulheres o usam, independentemente de sua posição social; ele é respeitado e faz parte dos costumes do país, como o véu das mulheres muçulmanas no Oriente".[35]

Os comentários de Tristan fazem eco aos de uma viajante anterior, a aristocrática missivista inglesa Lady Mary Wortley Montagu (1689-1762). Casada com o embaixador britânico na Turquia, ela pôde observar a vida das mulheres no Império Otomano. Procurou refutar os mitos que circulavam entre os europeus sobre o status inferior das mulheres muçulmanas — por exemplo, a ideia de que, para os muçulmanos, a mulher não tem alma. Lady Mary também foi uma proponente da prática de velar-se, baseada em suas observações das muçulmanas e no seu próprio hábito. Em opinião similar à de Tristan, Lady Mary considerava o véu uma fonte de anonimato bem-vinda para as mulheres.[36] Campanhas posteriores também aplaudiram as liberdades de modas do Oriente Médio. Quando Amelia Bloomer enalteceu seus desenhos de calças, disse que tinham inspiração muçulmana. Um jornal de San Francisco descreveu uma seguidora americana de Bloomer em 1851 como "magnificamente trajada com saia de cetim preto, muito curta, com amplas calças de cetim vermelho, um esplêndido xale de crepe amarelo e um turbante de seda, *à la Turque*".[37]

Apesar dessas descrições simpáticas da vestimenta islâmica, a vida das mulheres muçulmanas é com frequência caracterizada como uma vida de opressão por observadores que não seguem o islamismo. Durante os séculos XIX e XX, muitos comentaristas ocidentais viram o harém e o lenço na cabeça como símbolos da necessidade de "salvamento" pelas feministas seculares. Algumas mulheres muçulmanas também criticaram seus códigos de vestimenta, enquanto outras julgaram que lhes dava força. A regra controversa

170

de que as mulheres devem velar-se, em vigor no Egito e em outros países muçulmanos, mostra por que o ato de cobrir a cabeça traz tantos dilemas há tantas décadas.

VÉU, NACIONALISMO E OLHAR COLONIAL

Os debates sobre a "questão da mulher" na Conferência das Mulheres em Rasheed em 1799 sugerem uma longa história de análise de questões de gênero no Egito. Esse processo frequentemente foi dominado por mulheres ricas e da classe alta. No século XIX e no começo do século XX, floresceram no Egito salões literários e culturais femininos como os organizados pela princesa Nazli Fazil (1853-1913) e a libanesa Mayy Ziyadah (1886-1941). Nesses encontros, abria-se espaço para um intercâmbio intelectual direto entre mulheres e homens, com discussões sobre questões sociais, políticas, culturais e de gênero que depois se tentava difundir para círculos mais abrangentes. No Cairo, foi fundada em 1914 a Associação para a Educação das Mulheres, que organizava conferências para o público feminino sobre questões relacionadas ao seu gênero. Essa foi uma resposta à legislação de 1908 que proibiu mulheres de estudar na Universidade do Cairo. Além disso, mulheres ingressavam na esfera pública participando de organizações beneficentes, coordenadas e dirigidas por mulheres de classe média-alta e fundadas por mulheres da aristocracia egípcia. Essas entidades ofereciam assistência médica, abrigos e orfanatos para mulheres e crianças pobres. Apesar de serem, em grande medida, atividades filantrópicas e não diretamente feministas, elas tiveram um papel importante na expansão da participação feminina na vida pública. Permitiram a algumas mulheres certo grau de mobilidade pelas restritivas fronteiras de gênero que separavam a esfera doméstica, ostensivamente privada, dos domínios da atividade cívica e comercial. Embora a maioria dos papéis exercidos pelas mulheres parecesse relacionada ao campo do amparo e dos cuidados com pessoas, também envolvia escapar do confinamento do lar e se ocupar de problemas sociais. O intenso trabalho de mulheres da elite egípcia em assuntos sociais e políticos está refletido em seus esforços para incluir os direitos das mulheres na constituição de 1923, depois que a revolução de 1919 havia levado o Egito a se declarar um estado independente. No entanto, não houve garantia constitucional de igualdade dos gêneros antes da derrubada da monarquia em 1952.

A ativista egípcia Huda Sha'arawi (1879-1947) nasceu em uma família de classe alta que praticava a reclusão e o velamento das mulheres; aos treze anos, casaram-na com um primo. Apesar disso, Sha'arawi não viveu trancada em casa. Por iniciativa própria, conseguiu acesso à educação formal, escreveu e publicou textos em francês e árabe, organizou a educação de meninas e com frequência viveu separada do marido. Seu ativismo político se alicerçava no nacionalismo, e ela teve um papel importante na organização das mulheres durante os protestos de 1919 contra os britânicos que levaram à semi-independência do Reino do Egito. Em 1922, o marido de Sha'arawi morreu, e ela começou a rejeitar a limitação do *hijab*. Ficou famoso o seu ato de, ao lado da companheira de viagem Saiza Nabarawi, deliberadamente descobrir o rosto na estação ferroviária do Cairo quando elas voltavam do encontro da Aliança Internacional pelo Sufrágio Feminino (IWSA, na sigla em inglês) realizado em 1923 em Roma.

Essa remoção do véu foi celebrada por contemporâneas de Sha'arawi na Europa como um importante passo para as egípcias, ainda que, naquele país, a maioria das mulheres das zonas rurais e da classe trabalhadora não usasse no século XX nenhum tipo de véu. Para Sha'arawi, mostrar o rosto foi um ato secundário, e em um artigo publicado pouco tempo depois no *International Woman Suffrage News* nem sequer mencionou o fato. Em vez disso, ela deu destaque à organização que fundara em 1923, a União Feminista Egípcia.[38] Sha'arawi publicou as revistas feministas *L'Egyptienne* e *el-Masreyyah* e concentrou sua campanha na reforma das leis de família e no acesso das mulheres à educação. Colaborou com organizações femininas internacionais como a IWSA, uma poderosa rede fundada em Berlim em 1904 para lutar pelo sufrágio feminino no mundo todo. Em 1929, a IWSA tinha representantes afiliadas em 59 países. Seus congressos periódicos debatiam questões de direitos econômicos, educacionais, morais e políticos para as mulheres e tentavam mostrar como o direito ao voto podia ser associado à emancipação feminina. Sua publicação mensal, *Jus Suffragii* [O direito de votar], documentava o movimento das mulheres no mundo inteiro, com versões em inglês e em francês. Por meio dessa rede internacional e de suas ações no seu país natal, Huda Sha'arawi se tornou uma representante renomada das feministas egípcias.

172

Seus prolongados esforços para alcançar a liberdade e os direitos das mulheres foram documentados em suas memórias, *Mudhakkirati* [Minhas memórias]. Em contraste, quando o livro foi traduzido para o inglês, deram-lhe um título orientalizante: *Harem Years: The Memoirs of an Egyptian Feminist* [Anos de harém: Memórias de uma feminista egípcia]. Ainda era difícil para o público anglófono imaginar mulheres de países muçulmanos sem recorrer a imagens de clausura e do corpo coberto, apesar da grande abrangência e divulgação do ativismo feminista de Sha'arawi. Zombando da obsessão ocidental com o véu, ela discorreu sobre o "véu da ignorância" que obscurecia as ideias das ocidentais sobre as mulheres egípcias.

O uso do véu pode não ter sido o principal alvo de Sha'arawi, mas continuou a ser um assunto importante para muitas muçulmanas. Nazira Zain al-Din (1908-76) nasceu em uma família de intelectuais libaneses e foi educada em meios muçulmanos e católicos. Fez declarações contra essa prática exigida por algumas autoridades islâmicas nos anos 1920, quando ainda era adolescente. Em seu livro de 1928, *Veling and Unveiling* [Velar e desvelar], ela contestou clérigos que defendiam o que ela chamou de "o pano preto que cobre tudo e o véu sobre o rosto". Associou as restrições do vestuário a outras limitações físicas a que as mulheres muçulmanas estavam sujeitas; os clérigos islâmicos, ela disse, "queriam que os véus fossem as paredes do boudoir, das quais só se devia sair para entrar no túmulo". Em sua interpretação, a escritura islâmica era perfeitamente compatível com as liberdades femininas. Sua posição estava baseada em ideias de livre-arbítrio e liberdade de pensamento naturais, que eram atributos tanto dos homens como das mulheres. Ela não encontrou no Alcorão nenhuma menção sobre cobrir o rosto. Zain al-Din defendeu um papel mais relevante para as mães no Islã e salientou que o Alcorão defendia os direitos femininos à propriedade e ao divórcio e proibia o infanticídio de meninas. Como muitas outras polêmicas feministas de sua época e do passado, *Veiling and Unveiling* defendeu a tese de que as mulheres eram dotadas de raciocínio inato e atribuiu suas deficiências ao acesso restrito à educação. E, como muitas nacionalistas de seu tempo, para Zain al-Din os países que confinavam as mulheres acabavam por ser necessariamente enfraquecidos nos esforços de competir com outros e assegurar sua independência.

Nos contextos coloniais que alimentaram o ativismo de mulheres como Zain al-Din e Sha'arawi, era difícil encontrar um modo de defender liberdades para as mulheres sem enquadrar o problema em uma moldura colonialista, como uma questão de "atraso primitivo" dos colonizados. O feminismo parecia empenhado em modernizar o país em moldes ocidentais. Os oponentes de Zain al-Din a acusaram de ter permitido que missionários ditassem o conteúdo de seu livro. Embora ela tivesse refutado essa crítica em uma publicação de 1929, intitulada em inglês *The Girl and the Shaikhs* [A moça e os xeiques], ela não publicou mais nada a partir de então.

O véu continua a ser um símbolo complexo. Para algumas mulheres, foi uma prática espiritual e cultural compatível com a organização pública das mulheres — na verdade, foi adotado como uma prática que possibilitava essa organização. Egípcias como a instruída Zainab al-Ghazali (1917-2005) organizaram suas conterrâneas sob a bandeira do islamismo radical e da justiça social. Al-Ghazali fora membro da União Feminista Egípcia dirigida por Sha'arawi. Motivada por suas ideias sobre os poderosos direitos familiares concedidos às mulheres pelo islamismo, ela criou a Sociedade das Mulheres Muçulmanas nos anos 1930, que mais tarde se transformou na organização Irmãs Muçulmanas.[39] Suas associações militaram pelo reconhecimento da igualdade espiritual dos sexos no islamismo, apesar de ela também acatar preceitos sobre a obediência das mulheres aos homens. Isso não a impediu de dar palestras para multidões e de publicar diversas obras. Al-Ghazali passaria longos períodos na cadeia por conta de seu ativismo, que incomodava as autoridades seculares-nacionalistas egípcias tanto por seu conteúdo islâmico como por seu feminismo.

A constituição de 1956, promulgada durante o governo de Gamal Abdel Nasser, concedeu às mulheres egípcias o direito de voto e garantias de igualdade. O status feminino se tornou parte do projeto pan-árabe de Nasser para a modernização secular, em uma guinada para o "feminismo de Estado" baseado em ideias de "elevação nacional". O uso do véu nessa versão de modernidade nacionalista foi desincentivado, e a participação das mulheres no trabalho assalariado foi priorizada como um caminho fundamental para a construção do país.[40] Contudo, não havia um consenso na sociedade egípcia quanto ao papel que a fé desempenhava na vida das mulheres, e nos anos 1970 um movimento islâmico ressurgente começou a promover o que chamava de islamismo "autêntico" no lugar do "ocidentalizado". Um número crescente de mulheres egípcias adotou o *hijab* nos anos 1970 e 1980, sobretudo as jovens nas universidades. Tendências similares surgiram na Indonésia, onde mulheres adotaram versões adaptadas do lenço de cabeça, o *jilbab*, inspiradas pela ascensão do ativismo de estudantes islâmicos que contestavam a "Nova Ordem" secularista militarizada sob o governo do presidente Suharto, de 1966 a 1998.[41] Uma proliferação de moda islâmica "recatada", que foi chamada de *busana Muslimah*, substituiu comprometimentos anteriores com a devoção austera. Surgiram estilos locais que dialogavam com tendências de visual mais recentes no Cairo ou em Jidá. Usar calças folgadas, túnicas e diferentes formas de cobertura para a cabeça contempladas no *busana Muslimah* podia expressar sentimentos nacionalistas e também religiosos por meio do cultivo dessa moda devota.[42]

No Irã houve uma repercussão negativa parecida em 1936, quando o xá Reza Pahvlavi, o brutal ditador que era apoiado pelo Ocidente, proibiu a prática do véu feminino. Usar lenço na cabeça podia ser um meio para as mulheres iranianas indicarem seu apoio à revolução de 1979 e exigirem o direito de escolher seu "visual" em uma nova articulação de "modernidade islâmica". Mas logo se percebeu que as autoridades islâmicas revolucionárias no Irã se opunham à presença de mulheres na vida pública e usavam a obrigatoriedade do véu para impor com violência a segregação por gênero e remover as mulheres do espaço público. No Paquistão, medidas coercivas de islamização sob o regime militar do general Zia também prejudicaram profundamente os direitos legais das mulheres de trabalhar e usar o espaço público após 1977. Em 1987, um grupo de mulheres participantes do Fórum de Ação das Mulheres Paquistanesas se enfureceu com a distribuição pelo Estado de xadores (capas) e *dupatas* (xales). Desde 1981, elas militavam em defesa dos direitos das mulheres sob a lei da família, em especial contestando prisões e detenções por acusação de *zina* [adultério], amplamente exploradas por parentes para controlar o comportamento feminino. Uma das participantes, Lala Rukh, recordou que gostava muito do "belo" xador, mas se recusou a usá-lo ao ser forçada. O grupo ateou fogo em seus véus como protesto contra um regime que impunha brutalmente um ambiente legal e cultural hostil às mulheres paquistanesas.[43] Também em 1987 ocorreu no Paquistão o assassinato da fundadora da Associação Revolucionária das Mulheres do Afeganistão (RAWA, na sigla em inglês), Meena Keshwar Kamal (1956-87). Membros dessa entidade trabalhavam desde 1977 em projetos para alfabetizar e empregar mulheres em Cabul e faziam campanha contra a violência doméstica. Haviam constatado que ter o corpo inteiramente coberto pela burca era útil para esconder câmeras e o

A feminista afegã Meena Keshwar Kamal discursa em 1982.

jornal mimeografado distribuído pela associação, *Payam-e-Zan* [Mensagem das mulheres], no perigoso e instável ambiente afegão. Sua política feminista antifundamentalista e pró-democrática atraía a hostilidade tanto dos ocupantes soviéticos como da resistência jihadista, a um custo letal. O exílio de Meena no Paquistão não a protegeu contra o que provavelmente foi um assassinato patrocinado pelo Estado.[44]

Enquanto algumas islamistas se opunham com veemência ao feminismo, que consideravam uma marca da corrupção "ocidental", outras concordavam com al-Ghazali e baseavam seu ativismo no Alcorão e em experiências cotidianas de empoderamento por meio de instituições islâmicas.[45] Como todas as principais religiões do mundo, o islamismo admite várias interpretações em diferentes locais e momentos históricos. Na República Islâmica do Irã, apesar das reformas retóricas e legais destinadas a confinar e cobrir as mulheres após a revolução de 1979, tem crescido a presença feminina na vida pública e cultural. Ziba Mir-Hosseini argumenta que usar o véu permite às iranianas adentrar mais espaços da vida pública. Ela ressalta que tem havido uma revogação gradual de proibições, decretadas nos primeiros anos da revolução, a mulheres exercerem o cargo de juíza e estudarem em áreas como a engenharia. Em vez disso, nos anos 1990, houve uma reinterpretação da lei da Xaria para abranger princípios feministas de autonomia, proteção contra a violência e acesso à esfera pública para as mulheres.[46] A partir dos anos 1980, estilistas e fabricantes começaram a oferecer versões sofisticadas de vestuário islâmico feminino, adotadas por algumas mulheres como um "visual" atraente e uma marca da ascensão do Islã como uma força política e cultural mais poderosa.

Na década passada, na França, na Holanda, na Bélgica, na Áustria, na Dinamarca e na Nova Zelândia, "libertar as mulheres" continuou a ser um motivo amplamente declarado para ações islamofóbicas, como proibir o véu e incomodar mulheres veladas em lugares públicos. A violência simbólica e real dessas proibições ficou evidenciada em praias francesas em 2015, quando policiais armados foram chamados para impor a proibição municipal ao "burquíni", um traje de banho que cobre todo o corpo adotado por algumas mulheres muçulmanas. As intervenções violentas da polícia para forçar mulheres muçulmanas a remover suas roupas recatadas na praia não condizem com os motivos para a proibição alegados pelas feministas. A polêmica manutenção da proibição ao rosto coberto na França, apesar da obrigatoriedade do uso de máscara facial em 2020 durante a crise da covid-19, também ilustra a discriminação punitiva sofrida pelas mulheres muçulmanas.

O véu continua a ser um símbolo que une os que estão decididos a alinhar a islamofobia ao feminismo, extraindo poder daquilo que bell hooks identificou como "o olhar imperial — um olhar que procura dominar, subjugar e colonizar".[47] Apesar das duradouras afirmações de que a religião é necessariamente patriarcal, o feminismo nunca foi um movimento apenas secular quando visto de uma perspectiva global, e motivações religiosas têm uma longa história de inspirar o ativismo feminista.

O feminismo islâmico tem uma longa herança, e em fins do século XIX surgiu um forte apoio aos direitos e à educação das mulheres entre os muçulmanos no Oriente Médio e no Sul e no Sudeste da Ásia. Interpretar que as mulheres muçulmanas de véu ou lenço na cabeça são necessariamente impelidas pela sujeição aos homens, como fazem muitos críticos, desconsidera não apenas a possibilidade de essa peça de roupa ser uma escolha delas mesmas, como também as razões complexas para andarem de cabeça coberta. Atribui-se, com isso, uma postura patriarcal monolítica ao Islã de modos que não seriam reconhecidos por analistas do passado. De fato, para muitas militantes dos séculos XIX e XX, não era o Islã, e sim outras tradições e religiões que maltratavam as mulheres, e o ressentimento era particularmente forte contra as práticas dos hindus, siques e católicos romanos. Em outros momentos, não foram religiões, mas países que acabaram sendo tachados de forma generalizada de antifeministas. Em 1917, quando os Estados Unidos entraram na Primeira Guerra Mundial contra a Alemanha, o *New York Times* publicou uma manchete que dizia: "A Alemanha odeia o feminismo". Os editores apresentaram os Estados Unidos, em contraste, como "a terra do feminismo, a terra das mulheres privilegiadas".[48] Ao longo da história, os rótulos de feminista ou antifeminista têm sido aplicados com enorme variabilidade a religiões ou países, e não devemos acreditar sem questionamento em nenhuma dessas opiniões. Contudo, dado o ímpeto crescente no Ocidente, desde fins dos anos 1970, de retratar o Islã como essencialmente fundamentalista e antifeminista, é importante chamar a atenção para a presença histórica do feminismo islâmico e para os modos variáveis como os lenços e os véus têm sido adotados e rejeitados pelas mulheres dessa religião.

Em todo o planeta, as mulheres precisam ter muito cuidado ao escolher e ao recusar um visual. Sufragistas militantes se desdobraram para equilibrar suas escolhas entre desfrutar os "trajes da liberdade", defendidos pelas reformadoras do vestuário americanas a partir dos anos 1840, e se manter dentro das fronteiras convencionais da apresentação pessoal para ampliarem suas vozes. A oradora sufragista Susan B. Anthony comentou que, quando usava saias mais curtas, "a atenção do público se fixava nas minhas roupas e não nas minhas palavras".[49] Ela optou por usar saia longa, apesar de restringir seus movimentos. A reforma do vestuário continuou a ser preferida pelas mulheres radicais, mas se revelou uma distração e um risco para as que estavam mais próximas de posições de poder convencionais.

O que ocorreu com Hilary Clinton durante a campanha presidencial de 2016 é um alerta de que, no século XXI, o que as mulheres vestem continua a atrair atenção indesejada. Clinton adotou o terninho de calça comprida: "Com ele eu me sinto profissional e preparada para a ação", explicou. Também gostava de se apresentar com um visual "uniforme" que desincentivava os repórteres a se distraírem do conteúdo de seus discursos e excluía a prática mais perversa de "espiar por baixo da saia". Ainda assim, a cobertura jornalística criticou de forma incansável as escolhas de vestuário de Clinton, ora por parecerem muito masculinas, ora por representarem um gasto excessivo com a própria aparência.

Apesar do ambiente hostil que as mulheres encontraram na vida pública, elas conseguiram fazer suas vozes serem ouvidas, e às vezes em contextos bem improváveis. Em grande medida, as ativistas da libertação feminina menosprezaram as candidatas de concursos de beleza como vítimas do patriarcado e as compararam a ovelhas ou vacas. No entanto, em novembro de 2017, modelos que competiam pelo título de Miss Peru se aproximaram do microfone em cintilantes vestidos dourados. Uma a uma, anunciaram seus nomes, regiões e "estatísticas". Substituindo as habituais medidas de busto e cintura, cada uma anunciou uma quantidade digna de manchete: o número de feminicídios, agressões a crianças e taxas de violência doméstica em suas regiões e cidades. Esse protesto foi inspirado por outro mais amplo, expresso na hashtag #NiUnaMenos [Nem uma a menos], que dera destaque para a epidemia de violência doméstica e assassinatos sofridos por mulheres latino-americanas e provocara gigantescas manifestações de rua. A justaposição de corpos de mulheres jovens que pareciam feitos sob medida para o olhar masculino no concurso de beleza e a medonha lista de agressões causou polêmica. Para algumas ativistas, era inaceitável associar o feminismo ao mundo comercializado e empresarial dos concursos de beleza. Mas foi exatamente essa justaposição, e as vozes daquelas modelos com frequência mudas ou ignoradas, que deu força à ação. Temos aí um exemplo marcante de que o feminismo pode adotar muitas plataformas e vozes distintas, e de que um "visual feminista" pode abranger a tiara do concurso de beleza, o lenço de cabeça e o "traje da liberdade".

6. Sentimentos

As emoções são há muito tempo uma parte da trama de tentativas de repensar a ordem de gêneros e comunicar a urgência dos feminismos. Quando encontrei pela primeira vez um livro publicado pela editora feminista Virago, com sua icônica lombada verde, eu tinha talvez uns quinze anos. Era *My Brilliant Career* [Minha carreira brilhante], de Miles (Stella) Franklin, um relato sobre uma australiana rebelde que desafiou convenções e o trabalho enfadonho para insistir em seu direito de escrever. A obra foi publicada em 1901, com um pseudônimo masculino, quando a autora tinha apenas dezesseis anos. Mesmo separadas por milhares de quilômetros e muitas décadas, sua recusa a seguir o caminho do romance heterossexual ecoou as minhas próprias emoções. Alguns anos mais tarde eu me encantei igualmente com *Os mandarins*, de Simone de Beauvoir, escrito nos anos 1950, no qual ela mapeou seu tenso e incômodo romance de Chicago a Paris. Descoberto por acaso em uma biblioteca da África do Sul, esse livro me transportou emocionalmente para um mundo de análises profundas das relações entre os sexos. Esses textos me ajudaram, na adolescência, a forjar uma ligação emocional com o feminismo, muito embora eu não tivesse a menor ideia do que um professor quis dizer quando me perguntou se eu "queimava sutiã".

Quando analisamos historicamente, vemos que é uma característica das reivindicações feministas não apenas provocar sentimentos fortes, mas também incluir uma política das emoções. *Discurso*, de Josefa Amar, publicado em 1786, foi escrito para provar que as mulheres são racionais, além de ousar declarar que a mulher tem direito à felicidade — a autora pode ter sido influenciada pela inserção da felicidade como um direito humano na Declaração de Independência dos Estados Unidos. As emoções foram essenciais na política de fins do século XVIII, e um amplo espectro de sentimentos pôde ser expresso abertamente na vida pública por ambos os sexos. Embora no século seguinte houvesse um corte nas emoções aceitáveis em público, os sentimentos permaneceram importantes na esfera política. A ausência de felicidade se tornara um sinal característico da opressão das mulheres no século XIX. Nora, a heroína de Henrik Ibsen, disse que tinha sido apenas alegre morando nas casas do pai e do marido, não feliz. Sua disposição para sair de um casamento "alegre" de modo pueril, descrita na peça *Casa de bonecas*, de 1879, revelou-se uma das imagens mais duradouras da liberdade das mulheres para pensadores de fins do século XIX e continuou a repercutir no século seguinte. A peça de Ibsen foi o primeiro texto traduzido para o japonês pelas editoras da revista *Seitō* [Mulher intelectualizada], em 1911. Fora publicado em espanhol em 1892, traduzido para o chinês em 1918, para o bengali e o guzerate em 1923, e para o híndi em 1938. *Casa de bonecas* e a rebelião de Nora se tornaram um símbolo mundial permanente, usado no mundo todo para formular a emancipação feminina como um clamor pela felicidade e pela realização pessoal.

Versões posteriores do feminismo também mantiveram as emoções como seu terreno político. Chude Pamela Allen, do grupo Sudsofloppen, de San Francisco, escreveu em 1968:

> A sociedade nos aliena dos nossos sentimentos [...]. É imperativo para a nossa autocompreensão e saúde mental manter e aprofundar o contato com nossos sentimentos. A primeira preocupação tem de ser não se esses sentimentos são bons ou ruins, mas o que eles são. Sentimentos são uma realidade. Negar sua existência não nos livra deles. Sem dúvida é quando admitimos os nossos sentimentos que podemos começar a lidar com eles.[1]

O Sudsofloppen — um nome sem sentido, escolhido para dificultar a categorização das participantes — preconizava que o melhor modo de alcançar a libertação era em pequenas reuniões. Nesses ambientes, as mulheres podiam revelar suas experiências e compartilhar "descrições das formas que a opressão assume em cada vida individual". Esse modelo de "autocoscienza" ou "conscientização" vem sendo há anos associado à libertação das mulheres italianas e americanas, mas também houve uma fonte alternativa de inspiração na prática maoísta de "falar dos ressentimentos". Relacionando-se ao conhecido dito de Mao, "as mulheres sustentam metade do céu" [*fùnǚ néng dǐng bànbiāntiān*], esse modelo priorizava a verbalização da opressão do indivíduo, seguida pela ação coletiva. Os maoístas às vezes chamavam esse processo de "falar das dores para conquistar as dores".

A ideia de que as mulheres da China e do Vietnã comunistas eram liberadas e empoderadas por esses métodos inspirou feministas na Austrália, em Cuba, na França e na Alemanha Ocidental nos anos 1960 e 1970. Visitas de mulheres ativistas à China renderam textos importantes como *La Moitié du ciel* [*A metade do céu*], de Claudie Broyelle, publicado na França em 1973. Esse best-seller logo teve traduções para o alemão, o espanhol e o inglês e foi influente em toda a Europa e na América Latina. Broyelle ressaltou que, no comunismo, as mulheres tinham autonomia para verbalizar suas emoções e pautarem nelas suas ações, e proclamou essas técnicas como uma prática feminista global.[2] A ativista americana Carol Hanisch foi profundamente influenciada por essa ideia e a relacionou ao conceito do movimento Black Power de "fale como é". Em 1970, ela sintetizou de maneira precisa essa postura no lema feminista "o pessoal é político".[3]

Esses métodos nunca se destinaram a enfocar as emoções individuais em detrimento de uma crítica mais abrangente; em vez disso, as emoções eram a chave para esclarecer a natureza estrutural da opressão das mulheres e a urgência de sua libertação. Para o Sudsofloppen, por meio da conscientização, "compreendemos *visceralmente* algo que antes aceitávamos apenas da boca para fora: não existe solução pessoal para ser mulher nesta sociedade. Percebemos que, se não trabalharmos para mudar a sociedade, ela acabará por nos destruir".[4]

Este capítulo examina as intuições subjacentes ao engajamento feminista e as reivindicações políticas por novos "modos de sentir". A historiografia do feminismo passou a atentar para a imensa importância das emoções no ativismo. O feminismo já foi qualificado como uma "política exaltada" associada à raiva

— uma emoção forte que se tornou fundamental para o ativismo feminista. A raiva podia implicar estereótipos toscos de mulheres ativistas, e às vezes era uma experiência pessoal profundamente perturbadora e dolorosa. Entretanto, salientar apenas a raiva seria desconsiderar um sentimento feminista igualmente importante: o amor. Para algumas, a condição mais preeminente do amor e do cuidado era a maternidade, que trazia um comprometimento emocional unicamente feminino e capaz de ocupar o primeiro plano na militância feminista. Para outras, o feminismo representava acolhida, amizade, confiança e desejo entre mulheres, fatores que atuavam como vetores cruciais da mudança feminista.

A RAIVA FEMINISTA

Em Ōtsu, no Japão, uma jovem de 21 anos ocupou um palanque público em 12 de outubro de 1883 para falar sobre a raiva que sentia pelo confinamento feminino. Kishida Tokido (1863-1901) tinha um status social que fazia sua voz ser ouvida em público. Vinha de uma família de Kyoto bem relacionada e, trabalhando como preceptora, convivera com a imperatriz na corte japonesa da era Meiji. Kishida começou a fazer discursos reivindicando direitos para as mulheres durante as convulsões políticas do período Meiji (1868-1912). O governo havia começado a abandonar o isolacionismo e as hierarquias sociais rígidas de períodos anteriores, despertando em muitas facções "modernizadoras" a esperança de que o Japão estava entrando em um período de mudança. Kishida disse, de maneira memorável, que as mulheres viviam em "caixas" criadas pelas exigências de obediência absoluta aos pais e de confinamento no lar. Ela declarou que criar uma filha nessas condições era como cultivar flores no sal. Essa metáfora desoladora revelava a intensidade de sua raiva pela subordinação das mulheres como filhas, esposas e concubinas.

O discurso de Kishida foi intolerável para as autoridades; aliás, só conhecemos seu conteúdo porque foi registrado por um informante da polícia. Ela foi presa por falar sem autorização e passou oito anos na prisão. O governo Meiji era implacável com seus críticos e, apesar da esperança de que houvesse mudanças, após 1890 uma nova legislação excluiu as mulheres de todos os tipos de participação política. As mulheres não podiam comparecer a eventos políticos no Japão até 1922. Mesmo depois de revogada essa proibição, intervenções públicas feitas por mulheres provocavam cólera e violência. Itō Noe (1825-1923), intensamente envolvida na publicação do pensamento feminista japonês entre 1911 e 1916 como editora da revista *Seitō*, foi estrangulada por um policial depois de ter sido detida em 1923.

"Flores no sal" era uma imagem forte e dolorosa; posteriormente, feministas japonesas continuaram a empregar metáforas poderosas para comunicar sua indignação. Tanaka Mirsu, uma proeminente participante do movimento ūman ribu [libertação das mulheres] do Japão, distribuiu em agosto de 1970 um manifesto pioneiro intitulado "libertação da privada". Esse texto, manuscrito, foi apresentado durante a conferência Mulheres Asiáticas contra a Discriminação, realizada em Tóquio. Declarava com veemência que as mulheres não queriam mais servir às necessidades sexuais dos homens como se elas fossem apenas receptáculos desprezíveis como uma privada. Mitsu fora influenciada por autoras do movimento Black Power como Angela Davis e, fazendo referência a *"black is beautiful"* [negro é lindo], tentou readequar a abjeta figura da *onna* (mulher sexualmente ativa ou devassa) declarando *"onna é lindo"*. Seus textos também aludiam a ideias populares de emancipação sexual expressas por Wilhelm Reich, e destacavam o corpo feminino como veículo de opressão *e* de liberação. Para Mistu, o feminismo deveria se basear na "verdade falada pela vagina", e ela declarou que o útero feminino "guardava rancor". Sua raiva pela aceitação cotidiana de mulheres e meninas como objetos do desejo masculino não se expressava em palavras sobre o amor que as mulheres tinham pela paz. Em vez disso, Mitsu, ela própria uma sobrevivente de abuso sexual, abriu um espaço para que as mulheres expressassem a violência e a raiva de um "útero que pensa por si mesmo, que grita e imprime sua vingança no sangue de seu próprio filho".[5]

O sentimento visceral de raiva foi um motivador poderoso, invocado no mundo todo por ativistas da libertação feminina. Também provocou debates sobre se a violência podia ser uma forma legítima de protesto feminino, um modo concreto de expressar raiva. No começo dos anos 1970, o Japão fora convulsionado pelo escândalo decorrente das ações de uma seita terrorista pouco numerosa, o Exército Vermelho Unido. Hiroko Nagata, uma líder do grupo, participou de um expurgo violento de seus integrantes em fevereiro de 1972 no qual doze indivíduos morreram. Foi presa, demonizada pela mídia e condenada à morte. Suas ações suscitaram no movimento *ūman ribu* o questionamento sobre os limites da violência política. Tanaka Mitsu, apesar de abominar os atos de Nagata, ofereceu-lhe apoio. Indignou-se com o tratamento que a mídia dispensara a ela, apresentando-a como um monstro, enquanto o homem que também era líder do Exército Vermelho Unido fora retratado com mais simpatia, como um indivíduo impelido por motivação ideológica. Nagata era *onna*, uma mulher abjeta, e deveria receber a solidariedade das mulheres, pois todas tinham o potencial para praticar atos violentos, Mitsu argumentou.

Esse argumento levou o movimento *ribu* a se solidarizar com casos polêmicos e trágicos de mulheres que matavam os próprios filhos, um assunto que recebeu considerável cobertura no Japão nos anos 1970. Elas alegavam que os homens que matavam seus filhos eram retratados em termos menos negativos do que as mulheres, e interpretavam a violência materna como decorrente de um sistema social que encurralava as mulheres na dependência.[6] Como muitas no movimento feminista, as *ribu* japonesas não estavam dispostas a recorrer à violência. Em contraste com as terroristas femininas de que trataremos no cap. 7, suas ações não iam além da violência simbólica. Por exemplo, em 1974 feministas borrifaram tinta vermelha no quadro (protegido por vidro) da *Mona Lisa*, que estava em exposição no Museu Nacional de Tóquio, em protesto pela exclusão das pessoas com deficiência física e de quem tinha crianças de colo na exposição.

A raiva não era sentida apenas da perspectiva de Mitsu, como uma força para desafiar os homens e o patriarcado. Era também uma emoção que irrompia entre as feministas. Muitos eram os motivos que desencadeavam esses sentimentos, mas um que se revelou persistente em fins do século xx foi a marginalização das lésbicas quando se defrontavam com um movimento de maioria heterossexual. As ativistas pela libertação das mulheres nos Estados Unidos haviam reconhecido relativamente cedo as divisões e os conflitos no movimento; em 1969, organizaram um Congresso para Unir as Mulheres, na esperança de resolver o problema. Talvez fosse ingenuidade contar com uma reconciliação. Lésbicas haviam reagido com bastante raiva à homofobia praticada por Betty Friedan (1921-2006), fundadora da Organização Nacional das Mulheres. Friedan chamara as lésbicas de "ameaça lavanda" e as considerava um perigo à unidade e respeitabilidade pública do movimento das mulheres. Com retórica exaltada, ela as chamou de *agents provocateurs* que "fomentam a perturbação e o extremismo e insuflam a nota divisiva da política sexual: 'abaixo os homens, a gravidez e a maternidade!'". Para Friedan, as lésbicas desviavam "energias para a corrente política principal" em sua "tentativa de transformar uma preferência sexual em ideologia política".[7]

As lésbicas recusaram esse estereótipo para manter a unidade e não se dispuseram a manter a discrição para evitar chocar a grande mídia. Não foi por acaso que o segundo Congresso para Unir as Mulheres, em 1970 foi escolhido como alvo de uma campanha oposicionista organizada por lésbicas. O coletivo Radicalesbians, trajando camisetas roxas estampadas com os dizeres "ameaça lavanda", invadiu o recinto da conferência e desligou a iluminação. As manifestantes tomaram o palco em um ato dramático e, depois de reacenderem as luzes, convidaram as delegadas a se juntarem a elas. Também distribuíram um manifesto intitulado "A mulher identificada como mulher". O texto captava alguns de seus sentimentos e o papel central da raiva em suas ações:

> O que é uma lésbica? A lésbica é a fúria de todas as mulheres condensada no ponto de explosão. É uma mulher que, muitas vezes desde a tenra idade, age de acordo com sua compulsão íntima de ser uma pessoa mais completa e mais livre do que sua sociedade se digna a lhe permitir. Suas necessidades e ações, ao longo de anos, a põem em conflito com pessoas, situações, modos aceitos de pensar, sentir e se comportar, até que ela se vê em um estado de guerra contínuo com tudo que a rodeia e, em geral, consigo mesma.[8]

Apesar do contexto da raiva bastante pública direcionada a Friedan e suas seguidoras, a ênfase nesse caso foi nos modos insidiosos como o ódio de si mesma atua na mulher, "fora dos limites de sua consciência, envenenando sua existência, mantendo-a alienada de si mesma, de suas necessidades, e convertendo-a em uma estranha para outras mulheres".

Durante muito tempo, a socialização tolhera a expressão da raiva pelas mulheres, transformara-a em uma ferramenta difícil de manusear para algumas. Foi uma tentativa de normalizar a raiva que levou um grupo de lésbicas, algumas das quais haviam participado da "Conquista Lavanda" de 1970, a formar um coletivo em Washington, capital dos Estados Unidos, em 1971, batizado de "As Fúrias" em alusão às deusas gregas da vingança. Elas publicaram um periódico até 1973 e exploraram ideias de separatismo como um

Três participantes da ação "Ameaça Lavanda" no II Congresso para Unir as Mulheres, 1970.

meio de resolver disputas tanto com os homens como com as outras mulheres, limitando, assim, os danos que a raiva podia infligir. As Fúrias declararam: "O ódio ao homem é danoso em um nível individual porque a mulher dissipa sua energia odiando homens [...]. Quem vai querer passar a vida inteira movida a raiva, infelicidade, vingança?".[9] Algumas feministas queriam que o separatismo fosse incorporado de modo mais amplo ao movimento e formularam a ideia do "lesbianismo político" como uma posição necessária a todas as mulheres. O CLIT (Collective Lesbian International Terrors), um grupo de mulheres nova-iorquino, publicou em 1974 uma explosiva provocação às mulheres "hétero" no periódico feminista *off our backs* (OOB):

> O perigo das mulheres hétero é o disfarce delas. Parecem mulheres. E às vezes vestígios da mulher recém-nascida que um dia elas foram escapam à luz por um instante fugaz. Mas isso passa, e elas logo se tornam de novo aquilo que o detestável papai as programou para ser, e que talvez agora, depois de milênios de seleção

pelos machos visando as qualidades de pequenez e burrice, elas geneticamente sejam: o espelho do homem... são machos disfarçados.[10]

Para algumas feministas radicais ou revolucionárias, a heterossexualidade era uma "escolha" definida pelo patriarcado. Embora não esperassem que todas as mulheres sentissem desejo sexual por mulheres, todas podiam se recusar a "foder com homens".[11] Os debates entre as feministas foram tensos; muitas se sentiam emocional e sexualmente incapazes de se afastarem de homens. O editorial do coletivo OOB escreveu sobre a "angústia íntima" dessas mulheres depois de lerem o CLIT, e temia que "a raiva feroz [do pronunciamento do CLIT] erguesse uma barreira à luta das leitoras para ouvir sua mensagem".[12] Outras acharam libertadora a evolução da cultura lésbica feminista e aplaudiram a chance de explorar suas sexualidades com uma confiança renovada. Lynn Anderson, fundadora da livraria feminista londrina Sisterwrite, recordou: "Tinha a ver com toda a nossa vida, cada escolha que fazíamos era uma decisão política. Não era uma coisa intelectual, era emocional e sexual, era a nossa vida inteira que parecia estar em jogo, tínhamos de mudar tudo".[13]

No entanto, fora da Europa e da América do Norte, a declaração e as ideias do lesbianismo político do CLIT nem sempre tiveram grande repercussão. O lesbianismo foi uma força divisiva considerável na decisiva Conferência Mundial sobre as Mulheres, realizada em 1975 na Cidade do México; muitas participantes oriundas do Sul global não priorizavam as questões da sexualidade. Como Naisargi Dave documentou, na Índia havia resistência à adoção da linguagem do lesbianismo, que muitas viam como uma importação ocidental antes do surgimento de um movimento homossexual mais aberto nos anos 1990.[14] Antes, as mulheres indianas em relacionamentos do mesmo sexo preferiam o silêncio ou o rótulo "*ekal aurat*" [mulheres solteiras]. Após o nascimento da rede de apoio a lésbicas Sakhi, fundada em Delhi em 1991, seguida pela Women to Women, inaugurada em 1995 em Mumbai, passou a haver na Índia maior propensão ao emprego do termo "lésbica" como uma categorização. Para isso contribuiu o envolvimento de mulheres indianas nas Conferências das Nações Unidas para as Mulheres, realizadas em Pequim em 1995, em que o lesbianismo foi discutido de modo mais favorável. Contudo, nos anos 1990 não ocorreu uma guinada marcante sobre o tema; a discrição e o eufemismo continuaram comuns nas relações de mesmo sexo entre mulheres indianas, mesmo depois de terem sido descriminalizadas em 2018. Em reconhecimento a esse ambiente complexo, a Women to Women mudou seu nome para Stree Sangam [Confluência de Mulheres], ressaltando sua natureza indiana e não ocidental. Não era fácil traduzir "sapatão" e "lésbica" para esse contexto.

As feministas negras foram outro grupo que sofreu hostilidade (de brancas) e expressou sua raiva contra o racismo generalizado em movimentos feministas. Mulheres negras, asiáticas e latino-americanas travaram batalhas constantes para que suas preocupações fossem levadas a sério. Sua raiva feminista com frequência tinha alvos diferentes daqueles encontrados entre as brancas — em vez de lutarem por direitos ao aborto, elas queriam proteção contra médicos e assistentes sociais que lhes impunham à revelia o aborto e a esterilização e lhes tiravam a guarda dos filhos. Desejavam proteção contra a violência policial e justiça no local de trabalho. Muitas vezes, a ambição acalentada por algumas feministas de falar em nome de todas as mulheres se revela, na prática, uma postura arrogante e prejudicial, e, como consequência, a raiva permeia as experiências e os encontros entre elas.

Audre Lorde escolheu a raiva como tema quando a convidaram para discursar na Associação Nacional de Estudos sobre as Mulheres em 1981. Sua raiva enfocava a falha em reconhecer o racismo no movimento das mulheres brancas e a despreocupação com que as feministas falavam das opressões comuns. Lorde interpelou sua plateia com dureza: "Que mulher aqui é tão enamorada de sua própria opressão que não consegue enxergar a marca de seu calcanhar estampada no rosto de outra mulher?". A raiva podia ser uma emoção destrutiva, mas Lorde queria que fosse usada como fonte de poder. A seu ver, as mulheres de cor haviam aprendido a "orquestrar essas fúrias para que não nos dilacerem". A raiva era uma emoção que as mulheres temiam, mas que podia ocasionar mudança: "Direcionada de maneira exata, ela pode se tornar uma fonte poderosa de energia a serviço do progresso e da mudança [...]. A raiva é carregada de informação e de energia".[15] Essa conquista da raiva se mostrava difícil de conter sem dano pessoal. Lorde lembrou às ouvintes que ela falava "como uma mulher de cor que não está empenhada na destruição, e sim na sobrevivência". Frustrou-se porque suas colegas brancas não queriam ouvir sua raiva. Uma mulher pediu a Lorde: "Diga como você se sente, mas não fale de maneira tão dura ou não poderei escutá-la". Mas Lorde permanecia confiante em que, como um processo produtivo de esclarecimento, a raiva podia ser distinguida do ódio, a emoção que caracterizava a "morte e destruição" do patriarcado, da guerra e do racismo: "raiva entre pares gera mudança".

A teorização da raiva por Lorde ganhou nova força nas últimas décadas, quando se propagou a determinação neoliberal de que todos se sintam felizes. Críticos falam de uma ética da alegria "instigada" que emergiu na segunda metade do século xx, captando as emoções frívolas de um mundo orientado para o consumo competitivo e para as formas arraigadas de socializar as mulheres para que sejam dóceis.[16] Shulamith Firestone conta em seu livro *The Dialectic of Sex* [A dialética do sexo], de 1970, que ela treinou para não dar sorrisos fingidos, "que são como um tique nervoso em toda adolescente. E isso significa que eu raramente sorria, pois na verdade quando se fala de sorriso verdadeiro, eu tinha menos motivos para sorrir". Enquanto outras feministas sonhavam com novos mundos de igualdade de gênero ou solidariedade entre mulheres, o sonho feminista de Firestone era simples:

> A ação dos meus sonhos para o movimento de liberação das mulheres: um boicote de sorrisos no qual, quando declarado, todas as mulheres abandonariam instantaneamente seus sorrisos "de agradar" e dali por diante só sorririam quando algo lhes agradasse.[17]

Agora que as mulheres resolveram não mais reprimir a sua *"resting bitch face"*, o sonho de Firestone parece ter se realizado.

Um trabalho recente de Sara Ahmed e Barbara Ehrenreich faz uma apreciação crítica do modo como a felicidade se tornou uma aspiração fundamental de indivíduos e instituições no contexto do capitalismo global. Esse é um sistema econômico no qual, segundo as autoras, a felicidade da maioria sempre será sacrificada aos interesses dos privilegiados. O manifesto "feminista desmancha-prazeres" de Ahmed oferece, em vez disso, a "consciência feminista como uma forma de infelicidade". Ela destaca formas corpóreas de emoção: "O nosso corpo se torna a nossa ferramenta; a raiva se transforma em doença. Vomitamos; expelimos no vômito aquilo que nos pedem para engolir". Para a feminista desmancha-prazeres, o instinto daquilo que tem de ser rejeitado é um sentimento intrínseco que faz lembrar os "sentimentos viscerais" do Sudso-floppen: "Quanto mais nos nauseamos, mais nossas vísceras se tornam nossas amigas feministas". Esses sentimentos se basearam no conceito do *"feminist* *snap*"* de Ahmed: uma disposição para "causar infelicidade, para apoiar quem está causando infelicidade, para recusar a conciliação e a cura se a violência e a agressão ainda estiverem embutidas nos sistemas".[18]

São declarações fortes de como os sentimentos feministas podem ser vistos e sentidos. Contudo, o fato de a teorização da emoção feminista ter sido articulada no começo do século XXI não nos deve cegar para o fato de que o exame político das emoções e seu uso para construir e debater o ativismo feminista não são nada recentes. A escritora espanhola Concepción Arenal (1820-93), por exemplo, descreveu como as mulheres eram tratadas com desprezo "letal" na Espanha oitocentista. Ela se formou em direito na Universidade de Madri em 1841 e foi a primeira mulher na Espanha a ingressar no ensino superior. Para evitar oposição, de início se vestiu como homem; por toda a vida ela foi forçada a recorrer a estratagemas para ter seus textos publicados. Arenal se empenhava em descrever e tentar elevar o status das mulheres de um modo racional. Apesar disso, sua exposição sobre como a mulher era "esterilizada e aniquilada" pela opinião pública espanhola, que "cospe nela e a pisoteia" corrobora o *"feminist snap"* da autora, sua disposição em dizer "a verdade, ainda que seja desagradável".[19] Emoções inspiraram e impeliram seus textos, deram força a seus projetos de vida e a ajudaram a combater o desprezo social que ela enfrentou.

AMOR

Embora as feministas muitas vezes ressaltem o poder crítico da raiva, combinam essa ênfase a um envolvimento igualmente intenso com emoções de amor e solidariedade. Na geração seguinte à de Concepción Arenal, Anna Julia Cooper (1858-1965) se pautou de maneira acentuada no amor como uma ética feminista, nascida de sua experiência de mulher afro-americana filha de mãe escravizada e de sua condição de quarta mulher afro-americana a conquistar o grau de doutora, obtido na prestigiosa Universidade Sorbonne em Paris em

---

* "*Snap*", nesse contexto, tem ao mesmo tempo a conotação de uma percepção súbita, um "estalo", e de uma "explosão", uma resposta ríspida ou violenta dada por quem até então se esforçava para se conter. (N. T.)

1924. Cooper dizia que o amor, como uma emoção convencional existente no casamento heterossexual, era um laço que limitava as mulheres. A educação delas fora refreada e restrita à expectativa de que elas só usariam o alfabeto para "escrever um verbo: *amo, amar*".[20] O amor conjugal convertia a mulher em brinquedo ou propriedade — um confinamento que era sentido com particular aspereza pelas mulheres afro-americanas, cuja pobreza mostrava o ridículo das ideias de solidariedade feminina e que sofriam "o mais penoso, o mais intenso, o mais implacável [preconceito] que o mundo já viu". O verdadeiro amor tinha de se basear no acesso à educação; Cooper dedicou a vida a procurar saciar "a fome da alma por comunhão e amor".

Esse tema do amor como um elemento significativo do pensamento das feministas negras persistiu nos Estados Unidos, e personalidades como Alice Walker e grupos como o Coletivo de Combahee River preconizaram uma linha de ação que nasce "de um amor sadio por nós mesmas, nossas irmãs e nossas comunidades".[21] A poeta e feminista jamaicana June Jordan (1936-2002) fez de "onde está o amor?" a "questão decisiva" de seu ativismo político:

> Sou feminista, e o significado disso para mim é praticamente o mesmo do fato de eu ser negra: significa que tenho de me empenhar em amar e respeitar a mim mesma como se a minha própria vida dependesse do amor e do respeito próprios. Significa que tenho de procurar eternamente me limpar do ódio e do desprezo que cerca e permeia a minha identidade, como mulher e como ser humano negro, neste nosso mundo específico.

Apresentados em uma sessão tensa na Conferência Nacional de Autores Negros na Universidade Howard em 1978, os fundamentos de Jordan do amor para as feministas negras abrangiam também mulheres diferentes dela e homens; todos podiam ser alvo de um "estado constante de solicitude e respeito por todo ser humano".[22]

Como seria possível gerar e expressar esse amor? Para muitas mulheres, o que tornava reais as suas emoções eram as redes organizadoras dentro do país e entre países. As duas delegadas finlandesas na primeira conferência do Conselho Internacional de Mulheres (ICW, na sigla em inglês), realizada em Washington em 1888, estavam profundamente interessadas nos sentimentos que podiam ser gerados pelos congressos feministas internacionais. Alli Trygg-

-Helenius (1852-1926) falou sobre os "fios dourados de solidariedade" que se estendiam de um lado ao outro do Atlântico. A conferência de 1888 representou "o grande sonho da minha vida", ela disse às delegadas, e expressou sua "crença sincera no amor, no poder e na capacidade das mulheres e na energia feminina que jamais pode faltar".[23] A energia de Trygg-Helenius foi gasta no trabalho pela temperança na Finlândia com a Associação Fita Branca e a Associação Cristã de Moças. Sua colaboradora, Alexandra Gripenberg, escritora e fundadora da Associação das Mulheres Finlandesas, ressaltou sobretudo as fontes pessoais de amor que podiam florescer no movimento das mulheres. Depois de muitas viagens pela Grã-Bretanha e pelos Estados Unidos, em 1888 ela escreveu a uma amiga norte-americana sobre os sentimentos intensos das sufragistas: "Você não está apaixonada por Lucy Stone? Gosto muito das cartas e dos discursos dela, e sua filha, que vi quando estava na Inglaterra, é um encanto". Gripenberg, que fora tesoureira do ICW nos anos 1890, viajou muito para dar assistência ao trabalho de sua organização em outros países e foi eleita para o Parlamento finlandês quando as mulheres adquiriram o direito ao voto, em 1906. No entanto, sua política conservadora a distanciou das versões mais radicais do "amor livre" feminista que floresceu no século XIX entre radicais dos meios literários e políticos como George Sand e Margaret Fuller. O amor sexual extraconjugal entre mulheres era, para alguém como Gripenberg, uma paixão perniciosa. As feministas conservadoras que apreciavam as "emoções ativistas" da solidariedade e da amizade pessoal tomavam sempre o cuidado de se distanciarem dos perigos que outras emoções podiam representar.

Apesar de todos os seus esforços, o amor era uma emoção que podia vir impregnada de desejo sexual entre mulheres. Audre Lorde, tão perspicaz na questão da raiva, também refletiu sobre os sentimentos eróticos:

> Erotismo não é apenas uma questão do que fazemos; é uma questão do quanto podemos sentir intensamente e por completo o que é feito. Assim que descobrimos o grau em que somos capazes de sentir essa satisfação e completude, podemos então observar quais das várias atividades da vida nos deixam mais próximas dessa completude.

Em uma palestra em 1978, Lorde procurou distinguir o erótico do pornográfico e estender o erotismo para além do quarto, abrangendo um senso mais amplo de trabalho na vida. Para Lorde, na sociedade capitalista e patriarcal o trabalho se tornara um dever, uma fonte de esquecimento, e não a profunda realização que podia advir "daquela alegria que sabemos ser capazes de ter".[24] Lorde usou a metáfora surpreendentemente táctil da margarina, lembrando que, em sua infância, era preciso misturar o corante amarelo na "massa mole esbranquiçada" das gorduras incolores. Ela visualizava o erotismo como um núcleo que, como o corante da margarina, "se espalha e colore minha vida com um tipo de energia que acentua, sensibiliza e fortalece toda a minha existência".

A autobiografia de Lorde, *Zami: A New Spelling of My Name* [Zami: Uma nova grafia para o meu nome], fala sobre seus desejos sáficos, que, após experimentos e reveses, acabaram por definir seu mundo emocional: "O erotismo é um recurso dentro de cada uma de nós que se encontra em um plano feminino e espiritual profundo, arraigado no poder dos nossos sentimentos não expressos e não reconhecidos".[25] Andrea Dworkin, outra feminista radical, foi mais específica sobre seus sentimentos. Associou sua sexualidade à recuperação de uma ligação profunda e corpórea com sua mãe:

> Ser lésbica significa, para mim, a memória da minha mãe, lembrada em meu próprio corpo, procurada, desejada, encontrada e verdadeiramente honrada. Significa a memória do útero, quando estávamos com nossa mãe, até o nascimento, quando fomos apartadas de forma abrupta. Significa um retorno àquele lugar interior, dentro dela, dentro de nós mesmos, aos tecidos e membranas, à umidade e ao sangue.[26]

MATERNIDADE

Na íntima descrição de Andrea Dworkin sobre sua ligação com o corpo da mãe, vislumbramos o lugar fundamental da maternidade como um centro do "sentimento visceral" feminista. De fato, a maternidade, real ou potencial, está no cerne de muitas versões históricas de movimentos feministas, desde os que surgiram em países republicanos como Estados Unidos, França e Suíça de fins do século XVIII até os encontrados em países comunistas e nacionalistas do Sul e Leste asiático pós-coloniais. Nem sempre foi fácil para as feministas assumirem as experiências exigentes, emocionalmente intensas e por vezes opressivas da maternidade. Ela é um foco de desigualdades de classe e raça e de intervenções coercivas por médicos e políticos. Tentativas de socializar a maternidade como parte de um projeto para destruir a família foram feitas na China maoísta, inspirando a ideia de Claudie Broyelle de que a China era pioneira em um "novo conceito de amor". Apesar de sua importância emocional fundamental, a maternidade inspira sentimentos intensos de sujeição e violência, e não foi um tema unificador fácil para as mulheres ativistas. De fato, algumas rejeitaram quaisquer tentativas de entrelaçar a maternidade ao feminismo, considerando-a essencialista e exclusivista, enquanto para outras ela compõe o alicerce da convicção feminista. A figura da feminista que odeia crianças e se esquiva da maternidade sempre foi um clichê antifeminista. No entanto, a maternidade poderia trazer para as mulheres um sentimento intenso de compartilhar um corpo e ser uma poderosa razão para reivindicar recursos e cidadania.

No final do século XIX, surgiram na Alemanha e na Suécia formas bastante articuladas de "feminismo maternal" em um contexto de grandes preocupações demográficas. Mesmo não havendo evidências, muitos acreditavam que existia um enorme desequilíbrio entre os sexos na população em decorrência do qual muitas mulheres nunca poderiam se casar. Esse fenômeno, chamado de *Frauenüberschuss* na Alemanha, originou o conceito das "mulheres sozinhas" [*alleinstehende Frauen*]. Em um contexto social em que ser esposa e mãe definia quase toda a existência legal feminina, uma mulher solteira era algo incômodo e desestabilizador. Sua incapacidade de contar com o sustento de um homem deu às feministas a oportunidade de reivindicar para as mulheres direitos ao emprego, ao voto e a uma existência individualizada.

"Mulheres sozinhas" sempre foi um conceito dependente de classe. Poucas lágrimas eram derramadas pela mulher da classe trabalhadora que não se casava, pois se supunha que ela seria seguramente absorvida pelo mercado de trabalho. Por outro lado, muitos analistas temiam que as mulheres de classe média que permanecessem solteiras e sem filhos desestabilizassem sua sociedade, tornando-se "parasitas". A Alemanha não foi o único país onde essa ideia de um "excedente" de mulheres foi invocada com veemência. Na Grã-Bretanha, na França e nos Estados Unidos surgiram debates e receios similares sobre a possibilidade de "anarquia sexual" se o casamento não fosse mais capaz de sustentar e conter as mulheres. Obviamente não era novidade a existência de mulheres não casadas, e grande parte do pânico do final do século XVIII tinha apenas uma ligação tênue com a realidade demográfica. No entanto, essas preocupações criaram um momento histórico que abrangeu continentes, e a maternidade se tornou um poderoso foco ideológico de inquietude e um recurso para uma formulação particular de feminismo.

Para a feminista sueca Ellen Key (1849-1926), eram as qualidades maternais das mulheres que definiam sua existência social e política. Nascida em uma família de classe alta politicamente ativa, Key foi professora na Suécia, mas se tornou muito conhecida internacionalmente por seus textos sobre a "questão da mulher", o movimento das mulheres e a infância no começo do século XX. Ela foi saudada com euforia em vários países como a "nova profetisa" do feminismo. Estranhamente, analistas julgaram textos posteriores de Key como antifeministas porque defendiam o incentivo para que as mulheres se tornassem mães. No entanto, ela apoiou as principais reivindicações feministas, por exemplo o direito ao divórcio e ao voto, o fim da condição de filhas ilegítimas quando nascidas fora do matrimônio e a abolição das incapacidades legais das mulheres. Key foi cada vez mais atraída para o socialismo e se empenhou pela separação das rendas no casamento e pela remuneração das mulheres (pelo Estado) por seu trabalho de criar os filhos e (pelos maridos) por fazerem serviços domésticos. Todas as mulheres deveriam receber "a título de salário e manutenção a mesma quantia que seria paga a uma pessoa estranha em circunstâncias correspondentes", Key declarou em 1911.[27]

Ellen Key foi muito influente no mundo todo, com textos traduzidos do sueco para o japonês, em 1913, e para o chinês, em 1923. O britânico Havelock Ellis, cientista estudioso da sexualidade radical, prefaciou as versões em língua inglesa das obras de Key e salientou o particular renome dessa autora na Alemanha: "É na Alemanha que sua fama nasceu, [onde] as mulheres alemãs, despertando de um longo período de inação, estão inaugurando uma nova fase do movimento das mulheres". Na Grã-Bretanha e nos Estados Unidos, a ideia do excedente de mulheres vinha sendo usada como argumento para várias medidas intervencionistas voltadas para as mulheres, desde a emigração colonial ao maior acesso a educação e emprego. Ellis temia que isso acabasse por "masculinizar as mulheres" e "desconsiderar as reivindicações de raça".[28] Key, que trabalhava como professora, retratou as feministas "extremistas" como dogmáticas e fanáticas, demasiado dispostas a sacrificar a harmonia e o progresso racial em nome de seu objetivo final lógico, "o direito da mulher ao desenvolvimento livre e individual de suas capacidades". Ela propôs uma alternativa distintiva denominada "mutterschutz". Esse conceito, que poderia ser traduzido como "proteção da maternidade", assumiu um tom feminista por insistir em que *todas* as escolhas reprodutivas das mulheres deviam ser apoiadas — ter ou não ter filhos por opção própria. Ela argumentou que as mães, mesmo se não fossem casadas, deviam receber apoio material sem sofrer estigma social.

As defensoras dessa vertente do feminismo se inspiraram nas palavras de Key sobre o poder espiritual e psíquico das mulheres. Ela propunha que a suavidade e a ternura femininas, expressas ao máximo na maternidade, fossem valorizadas e oferecidas para o maior número de mulheres possível. Admitia que algumas, por não terem filhos biológicos, poderiam ser mães "coletivas" ou "sociais". Poderiam participar de iniciativas filantrópicas ou sociais que, a seu modo, cumpririam "as grandes leis fundamentais da natureza" para a maternidade. Key permaneceu sem filhos e solteira, mas considerava o magistério como uma forma de exercício da maternidade. Era um feminismo que respeitava a "diferença" sexual: "Cada sexo segue seu caminho [...] e, como iguais, cada um ajuda o outro nas diferentes tarefas".[29]

Na Alemanha, Helene Stöcker (1869-1943) foi a mais conhecida proponente do *mutterschutz*. Partindo da ênfase na maternidade preconizada por Key, Stöcker desviou a proposta da direção mais conservadora e nos alertou sobre a maleabilidade e a dependência do contexto nas ideologias feministas. Stöcker ajudou a fundar a Bund für Mutterschutz und Sexualreform [Liga para a Proteção da Maternidade e Reforma Sexual], editando seus periódicos e defendendo a igualdade e o apoio do Estado a todos os filhos, legítimos ou ilegítimos. Também recomendou mais educação sexual e trabalhou de forma incansável pelo movimento pacifista. Suas convicções a levaram a apoiar as liberdades de minorias sexuais na Alemanha de Weimar e a tentar influenciar os membros do Reichstag para que o lesbianismo não fosse criminalizado nos anos seguintes à Primeira Guerra Mundial. Sua liga também patrocinou habitações para mães solteiras e clínicas de saúde que forneciam contracepção e, ocasionalmente, aborto. Stöcker frisava que a maternidade não devia excluir a vida profissional e, em um ensaio intitulado "A vida sexual das professoras", argumentou contra a demissão dessas profissionais ao se casar. Foi perseguida pelos nazistas nos anos 1930 e exilada. Morreu em Nova York. Como disse Ann Taylor Allen, o feminismo maternalista, apesar de seu potencial conservador, podia ser uma força subversiva poderosa.[30]

Cada uma à sua maneira, Key e Stöcker foram radicais iconoclastas que sonharam com uma sociedade muito diferente, em que os sexos tinham outros tipos de direitos e relações. No entanto, a prioridade dada à maternidade e a reivindicação de proteção do Estado para as mães que compuseram o cerne do feminismo de Stöcker não foram fáceis de traduzir no tempo e no espaço. Na Austrália e no Canadá, por exemplo, apenas mulheres brancas podiam esperar intervenções benéficas por parte do Estado. As mães em comunidades de nativos americanos, aborígines australianos e povos originários canadenses foram sujeitas à violência e à coerção do Estado, que tirava seus filhos para criá-los em internatos. Nos Estados Unidos, perduraram os legados da escravidão, que separava os filhos de seus pais e com frequência via as mulheres afro-americanas e nativas americanas como trabalhadoras, e não como mães.[31] Na África Ocidental, a tradição de entregar as crianças aos cuidados de outras mulheres descentralizou os cuidados dos filhos pelas mães biológicas. As perspectivas feministas da maternidade que não reconheciam essas dinâmicas e injustiças contribuíram para que mulheres negras e indígenas sentissem que suas necessidades não eram levadas em conta pelas ideias feministas originadas entre mulheres brancas.

Na América Latina, desde os primeiros anos do século XX o movimento das mulheres deu ênfase ao bem-estar das crianças e à maternidade. Essa região é importante por suas tradições de cristianismo conservador e radical, pelos feminismos indígenas, pelas práticas de ativismo e protestos cívicos e pela importância fundamental do conflito e da competição entre feminismos das Américas do Norte e do Sul. A maternidade latino-americana poderia ser compreendida como um ideal utópico e espiritual. Os sonhos de uma sociedade matriarcal que examinamos no cap. 1, quando tratamos dos livros *Sultana's Dream*, de Sakhawat Hossain, e *Herland*, de Charlotte Perkins Gilman, assumiram uma forma diferente entre os indígenas da Bolívia e do Peru. Nesses contextos, as feministas puderam se basear nas memórias tradicionais de uma deusa-mãe andina, a Pachamama. Essa versão de um matriarcado indígena foi um híbrido específico em termos históricos, e não uma tradição puramente andina. Pachamama fora infundida por crenças sobre a Virgem Maria pelos invasores da Espanha colonialista, que também impuseram sistemas de tributação e herança baseados no fato de as mulheres dependerem de parentes do sexo masculino. Apesar disso, as ideias da deusa-mãe continuaram a ser um modo poderoso de transmitir uma cosmologia inca da maternidade em equilíbrio com o ambiente.[32]

No entanto, o mais comum na América Latina de princípios do século xx foi contemplar a maternidade das perspectivas médica ou nacionalista. As ativistas feministas e assistentes sociais ressaltavam a necessidade de fortalecer os direitos das mulheres para que elas pudessem cuidar melhor dos filhos. Nos anos 1910, a médica Julieta Lanteri (1873-1932) organizou uma série de congressos feministas na Argentina e, em 1911, estabeleceu a Liga para los Derechos de la Mujer y del Niño. A ênfase nos direitos também foi uma bandeira da feminista chilena Marta Vergara (1898-1995), que participou ativamente do Movimiento Pro-Emancipación de la Mujer Chilena, fundado em 1935, e da organização pan-americana que surgiu nos anos 1920 e 1930 para lutar pelos direitos à maternidade das mulheres trabalhadoras.[33] Essa ênfase nos direitos se diferenciava da dos homens, que defendiam medidas mais autoritárias de "bem-estar da família" com escasso conteúdo feminista e, às vezes, com a defesa de métodos draconianos que envolviam tirar os filhos das mães biológicas.[34] No entanto, a retórica do serviço urgente ao país tornava fácil desconsiderar os apelos a direitos. Em 1918, Bertha Lutz, uma proeminente sufragista brasileira, preconizou a emancipação das mulheres como um dever nacional que as mães até então evitavam:

> A mulher não deve viver parasitariamente do seu sexo, aproveitando os instintos animais dos homens [...], deve ser útil, instruir-se e a seus filhos [...] [as mulheres, assim] deixariam de ser um dos pesados elos que atam o nosso país ao passado, para se tornarem instrumentos preciosos do progresso brasileiro.[35]

Essa retórica dificultou a análise da maternidade indesejada para as feministas maternalistas. A posição arraigada da Igreja católica na região, assim como os governos militares pró-natalistas que predominaram no século passado, resultaram em pouco avanço na questão dos direitos ao aborto no século xx.[36] Abortos ilegais foram a principal causa da morte de jovens latino-americanas na segunda parte do século passado. Até regimes de esquerda radicais, com exceção de Cuba, relutaram em descriminalizar o aborto. No Chile, a descriminalização veio em 2017, porém na Nicarágua e em El Salvador a prática permanece ilegal em qualquer circunstância.

Embora relutassem em apoiar abertamente o aborto, as feministas latino--americanas de meados do século xx estavam dispostas a defender a expansão da educação sexual em moldes similares ao *mutterschutz* de Helene Stöcker. As feministas maternalistas desse período também ofereceram apoio para que mulheres mais pobres pudessem ficar com os filhos em vez de entregá-los a abrigos de menores, e pouco a pouco começaram a salientar essa postura com base nos "direitos da criança". Enquanto os modelos anteriores haviam sido dominados pela "subvenção" e concessão de benefícios pelo Estado à materni- dade, a abordagem dos "direitos da criança" permitiu a evolução de um apoio mais sensível e menos crítico às mães. Ainda era possível usar a maternidade na mobilização conservadora, como se viu em 1971 nas passeatas de "panelas e vasilhas vazias" das mães contra o governo esquerdista de Salvador Allende, no Chile. Mas as vigílias e os depoimentos das Mães da Plaza de Mayo na Argentina em fins dos anos 1970 deixaram claro o potencial da maternidade para assumir uma importância mais ampla. O amor e os cuidados à família fa- zem dos sentimentos maternos uma poderosa força militante para contestar os sequestros e a violência que os argentinos sofreram durante o regime militar.[37]

REDES GLOBAIS

O feminismo maternal recebeu apoio do exterior por comissões e congressos pan-americanos, que fizeram a ponte entre ativistas dos Estados Unidos e suas colegas das Américas do Sul e Central. Em 1927, por exemplo, o Congresso Pan-Americano da Criança em Havana deu destaque ao feminismo maternal através da influência de Katherine Lenroot (1891-1982), funcionária do Escritório dos Estados Unidos para a Infância, uma repartição federal de- dicada ao bem-estar infantil, cujo quadro de funcionários era composto quase exclusivamente de mulheres. Lenroot forneceu traduções em espanhol para os folhetos do Escritório e assegurou que o serviço social feminista latino--americano fosse mantido sempre a par das atividades na América do Norte. As gerações anteriores de mulheres que fizeram trabalho transnacional prestavam ajuda local por meio dos "fios dourados de solidariedade" que conectavam as lutas através de fronteiras nacionais.

Entretanto, seria ingenuidade retratar essas conexões transnacionais apenas como apoio. Elas também despertaram sentimentos negativos, por estarem enredadas a tensões geopolíticas e diferenças ideológicas. As tensões nas relações entre as Américas já vinham de longa data, e em nada ajudava a percepção amplamente alardeada de que os Estados Unidos eram um exemplo de emancipação que, com paternalismo, estenderia a mão para ajudar seus vizinhos do Sul. Maria Estrela (1860-1946), a primeira médica brasileira, estudara medicina nos Estados Unidos nos anos 1880 e louvara o país como "a terra favorecida por Deus para ser o berço da emancipação feminina".[38] Frases desse tipo ajudaram a fomentar um senso de atraso latino-americano incômodo e a insuflar momentos de resistência significativa à liderança das mulheres norte--americanas e suas tentativas de estabelecer os objetivos feministas.

Essa resistência à liderança norte-americana se intensificou durante a primeira Conferência Mundial sobre as Mulheres, realizada na Cidade do México em julho de 1975 com patrocínio da ONU. Essa conferência histórica foi viabilizada graças ao empenho da Federação Democrática Internacional de Mulheres, e a intenção inicial era que se realizasse em Berlim Oriental, no bloco comunista. Por pressão dos Estados Unidos, foi realocada para o México, mas isso não pôs fim às tensões que surgiram em torno da organização e do objetivo do encontro. A conferência foi dividida em um evento para a elite, repleto de esposas de presidentes, como Imelda Marcos, das Filipinas (famosa por sua monumental coleção de sapatos). Esse não era um grupo promissor para fazer planos de mudança feminista. Felizmente, a Cidade do México também preparou uma "Tribuna" dinâmica para o povo, na qual organizações não governamentais (ONGS) e grupos de mulheres puderam se reunir. A Tribuna estava localizada a uns cinco quilômetros do foro principal, mas seus procedimentos foram muito mais relevantes historicamente que os das representantes formais do poder governamental. De fato, esse predomínio no legado da conferência da Cidade do México reflete uma mudança mais ampla nas campanhas feministas dos últimos cinquenta anos, nas quais ONGS e organismos supranacionais como a ONU e a Organização Internacional do Trabalho (OIT) foram proeminentes.

Muitas participantes da Tribuna em 1975 eram das Américas, e os debates extremamente diversos e desafiadores travados ali indicaram a falta de consenso do movimento das mulheres em um momento político de tensões da Guerra Fria e do nacionalismo pós-colonial em toda a região. A Federação Democrática Internacional de Mulheres (WIDM, na sigla em inglês), criada em 1945 para representar mulheres ativistas com ideologias de esquerda, comunistas e antifascistas, patrocinara a série de Seminarios Latinoamericanos de Mujeres. A WIDM se dissociou do "feminismo" por considerá-lo "burguês". Apesar disso, o trabalho de suas integrantes em prol da paz, das crianças e da igualdade salarial galvanizou as reivindicações por empoderamento das mulheres e ganhou recentemente um novo rótulo: "feminismo de esquerda".[39] Seu terceiro Congresso Latino-Americano, realizado em Lima em 1974, foi dedicado a preparar textos com declarações de intenções para o evento na Cidade do México, trabalhando em estreita associação com o Partido Comunista Peruano. Como disse a historiadora Francesca Miller, o Congresso de Lima foi bem recebido pelo governo militar de esquerda no Peru como um meio de demonstrar o não alinhamento do "terceiro mundo" com o "primeiro mundo" dos Estados Unidos. Contudo, não é porque as feministas peruanas viviam em um país do Sul global que todas teriam simplesmente os mesmos objetivos e interesses. O Congresso de 1974 revelou tensões entre as peruanas brancas hispânicas, em sua maioria instruídas, e as peruanas indígenas mais pobres, que priorizavam os direitos à terra e à segurança material em vez de lutarem contra formas específicas de opressão de gênero.[40]

Essas mesmas tensões dominaram a Tribuna da Cidade do México em 1975, cujo auge ocorreu no confronto entre a boliviana Domitila Barrios de Chungara (1937-2012), mulher de um trabalhador de mina de estanho, e as ações da feminista americana Betty Friedan. Friedan participou da conferência junto com outras integrantes da Organização Nacional das Mulheres, com o intuito deliberado de servir de modelo para as mulheres. Durante a conferência, o "Caucus Feminista", como Friedan denominava seu grupo de ativistas, mudou de nome para "Mulheres Unidas da Tribuna", e, sem terem sido eleitas, elas tentaram influenciar a conferência governamental em favor da Tribuna.[41] Barrios de Chungara, de origem indígena com sete filhos, representava o comitê das esposas do acampamento da mineradora Siglo XX. Ela não queria que Friedan falasse por outras mulheres e subordinasse os interesses de

A Tribuna da Cidade do México em 1975, a cinco quilômetros do evento oficial da Conferência Mundial das Nações Unidas sobre a Mulher.

todas a uma versão norte-americana de "feminismo". Barrios de Chungara se opunha às demandas por métodos contraceptivos e preferia ressaltar o valor do crescimento populacional para a luta contra empresas transnacionais e a dominância do "primeiro mundo". Ela era uma ativista sindical experiente; estava decidida a questionar o "controle do microfone" que as mulheres dos Estados Unidos exercem na Tribuna e a apresentar o feminismo como uma coalizão com os *compañeros* homens. Para ela, o feminismo das *gringas* era dominado por lésbicas — uma "guerra contra os homens". No feminismo das brancas, ela julgava, "se um homem tem dez amantes, então a mulher tem que ter dez amantes também. Se um homem torra seu dinheiro bebendo e festejando no bar, a mulher tem que fazer a mesma coisa".[42] Sem dúvida isso é uma deturpação dos argumentos feministas; desconsidera, por exemplo, a ascensão da perspectiva das trabalhadoras do sexo, que estavam alinhadas com os objetivos anti-imperialistas e antirracistas da própria darrios de Chungara.[43] Ainda assim, suas intervenções deram destaque a alguns problemas fundamentais das mulheres pobres — água, direitos a posse de terra, neocolonialismo e discriminação racial — no Plano de Ação Mundial da ONU formulado na conferência. Friedan supostamente classificou essa abordagem como uma "atividade belicosa" que "desconsiderou problemas femininos". Barrios de Chungara, "movida pela raiva", segundo ela mesma declarou, criticou mulheres como Friedan, que "vieram maquiadas e penteadas como alguém que tem tempo e dinheiro para gastar num salão de beleza elegante". Suas emoções foram de vergonha e incômodo por estar separada de sua comunidade da mina de estanho: "Em vez de me sentir feliz, eu pensava no quanto as pessoas na mina precisam andar, lembrava que as mulheres, até as grávidas, têm de carregar fardos pesados por longos trajetos [...]. Tudo isso me incomodava".[44] Talvez o que mais tenha surpreendido as feministas liberacionistas na Conferência Mundial sobre as Mulheres tenha sido o voto contra a inserção de "sexismo" na lista de obstáculos enfrentados pelas mulheres. O plano de ação formulado durante o evento falava da dignidade e do valor das "pessoas", e não das "mulheres". Essas decisões refletiram a dominância das participantes soviéticas, europeias orientais, latino-americanas, africanas e asiáticas, a maioria delas associada à WIDF, cujas posturas anticapitalistas e anti-imperialistas se chocavam com as formas de feminismo associadas a uma pauta de direitos de mulheres privilegiadas do "primeiro mundo".[45]

Apesar dessa hostilidade a algumas versões do feminismo, a conferência e o Plano de Ação Mundial ensejaram uma conciliação gradual da política de esquerda e anticolonialista com os feminismos, bem como uma percepção crítica de que não se poderia confiar à esquerda anticolonialista a salvaguarda do acesso feminino a recursos e tomadas de decisão. No Peru, por exemplo, em 1978, grupos se uniram com *"una intención feminista"*, que abrangiam perspectivas socialistas, de libertação das mulheres e indígenas.[46] A ONU respondeu à pressão de membros alinhados aos comunistas para incluir a igualdade de gênero em sua Carta de 1945, e em 1979 a Assembleia Geral contribuiu para encorajar essas iniciativas adotando a Convenção sobre a Eliminação de Todas as Formas de Discriminação contra Mulheres (CEDAW, na sigla em inglês). Esse tratado, que garante direitos políticos, econômicos, sociais e legais às mulheres, foi ratificado por diversos países nos anos 1980 e ajudou a plantar as raízes das reivindicações feministas nos debates políticos e na legislação.[47]

A afirmação dos direitos das mulheres como parte de lutas mais abrangentes por terra, segurança, direitos humanos e justiça em grupos feministas da América Latina e do Caribe — e não como reivindicações opostas a essas lutas — também foi impulsionada por uma série de Encontros Feministas Latino-Americanos e do Caribe organizados após 1981, que ajudaram a promover interações entre grupos de mulheres de toda a região.[48] Apesar da identificação declarada como "feminista", esse termo ainda carregava um estigma. Uma participante de um dos primeiros encontros comentou que ainda havia "grande preconceito contra o feminismo" entre as mulheres de grupos indígenas, para quem esse era um movimento político "importado" de mulheres brancas de classe média. Por exemplo, María Isabel Choxóm López, uma ativista do povo indígena Quiché, contou que viúvas na Guatemala se juntaram em grupos de solidariedade que se sentiam desconfortáveis com as ideias feministas: "Não somos a favor da luta entre os sexos. Mulheres e homens se uniram para forjar uma nova sociedade, e nessa nova sociedade cada um tem de lutar pelo seu lugar". No entanto, para ela estava claro que, na longa guerra civil na Guatemala,

> as vítimas mais diretamente afetadas são mulheres e crianças. Se você for a uma das nossas manifestações, verá que a maioria de nós é mulher. E somos mulheres que descobrimos a nossa capacidade de luta, a nossa capacidade de resistência. Fomos deixadas sozinhas com quatro, cinco, seis filhos, e temos que tocar a vida. Isso me dá muita esperança.[49]

Essas emoções contraditórias — esperança, raiva, amor, vergonha — sintetizam parte do modo paradoxal como as feministas se desenvolveram em diversos momentos históricos e através de vários discursos políticos — de nacionalismo, internacionalismo, sexualidade, raça e maternidade. A esperança fundamentou os sonhos utópicos do cap. 1. Feminismos também foram insuflados pela raiva das tremendas desigualdades e violência enfrentadas pelas mulheres, e também foram prejudicados pela suscetibilidade feminina a gerar raiva e rancor entre si. Muitas feministas tentaram falar em nome de todas as mulheres, porém não atentaram para as diferenças entre elas e acabaram desencadeando sentimentos dolorosos de exclusão e decepção.

Às vezes, feminismos deram a mulheres — e ocasionalmente a homens — a oportunidade de expressar e ativar politicamente seus sentimentos de amor — por outras mulheres, por filhos, pelo seu país. E talvez o mais transformador: deram oportunidades à expressão do amor-próprio. Audre Lorde observou com perspicácia:

> Quando começamos a reconhecer os nossos sentimentos mais íntimos, passamos necessariamente a não aceitar mais o sofrimento, a negação de nós mesmas e o entorpecimento que muitas vezes parece ser a única alternativa na nossa sociedade. Nossos atos contra a opressão se integram ao nosso eu, passam a ser motivados e empoderados de dentro para fora.[50]

Nem sempre as emoções dos agentes da história são decifráveis para nós, em particular quando queremos interpretá-las com uma defasagem de séculos ou em regiões do mundo que têm culturas emocionais distintas. Poderíamos imaginar sentimentos, ou até mesmo ter testemunhos de indivíduos, mas é impossível pressupor que as emoções que eles chamam de amor, orgulho etc. assemelham-se às nossas. Sentimentos são moldados pelo contexto cultural em que são expressos. É improvável que a raiva de Kishida Toshiko seja sentida como a de Tanaka Mitsu ou Shulamith Firestone ou que tenha o mesmo significado. Algumas emoções não deixam traços no registro histórico, e só nos resta cogitar sobre sua existência. Isso vale em especial nos casos em que contextos culturais e intelectuais restringem a expressão emocional. Escritoras como Josefa Amar, que destacaram a razão nas reivindicações das mulheres à vida pública, provavelmente não expressaram de maneira aberta suas emoções, ainda que possam tê-las sentido com grande intensidade.

Outras emoções não podem ser transmitidas de modo a comunicar de maneira detalhada o bastante como foram vivenciadas — dizer que o amor foi parte do movimento feminista não capta suas qualidades e sua intensidade. E seria ingênuo desconsiderar que emoções podem ser usadas para fins políticos, como sugerem os diálogos entre Domitila Barrios de Chungara e Betty Friedan na conferência da Cidade do México. A retórica empregada e as emoções sinalizadas têm raízes no que a historiadora Jocelyn Olcott chamou de "*cheap cabaret*" [boate barata]: uma encenação para a conferência ou para um público nacional nos registros da Guerra Fria.[51] Um ceticismo similar surgiu em torno das sessões para "falar dos ressentimentos" organizadas pelas mulheres chinesas, expresso por Claudie Broyelle em 1980 em uma análise posterior mais crítica. Ela qualificou seu texto de 1973 como um "devaneio" que "apresentou um quadro da China livre de contradições, ou mais precisamente livre daquelas emoções contraditórias que até uma viagem curta produz".[52] As afirmações formulistas das mulheres chinesas — sob o comunismo "tínhamos uma vida feliz" — começaram a parecer pouco verossímeis quando vieram à tona relatos de estupros, abortos forçados e recrutamento pelo Estado para trabalhos compulsórios durante a Revolução Cultural. "Metade do céu escureceu", concluiu um alemão que esteve na China em 1982.[53]

Apesar das "ideias políticas exaltadas" do feminismo em todos os tempos, foi limitado o poder que as emoções tiveram para *mudar* as estruturas e as experiências cotidianas que desencadeavam a raiva feminista. A feminista radical Barbara Mehrhof, militante do grupo nova-iorquino The Feminists no começo dos anos 1970, argumentou em uma polêmica sobre o estupro que a emoção predominante das mulheres em uma sociedade patriarcal era o terror. Esse era um sentimento imposto às mulheres e uma tática empregada pelos homens.[54] Ela menosprezou o "trabalho emocional" da conscientização, explicando que esta "tem capacidade de organizar grande número de mulheres, mas organizá-las para nada".[55] Em vez disso, nas linhas do *"feminist snap"* de Ahmed, Mehrhof queria a ação coletiva — uma tática terrorista própria das mulheres — que combatesse as ubíquas culturas do estupro. A rejeição por Mehrhof da conversa e dos sentimentos de conscientização por considerá-los inúteis foi uma subestimação, pois explorar as emoções possibilitou o *"feminist snap"* e assentou os alicerces para a ação feminista, tema do próximo capítulo.

7. Ações

Analisamos o feminismo neste livro como uma demanda raivosa, criativa e poderosa pelos direitos, pelos espaços e pela solidariedade das mulheres. Mas também examinamos versões de feminismo que apresentam uma retórica filosófica ou utópica em favor dos direitos ou do empoderamento feminino sem proporem um plano para alcançar esses objetivos. Houve quem visse a reforma feminista como um processo histórico passivo, supondo que a mudança no decorrer do tempo alteraria *inevitavelmente* a condição da mulher. O escritor egípcio feminista Qasim Amin, por exemplo, observou em seu livro de 1899, *The Liberation of Women* [A libertação das mulheres], que a mudança já era visível nas normas de gênero do país:

> Estamos vendo uma diminuição do poder dos homens [...]. Não é óbvio que, em muitas famílias, mulheres saem de casa para cuidar de seus afazeres, trabalham com homens em suas muitas tarefas, procuram recreação em um ambiente apropriado onde o ar seja agradável, acompanham seus maridos em viagens?

Amin (1863-1908) claramente estava pensando em famílias da elite com recursos para lazer e viagens. Apesar desse enfoque estreito, sua visão do fim do patriarcado egípcio foi vividamente expressa. Ele descreveu o poder masculino como "um edifício fadado à destruição e à desolação, de alicerces carcomidos, elementos desintegrados e condição tão deteriorada que a cada ano uma parte desmorona sozinha". Para ele, esse desmoronamento não decorria da resistência feminina; era "consequência do crescente desenvolvimento intelectual dos homens e da moderação de seus governantes".

Educado na França, Qasim Amin acreditava de forma fervorosa nas possibilidades do nacionalismo egípcio e da resistência ao domínio colonial. Considerava a posição das mulheres uma área fundamental da modernização nacional, e isso pode ter gerado sua confiança na inevitabilidade da mudança. A "marcha da civilização" com a substituição do despotismo pelo autogoverno esclarecido iria, segundo ele, causar necessariamente o colapso do edifício decadente da dominância masculina. A prática feminina de velar-se, por exemplo, desapareceria como "resultado das mudanças sociais que acompanham a mudança e o progresso da civilização". Ele assim concluiu suas prescrições para a mudança: "Para melhorar a condição do país é imperativo melhorarmos a condição das mulheres. Se o leitor refletir sobre esse tema importante em todas as suas facetas, confrontará a verdade, cujos segredos se tornarão claros para ele".[1] Muitas integrantes do movimento das mulheres egípcias eram menos otimistas quanto ao que seria possível realizar com uma simples reflexão sobre o problema. O próprio Qasir Amim reconheceu mais tarde os limites da mudança de cima para baixo em seu livro *The New Woman* [A nova mulher], de 1900. Em resposta a seus críticos, ele admitiu que "para ocasionar qualquer tipo de reforma, não basta identificar a necessidade de mudança, ordenar sua implementação em decretos governamentais, fazer preleções sobre ela [...]. Sem a participação das mulheres, será impossível gerar qualquer mudança na sociedade".[2] No entanto, essa nova posição também não tinha muita urgência — Amin imaginava que a mudança ocorreria quando as mulheres criassem os filhos para pensar de outro modo, um "caminho natural, de longo prazo", em vez de qualquer ativismo em favor delas próprias.

Sua recomendação quietista era parte de uma confiança mais ampla que estava em voga no final do século XIX: mesmo sem luta, os direitos e a igualdade das mulheres caracterizariam o século XX. Ícones da época mostraram essa confiança, pois tinham rosto feminino, em contraste com o rosto masculino barbudo do século XIX. Em 1913, o Conselho Nacional das Mulheres do Canadá batizou sua revista de *Woman's Century: A Journal of Education and Progress for Canadian Women* [O século da mulher: Um periódico sobre educação e progresso para a mulher canadense]. Nessas mesmas linhas, em 1928 o periódico jamaicano *The Cosmopolitan*, editado pela feminista negra Una Marson, chamou sua época de "a era das mulheres". Contudo, o que as mulheres vivenciaram no mundo durante o século xx foi uma reforma dolorosamente lenta, revogação de direitos em tempos de guerra, golpes de Estado e ditaduras, violência generalizada no cotidiano e ridicularização ou proscrição de vozes femininas. O desmoronamento do edifício do patriarcado indicado por Amin foi apenas um sonho, tão distante quanto a Ladyland das fantasias de Rokeya Sakhawat Hossain.

Neste capítulo examinarei as estratégias e vivências daquelas que desejaram concretizar suas propostas feministas em vez de simplesmente esperar que elas se tornassem realidade. Analisaremos um vasto repertório de ações feministas, desde o brilhantismo com vistas à publicidade encontrado em campanhas de sufragistas até recusas íntimas e pessoais — lavar a louça ou atender as necessidades emocionais e sexuais de homens. Algumas ações subverteram outros rituais, reformulando-os com significado feminista. A feminista turca Gul Ozyegin observou que o ato feminino de distribuir flores no Dia das Mães, à primeira vista convencional e inócuo, pôde ser transformado de modo subversivo em um protesto feminista durante a ditadura militar turca no começo dos anos 1980. De fato, apenas as mulheres puderam protestar sem disfarce:

> A nós a ditadura militar concedeu o ativismo negado a outros grupos políticos. Fomos poupadas da detenção por fazer reuniões ou manifestações por causa do nosso sexo, porque éramos mulheres, porque estávamos nos manifestando no Dia das Mães, portando balões e distribuindo flores.[3]

Feministas são hábeis em explorar atos simbólicos de protesto; a maioria rejeita qualquer coisa que possa causar dano à vida humana, embora algumas tenham arriscado seu próprio corpo. O feminismo é marcado pelo humanismo e pela esperança de mudança. A feminista radical Andrea Dworkin fez uma das críticas mais fortes contra a dominação masculina, e apesar disso até ela indagou aos homens em 1983: "Já se perguntaram por que não entramos em combate armado contra vocês? Não é por falta de facas de cozinha neste país. É porque acreditamos que vocês têm seu lado humano, apesar de tantas evidências contrárias".[4] Os exemplos da criatividade e da diversidade do ativismo feminista vão desde pichar anúncios publicitários machistas que tratam o corpo feminino como objeto até enviar a si mesmas pelo correio como "cartas humanas" ao primeiro-ministro britânico em Downing Street, em 1909.

O ARGUMENTO DA PEDRA

Algumas das ações feministas mais famosas e icônicas foram praticadas durante campanhas pelo direito das mulheres ao voto. Entre elas estavam se recusar a cooperar com o governo na realização de um censo, cortar fios telegráficos, atirar pedras e atear fogo. A União Social e Política Feminina (WSPU), fundada em Manchester em 1903, foi um grupo político muito inovador e criativo que transformou a luta pelo voto na Grã-Bretanha em um espetáculo na mídia, no tribunal e nas ruas. Com ações como interromper reuniões de maneira persistente, pôr ácido em caixas do correio, quebrar vitrines, retalhar obras de arte e, no auge do extremismo, colocar bombas em prédios desocupados, as integrantes da WSPU acrescentaram urgência às atividades de lobby e petições em massa que o movimento sufragista britânico vinha empregando desde os anos 1860.

Ativistas da WSPU e da Liga pelo Direito de Voto das Mulheres Irlandesas foram pioneiras em técnicas de arremesso de pedras desde 1908: quebravam janelas de lojas, carros, edifícios governamentais e igrejas. Algumas usavam o "argumento da pedra" com senso de humor; em 1909, uma miúda professorinha de Manchester, Dora Marsden, embrulhou com papel uma bola de ferro pesada e escreveu: "Bomba". Atirou sua "bomba" pela janela de um prédio onde um político liberal fazia uma reunião. O humor também marcou esforços subversivos para invadir a esfera masculina e protestar, como em 1909 na tentativa de Daisy Solomon e de Elspeth McClellan de remeterem a si mesmas pelo correio, com selos de três pence, como "cartas humanas", cujo destinatário era o primeiro-ministro Asquith em sua residência em Downing Street. O regulamento postal britânico não excluía de forma explícita os seres humanos como "objetos postais", e as ativistas perceberam que essa omissão poderia contornar a recusa do primeiro-ministro a receber suas petições e delegações. Confuso, o carteiro incumbido de fazer a entrega registrou uma observação no formulário oficial de "irregularidade": "Levei as senhoras à casa do sr. Asquith, mas os policiais não as deixaram entrar. Eu entrei, mas o mordomo não quis assinar o formulário porque não havia cartas para receber, já que as senhoras disseram serem elas mesmas as cartas. E o sr. Asquith se recusou a vê-las".

A fundadora da WSPU, Emmeline Pankhurst (1858-1928), comparava-se a um soldado porque lutava em "uma guerra civil travada por mulheres" com "métodos revolucionários". Quebrar janelas, disse ela, era "o único modo, a nosso ver, de quem não pode votar causar um problema político que só pode ser resolvido concedendo o direito de voto às mulheres". Quando discursou para plateias americanas em busca de verbas e de apoio, ela fez um paralelo entre as ações da WSPU e a recusa, durante a Guerra de Secessão norte-americana, a pagar impostos sem representação. Pankhurst salientou que mulheres "quebraram janelas de lojas onde elas gastavam a maior parte de seu dinheiro na compra de chapéus e roupas". Como era comum na retórica feminista do período, o comentário sobre a compra de chapéus pressupunha os privilégios de classe, em vez de examiná-los.[5]

Não foi fácil para o WSPU e outros grupos militantes enraizarem suas reivindicações políticas em comunidades da classe trabalhadora. Apesar disso, mulheres de classe média não foram as únicas a participar de ações diretas. A dublinense Cissie Cahalan (1876-1948), empregada de uma loja de tecidos, participou ativamente dos apedrejamentos de janelas da Liga pelo Direito de Voto das Mulheres Irlandesas, além de militar no movimento sindical irlandês. Sylvia (1882-1960), filha de Emmeline Pankhurst, trabalhou no East End londrino ao lado de mulheres da classe trabalhadora como Nellie Cressall (1882-1973), mãe de seis filhos que mais tarde seria a primeira prefeita do distrito londrino de Poplar. Cressall achava que seu feminismo se manifestava tanto nas suas reivindicações de emprego e creches como nas impactantes passeatas e nos arremessos de pedras.

A União Nacional das Associações de Mulheres Sufragistas se estabeleceu solidamente nas comunidades têxteis do Noroeste. As tecelãs e fiandeiras entendiam que sua luta era travada em aliança com os homens da classe trabalhadora. Elas ansiavam pelo sufrágio universal na Grã-Bretanha e não apenas pela igualdade de gênero. Esta segunda opção, que mantinha os requisitos de propriedade, não dava o direito de voto aos pobres de ambos os sexos; mas quando as ativistas da classe trabalhadora se mobilizavam pelo "sufrágio adulto",

Daisy Solomon e Elspeth McClellan negociam com policiais, um carteiro e um funcionário de Downing Street, na tentativa de serem entregues pelo correio ao primeiro-ministro, em fevereiro de 1909.

elas aceitavam discursar em portões de fábricas, participar de delegações, coletar assinaturas e angariar fundos usando repertórios conhecidos de técnicas de campanha desenvolvidos em movimentos sindicais e cartistas.

A organização e a escala dos apedrejamentos pelas sufragistas aumentaram no decorrer da campanha, com grande número de mulheres desferindo ataques simultâneos contra alvos de alta visibilidade. Suas ações resultaram em sentenças de prisão e no recrudescimento das táticas, que passaram a incluir o ato de se acorrentar a estátuas e às grades do Parlamento e da residência do primeiro-ministro, ganhando assim tempo para um discurso enquanto a polícia tentava removê-las. Em 1908, duas integrantes da Liga das Mulheres pela Liberdade, Helen Fox e Muriel Matters, nascida na Austrália, acorrentaram-se à grade ornamentada que separava as mulheres da plateia, confinadas à Galeria Feminina, da exclusivamente masculina Câmara dos Comuns. Para libertá-las foi preciso remover totalmente a grade: desmontar de forma temporária aquele detestado símbolo da exclusão política feminina.

Ao longo da campanha, a tática simples e acessível de atirar pedras foi substituída por ações mais complexas e violentas, como provocar incêndios e danificar obras de arte, coisas que só eram praticáveis para uma pequena minoria de ativistas dedicadas. A explosão de bomba que aconteceria na icônica catedral de St. Paul em Londres foi impedida quando encontraram um dispositivo volumoso sob o trono do bispo em 1913, mas outras bombas explodiram em casas de ministros, igrejas e prédios públicos na Irlanda, na Escócia, no País de Gales e na Inglaterra. Um famoso quadro de nu feminino, a *Vênus ao Espelho*, foi danificado na National Gallery de Londres em 1914 por Mary Richardson (1883-1961), uma canadense integrante do WSPU, armada com um cutelo. O quadro havia sido comprado recentemente para o Canadá depois de uma consulta pública, e retratava as costas e as nádegas nuas de uma mulher cujo rosto estava oculto. A ação de Richardson foi um protesto contra a prisão da líder do WSPU, Emmeline Pankhurst, no dia anterior. Pankhurst era mais bonita que a Vênus do quadro, Richardson argumentou, mas estava sendo vítima de violência nas mãos do governo. Mais tarde, porém, ela acrescentou que não gostava "do modo como os homens na galeria fitavam embasbacados" com aquele corpo feminino nu. As lacerações no quadro lembravam de forma perturbadora um ataque violento a faca. A imprensa apelidou Richardson de "Estripadora", em alusão ao famoso assassino em série de mulheres.

A militância do WSPU muitas vezes incitava a violência ou o sofrimento físico contra a própria manifestante. A morte de Emily Wilding Davison (1872-1913), que se jogou sob os cascos do cavalo do rei durante o Derby de 1913 segurando uma faixa com os dizeres "Votos para as mulheres", tornou-se um exemplo icônico. Outra forma de violência foi a alimentação forçada na prisão, imposta a manifestantes sufragistas que faziam greve de fome após serem detidas por ações políticas. Militantes sufragistas costumavam dizer que os protestos femininos eram planejados para evitar qualquer dano à vida humana. Muitas acreditavam que o papel materno significava que, no íntimo, as mulheres compreendiam o valor da vida e nunca seriam capazes de matar. Na realidade, suas ações algumas vezes implicaram riscos significativos. Provocar incêndios e explodir bombas eram ações difíceis de controlar, e houve lesões resultantes de ataques com ácido no serviço postal estatal. A violência era uma tática importante, mas podia ser imprevisível e problemática, acarretar perda de apoio do grande público à causa feminina e insuflar uma espiral de repressão governamental em formas cada vez mais intensas. Mesmo assim, foi exportada para outros lugares. O contato direto entre os movimentos britânicos e americanos ensejou a adoção de táticas militantes nos Estados Unidos, entre elas o apedrejamento de janelas e a greve de fome.

Na China, contudo, foi o contato com o movimento anarquista que levou sufragistas do começo do século XX a adotar táticas militantes de interrupção e confronto. Nacionalistas e radicais chineses, como fez Qasim Amin no Egito, conclamavam as mulheres a "se modernizar" em nome do desenvolvimento nacional chinês. Seus objetivos incluíam a educação, o fim da prática de atar os pés das mulheres e, para algumas, o direito ao voto. Eram propostas condizentes com as visões iluministas de modernidade e direitos naturais. No entanto, também está claro que tradições chinesas, como a ideia confuciana da "mulher instruída" capaz de ter um papel importante apoiando o marido na política ou nos negócios, também foram recursos significativos para as sufragistas chinesas.[6]

Houve um apoio aparente a reformas feministas por parte da Aliança Revolucionária Chinesa liderada por Sun Yat-Sen, que se empenhava em derrubar a dinastia Qing. Quando isso aconteceu, em 1911, algumas assembleias provinciais pareciam dispostas a dar o direito ao voto às mulheres. A reforma foi tolhida pela nova coalizão entre a Aliança Revolucionária e o Partido

Nacionalista, em 1912, e o comprometimento com a igualdade dos gêneros foi descartado. Ativistas da Aliança das Mulheres Sufragistas de Shenzhou reagiram com manifestações e petições exigindo a igualdade de direitos. Quando a Assembleia Nacional em Nanjing respondeu colocando guardas nas sessões da assembleia, as mulheres deixaram de usar as "cadeiras de ouvintes" que deviam ocupar e foram se sentar em meio aos deputados, puxando as roupas deles e gritando para atrapalhar as sessões. Correu a notícia de que, lideradas por Tang Qunying (1871-1937), mulheres manifestantes quebraram janelas com as mãos e se cortaram. Tang se inspirou na sua participação em círculos anarquistas militantes no tempo em que esteve exilada no Japão, a partir de 1904.[7] Jornais chineses relataram que ela interpelou políticos, como o fundador do Partido Nacionalista, Song Jiaoren, que haviam traído as mulheres. Ela entrou no recinto da conferência do Partido Nacionalista em agosto de 1912, "foi até a cadeira de Song Jiaoren [e] subitamente ergueu as mãos, arranhou a testa de Song, torceu sua barba e lhe puxou as orelhas com as mãos delicadas. O som foi tão alto que todos ouviram o eco".[8] A reivindicação do direito de voto para as mulheres chinesas continuou intensa, com petições e grupos de pressão, em particular durante o "Movimento da Nova Cultura", nos anos 1920, quando as províncias de Hunan, Guandong, Sichuan e Zhejiang concederam às mulheres a igualdade de direitos de cidadania. O Partido Nacionalista e o Partido Comunista Chinês apoiavam a igualdade das mulheres no campo abstrato, mas sua rivalidade impediu a aprovação do sufrágio feminino até a Constituição Nacional de 1936. A igualdade de direitos de cidadania para as mulheres foi consolidada pela participação feminina no Conselho Político do Povo durante a guerra e confirmada pelo Partido Comunista depois que este derrotou o Partido Nacionalista, em 1949.

O uso da força por mulheres britânicas e chinesas se destinou a atrair o interesse da imprensa e impelir o governo a responder. As ações foram noticiadas no mundo todo, embora em grande medida tenham sido repudiadas por outras ativistas. A feminista e sufragista brasileira Bertha Lutz (1894-1976), por exemplo, apresentou assim a primeira associação de brasileiras sufragistas em 1918:

> Não proponho uma associação de "suffragettes" para quebrarem as vidraças da avenida, mas uma sociedade de brasileiras que compreendessem que a mulher

não deve viver parasitariamente do seu sexo [...], mas que deve ser útil, instruir-se e aos seus filhos, e tornar-se capaz de cumprir os deveres políticos que o futuro não pode deixar de repartir com ela.[9]

Ter cautela e manter distância das militantes também foram posturas de muitas feministas e movimentos de mulheres no mundo todo. As ações ousadas e às vezes violentas de sufragistas militantes ofereciam às demais um meio simples de ganhar o capital político da moderação, e grupos não militantes ressaltavam que suas reivindicações eram apenas questão de justiça e pragmatismo. Isso não significa que lhes faltavam criatividade e intenções radicais. O caso da dra. Julieta Lanteri, médica feminista, demonstra uma persistência extraordinária apesar de décadas de reveses. Lanteri, uma italiana que emigrou para a Argentina, supostamente foi a primeira mulher a votar na América Latina. Ela aproveitou a redação vaga da lei argentina e persuadiu as autoridades eleitorais a deixá-la votar nas eleições municipais de Buenos Aires, em 1911. Nesse mesmo ano, passou a ser exigido o serviço militar antes de votar, uma emenda que de modo deliberado excluiu as mulheres em caráter definitivo. Lanteri não desanimou: candidatou-se a cargos públicos entre 1918 e 1930 e tentou, sem êxito, alistar-se no serviço militar em 1929. Em 1930, um golpe militar de orientação fascista suspendeu os partidos, as eleições e a constituição; só em 1947 as mulheres argentinas alcançariam o direito de votar em eleições nacionais. Lanteri foi morta em circunstâncias suspeitas num acidente em 1932, quando um carro dirigido por um paramilitar de extrema direita a atropelou em uma rua de Buenos Aires. A militância não violenta de Lanteri suscitou reações com táticas assassinas.

MILITÂNCIA E VIOLÊNCIA REVISITADAS

As ações de pichar e se acorrentar continuaram a inspirar o ativismo sufragista de gerações posteriores. Por exemplo, as manifestantes australianas Merle Thornton e Rosalie Bognor se acorrentaram a um bar de Brisbane em 1965 em protesto contra a segregação em pubs e hotéis australianos, que mantinham espaços mistos e espaços exclusivamente masculinos. Como seus esforços de pressionar por mudança tinham sido inúteis, elas decidiram recorrer a um ato

Julieta Lanteri vota em Buenos Aires em 1911 e se torna a primeira mulher a votar na América Latina.

mais militante. Essa tradição foi ampliada por Zelda D'Aprano, que se acorrentou ao Departamento da Commonwealth em Melbourne em protesto contra a disparidade salarial entre gêneros no serviço público. D'Aprano declarou ter sido inspirada pelas sufragistas britânicas, mas também havia participado ativamente em mobilizações antifascistas transnacionais pelo movimento ítalo-australiano Libera.[10]

Ativistas australianas continuaram a mostrar criatividade para contestar o sexismo. O coletivo de pichadores de cartazes publicitários BUGA-UP (sigla em inglês para Pichadores de Cartazes Contra Promoções Danosas), ativo nos anos 1970 e 1980, foi um grupo de ativistas anônimos de ambos os sexos que atacavam o sexismo na publicidade. Correndo o risco de serem presos e condenados, eles criticavam anúncios que usavam o corpo feminino para vender produtos como carros, jeans e eletrônicos. O costumeiro pressuposto de que o

Rosalie Bognor e Merle Thornton se acorrentaram a um balcão em 1965 em protesto contra a exclusão de mulheres nos bares australianos.

anúncio era para o olhar masculino ficava claro com legendas espirituosas adicionadas pelos pichadores — por exemplo, em um anúncio de jeans Wrangler mostrando uma entreperna de calça masculina com a legenda: "Para o homem que tem tudo", foi estampado: "Menos isto", seguido do emblema da libertação das mulheres. Um anúncio de absorvente íntimo para garotas adolescentes com a legenda: "A vida seria muito mais simples se você não tivesse que tocar dentro do seu corpo" recebeu do grupo o "Grande Prêmio de Pior Propaganda do Ano", pichado com uma lata de spray dourado. O BUGA-UP foi uma inspiração direta para mulheres feministas e homens antissexistas de outros países, que também desfiguraram e subverteram anúncios que degradavam as mulheres.

Nesse período ocorreram na Alemanha Ocidental numerosos debates sobre os usos da violência, com raízes nos protestos pelos direitos estudantis e civis de 1968, no crescimento do terrorismo de esquerda nos anos 1970 e no cada vez mais poderoso movimento feminista. Nas sessões de "falar dos ressentimentos" inspiradas pela China maoísta também se comentava com frequência sobre retaliações violentas praticadas coletivamente por mulheres chinesas contra indivíduos agressores. Informes sobre mulheres que amarraram e surraram homens na China causavam polêmica entre as feministas alemãs, como uma delas recordou: "De início, ficamos chocadas com os relatos de surras e cusparadas nos maridos terríveis e reacionários. Em nosso choque havia um sentimento de culpa pelo desejo espontâneo de também podermos recorrer à violência na luta"[11]. Mesmo assim, a ideia maoísta do *"fanshen"* — intervenções coletivas que podiam incluir violência verbal e física — tornou-se uma técnica poderosa em círculos de feministas alemãs no final dos anos 1970. Alguns grupos feministas chamavam isso de "contraviolência" — protestos que podiam acarretar violência, mas eram provocados pela violência sistêmica que as estruturas patriarcais e capitalistas infligiam às mulheres. Elas rejeitavam a associação entre o feminismo e o movimento pacifista e adotavam um tom bem diferente:

> Estamos fartas de sermos reduzidas a essas "qualidades naturais" das mulheres — as pacificadoras, as eternas mães e assistentes sociais que conciliam contrastes irreconciliáveis; não somos "mulheres pacificadoras" porque não conseguimos enxergar paz aqui nem em qualquer outro lugar do mundo e porque não somos capazes de conjurar a paz, só o que podemos fazer é combater e destruir as causas da guerra.[12]

Em uma atitude paralela à das primeiras ativistas sufragistas, as estudantes e feministas alemãs do Movimento das Novas Mulheres, que apoiavam a violência, tinham o cuidado de rejeitar a agressão contra pessoas. Optaram pela violência contra a propriedade, por exemplo, em março de 1975, quando explodiram uma bomba no Tribunal Federal de Justiça em Karlsruhe em protesto contra a relutância em conceder direitos ao aborto. O grupo Rote Zora [Zora

Vermelha] começou a atuar em 1977 e fez uma série de ataques incendiários na Alemanha Ocidental. As participantes eram afiliadas a uma rede de esquerda chamada Células Revolucionárias, embora estivessem frustradas porque tinham de interagir com homens esquerdistas. As mulheres da Zora Vermelha descobriram que, independentemente de seus objetivos, para os homens era difícil mudar seu modo normal de tratá-las como parceiras sexuais. A Zora Vermelha se tornou um grupo guerrilheiro independente a partir de 1984 e abriu mão da chance de se expressar politicamente de maneiras que não costumavam ser acessíveis às mulheres: "Achamos bastante libertador romper com a pacificidade feminista que nos era imposta e tomar uma decisão consciente pela inserção de meios violentos em nossas diretrizes".[13] Grande parte dos ataques iniciais da Zora Vermelha tinham sido contra sex shops, mas nos anos 1980 o grupo passou a adotar uma perspectiva global que levou a um ataque com bomba ao consulado das Filipinas em protesto contra sua cumplicidade no turismo sexual. Os eventos de alta visibilidade da "década da mulher" declarada pela ONU (1976-86) e as conferências globais realizadas na Cidade do México, em Copenhagen e em Nairóbi haviam aumentado a conscientização sobre as vidas e as experiências de discriminação das mulheres do Sul global.

A ação mais sistemática da Zora Vermelha foi impelida por uma carta enviada ao movimento alemão por operárias de uma tecelagem sul-coreana que fornecia peças para a empresa de roupas alemã Adler. As trabalhadoras sofriam com péssimas condições de trabalho e pediram a "ajuda das irmãs". A Zora Vermelha, depois de fracassar em protestos mais convencionais contra a empresa, fez uma série de ataques com bombas a lojas da Adler. Usaram dispositivos de combustão lenta, destinados a acionar os sistemas de irrigadores anti-incêndio, para destruir o estoque e não causar danos a vidas humanas. Os custos econômicos resultantes foram uma parte importante da campanha enfim bem-sucedida para forçar a mudança no chão da fábrica dos fornecedores sul-coreanos da Adler.

GREVES

As ativistas da Zora Vermelha talvez imaginassem as sul-coreanas como irmãs "exploradas" do terceiro mundo que necessitavam da intervenção das alemãs mais liberadas. O "terceiro-mundismo" podia ser uma plataforma importante para os movimentos de mulheres negras, latino-americanas e asiáticas, como explicado no livro de Kumari Jayawardena, *Feminism and Nationalism in the Third World* [Feminismo e nacionalismo no terceiro mundo], de 1986. Porém, quando usado por mulheres brancas ativistas, também podia servir para aglutinar mulheres dos países mais pobres do Sul global e apresentá-las como vítimas. Isso obscurecia as questões de raça entre as mulheres do Norte global e incentivava uma espécie de paternalismo meritório em prol das "mulheres do terceiro mundo". Acontece que o pedido de ajuda das sul-coreanas veio de um país com tradições bem estabelecidas de protesto de trabalhadoras. As mulheres haviam sido trazidas para a força de trabalho industrial pelo líder Park Chung Hee, a fim de impulsionar as indústrias exportadoras após o golpe militar de 1961. Exploradas em péssimas condições de trabalho, as operárias se organizaram por meio dos sindicatos, favorecidas pela eleição das líderes sindicais Chu Kilcha e Yi Yŏngsuk nos anos 1970. Os homens operários nem sempre apoiaram essa liderança. Na eleição de Yi Yŏngsuk, por exemplo, os homens de uma fábrica trancaram as colegas no dormitório para que houvesse uma nova votação sem que elas pudessem votar. As operárias, furiosas, escaparam e ocuparam sentadas o chão da fábrica. Quando a tropa de choque entrou no local, as mulheres tiraram a roupa, pensando que o fato de estarem seminuas intimidaria e constrangeria os policiais. Muitas foram espancadas e presas. Apesar desse revés, de modo geral havia no país trabalhadoras militantes, como as da empresa YHTrading, que não só contestaram as condições de trabalho, mas também, em 1979, impulsionaram uma revolução política que derrubou o governo autocrático do presidente Park Chung Hee.[14]

A greve se revelou uma arma poderosa para as trabalhadoras, e o processo foi muitas vezes intermediado pelo movimento sindical. A ação direta por meio de boicotes, ocupações e greves fora o instrumento principal do "outro movimento das mulheres", na denominação de Dorothy Cobble — o movimento de trabalhadoras ativistas como Domitila Barrios de Chungara, Maida Springer Kemp e Pauline Newman, que empregavam rotineiramente a tática da greve.[15] Algumas dessas ações ocorreram em apoio à organização do ambiente de trabalho por trabalhadores homens. As esposas de mineiros foram presença importante e marcante em greves como a dos empregados da Empire Zinc Company em 1950-2 no Novo México, nos Estados Unidos. Como os mineiros mexicano-americanos eram proibidos de fazer piquete no local de trabalho, suas mulheres formaram uma Brigada Feminina Auxiliar e atuaram no lugar deles. Houve ações similares por mulheres de mineiros na greve de 1984-5, quando mulheres ocuparam poços de mina, fizeram piquete e angariaram fundos em toda a região. A postura dos trabalhadores em relação a essas ações podia ser bastante ambivalente, e às vezes suas mulheres encontravam oportunidades inesperadas de alcançar maior confiança social, mais empregos e redistribuição de tarefas domésticas. No entanto, o comprometimento geral era com as lutas comuns a ambos os sexos por justiça social e sobrevivência da comunidade.

A greve também podia ser levada para contextos mais íntimos. A francesa Nelly Roussel (1878-1922), mãe de três filhos, opunha-se veementemente a que as mulheres produzissem, a contragosto, "carne para canhão" para fins econômicos e militares. Ela defendia o controle da natalidade para todas as mulheres — um direito que só foi alcançado na França em 1967 com a legalização da pílula anticoncepcional. Escrevendo no começo do século XX, Roussel declarou que "o feminismo deve proclamar, acima de tudo, a 'liberdade de escolher a maternidade', a primeira, mais sagrada e apesar disso [...] a menos discutida e a menos respeitada das liberdades".[16] Em 1904, ela propôs uma greve de nascimentos em protesto contra as políticas estatais pró-natalidade. As reivindicações radicais de Roussel foram combinadas a usos estratégicos de dedicatórias em seus livros, fotografias e esculturas, que a apresentavam sobretudo como mãe. Apesar de passar longos períodos longe dos filhos, ela era elogiada por muitos como mãe devotada e, talvez em consequência disso, escapasse do assédio da polícia e das detenções sofridas por outras ativistas que defendiam o controle da natalidade na França.[17] Roussel também reivindicou o direito das mulheres ao prazer sexual e ao alívio da dor durante o parto. Porém, apesar de seu carisma e de sua visibilidade na mídia, ela dispunha de poucos recursos para organizar uma resposta coletiva, e a ideia de uma greve de nascimentos permaneceu apenas uma recomendação oratória, e não uma tática concreta.

Para algumas ativistas, contudo, a greve foi totalmente viável, mesmo englobando toda a esfera pública. Em 24 de outubro de 1975, feministas islandesas deram um passo inusitado: declararam um "dia de folga" nacional para as mulheres, em reconhecimento por sua árdua labuta em casa e no trabalho e sua remuneração inferior à dos homens. Uma parcela enorme das islandesas, estimada em 90%, aderiu à "greve". Sua recusa a lecionar, imprimir jornais, servir em aviões e limpar peixes acarretou uma paralisação quase total de escolas, indústrias e estabelecimentos comerciais da Islândia. Os pais que quiseram trabalhar tiveram de levar as crianças junto. No ano seguinte, o Parlamento islandês aprovou uma legislação sobre a igualdade de direitos, e cinco anos mais tarde a primeira mulher foi eleita presidente no país. O protesto se repete a cada dez anos, e recentemente inspirou ativistas polonesas, que tiveram êxito em suas manifestações contra a revogação dos já limitados direitos ao aborto no país em 2016.

O protesto das islandesas, por sua vez, teve como inspiração uma greve muito menor convocada por mulheres americanas em 26 de agosto de 1970, no quinquagésimo aniversário da concessão do direito ao voto feminino nos Estados Unidos, ocorrida em 1920. A ação foi proposta por Betty Friedan, presidente da Organização Nacional das Mulheres, e conclamou as mulheres a tomar qualquer medida que fizesse sentido em suas vidas. Uma organizadora imaginou:

> Mulheres que trabalham em escritório colocarão tinta demais em suas máquinas [...]. Secretárias colocarão todas as cartas em envelopes errados. Garçonetes colocarão sal em açucareiros. Esposas servirão comida mexicana congelada aos maridos e verão sua cara-metade se torcer de dor de barriga. Algumas não servirão nada ao companheiro.[18]

Ela propôs um lema para o dia: "Não malhe enquanto a greve está quente".

Em Washington DC, a variedade dos grupos que coordenaram o evento revela a complexa coalizão de interesses que compunha o "movimento das mulheres" naquele momento histórico. Membros da Organização Nacional das Mulheres se aliaram a mulheres da Organização Nacional pelo Direito ao Bem-Estar Social (NWRO, na sigla em inglês), da Aliança da Juventude Socialista, do Movimento pela Liberação das Mulheres de Washington (DCWLM, na sigla em inglês), do Mulheres do Funcionalismo Federal e da Aliança das Mulheres Sindicalizadas. Seus objetivos eram diversificados, como o fim da Guerra do Vietnã, o fim do sexismo no movimento sindical, a diminuição da pobreza das mulheres negras e da classe trabalhadora e o fim do patriarcado. Algumas lutavam pela Emenda pela Igualdade de Direitos. Outras, como as do DCWLM, rejeitavam a emenda por considerá-la um objetivo reformista de brancas da classe média que pouco faria para mudar o status quo. Nisso estavam de acordo com as integrantes da NWRO de Washington, que em sua maioria eram afro-americanas de baixa renda. Sua grande preocupação era com a pobreza, e elas pressionavam e agiam por melhor moradia, transporte mais barato e melhor assistência médica. Essas "ativistas do bem-estar social" também eram céticas quanto ao trabalho remunerado como uma forma de liberação. Como exerciam ocupações mal remuneradas em más condições e sofriam com a obrigatoriedade de terem um emprego — sem que fossem consideradas as necessidades de seus filhos — embutida no sistema de bem-estar social, ativistas como Etta Horn sempre tinham o cuidado de distinguir seu ativismo em defesa da liberação das mulheres das reivindicações por acesso a emprego para liberar as mulheres. Horn, ex-empregada doméstica, mãe de sete filhos e devota ativa em sua igreja, participou de protestos contra o racismo policial e de um boicote a lojas de departamento que se recusavam a vender a crédito para quem vivia do auxílio do governo. A NWRO não qualificava suas ações como feministas, mas, como observou a historiadora Anne Valk, as integrantes do grupo desenvolveram uma análise da maternidade como uma forma sistêmica de "supremacia masculina" apenas explorada e não remunerada. Os números desproporcionais de mulheres entre os beneficiários do auxílio estatal e suas menções à "supremacia masculina" deram a esse trabalho uma forte afinidade com as campanhas feministas.[19]

A greve de 1970 inspirou várias táticas nos Estados Unidos. Funcionárias públicas afiliadas ao movimento Mulheres do Funcionalismo Federal eram proibidas por lei de fazer greve, e conclamavam as integrantes a "lutar com a cabeça — não com tijolos". A União pela Liberação das Mulheres de Chicago fez uma visita inesperada a um frigorífico onde uma funcionária tinha sido demitida por levar o filho para o trabalho e persuadiu os gerentes a readmiti-la. Em Washington, a NOW definiu um boicote de consumidores como o cerne de sua ação. Em protesto contra a propaganda sexista, suas integrantes especificaram como alvos a revista *Cosmopolitan*, uma marca de cigarros, um detergente de lava-louças e um spray de higiene íntima. Membros do DCWLM fizeram passeata até o presídio feminino da cidade e bradaram que a "supremacia masculina encarcerou todas as mulheres". Arremessaram pedras nas janelas do presídio, gritaram para as detentas lá dentro e mais tarde tentaram angariar fundos para pagar a fiança delas. No entanto, seu envolvimento com as prisioneiras foi superficial, e os esforços para pagar fiança ou criar outras ligações com mulheres no sistema de justiça criminal foram esparsos. Formar coalizões podia parecer dispendioso; o DCWLM concluiu que trabalhar com a NOW era "um desperdício de energia em trabalhos com grupos que têm prioridades diferentes". Outras associações de mulheres norte-americanas desaprovaram a participação de homens na greve. A União de Liberação das Mulheres de Chicago refletiu que, em suas manifestações, "os homens pareciam dominar grande parte da multidão e tinham um impacto despro-porcional. Mais uma vez, um evento não foi totalmente nosso, e nós fomos um espetáculo para os homens".[20]

PIQUETES

Outra tática empregada pelo movimento trabalhista era o piquete, tra-dicionalmente usado para impor greves em locais de trabalho, mas, assim como a greve, capaz de ser levado para esferas de subordinação feminina. Em 1971, por exemplo, um grupo de aproximadamente quarenta manifestantes fez piquete na entrada de um concurso de "garota mais sexy" em um bar de Seattle, argumentando que isso objetificava as mulheres; também naquele ano, um grupo de irlandesas, frustradas porque o Seanad [parlamento] não concedia tempo para a análise de um projeto de lei sobre o acesso feminino a métodos anticoncepcionais, fez piquete com carrinhos de bebê diante do prédio do Parlamento, o Leinster House, e mudou a letra do hino dos direitos civis, de *"We shall not be moved"* [não vão nos mover] para *"We shall not conceive"* [não vamos conceber]. Algumas mulheres invadiram o prédio pela janela do banheiro masculino e ocuparam o recinto. Sua frustração com o impasse da contracepção no Parlamento levou a um momento decisivo no Movimento de Liberação das Mulheres Irlandesas em 22 de maio de 1971. Um grupo de ativistas convidou equipes de televisão a segui-las em uma viagem a Belfast em que burlariam a proibição à contracepção na República da Irlanda. Elas compraram preservativos e gel espermicida, mas seus planos de obter pílulas anticoncepcionais não deram certo. A pílula tinha sido legalizada na Grã--Bretanha em 1962, mas só era vendida com receita médica. As ativistas então compraram centenas de cartelas de aspirina, apostando que os funcionários da alfândega não seriam capazes de distingui-las de pílulas anticoncepcionais. Quando voltaram de trem para Dublin, as manifestantes declararam suas ações na alfândega, brandiram os preservativos e engoliram algumas aspirinas. Cercadas por apoiadoras que bradavam "deixem passar", os funcionários não ousaram prendê-las. Suas ações de desobediência civil ganharam muita publicidade, mas ainda assim a mudança foi lenta. Apesar de uma decisão da Suprema Corte da Irlanda em 1973 que considerou a contracepção um "direito conjugal", o governo ainda relutou em tomar as medidas necessárias, alegando oposição da Igreja católica. Por fim, em 1980, a lei concedeu acesso limitado à contracepção: apenas a pessoas casadas. Ao longo dos quinze anos seguintes, um longo processo de emendas expandiu gradualmente o número de pessoas que podia ter acesso ao controle de natalidade. O aborto foi descriminalizado na República da Irlanda em um plebiscito histórico realizado em 2018, o que só ocorreu na Irlanda do Norte em 2019.

Japonesas e coreanas recorreram ao piquete para protestar contra o comércio do sexo, destacando sua dimensão "turística". No Japão e na sua ex-colônia, a Coreia, vigorou por muito tempo um sistema de "zonas de meretrício" ou "zonas do prazer". Os bordéis podiam ser licenciados legalmente e, em alguns casos, sistemas de trabalho com regime de servidão por contrato governavam a vida das profissionais do sexo. As mulheres coreanas chamadas de "kisaeng", por exemplo, tinham um papel estabelecido e tolerado como fornecedoras de entretenimento sexual para homens da elite. Depois que muitos colonizadores japoneses foram para a Coreia em fins do século XIX, a prostituição prosperou em portos coreanos. Quando o Japão declarou a Coreia seu protetorado, em 1905, as autoridades introduziram um sistema mais formal de turismo sexual regulamentado. Esse sistema contribuiu para que tivesse início a escravização sexual de muitas coreanas e chinesas em "postos de conforto" durante os conflitos militares japoneses, entre 1937 e 1945. Obrigadas a fornecer sexo para soldados japoneses, as "mulheres de conforto" eram forçadas a trabalhar em bordéis; cerca de três quartos morreram ou foram assassinadas durante o cativeiro. A derrota do Japão e a divisão da Coreia em dois países independentes a partir de 1948 não impediram que em seguida se estabelecesse um turismo sexual rotineiro do Japão para a Coreia do Sul. O custeio por empresas e os pacotes turísticos exclusivos para homens cresceram rapidamente nos anos

1970. O cativeiro das "mulheres de conforto" durante a Segunda Guerra Mundial permaneceu sem reconhecimento como uma atrocidade em grande escala até o final do século xx. Manifestações semanais organizadas pelo Conselho Coreano para as Mulheres Recrutadas para a Escravidão Sexual Militar pelo Japão foram feitas diante da Embaixada Japonesa em Seul de 1992 a 1994, até por fim forçarem um processo de pedidos de desculpas e indenizações.[21]

Como muitos homens dos Estados Unidos e da Europa, japoneses fizeram turismo sexual na Coreia do Sul e nas Filipinas até os anos 1970. O governo sul-coreano apoiava vigorosamente essa prática como um recurso para atrair receitas do exterior para o país e cooperava com empresas japonesas visando o lucro com o trabalho sexual feminino. A ascensão de um movimento de mulheres mais assertivo começou a contestar esse sistema. Coreanas fizeram piquete no Aeroporto de Gimpo em Seul contra o desembarque de homens japoneses e, em 1974, japonesas fizeram piquete contra a partida de homens no aeroporto de Haneda em Tóquio.[22] As manifestantes se enfureciam em particular com a natureza organizada dos pacotes japoneses de turismo sexual. Firmas japonesas forneciam refeições e hotéis, e com isso monopolizavam os lucros, deixando apenas uma remuneração irrisória para as coreanas profissionais do sexo.

Quando por fim esse setor foi regulamentado com mais abrangência e teve sua lucratividade ameaçada, muitas mulheres da Coreia do Sul e de outros países foram levadas para o Japão para trabalhar em bares e em casas de massagem, muitas vezes sem acesso aos seus passaportes e sem dinheiro para abandonar um emprego que as explorava. Em consequência, as manifestações em aeroportos foram suplementadas por alojamentos montados por mulheres japonesas para abrigar as imigrantes que fugiam da exploração sexual e laboral.

O crescimento das "sex shops" em fins do século xx, que vendiam pornografia e brinquedos sexuais, e o aumento do conteúdo de sexo explícito de modo mais generalizado na mídia, incitaram mais piquetes de muitos grupos de liberação das mulheres. Em 1981, o boletim *San Francisco Women Against Violence in Pornography* [Mulheres de San Francisco Contra a Violência e a Pornografia] ofereceu a seus leitores um "manual" intitulado "Como organizar um piquete antipornografia", concebido como uma tática a ser usada em cinemas, estúdios de televisão e sex shops. Esses manuais salientavam a necessidade de envolver os meios de comunicação, usar palavras de ordem criativas e recorrer a refrões e músicas para enfatizar uma resistência vigorosa. Eram recomendadas as canções sobre direitos civis *We Shall Overcome, Fight Back* e *We Shall Not Be Moved*.

Em Londres, mulheres em uma manifestação "Reclaim the Night" de 1978 fizeram piquete diante de uma sex shop, depois invadiram o estabelecimento e cobriram as revistas pornográficas com adesivos de protesto; dezesseis mulheres foram presas. Elas citaram como inspiração as sufragistas que apedrejavam janelas.[23] Outras táticas de pichar e lançar bombas incendiárias contra sex shops viriam em seguida. "Reclaim the Night" — resgatar a noite — foi a palavra de ordem que identificava protestos em espaços urbanos contra a violência masculina praticada contra mulheres, nos anos 1970. A primeira dessas manifestações registrada na mídia feminista ocorreu em março de 1976 em Bruxelas, e a prática rapidamente se alastrou para Roma, Berlim e, por fim, a Alemanha Ocidental, em diversas passeatas sincronizadas, em 30 de abril de 1977. Essas manifestações foram uma resposta aos estupros e assédios sofridos diariamente por mulheres nas ruas das cidades, sobretudo em áreas de prostituição. Nesses eventos, mulheres levavam tochas acesas e improvisavam uma percussão com instrumentos musicais, invadindo espaços hostis com luz e som. As marchas aconteceram em Leeds, em Londres e em outras sete cidades britânicas em 1977; em Leeds, as ações foram orientadas em especial contra os assassinatos de mulheres pelo "Estripador de Yorkshire", cometidos por Peter Sutcliffe entre 1975 e 1980. A polícia de Yorkshire pediu que as mulheres ficassem em casa à noite se quisessem estar em segurança, e isso provocou uma resposta furiosa das feministas: por que as mulheres deveriam estar confinadas para se livrar da violência masculina? Elas propuseram que, em vez disso, fosse instituído um toque de recolher para os homens. O grupo Feministas Revolucionárias de Leeds afixou cartazes falsos da polícia dirigidos a "todos os homens de West Yorkshire", que recomendavam: "Em consideração à segurança das mulheres, por gentileza se assegurem de estar em casa a partir das oito horas da noite, para que as mulheres possam cuidar de seus afazeres sem o medo que vocês podem inspirar".

As manifestações "Reclaim the Night" ainda são comuns hoje, e seu resgate desafiador do espaço encontrou eco no movimento global "Marcha das vadias", surgido em 2011 contra a recomendação da polícia de Toronto para que as mulheres evitassem se vestir como "prostitutas" para não atraírem agressões sexuais. Ambos os formatos causaram polêmica entre as profissionais do sexo, que não gostaram do barulho e do tumulto em sua área de trabalho, e algumas não aceitaram a apropriação do termo "vadia". Era possível encontrar um terreno comum na luta contra a violência masculina, porém nem sempre a sensibilidade prevalecia. As profissionais do sexo eram vistas como vítimas ou cúmplices por muitas participantes do movimento de liberação das mulheres, e modelos de "resgate" imbuídos de juízos de valor que haviam prevalecido no século xix ainda eram perceptíveis no final do século xx. Essa foi uma fonte de muita tensão no movimento das mulheres, que demorou a ouvir os pontos de vista de mulheres e indivíduos não binários que vendiam sexo. Qualquer tentativa de "resgatar" espaço ou de empregar categorias ofensivas como "vadia" corria o risco de criar novos limites para o acesso e a integração.

CORPOS E NUDEZ

Os protestos no concurso de Miss América em Atlantic City inspiraram um apelido para as feministas: "queimadoras de sutiã". No entanto, apesar da fama histórica, nenhum sutiã foi queimado na ocasião. Embora as feministas dos anos 1970 incentivassem as mulheres a abolir o uso do sutiã, a queima da peça foi uma imagem empregada principalmente por antifeministas para indicar a natureza perigosa e subversiva do corpo feminino sem o controle do vestuário, dos homens e do Estado. Apesar do estereótipo, é verdade que os seios e o corpo feminino de modo geral têm destaque nos protestos feministas.

Em 2008, um grupo de feministas ucranianas que se apresentava como Femen [Фемен] decidiu fazer campanha contra o tráfico sexual de mulheres na Europa e em países do antigo bloco soviético, como a Ucrânia e a Moldávia. Seus esforços anteriores para atrair publicidade tinham sido malsucedidos. Porém, depois de tirarem a blusa e estamparem lemas no torso nu, elas conseguiram a cobertura generalizada da imprensa. Espontâneas e provocadoras, as mulheres do Femen queriam subverter a obsessão da mídia por seios e reconectar o feminismo com o público mais amplo. Em uma manifestação contra tentativas de restringir o direito ao aborto na Ucrânia, ativistas pintaram no tronco "*My body is my business*", algo que pode ser lido como "Meu corpo é problema meu" ou "Meu corpo é meu negócio". De maneira subversiva, o

Femen reivindicava a autonomia reprodutiva *e* reconhecia, com sarcasmo, os usos comerciais que as mulheres fazem de seu corpo. As manifestações do Femen tiveram custos consideráveis para as envolvidas; ativistas do grupo foram forçadas a deixar a Ucrânia em 2013 e pediram asilo na França depois de receberem ameaças de morte.

As ativistas do Femen consideravam seu feminismo distinto daquele que elas chamavam de "histórico" ou "norte-americano", voltado para a igualdade de direitos; em vez disso, elas empregavam termos como "ultrafeminismo" ou "neofeminista" para comunicar sua condição distintiva. Uma integrante do movimento, Anna Hutsol, comentou: "O feminismo precisa deixar de ser marginal. Tem de ser popular. Tem de ser legal, divertido. É por isso que sou Femen. Quero que o feminismo seja popular e leve, muito leve".[24] Essa postura foi inspirada por tradições bem estabelecidas que veem o feminismo como uma importação de origem norte-americana, colonial ou ocidental que causa distorções. E está ligada a outra narrativa bastante usada de rejeitar os objetivos das gerações anteriores de feministas ao se intitular "nova".

Como a Coreia do Sul nos anos 1970, a Ucrânia pós-soviética, nos anos 1990 e 2000, se tornara um destino de turismo sexual. Os protestos de torso nu das mulheres do Femen ressaltavam a exploração sexual feminina envolvida. Seria essa atitude uma façanha publicitária brilhante ou uma capitulação ao olhar masculino? É verdade que, às vezes, imagens de seus seios voltavam a circular na mídia, para a excitação dos homens. Eram muitas vezes corpos esguios, jovens e condizentes com os padrões patriarcais de beleza. As integrantes do Femen queriam subverter a exploração masculina do corpo feminino, mas não punham em evidência corpos gordos, idosos ou fora do padrão.

Manifestações subsequentes do Femen foram criticadas por adotar uma postura antirreligiosa que ficou conhecida pela oposição ao Islã. Em 2013, o Femen organizou uma "jihad topless" em cinco cidades europeias para apoiar mulheres muçulmanas que, em redes sociais, também haviam adotado a técnica dos protestos sem blusa ou sem roupa. Apesar das declarações de "ineditismo", críticos acusaram o Femen de islamofobia ou de neocolonialismo, imitando de maneira perigosa as tentativas passadas de euro-americanas de "salvar mulheres de pele marrom de homens de pele marrom", na famosa expressão da acadêmica do pós-colonialismo Gayatri Spivak.[25]

No entanto, os protestos de torso ou corpo nus não foram inventados pelo Femen; eles têm uma história muito mais longa, como indicam as ações de trabalhadoras sul-coreanas nos anos 1970 e de comerciantes nigerianas nos anos 1920. Os problemáticos aspectos islamofóbicos e raciais do uso do corpo feminino em protestos do Femen obscurecem os modos como mulheres africanas e afro-americanas — livres e escravizadas — também mostraram o corpo em manifestações. Esses atos assumiram um significado especial nos Estados Unidos, onde, ao longo da história, as afro-americanas foram tratadas como sexualmente disponíveis. Corpos de mulheres negras, ocupados no trabalho ou erotizados, foram exibidos, ridicularizados, explorados. Subir no palanque ou no púlpito, como fizeram oradoras como Frances Harper, Ida B. Wells e Maria Stewart nos séculos xix e xx, era atrair a visibilidade de um modo que era particularmente oneroso para as mulheres negras. É famoso o ato da ex-escravizada e abolicionista Sojourner Truth no qual ela mostrou os seios para uma plateia de homens brancos em Indiana, em 1858, quando disseram que ela não era mulher. Ela lembrou aos ouvintes que seus seios haviam amamentado bebês brancos e que o cativeiro a separara de seus próprios filhos. Para rematar, ela convidou a plateia a mamar também. Esse gesto brilhante e subversivo que encheu de vergonha os presentes é o melhor exemplo de sua recusa a ser silenciada por céticos. No entanto, negociar os usos políticos do corpo de mulheres negras não é fácil, e manifestações que envolvem nudez sempre acontecem em ambientes onde raça, fé e classe irão moldar os significados do corpo feminino.[26]

Apesar da diversidade do feminismo no mundo, é possível ver linhas de inspiração em comum, técnicas emprestadas e compartilhadas, nos modos como as feministas contestam a exclusão, reivindicam seus espaços e se fazem ouvir. Os catalisadores são momentos de comoção por mudanças econômicas e demográficas, guerras ou trocas de regime. Ativistas fizeram uso de sua experiência de organização política em outras campanhas — por democracia, abolição da escravidão, direitos civis, mudança religiosa, libertação nacional, melhor remuneração. Essas lutas são com muita frequência decepcionantes para as mulheres, que se veem marginalizadas e não são levadas a sério. Frustradas, elas se voltam para ações feministas, embora muitas possam manter seus comprometimentos prévios com causas ligadas ao trabalho, à nação ou à fé. Às vezes elas conseguem fundir causas distintas; como vimos, a ruptura anarquista e as ações sindicais coletivas foram especialmente bem adaptadas à luta feminista.

O significado de uma ação varia de acordo com seu contexto e significado pessoal. A melhor concepção de "militância" — se é que isso significa alguma coisa nesse terreno imensamente diversificado — não se relaciona ao grau de força empregada, mas aos custos pessoais do comprometimento e da coragem envolvidos. Desnudar os seios ou oferecer uma flor podem ser atos imbuídos de militância no contexto apropriado. O ativismo feminista é concebido principalmente para celebrar a vida; mas a morte de militantes tenazes e indomáveis como Julieta Lanteri, Funmilayo Ransome-Kuti e outras nas mãos de paramilitares, policiais e soldados mostra os riscos para todas as ativistas.

8. Canções

Como é ouvir o feminismo?[1] A distância histórica e a natureza intangível do som impõem limites ao acervo auditivo. Mas quando lemos documentos históricos de uma perspectiva pouco habitual, podemos "ouvir o feminismo" mesmo a vários séculos de distância. Os vestígios dessa rica trilha sonora de oratória, canções, cânticos e *keening* [lamentos fúnebres] nos dão um tema final para compreender o passado que pode ser usado dos feminismos. Em 1982, a manifestante e revolucionária lésbica Gillian Booth, com a ajuda de outras mulheres de Greeham Common, escreveu uma série de canções que perguntavam sem rodeios:

Which side are you on
which side are you on
are you on the other side from me
which side are you on?

Are you on the side that don't like life
are you on the side of racial strife
are you on the side that beats your wife
which side are you on?

Are you on the side who loves to hunt
are you on the side of the National Front
are you on the side who calls me cunt
*which side are you on?**

Essa canção feminista que associa as questões poderosas e emocionais do racismo, da violência doméstica, da caça à raposa e do fascismo representa de maneira extraordinária o seu momento histórico e a sua localização, a Grã-Bretanha. No entanto, "Which side are you on?" tem uma longa história que dá visibilidade a uma herança musical e política complexa. Foi composta originalmente em 1931 pela sindicalista americana Florence Reece (1900-86), inspirada por sua convivência com homens grevistas de sua família — mineiros de carvão do condado de Harlan, em Kentucky. O marido de Reece, Sam, era um líder sindical. A casa deles foi revistada mais de uma vez pela polícia, na presença de seus sete filhos. Longe de se envolver com o ativismo exclusivamente feminista de Greeham Common, Reece buscava a solidariedade com os homens e, em suas canções, assumiu uma persona masculina:

My daddy was a miner,
And I'm a miner's son,
He'll be with you fellow workers
*Until this battle's won***

O refrão de "Which side are you on?" se dirigia aos homens e os conclamava a se filiarem ao sindicato:

Which side are you on, boys?
*Which side are you on?****

* "De que lado você está/ de que lado você está/ está do lado oposto ao meu/ de que lado você está?// Está do lado que não gosta da vida/ está do lado da luta entre raças/ está do lado que bate na mulher/ de que lado você está?// Está do lado que ama caçar/ está do lado da Frente Nacional/ está do lado que me chama de vaca/ de que lado você está?"
** "Papai era mineiro,/ E filho de mineiro eu sou,/ Ele vai estar com vocês, companheiros/ Até a batalha ser vencida."
*** "De que lado vocês estão, rapazes?/ De que lado vocês estão?"

Reece invocava os ideais de solidariedade e resistência associados a "ser homem":

Oh workers can you stand it?
Oh tell me how you can?
Will you be a lousy scab
*Or will you be a man?**

Como tantas mulheres da classe trabalhadora que lutavam por justiça por meio da ação coletiva, Florence Reece enfatizava os interesses comuns a todos os trabalhadores, homens e mulheres. Sua música foi usada em várias lutas trabalhistas, tornou-se uma canção pelos direitos civis nos anos 1960 e foi reutilizada em outras greves de mineiros no mundo todo. Ela dá uma ideia das ligações e da rica herança musical de movimentos feministas, trabalhistas e antifascistas que compartilharam e reescreveram canções em lutas diversas que cruzavam fronteiras nacionais.

As militantes feministas há muito tempo reconhecem o poder da música para promover a solidariedade e subverter o status quo. Do hino sufragista "The march of women" [A marcha feminina], de Ethel Smyth (1910), à música "Kill the sexist" [Mate o sexista], do grupo punk feminista russo Pussy Riot feita um século depois, a música tem sido veículo da oposição feminista. Algumas são cânticos simples, como "Un violador em tu camino" [Um estuprador no seu caminho], uma toada com coreografia composta em 2019 pelo coletivo feminista chileno Las Tesis e apresentada no mundo todo. Outras canções feministas têm uma infraestrutura, com bandas, estúdios de gravação e redes de distribuição. Na maioria das vezes, contudo, os movimentos feministas costumam ser apresentados por meio de textos e discursos, e pode ser difícil pensar além desse arcabouço, pensar em "ouvir" o feminismo como uma prática criativa. A exclusão feminina de diversos tipos de produção cultural é um poderoso ingrediente de opressão. As artes são veículos de poder e de voz cultural, e nos últimos dois séculos a marginalização das mulheres nas esferas de composição e execução musical, roteirização e direção de filmes e peças teatrais, rádio e

---

* "Ó trabalhadores, como podem tolerar?/ Ah, me digam como podem?/ Vai ser um fura-greves nojento/ Ou vai ser um homem?"

televisão, produção de obras de arte e publicação de livros emudece as vidas, verdades e visões femininas. Também as empobreceu por conta da falta de acesso a papéis profissionais na música e nas artes.

Ainda assim, *há* vestígios da produção cultural feita por mulheres, que examinaremos aqui através da música. Os acervos do ativismo feminista permitem vislumbres instigantes de músicas que acompanharam mulheres e homens em suas lutas. Por exemplo, a escritora sueca Ellen Key contou que, no começo do século xx,

> Em uma reunião escandinava sobre a questão da mulher, foi executada uma cantata proclamando que a raça humana, sob a supremacia do homem, resvalou para as trevas e o crime. Mas agora a raça renasceria da alma da mulher, o sol nascente dispersaria a escuridão da noite e o advento do Messias era certo.[2]

O feminismo de Key era religioso e visionário. Pela música, transmitia o seu ímpeto criativo e com habilidade alcançava fontes espirituais e emocionais de mobilização profundas. Infelizmente, ainda não sabemos como soava essa cantata.

"Ouvir o feminismo" não significa apenas captar a execução musical; o acervo feminista também pode transmitir outros tipos de qualidades sonoras. Por exemplo, um momento crucial da história do feminismo iraniano foi registrado pela feminista norte-americana Kate Millett, que gravou em fita seus pensamentos durante os treze dias em que esteve no país durante a revolução iraniana de 1979. Inadvertidamente, ela também gravou, ao fundo, as conversas animadas e os lemas gritados pelas ativistas iranianas, que defendiam a insurreição contra o xá Reza Pahlavi, ditador apoiado pelos norte-americanos, e queriam assegurar que direitos da mulher fizessem parte da nova república islâmica. Elas enfrentaram uma oposição crescente do líder revolucionário aiatolá Khomeini, mas as fitas que permitem ouvir seu ativismo revelam os outros rumos que a revolução poderia ter tomado. Feministas islâmicas e seculares concebiam uma "sociedade livre" e uma "vida livre". Como observou a acadêmica Negar Mottahedeh, Kate Millett nem sempre compreendeu as prioridades daquelas mulheres, mas sua presença criou uma paisagem sonora feminista de intensidade extraordinária.[3]

Ouvir as primeiras feministas, anteriores ao advento de equipamentos de gravação acessíveis, pode ser mais difícil. Em alguns casos, temos apenas descrições verbais. Por exemplo, a célebre oradora francesa Nelly Roussel (1878--1922), que defendia o controle da natalidade, chamava a atenção por sua voz musical, "puro cristal cujas vibrações comoventes preenchiam salões enormes".[4] Roussell era famosa por sua habilidade em usar a voz para criar uma conexão emocional com seus ouvintes, apesar da natureza controversa do tema. O mais comum, porém, era as mulheres ativistas terem dificuldade para serem ouvidas. Anna Julia Cooper, por exemplo, nasceu escravizada em 1858 e teve uma vida de realizações extraordinárias e mobilidade transnacional. Estudou no Oberlin College e na Sorbonne, em Paris, e foi uma oradora diligente do movimento pelos direitos civis dos negros e do movimento feminista. Seu livro, *A Voice from the South* [Uma voz do Sul], publicado em 1892, tinha uma estrutura musical. A primeira parte se intitulava "*Sopreno Obligato*" e tratava da condição feminina. A segunda parte, "*Tutti Ad Libitum*", refletia sobre raça na cultura norte-americana; Cooper se referiu à voz dos negros como "uma melodia abafada" ou "uma cadência dissonante" no Sul dos Estados Unidos. Ela percebia de maneira ainda mais acentuada a ausência de vozes femininas negras, "uma nota muda e sem voz", em suas palavras.[5] Cooper convidava seus leitores a pensar em termos musicais sobre quem podia falar e a reparar nos silêncios.

MÚSICA SUFRAGISTA

Os criativos protestos associados às militantes sufragistas são bastante conhecidos pelo uso da dramatização, da cor e do figurino. Já a música desses grupos foi menos analisada, talvez porque seus usos muitas vezes tenham sido efêmeros, sem muita probabilidade de serem registrados em acervos. Desde as canções cartistas adaptadas do século XIX até as composições encomendadas do século XX, músicas inspiraram o movimento e foram publicadas em numerosos cancioneiros. Não surpreende que o movimento sufragista britânico tenha sido orientado para essa arte, dado o contexto de coros, fanfarras e orquestras da época. Movimentos como o socialista Clarion e as ativistas da temperança recorreram amplamente à música para galvanizar seus seguidores. O hino socialista "England arise" [Inglaterra, levante], de Edward Carpenter, era cantado em assembleias e feiras, embora o movimento socialista também

Anna Julia Cooper, quarta mulher afro-americana a obter um doutorado e militante vitalícia pelos direitos civis e a educação.

tenha produzido cançonetas antifeministas como a seguinte paródia de uma canção infantil, publicada em abril de 1898 no *Manchester Monthly Herald*:

Rock-a-bye, baby, for father is near,
Mother is biking, she never is here!
Out in the park she's scorching all day
Or at some meeting is talking away!
She's the king-pin at the women's right show,
*Teaching poor husbands the way they should go!**

Foi composta por Ethel Smyth (1858-1944), que produzia músicas para os grandes eventos e passeatas ensaiados da WSPU. Contrariando a vontade de seu pai, Smyth decidiu estudar música e compôs diversas obras, incluindo uma ópera, "Der Wald", apresentada no Metropolitan Opera de Nova York, em 1903. Até a temporada de 2016, essa obra era a única ópera composta por uma mulher a ser encenada nessa casa de espetáculo.

Ethel Smyth se afiliou à WSPU em 1910 e passou dois meses na prisão de Holloway por quebrar janelas em 1912. É famoso o relato de quando ela foi vista regendo as detentas da WSPU da janela de sua cela na prisão, usando uma escova de dentes como batuta, enquanto as outras prisioneiras cantavam no pátio lá embaixo a mais famosa contribuição de Smyth ao movimento das mulheres, "The march of the women". Composta como uma marcha vibrante, arrebatadora, essa música mais tarde ganhou uma letra da escritora Cicely Hamilton. O jornal *Votes for Women* descreveu a música como "o espírito fogoso da revolução unido à solenidade religiosa […]. Era ao mesmo tempo um hino e uma convocação para a batalha". Smyth relembrou uma apresentação em 1911 no Albert Hall, uma prestigiosa casa de espetáculos londrina onde as sufragistas exerceram sua oratória e angariaram fundos: "Um coro de sufragistas tinha ensaiado rigorosamente […] tínhamos o órgão e uma corneta, eu acho, para entonar a melodia".

A fama de Smyth como compositora era tão útil para a WSPU quanto suas contribuições musicais, e a organização a colocou no centro do palco na

---

* "Nana, neném, que o papai está perto,/ Mamãe saiu de bicicleta, ela nunca está aqui!/ Está lá no parque esbravejando o dia inteiro/ Ou em alguma reunião falando pelos cotovelos!/ Ela é a estrela no show dos direitos femininos/ Que ensina aos pobres maridos como se comportar!"

apresentação das realizações femininas que acompanhou as reivindicações à cidadania. Smyth recordou: "Foi maravilhoso entrar pelo corredor central do Albert Hall vestida com a beca de doutora em música ao lado da sra. Pankhurst e receber uma belíssima batuta circundada por um colar dourado".[6]

A promissora carreira de Smyth começou a ser encurtada pelo agravamento da surdez em 1913, porém mesmo antes disso seu trabalho já era com frequência depreciado como o de uma "mulher compositora". Uma crítica sobre "Der Wald" no jornal britânico *Daily Mail* comentou em tom condescendente: "A natureza graciosa e peculiar da obra agradará mais do que sua tentativa de comunicar uma emoção humana intensa, e por isso é feminina, segundo toda a tradição". Esse tipo de retórica não era novidade. "Orquestras femininas" compostas de mulheres brancas começaram a excursionar pela Europa e pelos Estados Unidos nos anos 1870, mas, apesar de seu alto nível musical, em geral atraíam o público mais como uma curiosidade visual do que pela execução musical. O *New York Times* publicou uma crítica indulgente sobre a Orquestra Feminina Vienense em 1874, comentando: "As senhoras vienenses, com sua uniformidade de trajes bonitos e (poderíamos acrescentar) de rostos bonitos".[7] Mulheres musicistas se desdobravam para serem tratadas como profissionais. Tinham relativamente pouco acesso a salas de concerto, sendo relegadas a tocar em espetáculos de variedades e em orquestras de teatro, além de parques, feiras e festas.

Para as mulheres que tocavam em orquestra, a remuneração sempre era precária. Após a Primeira Guerra Mundial, por exemplo, a Orquestra Hallé, em Manchester, demitiu todas as mulheres musicistas que havia empregado durante o conflito. Essa medida não foi tomada apenas para dar lugar aos soldados que voltavam e que, como a maioria acreditava, tinham prioridade em qualquer emprego. Os diretores musicais também alegavam que não era possível alojar mulheres durante as turnês e que a presença delas atrapalhava a "unidade de estilo" da orquestra. Smyth, membro militante da Associação de Mulheres Musicistas, reconheceu que esse tipo de preconceito não apenas impedia mulheres de ganhar seu sustento, mas também praticamente impossibilitava que elas fizessem carreira como compositoras, pois tocar em orquestra era um treinamento essencial. Ela fez um comentário contundente sobre o mundo da música clássica: "Tirania e covardia, mesquinhez e inveja não são qualidades louváveis, e eu me pergunto se os homens têm noção do desprezo

A compositora Ethel Smyth discursa em reunião da WSPU, London Pavilion, 1912.

com que as mulheres recebem essas tentativas de impedir que elas ganhem seu sustento".[8] A música, disse Smyth, era para as mulheres uma porta de acesso ao emprego e um veículo de protesto e solidariedade.

GOSPEL, BLUES E EXCLUSÃO RACIAL

Além da segregação de gênero, a indústria da música também praticava amplamente a racial. As musicistas negras tinham ainda menos probabilidade de conseguir emprego do que suas colegas brancas. Além disso, a segregação racial limitava o acesso à música para o público norte-americano de origens africana ou asiática. Essa questão virou um vespeiro na apresentação de músicas feministas. Em 1925, o Conselho Internacional de Mulheres (icw), uma rede fundada em 1888, reuniu-se em Washington DC. Na programação do evento constava um "Festival de Música Norte-Americana", destinado a apresentar a cultura nacional a um público internacional. No entanto, o icw sempre tentara evitar o radicalismo e a controvérsia. Os organizadores do festival cederam às exigências locais de fornecer lugares segregados racial-mente na plateia do Memorial Continental Hall. Furiosa, a eminente oradora afro-americana Hallie Quinn Brown conclamou as musicistas participantes a boicotar a apresentação. Brown (c. 1845-1949), musicista e membro da Associação Nacional de Mulheres de Cor, representara os Estados Unidos no icw de 1899 em Londres. Filha de ex-escravizados, ela se destacava como docente, sufragista e ativista contra linchamentos e tinha renome também no circuito de conferências internacionais, nas quais apresentava canções da tradição espiritual afro-americana. Brown criticou de forma veemente a falta de princípios do icw: "Este é um encontro de mulheres do mundo todo, aqui a cor não tem lugar". Depois de sua conclamação, duzentas musicistas boicotaram o festival.

Hallie Quinn Brown buscou inspiração musical no gospel, um estilo de fácil acesso às mulheres afro-americanas. Executar e ouvir música nos ambientes cristãos de igrejas, encontros missionários e acampamentos de reavivamento espiritual eram fontes de inspiração religiosa e às vezes de auto-ridade e poder para mulheres, que raras vezes podiam subir na hierarquia de suas igrejas. Cantar hinos não era algo que se fazia com frequência em nome do feminismo. Mesmo assim, era uma fonte de poder, como atesta a vida de Amanda Berry Smith (1837-1915), que nascera escravizada em Maryland mas apesar disso conseguiu exercer influência até fora do seu país fazendo palestras e excursões missionárias na Grã-Bretanha, na Índia e na Libéria. Smith era conhecida por sua voz forte e melodiosa, que se tornou fundamental em seu ministério na Igreja Episcopal Metodista Africana. Décadas de labuta como empregada doméstica e lavadeira deram lugar ao trabalho de Smith em mis-sões da Igreja Metodista e na União das Mulheres Cristãs pela Temperança e, por fim, a uma missão de oito anos na Libéria a partir de 1882. Smith conta em sua autobiografia que cantou em trens e automóveis, em cima de tocos de árvore, em barracas e em igrejas. Na Grã-Bretanha, ela foi anunciada em tom paternalista como cantora gospel e "jovem escrava convertida". Sintetizando sua fé, a autobiografia de Smith cita um hino:[9]

The peace of Christ keeps fresh my heart,
A fountain ever springing;
All things are mine since I am His,
*How can I keep from singing?**

As pregações de Smith falavam do amor de Jesus e da confiança em Deus e não tratavam de forma aberta questões feministas. Apesar disso, ressalta a historiadora Patricia Schechter, Smith não admitia que a excluíssem de nenhuma congregação por ser mulher e se mostrava cética diante de descrições da Libéria como uma terra onde os homens podiam "ser homens". Smith nunca se empenhou pela ordenação, embora comentasse de maneira tímida sobre o assombro que tomou os ouvintes em uma grande conferência metodista quando ela cantou, "em especial porque a questão da ordenação de mulheres nunca foi levantada na conferência. Mas elas avançaram muito desde então". Ela se precavia contra a propensão dos homens a procurarem esposas que os ajudassem a progredir na carreira e trabalhassem na casa deles. Enviuvou duas vezes, teve que sepultar quatro de seus cinco filhos antes que chegassem à idade adulta, e conhecia muito bem os custos do casamento e da maternidade; por isso, fazia questão de preservar sua autonomia pessoal e seu trabalho pela espiritualidade e pela temperança.

Os horizontes musicais de Smith eram limitados: ela se baseou em um pequeno repertório de hinos gospel bastante conhecidos e não se impressionou com as tradições musicais dos países em que esteve. Em uma viagem à Birmânia, em 1881, ela observou: "Ouvi um som forte de música dessas que eles têm por lá; não sei descrever; não dá para ser descrita com base na música que ouvimos aqui; latas e pandeiros, e alguma coisa parecida com o barulho de uma chaminé de fogão ou algo assim. Um tinido". Apesar desses preconceitos, seu canto criou laços de intimidade e de solidariedade entre congregações de várias partes do mundo. Sua voz lhe deu poder em sua igreja, facilitou sua mobilidade

---

* "A paz de Cristo renova meu coração,/ Uma fonte sempre a manar;/ Tudo é meu, pois sou Dele,/ Como não cantar?"

por outros países e permitiu que ela dissesse sobre si mesma: "De modo geral, cumpri o que me propus a fazer".[10]

A INDÚSTRIA DA MÚSICA E A "CULTURA DAS MULHERES"

A famosa voz de cantora de Amanda Berry Smith não foi gravada, e só nos resta procurar ouvi-la por meio de suas cartas e de descrições contemporâneas. Ela morreu em 1915, quando as gravações de má qualidade em cilindros de cera ou celuloide estavam dando lugar ao novo sistema de discos de goma-laca ou vinil. Isso permitiu que a produção em massa de gramofones se desenvolvesse rapidamente e, com eles, florescessem as gravadoras e os artistas famosos. Conforme a música passou a ser cada vez mais comercializada e promovida, surgiu a preocupação feminista com a tendência da indústria musical a se apropriar da energia criativa de mulheres, controlar suas escolhas artísticas e objetificar sexualmente sua apresentação ao público. No aquecido mundo da música popular após a Segunda Guerra Mundial, as musicistas eram em geral mais mal remuneradas do que os homens, além de serem julgadas por sua aparência. Como observou a musicóloga Jacqueline Warwick, os "conjuntos femininos" norte-americanos do período eram "grotescamente distorcidos" na postura, no peso, nos movimentos de dança e na sexualidade. Ela enfoca o bem-sucedido conjunto The Crystals, composto apenas de garotas, cujo produtor, Phil Spector, insistiu que elas, mesmo a contragosto, gravassem em 1963 a canção "He hit me (And it felt like a kiss)" [Ele me bateu (E pareceu um beijo)]. Na letra havia insinuações perturbadoras de que as mulheres talvez gostassem de ser agredidas pelo parceiro íntimo porque o ciúme masculino era uma grande prova de amor.

As cantoras do grupo "detestaram" a música, que destoava de seu habitual estilo "doo-wop" e mais parecia um hino fúnebre. A reprovação do público à letra dessa canção foi tão grande que ela acabou sendo tirada de circulação, embora permanecesse no álbum de 1963, *He's a Rebel* [Ele é um rebelde].[11] Esse incidente reflete uma cultura ampla da indústria musical dominada pelos norte-americanos, na qual os executivos e as empresas poderosas, de maioria masculina, lucravam com canções que glorificavam o romance heterossexual e a autoridade patriarcal. Em 1976, a revista feminista americana *Quest* publicou uma matéria sobre música que salientava:

> Em sua sede de lucros [a indústria musical] nos manipula para sentirmos necessidade de comprar qualquer coisa que ela venda. Em vez de gravar músicas tão diversas quanto os indivíduos e as culturas que as criam, o comércio musical nos oferece uma seleção limitada de artigos que foram programados para vender.

As autoras se mostraram otimistas quanto à perspectiva de as mulheres "expressarem os sentimentos femininos de modo significativo por meio da música", e incentivaram mulheres politicamente ativas a apoiar artistas feministas e lésbicas para que, "acima de tudo, possamos escutar o que ouvimos".[12]

Ativistas da liberação feminina ofereceram treinamento para que mulheres pudessem trabalhar com engenheiros de som, na maioria homens, ou até substituí-los. Fundaram suas próprias gravadoras, como a Olivia Records, criada em 1973 em Washington, que teve êxito comercial e produziu durante vinte anos música predominantemente identificada com as lésbicas. Talvez as mulheres da Olivia Records tenham percebido a ironia de seu primeiro single, "Lady", cantado por Meg Christian, integrante do coletivo, ter sido composto pelos mesmos autores (Carole King e Gerry Goffin) de "He hit me (And it felt like a kiss)". No entanto, as músicas produzidas mais tarde pela gravadora patrocinaram a autonomia criativa de musicistas lésbicas e feministas e inspiraram a criação de várias outras, além de grupos e festivais. A música, com frequência produzida com orçamento apertado, tornou-se fundamental para o esforço de criar uma cultura alternativa de mulheres nos Estados Unidos. Nos anos 1970 floresceram os corais feministas, entre eles Anna Crusis Women's Choir, Bread and Roses Feminist Singers e Philadelphia Feminist Choir.

O movimento de afro-americanas nos Estados Unidos foi fundamental para esse desenvolvimento da "cultura da mulher" nos mundos da dança, da música e da arte. O Coletivo de Bombahee River patrocinou em 1978 uma turnê chamada "As diversas vozes das mulheres negras", para celebrar a identidade lésbica negra e explorar as dimensões de raça e de classe da "música das mulheres".[13] Artistas afro-americanas como a cantora de blues Elizabeth Cotten (1893-1987), a artista folk-pop Tracy Chapman e a banda feminina Sweet Honey in the Rock refletiam a diversidade e a força das mulheres de cor no cenário da música política norte-americana. Criada pela cantora e historiadora afro-americana Bernice Johnson Reagon, a banda Sweet Honey in the Rock fez sua primeira apresentação em 1973. Seu público era racialmente diversificado, e a banda, em contraste com muitas do movimento da "cultura das mulheres", sempre fazia questão de tocar para plateias onde os sexos estavam misturados. Reagon militara no movimento pelos direitos civis e passou um breve período detida em 1961 — uma experiência que ela superou por meio da música. Junto com outras detentas, ela formou o grupo Freedom Singers, afiliado ao Comitê de Coordenação Estudantil Não Violenta, e adaptou a tradição da música negra sulista à política dos anos 1960. Na década seguinte, Reagon se empenhou em campanhas pelo fim da violência contra as mulheres e compôs a canção "Joan Little", em homenagem a uma afro-americana que escapou da prisão em 1974 depois de matar um guarda do presídio que tentou estuprá-la. A banda Sweet Honey in the Rock apresentou essa canção pela primeira vez em 1976 e a cantou em shows destinados a angariar fundos para as despesas jurídicas de Little. Por fim, Joan Little foi absolvida da acusação de assassinato e se tornou uma figura icônica da resistência.

Sweet Honey in the Rock participou do florescente cenário de clubes, festivais e gravadoras focados na música feita por mulheres. Sua turnê pela Costa Oeste americana foi patrocinada pela Olivia Records em 1977, e a banda se tornou uma atração importante não apenas nas redes culturais lésbicas da Califórnia, mas também em outros países. Donna Pieters, do Grupo de Mulheres Negras de Lewisham, organizou a turnê da banda pela Grã-Bretanha em 1983 e a descreveu como

a trilha sonora do Movimento das Mulheres [...]. Para as integrantes do Movimento das Mulheres Negras, Sweet Honey era a encarnação de tudo que as representava; em toda casa onde a gente entrava, era "Ah! Sweet Honey!". Todo mundo que a gente conhecia sempre estava lá nas apresentações da Sweet Honey.[14]

A música contribuiu para a viabilidade das comunidades de mulheres e do ativismo feminista.

As cantoras do Sweet Honey in the Rock se identificavam como "cantoras negras", não como feministas, e sempre desgostaram da natureza predominantemente branca de classe média do movimento da "cultura das mulheres". A vida de Elizabeth Cotten é particularmente reveladora dos modos como a música podia ser um veículo de trocas generosas e laços emocionais, mas também de apropriação e exclusão racial. Cotten nasceu em uma família pobre de músicos afro-americanos da Carolina do Norte. Começou a trabalhar aos treze anos como empregada doméstica, depois trabalhou para a família Seeger, cantores famosos de folk. Por intermédio dos Seeger, Cotten teve oportunidade de gravar e, mais tarde, de participar de turnês; suas canções se tornaram parte do renascimento do folk nos anos 1960 e ajudaram a conectar a tradição do blues afro-americano à política trabalhista e de esquerda. Peter Seeger compôs eloquentes canções feministas como "I'm gonna be an engineer" (1972) e "Carry Greeham home" (1999). Cotten foi para os Seeger um elo importante com tradições musicais afro-americanas, mas as interações entre esses artistas nasceram da relação desigual do trabalho doméstico — um fator que, como salientou Frances Beal, contribuiu muito para moldar e tumultuar as relações entre mulheres brancas e negras.

Gravadoras e distribuidoras feministas europeias, como a dinamarquesa Face the Music e a sueca Lilith Öronfröyd, foram inspiradas por artistas norte-americanas e importaram algumas delas, mas se empenhavam em desenvolver o cenário musical feminino em seus próprios países. Na Grã-Bretanha, bandas e gravadoras ligadas ao movimento de liberação das mulheres também enfatizaram o empoderamento criativo. Uma gravadora londrina, Stroppy Cow, incentivava as "mulheres a fazerem seu próprio tipo de música no seu próprio tempo e espaço, sem as pressões contraproducentes do comercialismo". Ativistas tentaram desmistificar quem se destacava como "musicista" compartilhando habilidades. Fundaram bandas cujos títulos refletiam sua índole subversiva: The Harpies [As harpias], Proper Little Madams [Cafetinas respeitáveis], Ova [Óvulos] e Friggin' Little Bits [Meninas da siririca]. Dizem que a banda feminina Rainbow Trout [Truta arco-íris] conseguia expulsar homens de recintos com a letra agressiva de "Kerb Crawler": [15]

later with the boys, you'll laugh and joke
you're a bunch of pigs who like to poke...
They see a woman walking down the street
... just another piece of meat
*to a kerb crawler.**

---

* "mais tarde com os rapazes, vocês vão rir e fazer piadas/ são um bando de porcos que adoram uma pegação.../ Veem uma mulher andando na rua/ ... só outro pedaço de carne/ para um cliente da zona".

Musicistas também exploraram canções do passado, forjaram laços com gerações anteriores através de músicas tradicionais que refletiam experiências femininas. A música de liberação da mulher se aliou a uma subversão criativa similar no teatro e no cinema, e canções feministas muitas vezes fizeram parte de apresentações mais amplas da *agitprop*, de discotecas, de comédias *stand-up* e sátiras feministas que floresceram em espaços públicos, bares, lanchonetes, universidades, piquetes, ocupações e comícios nos anos 1970.

Embora algumas musicistas feministas contestassem o "sistema de astros e estrelas" da indústria musical recorrendo à tática política de destacar o empoderamento das massas, outras se frustravam por não conseguir acesso aos canais convencionais. Livrarias feministas e de mulheres vendiam seus discos, mas, como observou Carole Nelson, da Rainbow Trout, "o rádio ainda não toca música feita por mulheres. Qualquer uma de nós que deseje uma oportunidade vai penar muito". O coletivo Drastic on Plastic [Drástico no plástico], de Perth, na Austrália, quis contestar essa exclusão radiofônica. Seu nome celebrava o plástico, não só como o vinil dos discos, mas também "no sentido de constitutivo, procriador e flexível". Em 1983, elas inauguraram um programa semanal de meia hora, depois ampliado para duas horas, no qual a apresentadora Lorraine Clifford tocava música feita por mulheres, como a banda punk The Slits [As fendas].[16]

Se, por um lado, entrar nas rádios era difícil, por outro as artistas feministas ganharam impulso em palcos alternativos de festivais de música feita por mulheres como o Taranaki Women's Music Festival, na Nova Zelândia. Esses eventos, muitos produzidos a baixo custo, proporcionavam experiências intensas de comunidade e espaço, longe do assédio sexual tão comum em espetáculos e festivais onde os sexos se misturavam. Mesmo assim, uma frequentadora reclamou que as organizadoras do Taranaki contratavam homens como engenheiros de som. Sugeriu que no futuro a mesa de som fosse menos sofisticada se isso permitisse empregar mulheres. Só em um ambiente exclusivo de mulheres as lésbicas "poderiam tirar a blusa e demonstrar afeto abertamente", ela explicou. As tensões em torno de quem poderia compor a plateia foram reproduzidas no contexto mais amplo do Michigan Womyn's Music Festival (1976-2015). O evento atraía em torno de 10 mil pessoas, a maioria lésbicas brancas, e impunha rigorosamente a regra da exclusividade para as mulheres. Isso era interpretado como "mulheres nascidas mulheres", e portanto a entrada de mulheres transgênero não era permitida. Apesar do potencial para desestabilizar formas binárias de gênero associado à crescente proeminência da política queer, o movimento de liberação das mulheres estava dividido na questão de se os indivíduos podiam ou não fazer a transição ou se alinhar aos gêneros.

A criação da "cultura das mulheres" nos anos 1970 e 1980 fora apresentada algumas vezes como radicada em uma versão da feminidade determinada pela biologia ou pela genética, o que provocou tentativas hostilizadas de policiar as fronteiras da "condição de mulher". A gravadora Olivia Records, por exemplo, causou polêmica por empregar uma mulher transgênero, Sandy Stone. A ideia de "homens" escolherem se tornar "mulheres" é vista como uma invasão da sororidade e como uma tentativa de quem já recebe os "dividendos do patriarcado" de também vivenciar as solidariedades emocionais compartilhadas por mulheres. Mary Daly, Robin Morgan, Gloria Steinem e Janice Raymond tiveram destaque nos Estados Unidos por propor uma posição feminista que hoje se autointitula "crítica de gênero". Morgan, a renomada feminista autora de *No More Miss America!* [Miss América nunca mais!] (1968) e *Sisterhood is Powerful* [A sororidade é poderosa] (1970), e mais tarde editora da revista feminista americana *Ms.*, irritou-se na Conferência Lésbica da Costa Oeste de 1973 quando uma mulher transexual, Beth Elliott, foi convidada a cantar:

> Não vou usar o tratamento de "ela" para um homem; 32 anos sofrendo e sobrevivendo nesta sociedade androcêntrica me deram o direito de me intitular "mulher"; um homem travestido dá uma voltinha na rua, é assediado por cinco minutos (algo que *ele* talvez aprecie), e ele ousa, ele *ousa* pensar que compreende o nosso sofrimento? Não — em nome das nossas mães e de nós mesmas, não devemos chamá-lo de irmã.[17]

Eliott também sofreu ataques virulentos, além de ser expulsa da sede do grupo de lésbicas Daughters of Bilitis em San Francisco. A posição de Morgan era a mesma de muitas feministas radicais e revolucionárias, como a britânica Sheila Jeffreys e a australiana Germaine Greer. A violência da retórica está evidenciada no livro *The Transsexual Empire* [O império transexual] (1979), de Janice Raymond. Essa autora, ex-freira e orientanda de Mary Daly, argumentou que "todos os transexuais estupram corpos femininos reduzindo a forma feminina a um artefato, apropriando-se desse corpo para si mesmos". As transições de mulher para homem também foram recebidas com hostilidade; Stephen White atuou em círculos de liberação da mulher e de lésbicas em Manchester antes de sua transição. Enfrentou preconceito e exclusão durante o processo de transição, em especial quando procurou manter sua participação em círculos feministas. Mas também houve um questionamento da presença de bigêneros no movimento, como vimos na ideia de "bissexo" de Kate Millett. Como alertou recentemente a acadêmica D-M Withers, precisamos ter o cuidado de não descartar o passado do feminismo como um movimento monoliticamente hostil aos transexuais. Withers afirma que o movimento de liberação das mulheres "contribuiu de forma substancial para a *trans*formação do sexo, tornando o gênero legível como uma prática social".[18]

Sandy Stone, da Olivia Records, deu sua réplica a Raymond em 1987 com o ensaio "The *Empire* Strikes Back: A Posttranssexual Manifesto" [O *Império* contra-ataca: Um manifesto pós-transexual]. Ela recomendou aos transexuais que abandonassem a prática da passabilidade (fazer-se passar pelo outro gênero) e, em vez disso, afirmassem seu corpo remodelado não ortodoxo, que a filósofa Donna Haraway chamou de "promessas de monstros" e que talvez hoje possamos classificar como queer.[19] Quanto à cantora Beth Elliott, quando foi feita uma votação na Conferência Lésbica da Costa Oeste de 1973, a maioria na plateia quis ouvi-la cantar. Ela cantou, mas depois abandonou a conferência e se afastou dos círculos de feministas radicais.

O AMEAÇADOR CANTO DA LIBERAÇÃO DAS MULHERES

"Carry Greenham home", de Peggy Seeger, chegou mais tarde à já rica paisagem musical do movimento das mulheres pela paz. O Greenham Common Peace Camp foi uma manifestação exclusivamente feminina contra a instalação de mísseis nucleares norte-americanos na base da Força Aérea Real em Greenham Common, que funcionava como "base de apoio" da Organização do Tratado do Atlântico Norte (Otan) em Berkshire, na Inglaterra. Essa foi uma das manifestações mais duradouras da história do movimento das mulheres: persistiu por dezenove anos. Os protestos começaram em 1981 com uma passeata de 36 mulheres e quatro homens que partiram do País de Gales. Chamadas de "Mulheres pela vida na Terra", as manifestantes se inspiraram numa marcha pela paz de Copenhagen a Paris. Percorreram a pé os 193 quilômetros até Greenham, mas a imprensa não se interessou muito por suas ações até que, imitando a tática das sufragistas do início do século xx, elas se acorrentaram à cerca ao redor da base. O acampamento atraiu mais de 30 mil mulheres que se reuniram para "abraçar a base", formando uma corrente humana ao redor do perímetro de catorze quilômetros em dezembro de 1982. Como descreveu uma participante:

> De mãos dadas, formamos uma corrente viva de catorze quilômetros para trancar lá dentro os horrores da guerra, para nos interpor entre eles e o nosso mundo e dizer: enfrentaremos a sua violência com um abraço amoroso, pois esse é o modo mais correto de neutralizá-la. Como eu me senti forte quando juntei minha voz às ondas de vozes gritando "Liberdade" e quando ecos tão distantes se propagaram pela base![20]

Homens visitavam o acampamento, embora algumas áreas fossem declaradas exclusivamente femininas. Eles davam apoio, por exemplo cuidando de crianças, mas foram as mulheres que montaram e povoaram os acampamentos permanentes. Cada um dos vários portões de acesso à base assumiu um caráter distintivo e foi batizado com o nome de uma das cores do arco-íris. As manifestantes do Portão Violeta se identificavam como religiosas e adotaram canções voltadas para a "mãe Terra"; o Portão Laranja era seguro para crianças e tinha fortes associações com a música; o Portão Verde era só para mulheres militantes; o Portão Amarelo tinha um forte enfoque antirracista. Nesse ambiente inóspito, sem água corrente, eletricidade e telefone, ações criativas como cantar, dançar e tecer se tornaram poderosos projetos do cotidiano. As canções eram muitas vezes adaptadas de outros formatos. Músicas muito conhecidas com letras simples e repetitivas, às vezes chamadas de "canções zíper" porque podiam ser emendadas rapidamente a novos contextos, eram eficazes para fornecer recursos imediatos aos protestos. Por exemplo, as manifestantes de Greenham Common adaptaram a canção infantil "Frère Jacques" com uma letra simples:

We are women,
we are strong,
we say no,
to the bomb. *

Em 1º de janeiro de 1983, a invasão da base por 44 mulheres que dançaram durante uma hora em cima de um silo, cantando acompanhadas por saxofones e violinos antes de por fim serem presas, ficou famosa. Em seguida, houve esforços constantes para cortar a cerca; ainda naquele ano uma dessas tentativas foi bem-sucedida e seis quilômetros e meio da cerca foram cortados antes que a polícia interviesse. As manifestantes também seguiam os soldados armados em treinamentos na planície de Salisbury; de mãos dadas, elas cantavam para impossibilitar os exercícios militares.[21]

O Greenham Common Peace Camp foi influente e inspirou o surgimento de acampamentos similares ao redor de outras bases. Katrina, uma manifestante na base nuclear de Waddington em Lincolnshire, descreveu seus sentimentos como participante:

> O acampamento floresce, uma cultura das mulheres está crescendo. Ela é colorida, confiante e nova. Tecemos teias de um lado a outro dos portões, cantamos canções novas, aprendemos a fazer malabarismo e bloqueamos os portões principais por duas semanas [...]. A atmosfera é volátil, como perder uma pele sem graça e emergir pintada em cores vivas. A sensação do nosso poder é inebriante.[22]

O custo era alto; guardas expulsavam as manifestantes e destruíam suas barracas e fogueiras, às vezes diariamente. Isso ocorreu até o dia em que a musicista e artista plástica Yoko Ono fez uma doação que permitiu a compra de um terreno vizinho à base, e então as manifestantes deixaram de ser incomodadas pela polícia. Muitas vezes era difícil administrar aquele espaço dirigido por mulheres, democrático e anti-hierárquico; surgiam conflitos em torno de táticas, prestação de contas e inclusão. "Mulheres" era uma categoria que não captava com facilidade os diversos interesses presentes no acampamento. Apesar disso, uma forte sensação de empoderamento emanava daquela experiência

---

* "Somos mulheres,/ somos fortes,/ dizemos não/ à bomba."

com a "cultura de mulheres", com a sexualidade lésbica e o espaço feminino ali na soleira de uma base militar de mísseis, tão masculina.

Gravações feitas no acampamento revelam as canções que eram cantadas ao redor dos portões e da cerca da base, provocando furiosas tentativas de silenciamento pela polícia e pelos militares. Algumas canções usavam harmonia e muitas eram acompanhadas por uma percussão improvisada. Versos de canções de Greenham como "You Can't Kill the Spirit" [Vocês não podem matar o espírito] se tornaram slogans, sendo pichados pelo mundo todo e estampados em adesivos. As canções não se limitavam a falar de paz e ameaça nuclear; "Reclaim the Night" foi uma canção famosa de Greenham que aludia às passeatas contra a violência masculina em voga no mundo todo nos anos 1970. O cancioneiro *Chant Down Greenham* [Cante, Greenham] incluía canções sobre bruxas, uma referência ao ecofeminismo de Mary Daly, com versos como *"weave your power in the wind, we will change and we will spin"* [teça o seu poder no vento, nós mudaremos e fiaremos]. Essa ênfase tem alguma base na iconografia de aranhas e serpentes dos nativos americanos e aborígines australianos. "You can't kill the spirit" é uma canção composta originalmente pela ativista mexicano-americana Naomi Littlebear Morena para contestar a usurpação do território nativo-americano. Esse empréstimo potencialmente enriquecedor reflete a congregação diversificada daqueles "mosaicos feministas" de várias origens. Mas também talvez fosse uma afirmação desajeitada de uma herança musical, sem avaliar muito bem que essa apropriação poderia ser uma forma de privilégio branco.

De maneira condizente com esse interesse em fontes históricas e espirituais de poder "feminino", as mulheres de Greenham adotaram a prática do *"keening"* — um lamento fúnebre com raízes culturais celta e na Grécia e na Roma antigas. Com isso, expressavam seu devastador senso de perda diante da perspectiva de guerra nuclear e tornavam seu protesto ao mesmo tempo político e emocional. A marcha original das Mulheres pela Vida na Terra foi acompanhada por entoações nesse estilo. Uma das participantes, Jayne, nunca tinha ouvido falar dessa prática, mas recordou:

> Foi como uma cura, gemer a minha angústia e frustração com o que a base representava [...]. Os sons saíam das profundezas do meu ser, meus ouvidos zumbiam e eu pensei que iria desmaiar — em vez disso, apenas verti lágrimas.

Merisa [uma colega de passeata] também chorava, e nos abraçamos. Para mim, foi o desfecho de toda a experiência da marcha e da ação da corrente humana. Aliás, foi o desfecho de toda a minha vida até aquele momento.[23]

Uma manifestação feita em 1982 pelas mulheres de Greenham diante do Parlamento em Westminster recorreu ao som para transpor as barreiras físicas e entrar nas Casas, numa manifestação que foi descrita como uma "ação com *keening*". Vestidas de preto e abraçadas, as mulheres encheram a praça de Westminster com o som lúgubre de um luto sem palavras. Uma das manifestantes comentou: "Se nos limitássemos a ir até lá e ficar segurando uma bandeira, facilmente seríamos ignoradas, mas com o som nós conseguimos penetrar de fato no edifício".[24] Entoar os sons do *keening* e cantarolar de boca fechada também era um modo útil de marcar a presença feminina em espaços hostis; um grupo de manifestantes de Greenham Common assistiu à reunião geral anual da mineradora Rio Tinto Zinc em 1984 para protestar contra violência da empresa praticada contra comunidades na Austrália, no Panamá e na Namíbia. Quando percebiam que os membros da mesa — todos brancos e homens — estavam mentindo, as feministas cantarolavam ou entoavam o *keening* para atrapalhar os pronunciamentos. Esses cantos mencionavam o nome de membros específicos da mesa, sendo seguidos por "Sangue nas suas mãos: provocadores de guerra!", resultando na expulsão de três mulheres. Mas os protestos veementes que essa medida provocou impediram a reunião de continuar até que as mulheres fossem readmitidas. Reconhecendo a importância do som nessa ação, as manifestantes gravaram toda a reunião e distribuíram as fitas a outras manifestantes; com isso, fomentaram de forma deliberada a imitação dessa tática de invasão pelo som.

O *keening* não era apenas uma expressão de angústia coletiva, mas também, como observou a acadêmica Margaret Laware, evocava o papel das mulheres como "pontes entre os vivos e os mortos e mediadoras entre diferentes reinos do passado, do presente e do futuro". Marcar os aniversários dos bombardeios de Hiroshima e Nagasaki com *keening* representava essa noção da história, do luto feminino e da perda do futuro em decorrência da guerra. Relembrar ações nucleares no mundo todo foi parte de uma orientação global que levou manifestantes de Greenham Common a fazer discursos fora de seu país e a se juntar a protestos em outros lugares. Em 1983, mulheres de Greenham foram

Manifestante do protesto com cantos em estilo keening *na praça do Parlamento, jan. 1982.*

a Comiso, na Sicília, impelidas por rumores de que ali seria instalada uma base de mísseis. Enfrentaram ações brutais da polícia e, quando dezenas de manifestantes foram presas, elas cercaram a prisão da província, Carcere Ragusa, e executaram uma "ação gritada" com canções e outros encorajamentos. Não era permitido que as prisioneiras gritassem em resposta, mas as regras não proibiam cantar. Por meio de cantos, elas informaram sobre sua situação, avisando inclusive que policiais haviam fraturado o braço de uma mulher.

Como ocorreu com a sufragista Ethel Smyth, cantar também permeou a vivência na prisão para manifestantes pela paz na Grã-Bretanha. Mulheres detidas no Presídio de Holloway por seu ativismo em nome da paz nos anos 1980 receberam a tarefa de montar brinquedos Alien Space Invader como parte do trabalho "voluntário" que as detentas podiam fazer. Uma prisioneira, Sarah Green, recordou:

> As mulheres tinham que encaixar armas nas máquinas e acondicioná-las em caixas [...]. Nos sentamos à mesa cantarolando e avisamos ao encarregado que não pretendíamos participar daquele trabalho porque aqueles eram brinquedos de guerra [...]. Começamos a cantar *Take the toys away from the boys* [Tirem os brinquedos dos meninos]. O homem, todo perturbado, berrou para as guardas: "Tirem elas daqui!". A maioria das mulheres achou muito engraçado. Não fomos postas para trabalhar de novo.[25]

A tática de cantarolar, cantar e entoar o *keening* se mostrou útil para contestar detenções e prisões, ocupar um espaço sonoro e lamentar a perda do futuro representada pelos mísseis nucleares. Como sugeria um verso de uma conhecida canção de protesto de acampamento, "We are a gentle angry people" [Somos gente mansa zangada], de Holly Near, havia entre as manifestantes o sentimento profundo de que elas estavam "cantando, cantando pela vida".[26]

RIOT GRRRL

Nos anos 1990 surgiu um cenário musical alternativo com uma nova geração de militantes feministas. Em vez da ênfase na autonomia e na "cultura das mulheres" celebradas na música da liberação feminina, o *riot grrrl* despontou como um gênero musical e um movimento que fazia a ponte entre a cultura das mulheres, a de vanguarda e a popular, embora ainda conservasse a mesma ambição do movimento feminino da fase anterior: fazer em vez de consumir cultura. Com inspiração no punk e no rock alternativo, o *riot grrrl* transmitia de modo crítico, com base em sentimentos e vivências cotidianas, o que era ser uma garota.

Às vezes, a mera escolha do instrumento já constituía uma declaração feminista: ainda hoje, mulheres e garotas que optam pelo trombone ou pela tuba podem deparar com resistência por causa de seu gênero. Minhas experiências musicais tocando um instrumento bastante codificado como "masculino" — a gaita de fole irlandesa — refletem essa tendência; nos anos 1990, as pessoas vinham me dizer que estavam surpresas por ver uma "moça gaitista" em apresentações de música irlandesa tradicional. Isso nem chegava perto das guitarras distorcidas do *riot grrrl*, mas eu compartilhava do poder daquelas garotas com minha escolha proposital por um instrumento insólito ou chocante. As letras de música e os poemas do *riot grrrl*, resgatando o termo *"girl"* [menina] de suas associações diminutivas, descreviam a condição de ser uma garota como uma posição de poder e amizade, mas também de assédio, estupro e automutilação. O corpo estava no centro do palco nessa exploração das experiências das jovens. O prazer na fluidez de gênero e na sexualidade sugere o potencial queer desse movimento, que acolhe o gênero não binário, a passabilidade, a bissexualidade, a pansexualidade, a assexualidade e outras formulações do desejo. Além disso, o *riot grrrl* exprimia preocupações com a imagem do corpo, com a alimentação e com as pressões colossais de crescer como alguém do sexo feminino em fins do século xx — que continuam a ser um problema urgente para as jovens de hoje.[27]

O *riot grrrl* operava na interface dos zines, da poesia e das bandas, transitando de maneira subversiva entre gêneros culturais e tentando eliminar as fronteiras entre artista e "fãs" — sendo esta última, com frequência, uma categoria degradante com predominância feminina. A música *riot grrrl* incluía gritos, enquanto os zines usavam maiúsculas, rabiscos e palavras inventadas. A banda Bikini Kill, fundada em 1990 em Olympia, Washington, distribuía zines para colorir e folhas de papel com letras de canções durante suas apresentações, e com eles a plateia produzia zines que eram uma combinação de álbum de recortes, diário, fotomontagem e manifesto. Proliferaram nesse movimento os "objetos-texto": manuscritos, recortados e colados, datilografados em máquinas de escrever antigas e reproduzidos em fotocopiadoras modernas. Apesar de seu status de autopublicação e da circulação irrisória, às vezes os zines suscitavam reações opressoras do poder público: o governo do Canadá, por exemplo, proibiu o zine *riot grrrl Thorn* por suas expressões de fúria e violência.

Os zines podiam ser uma nova versão "material" do diálogo que, até então, fora a base para a conscientização, ao incluir conteúdo altamente pessoal e confidencial sobre problemas como agressão sexual, autoestima e amizades. Além disso, de maneira consciente punham de novo em circulação e reformulavam materiais históricos, como o "Manifesto feminista" de 1914, da artista de vanguarda Mina Loy, que exortava as mulheres: "Pare de procurar nos homens aquilo que você não é — busque dentro de você e descubra o que você é". As ideias modernistas e eugênicas de Loy não se encaixaram de forma fácil em mosaicos posteriores da autoexpressão feminista, mas sua iconoclastia e a convicção de que "as mulheres precisam destruir seu desejo íntimo de ser amadas" foram reelaboradas para as gerações mais novas. Dessa perspectiva, até a canção "He hit me (And it felt like a kiss)", de 1963, pôde ser reutilizada depois que os movimentos punk, rock alternativo e *riot grrrl* sugeriram novos modos de confrontar a violência sexista do cotidiano e da indústria musical. Cortney Love, a cantora do grupo Hole, cantou essa música em 1995 com uma interpretação sarcástica, raivosa. Alterou a letra, removendo mensagens sobre beijo [kiss] e cantou: "*When he hit me, he made me his*" [quando ele me bateu, virou meu dono].[28]

É significativo que o *riot grrrl* tenha tido origem na Costa Oeste dos Estados Unidos, uma região que também já fora palco de outro cenário musical dinâmico do movimento de libertação das mulheres. Mas logo essa localização foi transcendida, e gravações em fita das músicas e zines passaram a circular na Ásia, na Europa e na América Latina. Cenários *riot grrrl* surgiram no Brasil, na Rússia e na Indonésia, embora os interesses e formatos fossem transformados conforme a música se propagava. O grupo russo Pussy Riot, criado em 2011 pelo coletivo feminista Voina [Guerra], ganhou fama e influência global depois de apresentar uma "prece punk" na catedral de Cristo Salvador da Igreja ortodoxa cristã em Moscou. A apresentação foi filmada e veiculada em redes sociais, trazendo fama internacional, prisão e condenação de três integrantes da banda. Embora alguns as menosprezassem como garotas travessas influenciadas pelo Ocidente, o apoio da Pussy Riot aos direitos LGBT e sua postura contra o autoritarismo provocou espancamentos, detenções e prisão. Bandas *riot grrrl* indonésias como Virgin Oi! citaram a Pussy Riot como inspiração para suas canções, que expressavam resistência ao estupro e à autoridade da família patriarcal. Mas as versões da "liberação" geradas no Norte global nem sempre foram úteis para as mulheres que buscavam seu caminho em uma paisagem pós-colonial complexa. O *riot grrrl* na Indonésia, por exemplo, resistiu às imagens norte-americanas e russas do Islã como um sinônimo de opressão feminina. Com um "visual" próprio — lenço na cabeça e jeans pretos —, suas integrantes buscam formas particulares de empoderamento que sejam sensíveis à sua herança islâmica.[29]

DIA INTERNACIONAL DA MULHER E FEMINISMO DE ESTADO

As autoridades regionais indonésias da província de Aceh, onde ocorrera uma prolongada rebelião contra o governo, estavam muito preocupadas com a ascensão do punk entre os jovens no começo do século XXI. Em uma ação que ficou tristemente conhecida, a polícia prendeu 64 pessoas em um show punk em 2011. Os detidos, de ambos os sexos, ficaram aprisionados sem acusação por uma semana, foram forçados a raspar a cabeça, orar e tomar banhos comunitários "purificadores". Embora o punk e o *riot grrrl* fossem tolerados em outras províncias do país, a interpretação da Xaria na Aceh pós-conflito era de que eram proibidos.

A Indonésia tinha sua própria alternativa de canção feminista. Kartini, mencionada no cap. 1, que se inspirou no trabalho de Pandita Ramabai, foi depois aclamada por nacionalistas indonésios e pelo movimento comunista-feminista de massa Gerwani nos anos 1950 e começo dos anos 1960.[30] Essa notoriedade chegou ao auge durante o regime militar e secular de Suharto (1968-98), que consagrou Kartini como "heroína nacional". Refletindo essa condição mítica, ela é homenageada na Indonésia no "Dia de Kartini", em 21 de abril. Monumentos em sua homenagem foram acompanhados pela canção "dela", "Ibu Kita Kartini" [Nossa mãe Kartini], composta em 1931 pelo nacionalista W. R. Supratman, que também compôs o hino nacional indonésio. A batida regular e as harmonias previsíveis tornam essa melodia instantaneamente reconhecível como uma obra criada para ocasiões públicas recatadas e coreografadas. A letra enaltece Kartini como uma princesa indonésia e "a guerreira da nação". Seu status como uma heroína nacional aristocrática e maternal, retratada em cédulas de dinheiro e em cerimônias patrocinadas pelo Estado, foi um elemento do projeto de "Nova Ordem" de Suharto para se estabelecer como "presidente-pai" e centralizar o poder por meio da dominância javanesa no arquipélago.[31] No entanto, a dissidência rebelde de Kartini também foi celebrada por oponentes de Suharto, entre os quais as feministas indonésias, que em 1998 usaram o Dia de Kartini para protestar contra as políticas do governante, reivindicar direitos para as mulheres e espaço para o feminismo islâmico.

A canção de Kartini é um lembrete do poder da música para celebrar o status quo e apoiar a legitimidade de regimes políticos. As comemorações em outro "dia consagrado" podem nos dar um vislumbre dos processos pelos quais às vezes uma música subversiva se torna ortodoxa. O Dia Internacional da Mulher foi instituído em 1909 como uma data de inspiração socialista para celebração e protesto. Inicialmente foi organizado pelo Partido Socialista da América, em Nova York, em 23 de fevereiro, depois marcado em Copenhagen como um encontro da Segunda Internacional Socialista em 1910. Patrocinada por Clara Zetkin, a data se difundiu com rapidez para Viena e cidades da Alemanha, da Suíça e da Dinamarca em 1911, para a Holanda e a Suécia em 1912 e, com apoio de Alexandra Kollontai, para a Rússia em 1913. Nos primeiros eventos, a tônica foi a reivindicação de direito ao voto e igualdade de direitos no trabalho; durante a Primeira Guerra Mundial, algumas manifestantes combinaram esses pontos com clamores pela paz. Sabemos, por descrições históricas, que mulheres fizeram passeatas com bandeiras nessas ocasiões, porém na maioria das vezes só nos restaram registros fugazes que revelam o Dia Internacional da Mulher como uma experiência auditiva e multissensorial. Em Pequim, seguindo instruções da Terceira Internacional Comunista (Comintern), a ocasião foi marcada para 1924. Manifestantes cantaram o hino comunista, a Internacional. A letra falava em nome dos operários e camponeses e incluía na sua versão original o verso infeliz "*La terre n'appartient qu'aux hommes*" [Pertence a terra só aos homens]. Apesar disso, a Internacional era cantada por mulheres socialistas de várias partes do mundo em apoio à sua visão de emancipação.

Na China, após a ruptura da aliança do Partido Nacionalista com o Partido Comunista Chinês, cada lado tentou usar o Dia Internacional da Mulher para sustentar sua própria linha partidária. O Partido Nacionalista se tornou cada vez mais ávido por impor sua influência. Em 1934, como documentado por Louise Edwards, o Dia Internacional da Mulher foi celebrado na área controlada pelos nacionalistas com canções do partido que ressaltavam o contexto imediato — a necessidade de boicotar mercadorias japonesas, por exemplo —, em vez da revolução mundial e da emancipação das mulheres trabalhadoras. Enquanto isso, o Partido Comunista Chinês também celebrava o Dia Internacional da Mulher em sua área de controle, o Soviete Jiangxi, criado por Mao Tsé-tung em 1931. O partido encomendou suas próprias canções, e uma delas dizia:

"Comemore o Oito de Março"
Queremos gritar com entusiasmo:
Viva o Partido Comunista!
Viva a libertação das Mulheres Trabalhadoras!...
Destruir o Partido Nacionalista imperialista!
Erguer a bandeira vermelha sobre todo o território da China,
Para permitir que as trabalhadoras da China alcancem a libertação completa.

Outra canção incluía o verso: "As mulheres do Soviete já alcançaram a libertação [...] O Partido Nacionalista é lacaio dos imperialistas". Nos dois lados havia pouca influência feminista nesse contexto, e o Dia Internacional da Mulher passou a ser explorado por partidos rivais para demonstrar sua autoridade sobre as mulheres chinesas. Se em anos anteriores a data havia sido uma afirmação transnacional do empoderamento revolucionário das mulheres trabalhadoras, tornou-se então uma peça de propaganda previsivelmente coreografada.[32] As canções podiam mudar de significado; uma música "feminista" podia celebrar em vez de desestabilizar a ortodoxia.

A revista feminista norte-americana *Quest* observou em 1976:

Uma canção, por seu poder emocional, pode evocar nos ouvintes um nível de energia sem paralelos com qualquer artigo ou discurso, simplesmente porque a música fala ao nosso espírito tanto quanto ao intelecto. Musicistas feministas apenas começaram a explorar o potencial desse poder.

Contudo, as autoras se equivocaram nessa alusão à invenção recente da música feminista; este capítulo mostra uma história bem mais longa e mais diversificada. A música ajudou mulheres sufragistas, socialistas, liberacionistas e lésbicas a criar comunidades, satirizar oponentes, angariar fundos e invadir espaços onde não eram bem-vindas. Para as *riot grrrls*, a música foi um protesto anárquico e deu voz aos seus sentimentos. Para musicistas afro-americanas, canções gospel, jazz e blues forneceram um repertório poderoso que contribuiu para seu ativismo e empoderamento. A defesa do feminismo por Beyoncé em sua turnê de 2013 se encaixa com perfeição nessa tradição. Mas o registro histórico mostra mulheres afro-americanas sendo com frequência exploradas nos contratos com gravadoras e em espaços de apresentação segregados.

Tentar captar como foi o "som" do movimento das mulheres estando distante historicamente é difícil. Mesmo assim, é importante que nos recusemos a ver o feminismo apenas como um movimento textual. Em 1974, Rita Mae Brown conclamou suas colegas a prestar mais atenção aos elementos multissensoriais do feminismo:

O Movimento das Mulheres, por sua composição predominantemente branca e de classe média, baseia-se mais nas palavras, em detrimento de outras formas de comunicação. Cresci em uma comunidade de brancos pobres, e lá me ensinaram: "Não escute o que as pessoas dizem, observe o que elas fazem". Depois de observar as mulheres mudarem por causa do feminismo, eu gostaria de [...] incentivar a leitora a atentar mais para o não verbal como uma área dessa mudança.[33]

Minha metáfora do mosaico sugere um modo de ver os padrões do feminismo e, na imaginação, sentir e tocar suas criações. Mas para tentarmos ouvir a paisagem sonora do feminismo talvez seja mais útil a ideia das ondas de rádio feministas exposta por Nancy Hewitt. Ela propõe que, em vez de vermos sucessivas "ondas oceânicas" de feminismo, imaginemos transmissões radiofônicas simultâneas e concorrentes, algumas com boa altura e clareza, outras perturbadas por estática. Isso ajuda a captar a multiplicidade e a desigualdade das vozes no planeta melhor do que as corriqueiras análises sobre a primeira, a segunda e a terceira ondas do feminismo. As transmissões de rádio não são neutras e podem ser criativas, inovadoras e até ácidas. A metáfora das "ondas de rádio" sugere discordâncias entre feminismos. Mas nos lembra de que podemos, de fato ou na imaginação, ouvir os feminismos em seus gritos, *keening*, músicas e cantos.[34]

Canções não são ferramentas políticas ou de protesto fáceis. Elas intensificam sentimentos e admitem significados complexos, difíceis de apreender ou ambíguos. Suas mensagens são muitas vezes interpretadas de acordo com as necessidades de quem as ouve.[35] Portanto, uma canção não é apenas um ícone de solidariedade alentador; o trabalho cultural e político que ela faz é diferente em cada contexto. Reconhecer as origens históricas e as trajetórias de uma canção como "Which side are you on?" ou a Internacional pode nos ajudar a entender a abrangência e a complexidade das diversas vertentes do feminismo moderno, suas estratégias de reutilização, seu empreendedorismo cultural e seus momentos constrangedores de apropriação ideológica ou racial. Ouvir o feminismo nos dá uma noção melhor de sua inventividade eclética, dinâmica, raivosa e festiva.

Conclusão: Feminismos globais

Em 1911, Hiratsuka Raichō publicou um famoso editorial introdutório na revista *Seitō*: "No princípio, a Mulher era verdadeiramente o sol. Ela era uma pessoa genuína. Agora, a Mulher é a lua. É uma lua doentia, pálida, que vive por intermédio de outros e brilha através da luz de outros".[1] Encontramos Hiratsuka em seu escritório, mobiliado em um estilo que mistura ocidental e japonês; seu editorial na *Seitō* também fala desse entrelaçamento de influências. Hiratsuka e suas contemporâneas no Japão se inspiraram em textos ocidentais de Ibsen, Ellen Key e John Stuart Mill para contestar ideias confucianas sobre a obediência das mulheres aos parentes do sexo masculino. Mas também tomaram por base fontes locais ou culturalmente específicas, como a imagem solar de Hiratsuka. O Sol tem importância religiosa como uma deusa xintoísta, além de ser símbolo dos imperadores japoneses. Não foi aleatória a escolha dessa imagem para apresentar a publicação feminista mais significativa do começo do século xx.[2] No entanto, o cultivo do simbolismo japonês não impediu que a *Seitō* fosse proibida pelo Estado quando suas reivindicações e ideias se tornaram ousadas demais.

A *Seitō* é um exemplo eloquente das influências globais e locais sobre ativistas que lutam por direitos das mulheres, emancipação feminina ou justiça de gênero. Quando me propus a trabalhar neste projeto de uma história global dos feminismos, foi para contrabalançar a arraigada prevalência europeia e norte-americana de muitas análises e para refletir a nova historiografia que começava a mostrar uma paisagem muito mais diversificada. Eu antevia relatos sobre feminismos plurais, divergentes, e muitos de fato afloraram nestes capítulos.

O que eu não esperava era o grau em que também encontraria empréstimos, influências e compartilhamentos que atravessam fronteiras. Longe de serem exceções, influências globais são amplamente encontradas nas redes, nas tradições intelectuais e nas práticas de campanha e na vida da maioria das feministas.

Este livro delineou a evolução de temas feministas globais que abrangem um conjunto extraordinário de considerações: direitos das mulheres à propriedade, educação e cidadania; pacifismo, antifascismo, bem-estar e proteção de mães e filhos; justiça social, direitos trabalhistas e direitos humanos; autonomia sexual, expressão cultural e direitos reprodutivos. Uma exposição linear da mudança ao longo do tempo não capta com facilidade os padrões globais da mobilização feminista por esses interesses. A periodização euro-americana do feminismo em torno de duas "ondas" — anos 1890-1920 ("sufrágio") e 1970-80 ("libertação feminina") — desvia nossa atenção de movimentos importantes como o pacifismo feminista internacional dos anos 1920 e 1930 e o "feminismo de esquerda" dos movimentos comunista e sindicalista dos anos 1940 a 1960. Além disso, no mosaico de feminismos há círculos que não obedecem a uma linearidade. A política feminista muitas vezes se entremeou a outras campanhas e outros interesses distintivos ou locais. O ritmo variado de campanhas como a do direito ao voto implica que essas questões puderam ser resolvidas no século XIX na Nova Zelândia, mas ainda vigoram no século XX no Kuwait e na Arábia Saudita. Direitos obtidos nem sempre são mantidos, e com frequência é preciso defendê-los ou readquiri-los depois de um revés. Nos padrões que emergiram encontramos diversos temas; autodeterminação nacional, ativismo pela paz e socialismo, por exemplo, foram de modo persistente entrelaçados a feminismos ao longo dos últimos dois séculos e meio. Portanto, o mosaico apresentou padrões sobrepostos, além de novos fragmentos e ladrilhos.

As feministas imaginaram o mundo, ainda que muitas vezes de maneira imperfeita, como o palco de suas lutas. Anne Knight, por exemplo, quaker e viajante durante as revoluções de 1848, publicou um artigo polêmico na revista feminina francesa *La Voix des Femmes* citando o uso do poder político por mulheres em "tribos africanas", povos Huron nativos americanos, anglo-saxões e gauleses.[3] Essas eram entidades vagamente imaginadas, justapondo "civilizações" ditas "primitivas" a mais antigas, e sugeriam o comprometimento de Knight com as hierarquias de civilizações pressupostas em sua época. No entanto, a lista nos dá um vislumbre da vasta visão que a autora tinha do mundo, abarcada pelo que ela denominou uma "luta pela liberdade" em comum.

A imaginação global de Knight é problemática porque implica hierarquias raciais, mas seu alcance global também é visto em tendências posteriores como a "nova mulher" e em grupos políticos nos moldes dos movimentos de mulheres anticolonialistas. Todos tinham como premissa um terreno global imaginado, mas também se caracterizavam pela aquisição de uma noção mais forte de como o mundo imaginado podia ser solapado pelas realidades de exclusão e marginalidade. Knight teve o privilégio da mobilidade transnacional e viajou para a Paris revolucionária. Também desfrutaram desse privilégio estudantes como Anna Julia Cooper, ativistas ricas como Funmilayo Ransome-Kuti e personalidades literárias como Mina Loy. Outras que encontramos aqui não viajaram, ou, se o fizeram, foi por necessidade, e não por escolha. O exílio de Tang Qunying no Japão, a busca por trabalho e a fuga de um casamento forçado de Ernestine Rose e a necessidade de escapar da perseguição de Meena Keshwar Kamal lembram que nem sempre o deslocamento global é um privilégio.

Além da mobilidade física, o empréstimo e as percepções em comum de feministas de várias partes do mundo foram facilitados pela modernização da infraestrutura de comunicações nos últimos dois séculos e meio. A agilidade e a expansão dos serviços postais no século XIX, seguido por telégrafo, telefone, impressora, gravadores e rádio, contribuíram para um mundo de conexões e redes. Kathy Davis observou que as viagens e as reedições de *Our Bodies, Ourselves*, por exemplo, criaram uma "comunidade feminista global imaginada" que ganhou força porque não impôs interesses ou objetivos comuns. Esse texto permitiu compartilhar conhecimentos com base em uma política de reedições, adaptações e traduções.[4] E tais práticas continuam presentes na mídia digital do século XXI, em diálogo com gêneros e tecnologias mais antigos.

Meu enfoque no "global" imaginado e tangível dificilmente teria sido possível vinte anos atrás. Estudos históricos recentes expandiram muito a compreensão das redes transnacionais e internacionais que ensejaram as ligações entre países e grupos ativistas. Isso trouxe uma perspectiva nova e abrangente sobre o funcionamento de organizações como a União das Mulheres Cristãs pela Temperança, a Aliança Internacional pelo Sufrágio Feminino, o Conselho Internacional de Mulheres e a Federação Democrática Internacional de Mulheres. Políticas pan-asiáticas, pan-árabes, pan-americanas e pan-africanas também surgiram como fontes importantes de inspiração e papéis de liderança para ativistas, em especial do Sul global. Essas redes e projetos políticos fomentaram amizades, forneceram recursos para congressos e viagens e batalharam por suas respectivas posições ideológicas ou religiosas.[5] As fontes arquivísticas que relatam seu trabalho tendem a louvar de forma exagerada as vitórias e a solidariedades resultantes. Às vezes mantêm um silêncio estratégico sobre as diferenças que emergiram entre as mulheres. Muitas vezes as alianças e as consequentes redes internacionais foram frágeis. A historiografia salientou a suposta liderança de mulheres euro-americanas e a marginalização das que falavam línguas não europeias ou não tinham formação na fé cristã em organizações como o Conselho Internacional de Mulheres. As representantes do Conselho Nacional das Mulheres do Peru se retiraram frustradas do Conselho Internacional em 1937, explicando que "falta um espírito verdadeiramente internacional, pois é clara a dominância da maioria britânica-nórdica-eslava...".[6] Outras redes acabaram sendo infiltradas por organismos de vigilância e inteligência ou foram gravemente comprometidas por guerra, propaganda ou política doutrinária. Ainda assim, compreender como organizações internacionais operaram e evoluíram ajuda a evidenciar novos agentes históricos e a repensar o "quando" dos feminismos.

Entretanto, o internacionalismo não é o único arcabouço; histórias globais também enfocam a ideia de histórias "ligadas" ou "entrelaçadas". Esses conceitos são úteis para captarmos as dinâmicas mais abrangentes de interações globais, com frequência em condições de desigualdade. Eles substituem a perspectiva geral da história mundial analisada com base nos países e nas relações internacionais. As ligações de Anne Knight com os quakers ou o complexo trânsito de Pandita Ramabai entre o cristianismo e o hinduísmo, por exemplo, são formas de ligação e entrelaçamento que extrapolam as categorias "nacional" ou "internacional". Muitas pessoas e organizações caem nas rachaduras da nacionalidade. Mencionei casos de pessoas itinerantes como Amanda Berry Smith, de fronteiras, refugiados e diásporas e de relações entre regiões, grupos étnicos ou afiliações religiosas que não têm relação direta com nenhum Estado-nação. Além disso, a dimensão local segue sendo importante para compreendermos as repercussões de ações como celebrar o Dia Internacional da Mulher ou protestar contra a violência masculina. Ter em vista as dimensões local, internacional, transnacional e regional enseja modos novos e estimulantes de enfocar a história feminista. Concentrei-me em práticas feministas e em como elas podem ser vistas, ouvidas e tocadas, por meio de hinos e canções de protesto, calçados e véus, pedras e alicates. A criação de espaço físico é um tema recorrente que ajuda a ancorar essas histórias em localizações físicas, materiais, e a entender melhor o que significa ter direitos e acesso a espaço. Isso nos ajuda a documentar como o "mosaico feminista" de campanhas, pessoas e ideias se consolidou e se estabilizou ou, por vezes, dissolveu-se e se refez. Essa abordagem ajuda a desfazer o cânone ortodoxo das precursoras feministas e revelar peças do mosaico antes obscuras.

INCLUSÃO E EXCLUSÃO

Um enfoque em como o feminismo foi encenado, sonhado e vivido por intermédio de usos e práticas permite ouvir melhor as vozes de figuras do povo, das jovens, das pobres, das analfabetas, e fazê-las dialogar com as vozes amplificadas das privilegiadas. Decerto nem todas as figuras analisadas neste livro são feministas — muitas provavelmente nunca ouviram essa palavra, e algumas até a repudiariam com raiva. Ainda assim, elas podem ser situadas em uma história feminista crítica, uma história que nos ajude a entender as tensões e as possibilidades dos feminismos em um panorama amplo. Também enfoquei a participação de homens que às vezes foram aliados ou até criadores e participantes ativos de greves, piquetes, cantos, teorizações e sonhos examinados neste livro. Não desconsidero o caráter exasperante de várias tentativas de trabalhar com homens; muitos se mostram não confiáveis, interessados demais em assuntos sexuais, emocionalmente carentes ou egoístas. No entanto, ignorar a cooperação entre homens e mulheres seria apagar de forma deliberada a história e perder a esperança de mudança no futuro.

Às vezes, nas histórias de pessoas como Elsie Clews Parsons, vemos momentos de entrega à diversão de se travestir ou de se identificar como um ser ao mesmo tempo masculino e feminino. A obra de Judith Butler, que alcança um púbico vasto, forneceu fundamentos teóricos para a ideia do gênero como uma atuação capaz de sustentar mais de duas posições. Seu livro *Problemas de gênero*, de 1990, procurou mostrar que os indivíduos não se dividem facilmente em masculino e feminino. O gênero não é uma essência íntima, declarou Butler: ele é refeito por atuações repetidas em formas específicas do momento e do lugar. O gênero poderia ser compreendido como um processo plástico, e não como um estado do ser. Com base na obra de Butler, o termo "transgênero" passou a ser adotado para indicar a fluidez não binária de gênero nos anos 1990. O livro *Female Masculinity*, de Jack Halberstam, lançado em 1998, deu mais visibilidade à existência de homens transgêneros e ajudou a consolidar as ligações entre as teorias feminista e queer.

A questão "trans" permanece extremamente controversa nos feminismos contemporâneos — um para-raios para a reafirmação de formas essenciais de política identitária. A transfeminista Raewyn Connell sugeriu que os feminismos devem atentar para os problemas enfrentados pelos indivíduos transgêneros, alguns dos quais análogos a problemas das mulheres "nascidas fêmeas": pobreza, exclusão do mercado de trabalho, abuso e limbo legal, médico e cívico. Isso ajuda a radicar os feminismos em um conceito de práticas e contextos materiais corporificados e baseados em gênero, substituindo o discurso divisor de que ou o gênero é uma atuação ou é um destino biogenético.[7] Essa é uma área na qual, apesar das atuais batalhas acirradas entre os proponentes dos feminismos "críticos de gênero" e "*trans-friendly*", tendemos a encontrar novos relatos que revelam uma história mais profunda de não conformidade de gênero, com a qual as ativistas têm muito a aprender.

As histórias que relato neste livro voltam inúmeras vezes aos danos e às desigualdades da pobreza, da classe, da casta e do status social na história dos feminismos. Para as mulheres que vivem em desvantagem material estrutural em razão de sua ocupação informal ou incerta, dificuldade de acesso à educação ou trabalho estigmatizado ou braçal, o feminismo poderia parecer, na melhor das hipóteses, irrelevante para seus interesses. Por exemplo, os direitos à educação de nível superior ou o acesso a profissões qualificadas parecem abstratos ou supérfluos para quem tem uma vida economicamente precária. Apesar disso, tem havido coalizões e colaborações entre grupos que ressaltam a justiça social ou os direitos dos trabalhadores e grupos identificados como feministas. Ademais, mulheres da classe trabalhadora sempre participaram de campanhas feministas pelo voto, pela paz e pelos direitos reprodutivos. Vimos no cap. 7 que organizações de trabalhadores são uma fonte rica de inspiração para táticas feministas de greves, piquetes e boicotes.

O preconceito racial é outro fator muito significativo na moldagem dos feminismos globais. É importantíssimo levar em consideração o privilégio dos brancos que permitiu a Shulamith Firestone menosprezar o racismo como apenas uma "extensão do sexismo" e à feminista alemã Karin Schrader-Klebert dizer que "a mulher é o negro de todas as nações".[8] As hierarquias de raça muitas vezes excluem indivíduos de origem negra, asiática e latino-americana de espaços, instituições e visões do futuro criadas por feministas brancas. Isso gerou clamores pela dissolução das "organizações 'de brancos'" e pela criação de novos feminismos "que tenham a diversidade em seu cerne e pessoas de cor na liderança".[9] Essa história de privilégio racial pode ser contraposta a uma história alternativa de inovação e liderança por mulheres de cor mesmo enfrentando oposição. Suas organizações e campanhas influenciaram como a democracia, os direitos humanos e a autonomia sexual são compreendidos. As mulheres de cor não tiveram um papel reativo ao racismo dos brancos; elas moldaram o feminismo com suas ações e análises, às vezes seguindo "caminhos separados", nas palavras de Benita Roth.[10] A sensibilidade às desigualdades raciais as situou na vanguarda do desenvolvimento das abordagens intersecionais que influenciaram profundamente este livro, assim como na linha de frente de outros tipos de teorização e ativismo.

O compromisso com a diversidade alicerça este livro, porém há limites para o grau de recuperação histórica. A historiografia sempre depende da sobrevivência de fontes — cartas, panfletos, revistas, fotografias, vestuário, distintivos e todos os artigos efêmeros que possam nos ajudar a ver o passado dos feminismos. No entanto, peças de mosaico podem ser perdidas, destruídas ou enterradas, e sua sobrevivência não é apenas questão de sorte — depende de acesso a poder e recursos. Não foram bem guardados os registros de protestos e ideias feministas de ativistas pobres, da classe trabalhadora, migrantes ou de minorias étnicas que lutaram por mudança. Isso significa que todas as histórias feministas serão obras parciais, privilegiarão a análise daquelas que quiseram ou puderam se intitular feministas e conseguiram fazer suas vozes serem ouvidas. As mais marginalizadas, ou aquelas que recearam ser chamadas de "feministas", permanecem na obscuridade. Ainda assim, uma história conscientemente global e crítica pode contemplar e preservar o que sobreviveu e chamar a atenção para ladrilhos que faltam no mosaico.

O PASSADO USÁVEL

Que tipo de relação com o passado têm as pessoas que participam das campanhas atuais? O passado pode oferecer inspiração para ideias e métodos. Desenhos na calçada, greves de fome, paródias e sátiras, amizades intensas, produção de zines e escrita de livros continuam a ser partes importantes das ações feministas em nossos dias. Uma relação rica com o passado pode infundir um senso de história e possibilidade no ativismo e nas ideias contemporâneas. Há continuidades significativas na paisagem feminista — o corpo da mulher continua sujeito a exames minuciosos, violência e controle; ativistas continuam a sentir amor e raiva, a usar textos e canções como ferramentas da mudança e a criar e adequar "coisas" e espaços próprios.

Contudo, a ênfase em padrões repetidos e continuidades traz o risco de minimizar a importância da distância histórica. Às vezes, os interesses feministas ou as tentativas de tratar da "questão da mulher" tiveram raízes em contextos muito diferentes daqueles que motivam as campanhas atuais. Por exemplo, o "desejo louco" de ver as mulheres educadas e até politicamente ativas expresso por Mary Wollstonecraft tinha raízes em sua fé religiosa arrebatadora em um Ser Supremo. Os distintivos debates intelectuais e religiosos do século XVIII que produziram sua fé provavelmente não teriam análogos hoje. Reconhecendo essa distância, a historiadora Judith Allen alerta que devemos evitar familiaridade excessiva com os sujeitos históricos dos nossos estudos chamando-os pelo prenome. Ela também frisa que não devemos criticar antecessoras feministas por não defenderem os "nossos" valores.[11]

O passado pode ser um recurso significativo para as feministas sem validar ou reproduzir suas limitações e a violência. Feministas de outras épocas às vezes foram cúmplices de injustiça racial, preconceito de classe, antissemitismo, imperialismo fervoroso ou simples negligência de problemas que hoje parecem imperiosos. No entanto, o passado perturbador não deve apenas provocar a renúncia ou a desilusão. Ele pode ser examinado para fins de comparação, reconstrução imaginativa e crítica histórica fundamentada. Devemos desconfiar de tentativas de aplainar e simplificar a paisagem dos feminismos ou desconsiderar suas diferenças ideológicas irredimíveis. Entender isso torna a história feminista mais usável hoje. Não deveríamos nos surpreender pelo fato de mulheres desejarem coisas diferentes. Os feminismos resistem ou sucumbem dependendo dos usos que fazemos da diversidade.

Reconhecer que as feministas não concordaram com um programa único no passado pode ajudar a reduzir a virulência das disputas atuais. É normal e produtivo que um movimento social, seja ele qual for, tenha muitos objetivos e estratégias e signifique coisas distintas para pessoas diferentes. Minha análise pluraliza os feminismos para expandir o possível e inspirar novos sonhos feministas. Obviamente, as minhas seleções de momentos, objetos e lugares icônicos foram influenciadas por experiências pessoais, livros que li, músicas que ouvi, lugares onde morei e privilégios que tive. Outras pessoas terão demandas do passado muito diferentes, e seus próprios sonhos, canções e ações para examinar. A história usável oferece inspiração e temas de conversa; nem todos concordarão com as minhas escolhas, e essa divergência é bem-vinda. Não existe uma seleção incontestável, e o feminismo permanece uma postura em evolução e politicamente relevante.

PRÓXIMOS PASSOS?

Em 1971, a feminista americana Betty Friedan se perguntou: "No ano 2000, será que alguma filha da geração da minha filha, assediada e culpada, vai ter de começar tudo de novo?".[12] Ela ficaria perplexa se soubesse que, nos anos 2020, o feminismo continua a ser um tema tão urgente e imperativo. Em anos recentes, centenas de milhares de mulheres saíram em passeata, cantaram e dançaram em cidades chilenas, turcas, mexicanas, brasileiras e espanholas para protestar contra a violência contra as mulheres e a resposta inadequada da polícia e dos tribunais; mulheres suíças militaram contra a remuneração desigual e culturas sexistas e marcaram vividamente suas reivindicações tocando sinos de catedral e cantando em estações de trem "Se for a vontade das mulheres, tudo vai parar". Ecofeministas mostraram que as mulheres, que são maioria entre os pobres do planeta, têm de arcar com o maior ônus da mudança climática.

A justiça climática ganhou destaque como uma importante questão feminista, defendida por ativistas como a hondurenha Berta Cáceres (1971-2016), nascida no ano em que Friedan conjeturou sobre o futuro feminista.

Cáceres foi assassinada em 2016 por indivíduos ligados às Forças Armadas hondurenhas e a uma construtora de represas que ela combatia. Ativistas dos direitos das mulheres continuam a sofrer perseguição violenta e morte nas mãos do Estado e de empresas, e recentemente ativistas foram encarceradas na Arábia Saudita, na Rússia, em Uganda e em outras partes. Feministas sofreram ataques cruéis em decorrência de políticas populistas e racistas. O presidente brasileiro Jair Bolsonaro indicou que gostaria que todas as referências a questões de gênero fossem removidas dos livros escolares. Em 2019, um vazamento de informações revelou que a Apple Corporation programou sua assistente digital Siri para nunca usar a palavra "feminismo", mesmo diante de uma pergunta direta. Direitos reprodutivos e justiça são fortemente ameaçados: na Nicarágua, em El Salvador e no estado norte-americano do Alabama, o aborto é proibido em quase qualquer circunstância, deixando mulheres pobres e jovens particularmente vulneráveis à prisão e à gravidez indesejada. O custo para as mulheres e para o planeta é incalculável; o desafio para as feministas globais não poderia ser mais claro.

A pergunta de Friedan implicava que o feminismo era uma campanha desgastante, uma tentativa de atingir um "estado final" de igualdade de gênero. Entretanto, os sonhos têm de evoluir, e "fazer feminismo" não é um estado final, é uma jornada. Uma história global revela a profundidade, a abrangência e a diversidade do anseio e da determinação de alcançar a justiça de gênero. A perspectiva global nos ajuda a ter em mente, com mais flexibilidade, que as coalizões entre mulheres, ou entre os sexos, podem se formar e fracassar; interesses em comum sempre serão provisórios, não devemos considerá-los fatos consumados. Friedan temia que as militantes do século XXI precisassem "começar de novo". Mas a riqueza do passado feminista global leva a crer que não.

Agradecimentos

Este livro só foi possível graças à colaboração de muitas cabeças. Agradeço em particular às generosas amigas e acadêmicas mencionadas a seguir, que sugeriram bibliografia, me inspiraram e leram meu texto: Chloe Kattar, Maria DiCenzo, Kristina Schulz, Anna Bull, Isidora Grubacki, Francisca de Haan, Deborah Cohen, Mary Chapman, D-M Withers, Heidi Kurvinen, Khurram Jowiya, Zoe Strimpel, Rosa Campbell, Mikiko Eto, Zoë Thomas, Natalie Thomlinson, Florence Sutcliffe-Braithwaite e Maud Bracke.

As "ádvenas" — Lucy Bland, Laura Carter, Niamh Gallagher, Julia Laite, Helen McCarthy, Deborah Thom — me deram grande apoio e leram versões preliminares de capítulos com a agudeza e o cuidado habituais. As amigas Margaretta Jolly e Polly Russell, figuras cruciais na expansão da história do feminismo em anos recentes, foram mentoras desta obra — sorte minha tê--las ao meu lado. Judith Allen, além de me oferecer suas sacadas históricas maravilhosas, inspirou o capítulo sobre a canção quando começou a cantar uma música feminista num pub londrino. Minha gratidão também a Graham Copekoga por sua fotografia. A bolsa do Murray Edwards College me deu um lar acadêmico acolhedor, e sou especialmente grata a Rachel Leow por sua assistência. Chika Tonooka, Manuel Arroyo-Kalin, Julie Barrau, Silke Zimmer-Merkle e Joelle Patient me ajudaram em questões de tradução, e Ben

Griffin foi um amigo e um colaborador em muitos projetos em comum. Agradeço imensamente a todos. Meus alunos da pós-graduação me puseram em contato com histórias e ideias que, de outro modo, eu não teria encontrado, e trabalhar com eles me enriquece. Sou especialmente grata a Holly Nielsen, cuja obra-prima feminista feita em ponto-cruz inspirou o capítulo sobre objetos feministas. Casiana Ionita, que me deu o primeiro empurrão para escrever este livro, apoiou-me com seu entusiasmo e faro para uma boa frase. Ben Sinyor e Jane Birdsell contribuíram imensamente nas fases finais.

Minha família também leu grande parte deste livro, e sou grata por isso e por muito mais. Eles me apoiaram, me distraíram e possibilitaram que eu escrevesse. Às minhas sobrinhas inspiradoras, não resisto a citar a poeta feminista Dollie Radford:

> *To you my nieces, who must face*
> *Our right and wrong, and take your place*
>   *As future leaders.*
>
> *And I, meanwhile, shall still pursue*
> *All that is weird and wild and new,*
>   *In song and ballet,*
>
> *In lecture, drama, verse and prose,*
> *With every cult that comes and goes*
>   *Your aunt will dally.**

Em atenção à dimensão espacial, gostaria de dedicar este livro, escrito em Cambridge, no Reino Unido, e em Kerry, na Irlanda, a um espaço específico que há muito tempo é importante para mim: South Front Two da Cambridge University Library — tesouro de histórias feministas cujo cheiro e atmosfera inconfundíveis acompanham este livro, e até minha vida de historiadora, há

---

* "From Our Emancipated Aunt in Town", em *Songs and Other Verses*. Londres; Filadélfia: John Lane, 1895. [Tradução: "A vocês, minhas sobrinhas, que devem enfrentar/ Nossos erros e acertos, e assumir seu lugar/ De líderes no futuro.// E eu, enquanto isso, ainda me dedicarei/ A tudo o que é fantástico e doido e novo,/ Na música e no balé.// Na aula, no teatro, na poesia e na prosa,/ Em cada culto que vem e vai/ Sua tia será diletante".]

mais de vinte anos. É um privilégio ter acesso a um espaço como esse, e sou imensamente grata aos funcionários da biblioteca que cuidam do local e aos acadêmicos, tradutores e editores que encheram suas estantes. Este livro não teria sido escrito sem eles.

Notas

INTRODUÇÃO [pp. 9-28]

1. *Western Echo* (3 jan. 1886), citado em Audrey Gadzekpo, "The Hidden History of Women in Ghanaian Print Culture". In: Oyèrónké Oyěwùmí. *African Gender Studies: A Reader.* Londres: Palgrave Macmillan, 2005, p. 282.

2. Chela Sandoval, *Methodology of the Oppressed.* Minneapolis: University of Minnesota Press, 2000.

3. Adele Murdolo, "Safe Homes for Immigrant and Refugee Women: Narrating Alternative Histories of the Women's Refuge Movement in Australia". *Frontiers: A Journal of Women Studies,* v. 35, n. 3, 2014, p. 146.

4. Disponível em: <www.ipsos.com/sites/default/files/2017-03/global-advisor-feminism--charts-2017.pdf>. Acesso em: 29 nov. 2021.

5. *Emporia Daily Gazette*, Kansas, Estados Unidos, 27 nov. 1897, v. 7.

6. *The Times*, 18 jun. 1906, p. 6.

7. Para um vídeo que introduz alguns conceitos de feminismo, ver: <www.youtube.com/watch?v=H_GBrIntUq8>. Acesso em: 22 abr. 2021.

8. Mina Roces, "Is the Suffragist an American Colonial Construct? Defining 'the Filipino Woman' in Colonial Philippines". In: Louise P. Edwards e Mina Roces (Org.). *Women's Suffrage in Asia: Gender, Nationalism and Democracy.* Londres: Routledge, 2005, p. 29.

9. Asunción Lavrín, *Women, Feminism, and Social Change in Argentina, Chile, and Uruguay, 1890-1940.* Lincoln: University of Nebraska Press, 1995, pp. 26-36.

10. Mary Louise Roberts, *Disruptive Acts.* Chicago: University of Chicago Press, 2002, p. 39.

11. Johanna Gehmacher, "In/Visible Transfers: Translation as a Crucial Practice in Trans-

national Women's Movements around 1900". *German Historical Institute London Bulletin*, v. 41, n. 2, 2019, pp. 3-44.

12. Natalia Novikova, "Early Historical Accounts of the Russian Women's Movement: A Political Dialogue or a Dispute?". *Women's History Review*, v. 20, n. 4, 2011, pp. 509-19.

13. Frances Watkins Harper, "We Are All Bound Up Together". Discurso apresentado na 11ª Convenção Nacional de Direitos das Mulheres, Nova York, maio 1866.

14. June Edith Hahner, *Emancipating the Female Sex: The Struggle for Women's Rights in Brazil, 1850-1940*. Durham: Duke University Press, 1990, pp. 26-30, 209-10.

15. Bonnie S. Anderson, *Joyous Greetings: The First International Women's Movement, 1830-1860*. Oxford: Oxford University Press, 2001.

16. Francisca de Haan, "Writing Inter-Transnational History: The Case of Women's Movements and Feminisms". In: Barbara Haider-Wilson, William D. Godsey e Wolfgang Mueller (Org.). *Internationale Geschichte in Theorie und Praxis/International History in Theory and Practice*. Viena: Verlag der Österreichischen Akademie der Wissenschaften, 2017, pp. 501-36.

17. Kathy Davis, *The Making of Our Bodies, Ourselves: How Feminism Travels across Borders*. Durham: Duke University Press, 2008.

18. A metáfora das ondas de rádio feita por Nancy Hewitt representou com brilhantismo a ideia das vozes femininas de volumes diversos. Ver Nancy A. Hewitt (Org.). *No Permanent Waves: Recasting Histories of U.S. Feminism*. New Brunswick: Rutgers University Press, 2010.

19. Kathryn Gleadle, "The Imagined Communities of Women's History: Current Debates and Emerging Themes, a Rhizomatic Approach". *Women's History Review*, v. 22, n. 4, 2013, pp. 524-40.

20. Kathryn Gleadle e Zoë Thomas, "Global Feminisms, *c.* 1870-1930: Vocabularies and Concepts — A Comparative Approach". *Women's History Review*, v. 27, n. 7, 2018, pp. 1209-24.

21. Kimberly Springer, *Living for the Revolution: Black Feminist Organizations, 1968-1980*. Durham: Duke University Press, 2005.

22. bell hooks, *Talking Back: Thinking Feminist, Thinking Black*. Londres: Sheba Feminist, 1989.

23. Mrinalini Sinha, "Mapping the Imperial Social Formation: A Modest Proposal for Feminist History". *Signs*, v. 25, n. 4, 2000, pp. 1077-82.

24. O "uso" é analisado criticamente por Sara Ahmed, em *What's the Use? On the Uses of Use* (Durham: Duke University Press, 2019).

25. Kathleen A. Laughlin et al., "Is It Time to Jump Ship? Historians Rethink the Waves Metaphor". *Feminist Formations*, v. 22, n. 1, 2010, p. 97.

1. SONHOS [pp. 29-52]

1. Charles Fourier, "Marriage and the Family System". Citado em Charles Fourier, Jonathan Beecher e Richard Bienvenu (Org. e trad.). *The Utopian Vision of Charles Fourier: Selected Texts on Work, Love, and Passionate Attraction*. Boston: Beacon Press, 1971, p. 177.

2. Citado em Shirin Akhtar, "East Bengal Women's Education, Literature and Journalism". Em Francisca de Haan et al. (Orgs.). *Women's Activism: Global Perspectives from the 1890s to the Present*. Londres: Routledge, 2013, p. 110.

3. Bharati Ray, *Early Feminists of Colonial India*. Oxford: Oxford University Press, 2012.

4. Barnita Bagchi, "Ladylands and Sacrificial Holes". Em Barnita Bagchi (Org.). *The Politics of the (Im)Possible: Utopia and Dystopia Reconsidered*. Thousand Oaks: Sage, 2012.

5. Judith A. Allen, *The Feminism of Charlotte Perkins Gilman: Sexualities, Histories, Progressivism*. Chicago: University of Chicago Press, 2009, p. 354.

6. Linda Edmondson, "Feminism and Equality in an Authoritarian State: The Politics of Women's Liberation in Late Imperial Russia". Em Sylvia Paletschek e Bianka Pietrow-Ennker (Org.). *Women's Emancipation Movements in the Nineteenth Century: A European Perspective*. Stanford: Stanford University Press, 2004, pp. 221-39.

7. Alexandra Kollontai, *Working Woman and Mother*. Republicado em *Selected Writings of Alexandra Kollontai*. Trad. de Alix Holt. Londres: Allison & Busby, 1978, p. 134.

8. Ibid., p. 135.

9. Alexandra Kollontai, *A Great Love*. Trad. de Cathy Porter. Londres: Virago, 1981, p. 76.

10. Kollontai, *Selected Writings*, p. 134.

11. Padma Anagol, *The Emergence of Feminism in India, 1850-1920*. Farnham: Ashgate, 2005; Meera Kosambi, "Multiple Contestations: Pandita Ramabai's Educational and Missionary Activities in Late Nineteenth-Century India and Abroad". *Women's History Review*, v. 7, n. 2, 1998, pp. 193-208.

12. Pandita Ramabai Sarasvati, *The High-Caste Hindu Woman*. Londres: G. Bell & Sons, 1888, p. 64.

13. Ibid., p. 202. Ver também Uma Chakravarti. *Rewriting History: The Life and Times of Pandita Ramabai*. Nova Delhi: Zubaan, 2013.

14. Sarasvati, *High-Caste Hindu Woman*, pp. 56-7.

15. Kartini, citado em Kumari Jayawardena, *Feminism and Nationalism in the Third World*. Nova Delhi: Kali for Women, 1986, p. 137.

16. Jo Ellen Jacobs e Paula Harms Payne (Org.), *The Complete Works of Harriet Taylor Mill*. Bloomington: Indiana University Press, 1998.

17. Linda M. G. Zerilli, *Signifying Woman: Culture and Chaos in Rousseau, Burke, and Mill*. Ithaca: Cornell University Press, 1994, p. 96.

18. J. S. Mill a Harriet Taylor Mill, 17 fev. 1857, citado em ibid., p. 95.

19. Mary Trigg, *Feminism as Life's Work: Four Modern American Women through Two World Wars*. New Brunswick: Rutgers University Press, 2014, p. 124.

20. "Hunger (for Audre Lorde)". Em Adrienne Rich, *The Dream of a Common Language: Poems 1974-1977*. Nova York: W. W. Norton and Co., 1993, p. 13.

21. "An Open Letter to Mary Daly". In: Audre Lorde, *Sister Outsider: Essays and Speeches*. Nova York: Crossing, 2007. [Ed. bras.: *Irmã outsider: Ensaios e conferências*. Belo Horizonte: Autêntica, 2019.]

22. Pratibha Parmar, "Other Kinds of Dreams". *Feminist Review*, n. 31, 1989, pp. 55-65.

23. Iris Marion Young, "The Complexities of Coalition". *Dissent Magazine*, inverno 1997.

24. Audre Lorde, *Zami: A New Spelling of My Name*. Londres: Penguin Classics, 2018, pp. 223, 197.

2. IDEIAS [pp. 53-84]

1. Ifi Amadiume, *Male Daughters, Female Husbands: Gender and Sex in an African Society.* Londres: Zed Books, 2015.

2. Josefa Amar y Borbón, *In Defence of Women.* Trad. de Joanna M. Barker. Londres: Modern Humanities Research Association, 2018, p. 100.

3. Mary Nash, "The Rise of the Women's Movement in Nineteenth-Century Spain". Em Sylvia Paletschek e Bianka Pietrow-Ennker (Org.). *Women's Emancipation Movements in the Nineteenth Century: A European Perspective.* Stanford: Stanford University Press; Eurospan, 2004, pp. 243-62; Juan Pro, "Thinking of a Utopian Future: Fourierism in Nineteenth-Century Spain". *Utopian Studies*, v. 26, n. 2, 2015, pp. 329-48.

4. Christine Arkinstall, "A Feminist Press Gains Ground in Spain, 1822-66". Em Silvia Bermúdez e Roberta Johnson (Org.), *A New History of Iberian Feminisms.* Toronto: University of Toronto Press, 2018, p. 123.

5. Essa publicação britânica foi atribuída a Lady Mary Wortley Montagu (1689-1762) e a Lady Sophia Fermor (1724-45). Sobre a tradução desse texto, ver Charlotte Hammond Matthews. *Gender, Race and Patriotism in the Works of Nísia Floresta.* Cambridge: Cambridge University Press, 2013.

6. Apesar de o Brasil ter sido declarado uma república independente em 1889, o voto feminino só veio em 1932, quando a decisão tomada pelo Rio Grande do Norte em 1927 de dar às mulheres o direito ao voto foi imitada pelo governo federal.

7. Lewis Henry Morgan, *Ancient Society.* Tucson: University of Arizona Press, 1985, pp. 54 e 505.

8. Friedrich Engels, *The Origin of the Family, Private Property, and the State.* Londres: Penguin Classics, 2010, p. 27. [Ed. bras.: *A origem da família, da propriedade privada e do Estado.* Rio de Janeiro: BestBolso, 2014.]

9. Olive Schreiner, *Women and Labour.* Londres: Virago Press, 1978, pp. 97-8.

10. August Bebel, *Woman and Socialism.* Trad. de Meta L. Stern. Nova York: Socialist Literature Co., 1910, pp. 6-7.

11. Marilyn J. Boxer, "Rethinking the Socialist Construction and International Career of the Concept 'Bourgeois Feminism'". *American Historical Review*, v. 112, n. 1, 2007, pp. 131-58.

12. August Bebel, *Woman in the Past, Present and Future.* Londres: Zwan, 1988, p. 264.

13. Elizabeth Cady Stanton, "Address". In: Ellen Carol DuBois e Richard Cándida Smith. *Elizabeth Cady Stanton, Feminist as Thinker: A Reader in Documents and Essays.* Nova York: NYU Press, 2007, pp. 96-7.

14. Eleanor F. Rathbone, *The Disinherited Family: A Plea for the Family.* Londres: Edward Arnold, 1924, pp. 215 e 269.

15. Susan Pedersen, *Eleanor Rathbone and the Politics of Conscience.* New Haven: Yale University Press, 2004, pp. 246-56.

16. Antoinette Burton, *Burdens of History: British Feminists, Indian Women, and Imperial Culture, 1865-1915.* Chapel Hill: University of North Carolina Press, 1994.

17. Charlotte Perkins Gilman, *The Man-Made World Or, Our Androcentric Culture.* Nova York: Charlton Company, 1914, p. 15.

18. Ibid., p. 16.

19. Charlotte Perkins Gilman, *Women and Economics*. North Chelmsford: Courier Corporation, 2012, p. 120.

20. Schreiner para Karl Pearson, 10 set. 1886. (Coleção especial da University College London, Karl Pearson, 840/4/3/610-64).

21. Louise P. Edwards, *Gender, Politics, and Democracy: Women's Suff Rage in China*. Stanford: Stanford University Press, 2008.

22. Schreiner para Mrs. John X. Merriman, [s.d.] 1912. Biblioteca Nacional da África do Sul, coleções especiais, Cape Town: MSC 15/1912:211.

23. Ling Qichao, "On Women's Education" (1897). In: Lydia He Liu et al. *The Birth of Chinese Feminism: Essential Texts in Transnational Theory*. Nova York: Columbia University Press, 2013, p. 203.

24. Jin Tianhe, "The Women's Bel" (1903). Reed. ibid.

25. Ibid., p. 11.

26. Tani E. Barlow, *The Question of Women in Chinese Feminism*. Durham: Duke University Press, 2004, pp. 49-59, 274.

27. He-Yin Zhen, "The Feminist Manifesto" (1907). In: Lydia He Liu et al., op. cit., p. 184.

28. Tani E. Barlow, op. cit., pp. 105-6.

29. He-Yin Zhen, op. cit., pp. 182-3.

30. Kate Millett, prefácio da edição japonesa de *Sexual Politics*. Citado em Laurel Fredrickson, "Trap: Kate Millett, Japan, Fluxus and Feminism". *Women & Performance: A Journal of Feminist Theory*, v. 19, n. 3, 2009, pp. 337-67.

31. Shulamith Firestone e Anne Koedt (Org.), *Notes from the Second Year: Women's Liberation — Major Writings of the Radical Feminists*. Nova York: New York Radical Feminists, 1970.

32. Ibid.

33. Mary Daly, "The Spiritual Dimension of Women's Liberation". Em Anne Koedt, Ellen Levine e Anita Rapone (Org.). *Radical Feminism*. Nova York: Quadrangle Books, 1973.

34. Mary Daly, *Gyn/Ecology: The Metaethics of Radical Feminism*. Boston: Beacon Press, 1978, p. 28.

35. Ibid., p. 32.

36. Aileen Moreton-Robinson, *Talkin' Up to the White Woman: Aboriginal Women and Feminism*. Brisbane: University of Queensland Press, 2000, p. 24.

37. Women in Publishing Industry Group in Britain, *Non-Sexist Code of Practice for Book Publishing*, 1982.

38. Hélène Cixous, "The Laugh of the Medusa". *Signs*, v. 1, n. 4, 1976, p. 876.

39. Assia Djebar, *Ces Voix qui m'assiègent*. Citado em Jane Hiddleston, "Feminism and the Question of 'Woman' in Assia Djebar's *Vaste est la prison*". *Research in African Literatures*, v. 35. n. 4, 2004, pp. 92-3.

40. Robin Thompson, "Mary Daly's *Gyn/Ecology*". *The Amazon*, ago-set. 1980, pp. 9-11.

41. Pavla Miller, *Patriarchy*. Londres: Routledge, 2017; Seungsook Moon, "Carving Out Space: Civil Society and the Women's Movement in South Korea". *Journal of Asian Studies*, v. 61, n. 2, maio 2002, p. 473.

42. Barbara Burris, "Fourth World Manifesto". Em Anne Koedt (Org.). *Notes from the Third Year: Women's Liberation*. Nova York: New York Radical Feminists, 1972, p. 342.

43. Frances M. Beal, "Double Jeopardy: To Be Black and Female". *Meridians*, v. 8, n. 2, 2008, p. 169.

44. Claudia Jones, "An End to the Neglect of the Problems of Negro Women" (1949). Em *Claudia Jones: Beyond Containment. Autobiographical Reflections, Essays and Poems*. Bunbury: Ayebia Clarke, 2011, p. 80; Denise Lynn, "Socialist Feminism and Triple Oppression: Claudia Jones and African American Women in American Communism". *Journal for the Study of Radicalism*, v. 8, n. 2, 2014, pp. 1-20.

45. Frances M. Beal, op. cit., p. 175.

46. Deborah K. King, "Multiple Jeopardy, Multiple Consciousness: The Context of a Black Feminist Ideology". *Signs*, v. 14, n. 1, 1988, p. 47.

47. Kimberlé Crenshaw, "Mapping the Margins: Intersectionality, Identity Politics, and Violence against Women of Color". *Stanford Law Review*, v. 43, n. 6, 1991, pp. 1241-99.

48. bell hooks, "Feminism, a Transformational Politics". In: _____. *Talking Back: Thinking Feminist, Thinking Black*. Londres: Sheba Feminist Press, 1989, pp. 419-21.

49. Philippe De Wolf, "Male Feminism: Men's Participation in Women's Emancipation Movements and Debates. Case Studies from Belgium and France (1967-1984)". *European Review of History*, v. 22, n. 1, 2015, pp. 77-100.

50. R. W. Connell, "The Politics of Changing Men". *Australian Humanities Review*, dez. 1996.

3. ESPAÇOS [pp. 85-115]

1. Margaret Mary Finnegan, *Selling Suffrage: Consumer Culture and Votes for Women*. Nova York: Columbia University Press, 1999, p. 49.

2. Maud Bracke, *Women and the Reinvention of the Political: Feminism in Italy, 1968-1983*. Londres: Routledge, 2014.

3. Roger Fulford, *Votes for Women: The Story of a Struggle*. Londres: Faber and Faber, 1957, p. 103.

4. Virginia Woolf, *A Room of One's Own*. Londres: Penguin, 2004. [Ed. bras.: *Um teto todo seu*. Rio de Janeiro: Nova Fronteira, 2019]; Margaret Llewelyn Davies, *Life as We Have Known It, by Cooperative Working Women*. Londres: Virago, 1977.

5. Dina Lowy, *The Japanese 'New Woman': Images of Gender and Modernity*. New Brunswick: Rutgers University Press, 2007, p. 11.

6. "The Good Fairy", *Quest*, n. 1, 1974, p. 61.

7. Mrs. (Anna) Jameson, *The Communion of Labour: A Second Lecture on the Social Employments of Women*. Londres: Longman, Brown, Green, Longmans & Roberts, 1856.

8. H. Martineau, "Female Industry". *Edinburgh Review*, n. 109, 1859, p. 336.

9. Mya May Hla Oung, "The Women of Burma". *Buddhism: An Illustrated Quarterly Review*, set. 1903, pp. 62 e 81.

10. Ellen Jordan e Anne Bridger, "An Unexpected Recruit to Feminism: Jessie Boucherett's

'Feminist Life' and the Importance of Being Wealthy". *Women's History Review*, v. 15, n. 3, 2006, pp. 385-412.

11. Ethel Snowden, *The Feminist Movement*. Londres: Collins, 1913, pp. 216-7.

12. Rosemary Feurer, "The Meaning of 'Sisterhood': The British Women's Movement and Protective Labor Legislation, 1870-1900". *Victorian Studies*, v. 31, n. 2, 1988, pp. 233-60.

13. Dorothy Sue Cobble, "More than Sex Equality: Feminism after Suffrage". In: Dorothy Sue Cobble, Linda Gordon e Astrid Henry. *Feminism Unfinished: A Short, Surprising History of American Women's Movements*. Nova York: Liveright Publishing Corporation, 2014.

14. Patricia Ann Schechter, *Exploring the Decolonial Imaginary: Four Transnational Lives*. Londres: Palgrave Macmillan, 2012.

15. Maria Odila Leite da Silva Dias, *Power and Everyday Life: The Lives of Working Women in Nineteenth-Century Brazil*. Cambridge: Polity Press, 1995, pp. 32-3.

16. Ver Toyin Falola e Adam Paddock, *The Women's War of 1929: A History of Anti-Colonial Resistance in Eastern Nigeria*. Durham: Carolina Academic Press, 2011.

17. 1929 Commission of Inquiry, citado em Caroline Ifeka-Moller, "Female Militancy and Colonial Revolt". In: Shirley Ardener. *Perceiving Women*. Hoboken: Wiley, 1975, p. 129.

18. Cheryl Johnson-Odim, *For Women and the Nation: Funmilayo Ransome-Kuti of Nigeria*. Champaign: University of Illinois Press, 1997.

19. Ayesha Imam, "The Dynamics of winning: An Analysis of Women in Nigeria (win)". In: M. Jacqui Alexander e Chandra Talpade Mohanty (Org.). *Feminist Genealogies, Colonial Legacies, Democratic Futures*. Londres: Routledge, 1997, p. 282.

20. Ibid., p. 286.

21. Bene E. Madunagu, "The Nigerian Feminist Movement: Lessons from 'Women in Nigeria', win". *Review of African Political Economy*, v. 35, n. 118, dez. 2008, pp. 666-72.

22. A. Finn Enke, *Finding the Movement: Sexuality, Contested Space, and Feminist Activism*. Durham: Duke University Press, 2008.

23. Alexandra Ketchum, "'The Place We've Always Wanted to Go but Never Could Find': Finding Woman Space in Feminist Restaurants and Cafés in Ontario, 1974-1982". *Feminist Studies*, v. 44, n. 1, 2018, pp. 126-52.

24. Joshua Clark Davis, *From Head Shops to Whole Foods: The Rise and Fall of Activist Entrepreneurs*. Nova York: Columbia University Press, 2017.

25. Ibid., pp. 156-7.

26. Alice Echols, *Daring to Be Bad: Radical Feminism in America, 1967-1975*. Minneapolis: University of Minnesota Press, 1989, p. 280.

27. Ann Phoenix, "Re-Narrating Feminist Stories". In: Mary Evans e Kathy Davis (Org.). *Transatlantic Conversations: Feminism as Travelling Theory*. Londres: Routledge, 2016.

28. "Feminist Forum", *Women's Studies International Forum*, v. 11, n. 6, 1º jan. 1988, p. 14.

29. Kristen Hogan, *The Feminist Bookstore Movement: Lesbian Antiracism and Feminist Accountability*. Durham: Duke University Press, 2016.

30. Elizabeth Cady Stanton, introdução de *The Woman's Bible* [1898]. Edimburgo: Polygon, 1985.

31. Betty Livingston Adams, *Black Women's Christian Activism: Seeking Social Justice in a Northern Suburb*. Nova York: nyu Press, 2016.

32. Ibid., p. 28.

33. Ibid., p. 31.

34. Ibid., p. 37.

35. Ibid., p. 78.

36. Johnson a Wilson, 5 ago. 1919, citado em ibid., p. 84.

37. Ibid., pp. 113, 150.

38. Sheila Shaver, "Gender, Class and the Welfare State: The Case of Income Security in Australia". *Feminist Review*, n. 32, 1989, pp. 90-110.

39. Rosa Campbell, *A Global History of Australian Women's Liberation 1968-1990*. Futura dissertação de doutorado, Universidade de Cambridge; Tikka Jan Wilson, "Feminism and Institutionalized Racism: Inclusion and Exclusion at an Australian Feminist Refuge". *Feminist Review*, n. 52, 1996, pp. 1-26.

40. Adele Murdolo, "Safe Homes for Immigrant and Refugee Women: Narrating Alternative Histories of the Women's Refuge Movement in Australia". *Frontiers: A Journal of Women Studies*, v. 35, n. 3, 2014, p. 135.

41. Ibid., p. 138.

4. OBJETOS [pp. 116-143]

1. George Thompson (1834), citado em Gail Malmgreen, "Anne Knight and the Radical Subculture". *Quaker History*, v. 1, n. 2, 1982, p. 105.

2. Ibid., p. 106.

3. Bonnie S. Anderson, *Joyous Greetings: The First International Women's Movement, 1830--1860*. Oxford: Oxford University Press, 2001, p. 22.

4. Samuel Allen (1841), citado em Gail Malmgreen, op. cit., p. 106.

5. Citado em Margaret L. Laware, "Circling the Missiles and Staining Them Red: Feminist Rhetorical Invention and Strategies of Resistance at the Women's Peace Camp at Greenham Common". *NWSA Journal*, v. 16, n. 3, 2004, pp. 18-41.

6. "Pint Size", *Spare Rib*, n. 96, jul. 1980, p. 11.

7. Silver Moon, "Boltcutters". In: Alison Bartlett e Margaret Henderson (Org.). *Things That Liberate: An Australian Feminist Wunderkammer*. Newcastle upon Tyne: Cambridge Scholars, 2013, p. 61.

8. Alison Bartlett e Margaret Henderson, "What Is a Feminist Object? Feminist Material Culture and the Making of the Activist Object". *Journal of Australian Studies*, v. 40, n. 2, 2016, p. 170.

9. Pankhurst, citado em Laura E. Nym Mayhall. "The Rhetorics of Slavery and Citizenship: Suffragist Discourse and Canonical Texts in Britain, 1880-1914". *Gender & History*, v. 13, n. 3, 2001, p. 481.

10. Elizabeth Crawford, *The Women's Suffrage Movement: A Reference Guide, 1866-1928*. Londres: Psychology Press, 2001, p. 550.

11. Ibid., p. 137.

12. *Votes for Women* (1908), citado em Krista Lysack. *Come Buy, Come Buy: Shopping and the Culture of Consumption in Victorian Women's Writing*. Athens: Ohio University Press, 2008.

13. Elizabeth Crawford, "Our Readers Are Careful Buyers: Creating Goods for the Suffrage Market". In: Miranda Garrett e Zoë Thomas (Org.). *Suffrage and the Arts: Visual Culture, Politics and Enterprise*. Londres: Bloomsbury Visual Arts, 2019.

14. Jessica Ellen Sewell, *Women and the Everyday City: Public Space in San Francisco, 1890-1915*. Minneapolis: University of Minnesota Press, 2011, pp. 140-2. (Coleção Architecture, Landscape and American Culture).

15. Margaret Mary Finnegan, op. cit., pp. 122-4.

16. Elizabeth Crawford, *Women's Suffrage Movement*, op. cit., p. 537.

17. Ibid, p. 149; Kenneth Florey, *Women's Suffrage Memorabilia: An Illustrated Historical Study*. Jefferson: McFarland & Company, 2013, p. 107.

18. Margaret Mary Finnegan, op. cit., pp. 126-8.

19. Ornella Moscucci, *The Science of Woman: Gynaecology and Gender in England, 1800-1929*. Cambridge: Cambridge University Press, 1990; Andrea Dworkin, *Autobiography*. Farmington Hills: Gale, 1995, p. 14. (Coleção Contemporary Authors Autobiography, n. 22).

20. Adrienne Sallay, "Pocket Mirror". In: Alison Bartlett e Margaret Henderson (Org.), op. cit., p. 138.

21. Donna J. Haraway, "The Virtual Speculum in the New World Order". *Feminist Review*, n. 55, 1997, p. 45.

22. Kathy Davis, *The Making of Our Bodies, Ourselves: How Feminism Travels across Borders*, op. cit., 2008.

23. Ester Shapiro, citado em ibid., pp. 180-1.

24. Susan Magarey, "Tampon". In: Alison Bartlett e Margaret Henderson (Org.), op. cit., pp. 188-90.

25. Theresa Munford, "China: Rough Brown Paper for Periods". *Spare Rib*, n. 100, nov. 1980, p. 15.

26. "How to…". *Lesbian Connection*, mar.-abr. 1986, pp. 13-4.

27. Susanne Gannon, "Sea Sponges". In: Alison Bartlett e Margaret Henderson (Org.), op. cit., p. 165.

28. Amanda Sebestyen, "Blood Money". *Spare Rib*, n. 65, dez. 1977, p. 8.

29. "A Sponge?", *Bread and Roses*, v. 1, n. 2, 1978.

30. Jean Taylor, "Gestetner". In: Alison Bartlett e Margaret Henderson (Org.), op. cit., p. 95.

31. Jennifer S. Duncan, "French Feminism's Struggle to Become Global". In: Francisca de Haan et al. (Org.). *Women's Activism: Global Perspectives from the 1890s to the Present*. Londres: Routledge, 2013, pp. 183-97.

32. Jennifer Leigh Disney, *Women's Activism and Feminist Agency in Mozambique and Nicaragua*. Filadélfia: Temple University Press, 2009.

33. Ifi Amadiume, *Male Daughters, Female Husbands: Gender and Sex in an African Society*. Londres: Zed Books, 2015; Oyèrónké Oyěwùmí, *The Invention of Women: Making an African Sense of Western Gender Discourses*. Minneapolis: University of Minnesota Press, 1997.

34. Penny A. Weiss e Megan Brueske (Org.), *Feminist Manifestos: A Global Documentary Reader*. Nova York: NYU Press, 2018.

35. Susan Magarey, *Dangerous Ideas: Women's Liberation — Women's Studies — Around the World*. Adelaide: University of Adelaide Press, 2014, p. 33.

36. Alison Bartlett e Margaret Henderson (Org.), op. cit., p. 169.

37. Urvashi Butalia e Ritu Menon, *Making a Difference: Feminist Publishing in the South*. Oxford: Bellagio Publishing Network, 1995, pp. 19-20.

38. *Feminist Bookstore News*, set.-out. 1986, p. 27. Sobre Virago, ver Catherine Riley. *The Virago Story: Assessing the Impact of a Feminist Publishing Phenomenon*. Nova York; Oxford: Berghahn Books, 2018.

39. Simone Murray, "The Cuala Press: Women, Publishing, and the Conflicted Genealogies of 'Feminist Publishing'". *Women's Studies International Forum*, v. 27, n. 5, 2004, pp. 489-506.

40. Butalia e Menon, op. cit., pp. 23-4.

41. Joan Marie Johnson, *Funding Feminism: Monied Women, Philanthropy, and the Women's Movement, 1870-1967*. Chapel Hill: University of North Carolina Press, 2017, p. 223.

42. Deni Fuller, "The Women's Symbol". In: Alison Bartlett e Margaret Henderson (Org.), op. cit., pp. 215-6.

5. VISUAIS [pp. 144-180]

1. Elsie Clews Parsons, *The Journal of a Feminist*. Londres; Nova York: Thoemmes Press, 1994, p. 86. (Coleção Subversive Women, n. 5).

2. Samuel Edwards, *George Sand: A Biography of the First Modern, Liberated Woman*. Nova York: McKay, 1972.

3. Chandra Talpade Mohanty, "Under Western Eyes: Feminist Scholarship and Colonial Discourses". *Boundary*, v. 12, n. 3, 1984, pp. 333-58.

4. Mina Roces, "Is the Suffragist an American Colonial Construct? Defining 'the Filipino Woman' in Colonial Philippines". In: Louise P. Edwards e Mina Roces (Org.). *Women's Suffrage in Asia: Gender, Nationalism and Democracy*. Londres: Routledge, 2005, pp. 24-58.

5. Marshall Foletta, "Angelina Grimké: Asceticism, Millenarianism, and Reform". *New England Quarterly*, v. 80, n. 2, 2007, pp. 179-217.

6. Bonnie S. Anderson, *Joyous Greetings: The First International Women's Movement, 1830--1860*. Oxford: Oxford University Press, 2001, p. 59.

7. Barbara Hamill Sato, *The New Japanese Woman: Modernity, Media, and Women in Interwar Japan*. Durham: Duke University Press, 2003; Dina Lowy, *The Japanese "New Woman": Images of Gender and Modernity*. New Brunswick: Rutgers University Press, 2007.

8. Dorothy Ko, "Jazzing into Modernity: High Heels, Platforms, and Lotus Shoes". In: Valerie Steele e John S. Major (Org.). *China Chic: East Meets West*. New Haven: Yale University Press, 1999. Ver também Joan Judge. "Sinology, Feminist History, and Everydayness in the Early Republican Periodical Press". *Signs*, v. 40, n. 3, 2015, pp. 563-87.

9. *Votes for Women*, 30 jul. 1908, p. 348. Citado em Wendy Parkins. "The Epidemic of Purple, White and Green: Fashion and the Suffragette Movement in Britain 1908-14". In: Wendy Parkins (Org.). *Fashioning the Body Politic*. Oxford: Berg Publishers, 2002, p. 102.

10. Gul Ozyegin, "My Father, an Agent of State Feminism and Other Unrelatable Con-

versations". In: Kathy Davis e Mary Evans (Org.). *Transatlantic Conversations: Feminism as Travelling Theory*, op. cit., p. 37.

11. Marie-Thérèse McGivern, entrevistada por Rachel Cohen, 9 fev. 2012. *Sisterhood and After: The Women's Liberation Oral History Project, 2010-2013*. British Library Sound & Moving Image © The British Library and The University of Sussex. Doravante citado como *Sisterhood and After*.

12. Citado em Delia Davin, "Of Dogma, Dicta and Washing Machines: Women in the Peoples Republic of China". In: Sonia Kruks, Rayna Rapp e Marilyn B. Young (Org.). *Promissory Notes: Women in the Transition to Socialism*. Nova York: Monthly Review Press, 1989, p. 357.

13. Sarah Franklin, "A Feminist Transatlantic Education". In: Kathy Davis e Mary Evans (Org.), op. cit.

14. Sue Katz, "Working Class Dykes: Class Conflict in the Lesbian/Feminist Movements in the 1970s". *The Sixties*, v. 10, n. 2, 2017, pp. 281-9.

15. Alison Bartlett, "Bras". In: Alison Bartlett e Margaret Henderson (Org.). *Things That Liberate: An Australian Feminist Wunderkammer*. Newcastle upon Tyne: Cambridge Scholars, 2013, p. 75.

16. Margaret L. Laware, "Circling the Missiles and Staining Them Red: Feminist Rhetorical Invention and Strategies of Resistance at the Women's Peace Camp at Greenham Common". *NWSA Journal*, v. 16, n. 3, 2004, pp. 30-1.

17. Valerie Wise, entrevistada por Freya Johnson Ross, set. 2011. In: *Sisterhood and After*, op. cit.

18. Sara Dowse, "Blouse". In: Alison Bartlett e Margaret Henderson (Org.), op. cit.

19. Alice Echols, op. cit., 1989, pp. 92-5.

20. Para o relato de uma ativista sobre as manifestações no Albert Hall em Londres, ver: <https://www.bl.uk/collection-items/jo-robinson-miss-world-contest>. Acesso em: 6 maio 2021.

21. Sandie Wyles, entrevistada por Rachel Cohen, jul. 2011. In: *Sisterhood and After*, op. cit.

22. Constance Lytton, *Prisons and Prisoners: Some Personal Experiences*. Cambridge: Cambridge University Press, 2011, p. 239.

23. Lekkie Hopkins, "Overalls". In: Alison Bartlett e Margaret Henderson (Org.), op. cit.

24. Nett Hart, "But Can She Type? Meet Me Up Front". *Feminist Bookstore News*, v. 15, n. 5, 1993, p. 65.

25. Sue Katz, op. cit., pp. 284-5. Ver também Alice Echols, op. cit., p. 225, sobre uma dinâmica similar em um coletivo de lésbicas de Washington.

26. Sojourner Truth, citado em Margaret Mary Finnegan, op. cit., p. 22.

27. Nett Hart, op. cit.

28. Elizabeth Cady Stanton, "Address". In: Ellen Carol DuBois e Richard Cándida Smith, op. cit., pp. 96-7.

29. Virginia Woolf, *A Room of One's Own; Three Guineas*. Londres: Vintage, 1996, pp. 127-8.

30. Ibid.

31. Pete Six [Goodridge], entrevistado por Lucy Delap, 29 set. 2012. *Unbecoming Men Collection*, British Library Sound & Moving Image, British Library, doravante Henceforth, *Unbecoming Men Collection*.

32. Aidan White, "Laying Down Machismo and Taking Up Knitting". *The Guardian*, 16 jul. 1985, p. 8.

33. John Colvin, "Dressing for Myself". *Man*, n. 23, primavera 1986, p. 12.

34. John Colvin, entrevistado por Lucy Delap, 7 abr. 2013. *Unbecoming Men Collection*.

35. Flora Tristan, *Flora Tristan, Utopian Feminist: Her Travel Diaries and Personal Crusade*. Bloomington: Indiana University Press, 1993, pp. 29, 31-2.

36. Leila Ahmed, *Women and Gender in Islam: Historical Roots of a Modern Debate*. New Haven: Yale University Press, 1992, p. 150.

37. *Daily Alta California*, 14 jun. 1851.

38. Margot Badran, *Feminists, Islam, and Nation: Gender and the Making of Modern Egypt*. Princeton: Princeton University Press, 1995; Marie Sandell, *The Rise of Women's Transnational Activism: Identity and Sisterhood between the World Wars*. Londres: I. B. Tauris, 2015, p. 76.

39. Leila Ahmed, op. cit., pp. 197-202; Saba Mahmood, *Politics of Piety: The Islamic Revival and the Feminist Subject*. Princeton: Princeton University Press, 2005.

40. Laura Bier, *Revolutionary Womanhood: Feminisms, Modernity, and the State in Nasser's Egypt*. Stanford: Stanford University Press, 2011.

41. Rachel Rinaldo, *Mobilizing Piety: Islam and Feminism in Indonesia*. Oxford: Oxford University Press, 2013.

42. Carla Jones, "Fashion and Faith in Urban Indonesia". *Fashion Theory*, v. 11, n. 2/3, 2007, pp. 211-32.

43. Ayesha Khan, *The Women's Movement in Pakistan: Activism, Islam and Democracy*. Londres: I. B. Tauris, 2018, pp. 94-5.

44. Anne E. Brodsky, *With All Our Strength: The Revolutionary Association of the Women of Afghanistan*. Londres: Routledge, 2003.

45. Amina Wadud, *Qur'an and Woman: Rereading the Sacred Text from a Woman's Perspective*. Oxford: Oxford University Press, 1999.

46. Ziba Mir-Hosseini, *Islam and Gender: The Religious Debate in Contemporary Iran*. Londres: I. B. Tauris, 2000; Haleh Afshar, *Islam and Feminisms: An Iranian Case-Study*. Londres: Macmillan Press, 1998.

47. bell hooks, *Black Looks: Race and Representation*. Boston: South End Press, 1992, p. 7.

48. *The New York Times*, 14 out. 1917, p. 35.

49. Anthony, citado em Amy Kesselman. "The 'Freedom Suit': Feminism and Dress Reform in the United States, 1848-1875". *Gender and Society*, v. 5, n. 4, 1991, p. 500.

6. SENTIMENTOS [pp. 181-208]

1. Chude Pamela Allen, "Free Space". In: Anne Koedt (Org.). *Notes from the Third Year: Women's Liberation*. Nova York: New York Radical Feminists, 1972.

2. Claudie Broyelle, *Women's Liberation in China*. Sussex: Harvester Press, 1977; Quinn Slobodian, "Guerrilla Mothers and Distant Doubles: West German Feminists Look at China and Vietnam, 1968-1982". *Studies in Contemporary History/ Zeithistorische Forschungen*, n. 12, 2015.

3. Alice Echols, op. cit., p. 147.

4. Sudsoflopen, "The Sudsofloppen Paper". Apêndice de Chude Pamela Allen. *Free Space: A Perspective on the Small Group in Women's Liberation.* Nova York: Times Change Press, 1969, p. 45 (grifo meu).

5. Mitsu, citado em Setsu Shigematsu. *Scream from the Shadows: The Women's Liberation Movement in Japan.* Minneapolis: University of Minnesota Press, 2012, pp. 110, 25.

6. Ibid.

7. Betty Friedan, "A Dialogue with Simone De Beauvoir". In: *"It Changed My Life": Writings on the Women's Movement.* Cambridge, Massachusetts: Harvard University Press, 1998, p. 160.

8. Reeditado em Anne Koedt, *Notes from the Third Year*, op. cit.

9. Rita Mae Brown, "Women Who Love Men Hate Them". *The Furies*, outono 1972, pp. 14-5.

10. "CLIT statement 2", *off our backs*, 1º jul., p. 13.

11. Adrienne Rich, "Compulsory Heterosexuality and Lesbian Existence". *Signs*, v. 5, n. 4, 1980, pp. 631-60; Jeska Rees, "'Taking Your Politics Seriously': Lesbian History and the Women's Liberation Movement in England". In: Sonja Tiernan e Mary McAuliffe (Org.). *Sapphists and Sexologists.* Newcastle upon Tyne: Cambridge Scholars Publishing, 2009.

12. "editorials, challenges, clit, *off our backs*, 1º jul. 1974, p. 1.

13. Citado em Rees, "Taking your Politics Seriously", op. cit., p. 89.

14. Naisargi N. Dave, "To Render Real the Imagined: An Ethnographic History of Lesbian Community in India". *Signs*, v. 35, n. 3, 2010, pp. 595-619.

15. Audre Lorde, "The Uses of Anger". In: *Sister Outsider: Essays and Speeches*, op. cit., pp. 124-33.

16. Christina Kotchemidova, "From Good Cheer to 'Drive-By Smiling': A Social History of Cheerfulness". *Journal of Social History*, v. 39, n. 1, 2005, pp. 5-37.

17. Shulamith Firestone, *The Dialectic of Sex: The Case for Feminist Revolution.* Londres: The Women's Press, 1979.

18. Barbara Ehrenreich, *Smile or Die: How Positive Thinking Fooled America and the World.* Londres: Granta, 2009; Sara Ahmed, *The Promise of Happiness.* Durham: Duke University Press, 2010, p. 53.

19. Concepción Arenal,"Spain". In: Theodore Stanton (Org.). *The Woman Question in Europe: A Series of Original Essays.* Londres: S. Low, Marston, Searle and Rivington, 1884.

20. Anna Julia Cooper, *The Voice of Anna Julia Cooper: Including A Voice from the South and Other Important Essays, Papers, and Letters.* Lanham: Rowman & Littlefield, 1998, p. 72. Ver também Vivian M. May. "Anna Julia Cooper's Black Feminist Love-Politics". *Hypatia*, v. 32, n. 1, 2017, pp. 35-53.

21. Jennifer C. Nash, "Practicing Love: Black Feminism, Love-Politics, and Post-Intersectionality". *Meridians*, v. 11, n. 2, 2011, pp. 1-24.

22. June Jordan, *Some of Us Did Not Die: New and Selected Essays.* Nova York: Basic Books, 2003.

23. Margaret H. McFadden, *Golden Cables of Sympathy: The Transatlantic Sources of Nineteenth-Century Feminism.* Lexington: University Press of Kentucky, 1999, p. 177.

24. Audre Lorde, "The Uses of the Erotic: The Erotic as Power". In: *Sister Outsider*, op. cit., pp. 54-7.

25. Ibid., p. 53; Audre Lorde, *Zami: A New Spelling of My Name*, op. cit., 2018.

26. Andrea Dworkin, "What is Lesbian Pride?". *Second Wave*, outono 1975, p. 9.

27. Ellen Key, *Love and Marriage*. Trad. De Arthur G. Chater. Nova York: G. P. Putnam, 1911, p. 382.

28. Havelock Ellis, Introdução de ibid., p. xiii; Ellen Key, *The Woman Movement*. Nova York: G. P. Putnam, 1912, p. xii.

29. Ibid., pp. 44, 57, 223, 215.

30. Ann Allen, "Maternalism in German Feminist Movements". *Journal of Women's History*, v. 5, n. 2, 1993, p. 99.

31. Eileen Boris, "The Power of Motherhood: Black and White Activist Women Redefine the 'Political'". *Yale Journal of Law and Feminism*, v. 2, n. 1, 1989, pp. 25-49.

32. Miriam Tola, "Between Pachamama and Mother Earth: Gender, Political Ontology and the Rights of Nature in Contemporary Bolivia". *Feminist Review*, n. 118, 2018, pp. 25-40.

33. Katherine M. Marino, "Marta Vergara, Popular-Front Pan-American Feminism and the Transnational Struggle for Working Women's Rights in the 1930s". *Gender & History*, v. 26, n. 3, 2014, pp. 642-60.

34. Donna J. Guy, "The Politics of Pan-American Cooperation: Maternalist Feminism and the Child Rights Movement, 1913-1960". *Gender & History*, v. 10, n. 3, 1998, pp. 449-69.

35. Bertha Lutz em *Revista Da Semana*, 23 dez. 1918. Citado em June Edith Hahner, op. cit., p. 222.

36. Francesca Miller, *Latin American Women and the Search for Social Justice*. Lebanon: University Press of New England, 1991.

37. Jadwiga E. Pieper Mooney, "Militant Motherhood Re-Visited: Women's Participation and Political Power in Argentina and Chile". *History Compass*, v. 5, n. 3, 2007, pp. 975-94.

38. Maria Estrela em *A mulher*, citado em June Edith Hahner, op. cit., p. 59.

39. Francisca de Haan, "Continuing Cold War Paradigms in Western Historiography of Transnational Women's Organizations: The Case of the Women's International Democratic Federation (WIDF)". *Women's History Review*, v. 19, n. 4, 2010, pp. 547-73.

40. Francesca Miller, op. cit., p. 197.

41. Jocelyn Olcott, *International Women's Year: The Greatest Consciousness-Raising Event in History*. Oxford: Oxford University Press, 2017.

42. Domitila Barrios de Chungara, *Let Me Speak! Testimony of Domitila, a Woman of the Bolivian Mines*. Nova York: Monthly Review Press, 1978, p. 199.

43. Jocelyn Olcott, "Cold War Conflicts and Cheap Cabaret: Sexual Politics at the 1975 United Nations International Women's Year Conference". *Gender & History*, v. 22, n. 3, 2010, pp. 733-54.

44. Domitila Barrios de Chungara, op. cit., pp. 202, 205.

45. Katharine McGregor, "Opposing Colonialism: The Women's International Democratic Federation and Decolonization Struggles in Vietnam and Algeria 1945-1965". *Women's History Review*, v. 25, n. 6, 2016, pp. 925-44; Francisca de Haan, "Eugénie Cotton, Pak Chong-Ae, and Claudia Jones: Rethinking Transnational Feminism and International Politics". *Journal of Women's History*, v. 25, n. 4, 2013, pp. 174-89.

46. Francesca Miller, op. cit., pp. 198-203.

47. Celia Donert, "Women's Rights in Cold War Europe: Disentangling Feminist Histories". *Past & Present*, v. 218, n. 8, 2013, pp. 180-202; Susanne Zwingel, *Translating International Women's Rights: The CEDAW Convention in Context*. Londres: Palgrave Macmillan, 2016.

48. Edna Acosta-Belén e Christine E. Bose, "us Latina and Latin-American Feminisms: Hemispheric Encounters". *Signs*, v. 25, n. 4, 2000, pp. 1113-9.

49. Emilie Smith-Ayala. *The Granddaughters of Ixmucané: Guatemalan Women Speak*. Toronto: Women's Press, 1991, pp. 123-4.

50. Audre Lorde, "The Uses of the Erotic: The Erotic as Power", op. cit., p. 58.

51. Jocelyn Olcott, "Cold War Conflicts and Cheap Cabaret: Sexual Politics at the 1975 United Nations International Women's Year Conference ", op. cit.

52. Claudie Broyelle, *China: A Second Look*. Trad. de Sarah Matthews. Sussex: Harvester Press, 1980, p. 7. Ver também Marilyn B. Young, "Chicken Little in China: Women after the Cultural Revolution". In: Sonia Kruks, Rayna Rapp e Marilyn B. Young (Org.). *Promissory Notes: Women in the Transition to Socialism*. Nova York: Monthly Review Press, 1989.

53. Quinn Slobodian, op. cit., p. 24.

54. Barbara Mehrhof e Pamela Kearon, "Rape: An Act of Terror". In: Anne Koedt, Ellen Levine e Anita Rapone (Org.). *Radical Feminism*. Nova York: Quadrangle Books, 1973.

55. Barbara Mehrhof, citado em Alice Echols, op. cit., p. 148.

7. AÇÕES [pp. 209-234]

1. Qasim Amin em Sharon M. Harris e Linda K. Hughes (Org.), *A Feminist Reader: Feminist Thought from Sappho to Satrapi*. Cambridge: Cambridge University Press, 2013. v. II, pp. 507, 510.

2. Ibid., p. 511.

3. Gul Ozyegin, "My Father, an Agent of State Feminism and Other Unrelatable Conversations". In: Mary Evans e Kathy Davis (Org.). *Transatlantic Conversations: Feminism as Travelling Theory*, op. cit., p. 37.

4. Andrea Dworkin, *Last Days at Hot Slit: The Radical Feminism of Andrea Dworkin*. Cambridge (EUA): MIT Press, 2019, p. 208.

5. A. Palmer, "Report on Why No Signature Was Obtained". The Postal Museum, POST 30/1655a; Emmeline Pankhurst, "When Civil War Is Waged by Women". Citado em Miriam Schneir (Org.). *Feminism: The Essential Historical Writings*. Nova York: Random House, 1972, p. 301.

6. Susan Mann, *Precious Records: Women in China's Long Eighteenth Century*. Stanford: Stanford University Press, 1997.

7. Louise P. Edwards, "Chinese Women's Campaigns for Suffrage" In: Edwards e Mina Roces (Org.). *Women's Suffrage in Asia: Gender, Nationalism and Democracy*. Londres: Routledge, 2005, pp. 60-2.

8. *Shenzhou Daily*, 27 ago. 1912. Citado em Yuxin Ma. *Women Journalists and Feminism in China, 1898-1937*. Amherst: Cambria Press, 2010.

9. Bertha Lutz, citado em June Edith Hahner, op. cit., p. 224.

10. Agradeço a Rosa Campbell por elucidar essa ligação.

11. Anon, posfácio de *Kinhua*, 1969. Citado em Quinn Slobodian, op. cit., p. 14.

12. *Frauen gegen imperialistischen Krieg*, citado em Patricia Melzer, "'Women of Peace We Are Not': Feminist Militants in the West German *Autonomen* and the Women's Movement". *German Studies Review*, v. 40, n. 2, 2017, pp. 313-32.

13. Red Zora, citado em Katharina Karcher, "How (Not) to 'Hollaback': Towards a Transnational Debate on the 'Red Zora' and Militant Tactics in the Feminist Struggle against Gender-Based Violence". *Feminist Media Studies*, v. 16, n. 1, 2015, pp. 1-16.

14. Barbara Molony, *Gender in Modern East Asia: An Integrated History*. Boulder: Westview Press, 2016, pp. 434-5.

15. Dorothy Sue Cobble, *The Other Women's Movement: Workplace Justice and Social Rights in Modern America*. Princeton: Princeton University Press, 2004.

16. Karen Offen, *European Feminisms, 1700-1950: A Political History*. Stanford: Stanford University Press, 1999, p. 241.

17. Elinor Accampo, *Private Life, Public Image: Motherhood and Militancy in the Self-Construction of Nelly Roussel, 1900-1922*. Oakland: University of California Press, 2000, pp. 240-1.

18. Miss Ruby Tuesday, *East Village Other*, 18 ago. 1970, p. 7.

19. Anne M. Valk, *Radical Sisters: Second-Wave Feminism and Black Liberation in Washington, DC*. Champaign: University of Illinois Press, 2008.

20. *Chicago Women's Liberation Union News*, 1º set. 1970, p. 2.

21. Seung-kyung Kim e Na-Young Lee, "Shared History and the Responsibility for Justice: The Korean Council for the Women Drafted for Military Sexual Slavery by Japan". In: Barbara Molony e Jennifer Nelson (Org.). *Women's Activism and "Second Wave" Feminism*. Londres: Bloomsbury Academic, 2017.

22. Okpyo Moon, "Japanese Tourists in Korea". In: Sylvie Guichard-Anguis e Okpyo Moon (Org.). *Japanese Tourism and Travel Culture*, Londres: Routledge, 2011.

23. Jeska Rees, "A Look Back at Anger: The Women's Liberation Movement in 1978". *Women's History Review*, v. 19, n. 3, 2010, pp. 337-56.

24. Maria Mayerchyk e Olga Plakhotnik, "The Radical Femen and the New Women's Activism". *Krytyka Magazine*, v. 11, n. 12, 2015, pp. 157-8.

25. Gayatri Chakravorty Spivak, "Can the Subaltern Speak?". In: Donna Landry e Gerald M. MacLean (Org.). *The Spivak Reader*. Londres: Routledge, 1996.

26. Teresa Zackodnik, *Press, Platform, Pulpit: Black Feminist Publics in the Era of Reform*. Knoxville: University of Tennessee Press, 2011.

8. CANÇÕES [pp. 235-265]

1. Veja uma playlist de canções feministas que inclui algumas das músicas mencionadas neste capítulo em: <open.spotify.com/playlist/5uCxpVJfbGpDmIVVdkYhOf>. Os leitores que desejarem sugerir novo conteúdo podem enviar mensagem para a autora pelo Twitter, em @suff66.

2. Ellen Key, *Love and Marriage*, op. cit., p. 246.

3. Negar Mottahedeh, *Whisper Tapes: Kate Millett in Iran*. Stanford: Stanford Briefs, 2019.

4. Elinor Accampo, op. cit., p. 218.

5. Anna J. Cooper, *A Voice from the South*. Oxford: Oxford University Press, 1988.

6. Ethel Smyth, *The Memoirs of Ethel Smyth*. Nova York: Viking, 1987, p. 297.

7. Julie C. Dunbar, *Women, Music, Culture: An Introduction*. Londres: Routledge, 2011, p. 134.

8. Ethel Smyth, op. cit., p. 342.

9. Amanda Smith, *An Autobiography: The Story of the Lord's Dealings with Mrs. Amanda Smith, the Colored Evangelist*. Nova York: Garland, 1987, pp. 260, 265.

10. Ibid., pp. 414-5, 324. Ver também Patricia Ann Schechter. *Exploring the Decolonial Imaginary: Four Transnational Lives*. Londres: Palgrave Macmillan, 2012, p. 11.

11. Jacqueline Warwick, "'He Hit Me, and I Was Glad': Violence, Masochism, and Anger in Girl Group Music". In: Laurie Stras (Org.). *She's So Fine: Reflections on Whiteness, Femininity, Adolescence and Class in 1960s Music*. Londres: Routledge, 2010.

12. Jill Nickel e Sheri Maeda, "Put Another Nickel In". *Quest*, outono 1976.

13. Eileen M. Hayes, *Songs in Black and Lavender: Race, Sexual Politics, and Women's Music*. Champaign: University of Illinois Press, 2010, p. 70.

14. Donna Pieters, *BWM16: Heart of the Race Oral History Project*. Black Cultural Archives, Brixton. Sou grata a D-M Withers por essa transcrição.

15. *Womansound*, n. 2, 1984. Citado em Women's Liberation Music Archives. Disponível em: <womensliberationmusicarchive.co.uk/s/>. Acesso em: 12 maio 2021. Sobre música de liberação das mulheres, ver D-M Withers, *Feminism, Digital Culture and the Politics of Transmission: Theory, Practice and Cultural Heritage*. Lanham: Rowman & Littlefield International, 2015, pp. 95-112.

16. Jane Armstrong, "Radio". In: Alison Bartlett e Margaret Henderson (Org.). *Things That Liberate: An Australian Feminist Wunderkammer*. Newcastle upon Tyne: Cambridge Scholars, 2013, p. 153.

17. Robin Morgan, *Going Too Far: The Personal Chronicle of a Feminist*. Londres: Vintage Books, 1978.

18. Janice G. Raymond, *The Transsexual Empire*. Londres: Women's Press, 1980, p. 104; Will Self e Stephen Whittle, *Perfidious Man*. Londres: Viking, 2000; D-M Withers, "Laboratories of Gender: Women's Liberation and the Transfeminist Present". *Radical Philosophy*, v. 2, n. 4, 2019.

19. Sandy Stone, "The *Empire* Strikes Back: a Posttranssexual Manifesto". In: Julia Epstein e Kristina Straub (Org.). *Bodyguards: The Cultural Politics of Gender Ambiguity*. Londres: Routledge, 1991.

20. Chris Mulvey, em Barbara Harford e Sarah Hopkins (Org.). *Greenham Common: Women at the Wire*. Londres: Women's Press, 1984, p. 92.

21. Anna Reading, "Singing for My Life". In: Anna Reading e Tamar Katriel (Org.). *Cultural Memories of Nonviolent Struggles: Powerful Times*. Londres: Palgrave Macmillan, 2015.

22. Katrina, em Barbara Harford e Sarah Hopkins, op. cit., p. 167.

23. Jayne, em ibid., p. 15.

24. Margaret L. Laware, "Circling the Missiles and Staining Them Red: Feminist Rhetorical

Invention and Strategies of Resistance at the Women's Peace Camp at Greenham Common". *NWSA Journal*, v. 16, n. 3, 2004, p. 33. Ver também Margaretta Jolly, *Sisterhood and After: An Oral History of the UK Women's Liberation Movement, 1968-Present*. Oxford: Oxford University Press, 2019.

25. Sarah Green, em Barbara Harford e Sarah Hopkins, op. cit., p. 54.

26. Helen Thomas, de 22 anos, foi morta durante as manifestações em Greenham em 1989, depois de ser atropelada por um reboque para cavalos da polícia; seu ativismo é celebrado em galês na canção "Cân i Helen".

27. Natalya Lusty, "Riot Grrrl Manifestos and Radical Vernacular Feminism". *Australian Feminist Studies*, v. 32, n. 93, 3 jul. 2017, pp. 219-39.

28. Jackeline Warwick, op. cit., p. 102. A versão de Courtney Love para "He hit me (And it felt like a kiss)" é facilmente encontrada na internet.

29. Kevin C. Dunn, "Pussy Rioting". *International Feminist Journal of Politics*, v. 16, n. 2, 2014, pp. 317-34.

30. Katharine McGregor, "Indonesian Women, the Women's International Democratic Federation and the Struggle for 'Women's Rights', 1946-1965". *Indonesia and the Malay World*, v. 40, n. 117, 2012, pp. 193-208.

31. Danilyn Rutherford, "Unpacking a National Heroine: Two Kartinis and Their People". *Indonesia*, n. 55, 1993, pp. 23-40.

32. Louise Edwards, "International Women's Day in China: Feminism Meets Militarized Nationalism and Competing Political Party Programs". *Asian Studies Review*, v. 40, n. 1, 2016, pp. 1-17.

33. Rita Mae Brown, "The Good Fairy". *Quest*, n. 1, 1974, p. 60.

34. Nancy A. Hewitt (Org.), *No Permanent Waves: Recasting Histories of U.S. Feminism*. New Brunswick: Rutgers University Press, 2010.

35. Johanna Siméant e Christophe Traini. *Bodies in Protest: Hunger Strikes and Angry Music*. Amsterdã: Amsterdam University Press, 2016, pp. 107-8.

CONCLUSÃO: FEMINISMOS GLOBAIS [pp. 266-275]

1. Hiratsuka Raichō, citado em Dina Lowy. *The Japanese "New Woman": Images of Gender and Modernity*. New Brunswick: Rutgers University Press, 2007, p. 10.

2. Barbara Molony, "Women's Rights, Feminism, and Suffragism in Japan, 1870-1925". *Pacific Historical Review*, v. 69, n. 4, 2000, pp. 639-61.

3. *Ce Qui Est*, citado em Bonnie S. Anderson, "The Lid Comes Off: International Radical Feminism and the Revolutions of 1848". *NWSA Journal*, v. 10, n. 2, 1998, pp. 1-12.

4. Kathy Davis, *The Making of Our Bodies, Ourselves: How Feminism Travels across Borders*, op. cit., p. 201.

5. Aletta Jacobs, *Politics and Friendship: Letters from the International Woman Suffrage Alliance, 1902-1942*. Org. de Mineke Bosch e Annemarie Kloosterman. Columbus: Ohio State University Press, 1990; Francisca de Haan, "'Tapestries of Contacts': Transnationalizing Women's History". *Journal of Women's History*, v. 26, n. 2, 2014, pp. 200-8; Francisca de Haan, "Continuing

Cold War Paradigms in Western Historiography of Transnational Women's Organizations: The Case of the Women's International Democratic Federation (WIDF)". *Women's History Review*, v. 19, n. 4, 2010; Elisabeth Armstrong, "Before Bandung: The Anti-Imperialist Women's Movement in Asia and the Women's International Democratic Federation". *Signs*, v. 41, n. 2, 2016, pp. 305-31; Maria DiCenzo et al., "Mediating the National and the International: Women, Journalism and Hungary in the Aftermath of the First World War". In: Ingrid Sharp e Matthew Stibbe (Org.). *Women Activists Between Peace and War: Europe 1918-1923*. Londres: Bloomsbury, 2017; Marie Sandell, op. cit., 2015; Leila J. Rupp. *Worlds of Women: The Making of an International Women's Movement*. Princeton: Princeton University Press, 1997; Katherine M. Marino, "Transnational Pan-American Feminism: The Friendship of Bertha Lutz and Mary Wilhelmine Williams, 1926--1944". *Journal of Women's History*, v. 26, n. 2, 2014, pp. 63-87.

6. Mary Sandell, op. cit., p. 97.

7. Raewyn Connell, "Transsexual Women and Feminist Thought: Toward New Understanding and New Politics". *Signs*, v. 37, n. 4, 2012.

8. Shulamith Firestone, *The Dialectic of Sex: The Case for Feminist Revolution*, op. cit., p. 97; Karin Schrader-Klebert, *Die Kulturelle Revolution der Frau* (1969). Citado em Quinn Slobodian, op. cit.

9. Papusa Molina, "Recognizing, Accepting and Celebrating Our Differences". In: Gloria Anzaldúa (Org.). *Making Face, Making Soul: Creative and Critical Perspectives by Feminists of Color*. Iowa City: Aunt Lute Foundation Books, 1990.

10. Benita Roth, *Separate Roads to Feminism: Black, Chicana, and White Feminist Movements in America's Second Wave*. Cambridge: Cambridge University Press, 2004.

11. Judith A. Allen, op. cit., pp. 331-49.

12. Betty Friedan, op. cit., p. 229.

Bibliografia complementar

INTRODUÇÃO [pp. 9-28]

DE HAAN, Francisca et al. (Org.). *Women's Activism: Global Perspectives from the 1890s to the Present*. Londres: Routledge, 2013.

DUBOIS, Ellen Carol et al. "Circling the Globe: International Feminism Reconsidered, 1910 to 1975". *Women's Studies International Forum*, 2009.

GLEADLE, Kathryn; THOMAS, Zoë. "Global Feminisms, *c.* 1870-1930: Vocabularies and Concepts — A Comparative Approach". *Women's History Review*, v. 27, n. 7, pp. 1209-24, 2018.

HEWITT, Nancy A. Org.). *No Permanent Waves: Recasting Histories of U.S. Feminism*. New Brunswick: Rutgers University Press, 2010.

OFFEN, Karen (Org.). *Globalizing Feminisms, 1789-1945*. Londres: Routledge, 2010.

PALETSCHEK, Sylvia; PIETROW-ENNKER, Bianka. *Women's Emancipation Movements in the Nineteenth Century: A European Perspective*. Stanford: Stanford University Press, 2004.

ROCHEFORT, Florence. *Histoire mondiale des féminismes*. Paris: Que Sais-Je?, 2018.

SMITH, Bonnie G. *Women's History in Global Perspective*. Champaign: University of Illinois Press, 2004.

THOMPSON, Becky. "Multiracial Feminism: Recasting the Chronology of Second Wave Feminism". *Feminist Studies*, v. 28, n. 2, pp. 337-60, 2002.

1. SONHOS [pp. 29-52]

ANAGOL, Padma. *The Emergence of Feminism in India, 1850-1920*. Farnham: Ashgate, 2005.

BREINS, Winifred. *The Trouble Between Us: An Uneasy History of White and Black Women in the Feminist Movement.* Oxford: Oxford University Press, 2006.

BURTON, Antoinette. *Burdens of History: British Feminists, Indian Women, and Imperial Culture, 1865-1915.* Chapel Hill: University of North Carolina Press, 1994.

ENGELSTEIN, Laura. *The Keys to Happiness: Sex and the Search for Modernity in Fin-de--Siècle Russia.* Ithaca: Cornell University Press, 1992.

RAY, Bharati. *Early Feminists of Colonial India: Sarala Devi Chaudhurani and Rokeya Sakhawat Hossain.* Oxford: Oxford University Press, 2012.

SPRINGER, Kimberly. *Living for the Revolution: Black Feminist Organizations, 1968-1980.* Durham: Duke University Press, 2005.

THOMLINSON, Natalie. *Race, Ethnicity and the Women's Movement in England, 1968-1993.* Londres: Palgrave Macmillan, 2016.

2. IDEIAS [pp. 53-84]

BARLOW, Tani E. *The Question of Women in Chinese Feminism.* Durham: Duke University Press, 2004.

BERMÚDEZ, Silvia; JOHNSON, Roberta (Org.). *A New History of Iberian Feminisms.* Toronto: University of Toronto Press, 2018.

CHERNOCK, Arianne. *Men and the Making of Modern British Feminism.* Stanford: Stanford University Press, 2010.

FLEISCHMANN, Ellen. *The Nation and Its "New" Women: The Palestinian Women's Movement, 1920-1948.* Oakland: University of California Press, 2003.

KEATING, James. "Piecing Together Suffrage Internationalism: Place, Space, and Connected Histories of Australasian Women's Activism". *History Compass*, v. 16, n. 8, pp. 1-15, 2018.

OFFEN, Karen. *Debating the Woman Question in the French Third Republic, 1870-1920.* Cambridge: Cambridge University Press, 2018.

RUPP, Leila J. *Worlds of Women: The Making of an International Women's Movement.* Princeton: Princeton University Press, 1997.

3. ESPAÇOS [pp. 85-115]

ANDERSON, Bonnie S. *Joyous Greetings: The First International Women's Movement, 1830--1860.* Oxford: Oxford University Press, 2001.

BRACKE, Maud. *Women and the Reinvention of the Political: Feminism in Italy, 1968-1983.* Londres: Routledge, 2014.

JOHNSON-ODIM, Cheryl; STROBEL, Margaret (Org.). *Expanding the Boundaries of Women's History: Essays on Women in the Third World.* Bloomington: Indiana University Press, 1992.

PENN, Shana; MASSINO, Jill (Org.). *Gender Politics and Everyday Life in State Socialist Eastern and Central Europe.* Londres: Palgrave Macmillan, 2009.

SATO, Barbara Hamill. *The New Japanese Woman: Modernity, Media, and Women in Interwar Japan*. Durham: Duke University Press, 2003.

SIEGEL, Mona L. *Peace on Our Terms: The Global Battle for Women's Rights After the First World War*. Nova York: Columbia University Press, 2020.

SIEVERS, Sharon L. *Flowers in Salt: The Beginnings of Feminist Consciousness in Modern Japan*. Stanford: Stanford University Press, 1983.

THRELKELD, Megan. *Pan American Women: U.S. Internationalists and Revolutionary Mexico*. Filadélfia: University of Pennsylvania Press, 2014.

4. OBJETOS [pp. 116-143]

ABU-LUGHOD, Lila. *Remaking Women: Feminism and Modernity in the Middle East*. Princeton: Princeton University Press, 1998.

BARTLETT, Alison; HENDERSON, Margaret (Org.). *Things That Liberate: An Australian Feminist Wunderkammer*. Newcastle upon Tyne: Cambridge Scholars, 2013.

CULLEN, Mary; LUDDY, Maria (Org.). *Female Activists: Irish Women and Change, 1900-1960*. Dublin: Woodfield Press, 2001.

GARRETT, Miranda; THOMAS, Zoë (Org.). *Suffrage and the Arts: Visual Culture, Politics and Enterprise*. Londres: Bloomsbury Visual Arts, 2019.

GREEN, Barbara. *Feminist Periodicals and Daily Life: Women and Modernity in British Culture*. Londres: Palgrave Macmillan, 2017.

LAKE, Marilyn. *Getting Equal: The History of Australian Feminism*. Crows Nest: Allen & Unwin, 1999.

TICKNER, Lisa. *The Spectacle of Women: Imagery of the Suffrage Campaign, 1907-14*. Chicago: University of Chicago Press, 1988.

5. VISUAIS [pp. 144-180]

ABU-LUGHOD, Lila. *Do Muslim Women Need Saving?*. Cambridge, Massachusetts: Harvard University Press, 2013.

BADRAN, Margot. *Feminists, Islam and Nation: Gender and the Making of Modern Egypt*. Princeton: Princeton University Press, 1995.

BIER, Laura. *Revolutionary Womanhood: Feminisms, Modernity, and the State in Nasser's Egypt*. Stanford: Stanford University Press, 2011.

FLETCHER, Ian et al. (Org.). *Women's Suffrage in the British Empire: Citizenship, Nation, and Race*. Londres: Routledge, 2012.

FORD, Tanisha C. *Liberated Threads: Black Women, Style, and the Global Politics of Soul*. Chapel Hill: University of North Carolina Press, 2015.

GRIMSHAW, Patricia. *Women's Suffrage in New Zealand*. Auckland: Auckland University Press, 2013.

KHAN, Shanaz. *Zina, Transnational Feminism, and the Moral Regulation of Pakistani Women*. Vancouver: UBC Press, 2011.

SCOTT, Joan Wallach. *The Politics of the Veil*. Princeton: Princeton University Press, 2007.

6. SENTIMENTOS [pp. 181-208]

ALLEN, Ann Taylor. *Feminism and Motherhood in Western Europe, 1890-1970: The Maternal Dilemma*. Londres: Palgrave Macmillan, 2007.

FREVERT, Ute. *Women in German History: From Bourgeois Emancipation to Sexual Liberation*. Oxford: Berg, 1988.

MANNING, Kimberley. "Making a Great Leap Forward? The Politics of Women's Liberation in Maoist China". *Gender & History*, v. 18, n. 3, pp. 574-93, 2006.

MARINO, Katherine M. *Feminism for the Americas: The Making of an International Human Rights Movement*. Chapel Hill: University of North Carolina Press, 2019.

MILLER, Francesca. *Latin American Women and the Search for Social Justice*. Lebanon: University Press of New England, 1991.

ROCES, Mina; EDWARDS, Louise (Org.) *Women's Movements in Asia: Feminisms and Transnational Activism*. Londres: Routledge, 2010.

SEGAL, Lynne. *Radical Happiness: Moments of Collective Joy*. Londres: Verso, 2017.

WANG, Zheng. *Finding Women in the State: A Socialist Feminist Revolution in the People's Republic of China, 1949-1964*. Oakland: University of California Press, 2017.

7. AÇÕES [pp. 209-234]

BARTLETT, Alison. "Feminist Protest and Maternity at Pine Gap Women's Peace Camp, Australia 1983". *Women's Studies International Forum*, v. 34, n. 1, pp. 31-8, 2011.

BLAIN, Keisha N. *Set the World on Fire: Black Nationalist Women and the Global Struggle for Freedom*. Filadélfia: University of Pennsylvania Press, 2018.

FERREE, Myra Marx. *Varieties of Feminism: German Gender Politics in Global Perspective*. Stanford: Stanford University Press, 2012.

JAYAWARDENA, Kumari. *Feminism and Nationalism in the Third World*. Nova Delhi: Kali for Women, 1986.

MUKHERJEE, Sumita. *Indian Suffragettes: Female Identities and Transnational Networks*. Oxford: Oxford University Press, 2018.

WU, Judy Tzu-Chun. *Radicals on the Road: Internationalism, Orientalism, and Feminism during the Vietnam Era*. Ithaca: Cornell University Press, 2013.

8. CANÇÕES [pp. 235-265]

DAVIS, Angela Y. *Blues Legacies and Black Feminism: Gertrude Ma Rainey, Bessie Smith, and Billie Holiday*. Nova York: Knopf Doubleday, 2011.

HAYES, Eileen M. *Songs in Black and Lavender: Race, Sexual Politics, and Women's Music*. Champaign: University of Illinois Press, 2010.

JOLLY, Margaretta. *Sisterhood and After: An Oral History of the UK Women's Liberation Movement, 1968-Present*. Oxford: Oxford University Press, 2019.

MOTTAHEDEH, Negar. *Whisper Tapes: Kate Millett in Iran.* Stanford: Stanford Briefs, 2019.

RINALDO, Rachel. *Mobilizing Piety: Islam and Feminism in Indonesia.* Oxford: Oxford University Press, 2013.

RUTHCHILD, Rochelle Goldberg. "From West to East: International Women's Day, the First Decade". *Aspasia*, v. 6, n. 1, pp. 1-24, 2012.

CONCLUSÃO: FEMINISMOS GLOBAIS [pp. 266-275]

AHMED, Sara. *Living a Feminist Life.* Durham: Duke University Press, 2017.

ARRUZZA, Cinzia; BHATTACHARYA, Tithi; FRASER, Nancy. *Feminism for the 99%: A Manifesto.* Londres: Verso Books, 2019.

EATON, Heather; LORENTZEN, Lois Ann (Org.). *Ecofeminism and Globalization: Exploring Culture, Context, and Religion.* Lanham: Rowman & Littlefield, 2003.

EMEJULU, Akwugo; SOBANDE, Francesca (Org.). *To Exist Is to Resist: Black Feminism in Europe.* Londres: Pluto Press, 2019.

JONSSON, Terese. *Innocent Subjects: Feminism and Whiteness.* Londres: Pluto Press, 2020.

MORRIS, Bonnie J.; WITHERS, D-M. *The Feminist Revolution: The Struggle for Women's Liberation.* Londres: Virago, 2018.

Créditos das imagens

p. 37: Alexandra Kollontai, Comissária do Povo para o Bem-Estar Social, com crianças sem teto, *c.* 1917 (Alamy).

p. 89: Mulheres da Seitōsha, Tóquio, 1911.

p. 95: Maida Springer Kemp, 1936 (Kheel Center, Universidade Cornell).

p. 99: Funmilayo Ransome-Kuti (Alamy).

p. 118: Anne Knight (©Sociedade Religiosa dos Amigos [Quakers] da Grã--Bretanha; cortesia da Biblioteca da Sociedade Religiosa dos Amigos na Grã-Bretanha; Friends House, Euston Road, Londres).

p. 125: Marca de chá "Equality Tea", 1910 (Cortesia dos Registros da Secretaria de Estado, Arquivos do Estado da Califórnia).

p. 129: Capa do *Sister* [Irmã], jornal do Centro das Mulheres de Los Angeles, jul. 1973 (Biblioteca Feminista, Londres).

p. 140: Oficina de impressão da editora irlandesa Dun Emer, *c.* 1903 (Biblioteca do Trinity College, Dublin; TCD MS 11535).

p. 140: Distintivos da Libertação das Mulheres (Paris/ Bibliothèque Marguerite Durand [BMD] e Joelle Patient).

p. 149: Retrato oficial de Trinidad Fernandez Legarda, rainha do Carnaval de Manilha, 1924.

p. 152: "O traje Bloomer", litografia publicada por N. Currier, Nova York, 1851 (Cortesia da Biblioteca do Congresso, LC-DIG-pga-06193).

p. 154: Reformadoras dos trajes maori, *c.* 1906 (Imagem da Biblioteca da Cidade de Christchurch. CCL-PhotoCD11-IMG0096).

p. 162: Lady Constance Lytton disfarçada, *c.* 1914 (© Marcha do Coletivo das Mulheres/Biblioteca de Imagens Mary Evans).

p. 169: Mulher usando *saya* e *manto*, Lima, *c.* 1860-80.

p. 176: Meena Keshwar Kamal, 1982.

p. 188: Três participantes da ação "Ameaça Lavanda" no II Congresso para Unir as Mulheres, Nova York, 1970 (Diana Davis, Biblioteca Pública de Nova York).

p. 204: 1975 — Tribuna do Ano Internacional da Mulher, Cidade do México (Bettye Lane, Biblioteca Schlesinger Library, Instituto Radcliffe, Universidade Harvard).

p. 214: Daisy Solomon e Elspeth McClellan diante do número dez da Downing Street, fev. 1909 (Biblioteca LSE).

p. 219: Julieta Lanteri votando em Buenos Aires, 1911 (Cortesia do Archivo General de la Nación Argentina AGN_DDF/ Caja 2124, Inv: 115542).

p. 220: Rosalie Bognor e Merle Thornton se acorrentam a um bar, 1965 (Bruce Postle, Newsphotos).

p. 240: Anna Julia Cooper (Foto cortesia dos Arquivos do Oberlin College).

p. 243: Compositora Ethel Smyth, 1912 (Biblioteca LSE).

p. 257: Uma mulher protesta em Parliament Square, Londres, 1982 (Edward Barber).

Índice remissivo

Abasindi (cooperativa de mulheres negras de Manchester), 105
aborígines australianos, 255; mulheres aborígines, 113-4, 199
aborto, 38, 83, 131, 160, 190, 198, 200-1, 221, 225, 228, 231, 275
Abreu, Joaquín, 57
absorventes internos, 131-2
ação feminista, 20, 38, 79, 98, 105, 122, 208
Achilles Heel (revista britânica), 81
Adams, Abigail, 20
Adichie, Chimamanda Ngozi, 13, 28
Afeganistão, 32, 83, 175; Associação Revolucionária das Mulheres do, 175
África, 9, 16, 133, 135-7, 166, 199; Fórum Feminista Africano, 137; mulheres africanas, 133-7; Ocidental, 134-5; pan-africanismo, 94, 99-100; subsaariana, 134; *ver também* negras, mulheres
África do Sul, 181
afro-americanos, 108, 110, 148, 248-9; igrejas afro-americanas, 108; mulheres afro-americanas, 78, 108, 110-1, 193, 199, 244, 264

Ahmed, Sara, 191-2, 208
Ainsi Soit-Elle (Groult), 135
Alabama (EUA), 127, 275
Alcorão, 135, 173, 177
Alemanha, 37, 63-4, 178, 183, 196-8, 221-2, 230, 262; Bund für Mutterschutz und Sexualreform [Liga para a Proteção da Maternidade e Reforma Sexual], 198; Movimento das Novas Mulheres, 221
Alexandria, 15, 21
alfabetização, 38, 43, 59, 81, 100, 136, 175
Al-Ghazali, Zainab, 174, 177
aliados, homens, 80, 270
Aliança das Mulheres do Terceiro Mundo, 24, 78
Aliança das Mulheres Sufragistas de Shenzhou, 217
Aliança Internacional pelo Sufrágio Feminino (IWSA, na sigla em inglês), 122, 172, 269
Aliança Revolucionária (China), 69, 216
alicates de corte (usados no Greenham Common Peace Camp), 120-1

Alimuper (Ação para a Liberação da Mulher Peruana), 159-60

Allen, Chude Pamela, 89, 182

Allen, Judith, 273

Allende, Salvador, 201

Alvarado Rivera, María Jesus, 170

Amar y Borbón, Josefa, 55

América Central, 201

América do Norte, 43, 106, 163, 189, 201

América do Sul, 22, 201

América Latina, 59, 131, 183, 199-200, 206, 218-9, 260; Encontros Feministas Latino--Americanos e do Caribe, 206

Amin, Qasim, 209-10

Amina (revista feminista africana), 136

amor, 184-5, 192-4, 196, 201, 206-7, 246, 273; "amor livre", 17, 194; amor-próprio, 160, 207

analfabetismo, 12, 136

Ancient Society (Morgan), 61

Anderson, Bonnie, 23, 117

Anderson, Lynn, 189

androcentrismo, 54, 67; *ver também* patriarcado

androginia, 51, 167

Anthony, Susan B., 51, 86, 179

antifeminismo, 13, 62, 83, 138, 178, 196-7, 231, 241

antissexistas, movimento de homens, 80, 81, 166-7, 221

Apple Corporation, 275

Arábia Saudita, 267, 275

Arenal, Concepción, 12, 192

Argélia, 30, 135

Argentina, 17, 47, 200-1, 218; campanha pelo sufrágio feminino na, 218; Centro Feminista de Buenos Aires, 16; Congresso Internacional Feminino (1905), 17; Liga para los Derechos de la Mujer y del Niño, 200; Mães da Plaza de Mayo, 201

Ásia, 65, 178, 260

assédio sexual, 27, 96, 167, 250

assexualidade, 259

Associação Cristã de Moças (YWCA, na sigla em inglês), 110, 194

Associação Feminina Política de Sheffield, 22

Associação Nacional para o Avanço das Pessoas de Cor (NAACP, na sigla em inglês, EUA), 111

Associação Neozelandesa para o Vestuário Racional, 153

Associação para a Educação das Mulheres (Cairo), 171

Associação Pró-Sufrágio do Estado da Califórnia, 123

Associação Revolucionária das Mulheres do Afeganistão, 175

Aurora Feminista, La (revista chilena), 16

Austrália, 47, 80, 112, 121, 128, 131, 157, 183, 199, 215, 250, 256; movimento de liberação das mulheres na, 120; movimento de refúgio para mulheres na, 112-3; mulheres aborígines, 113-4, 199; Pine Gap (acampamento feminino pela paz), 121; União das Mulheres Australianas, 113

Áustria, 177

Ayrton Gould, Barbara, 161

Barrios de Chungara, Domitila, 203, 205, 207, 223

Barros Borgaño, Martina, 23

Beal, Frances, 77-8, 163-4, 249

Beauvoir, Simone de, 73, 135, 181

Bebel, August, 62-4, 70

Behn, Aphra, 20

Bélgica, 80, 177

Beyoncé, 13, 264

Bíblia, 44, 106-8

bigêneros, 252

Bikini Kill (banda), 259

Birmânia, 91, 245

bissexualidade, 13, 259

Black Power (movimento), 78, 84, 183, 185

Bloomer, Amelia, 150-2, 170

Bodichon, Barbara, 91

Bodley, Rachel L., 43-4

308

Bogelot, Isabelle, 107
Bognor, Rosalie, 218, 220
Bolívia, 199
Bolsonaro, Jair, 83, 275
Booth, Gillian, 235
Boucherett, Jessie, 90-2, 107
Brasil, 21-2, 58-60, 97, 260; campanha pelo sufrágio feminino no, 22, 60, 200; *Jornal das Senhoras* (periódico brasileiro), 21-2; mulheres no ensino superior, 22
Brown, Hallie Quinn, 244
Brown, Rita Mae, 88, 264
Broyelle, Claudie, 183, 196, 208
budismo, 91
BUGA-UP (sigla em inglês para Pichadores de Cartazes Contra Promoções Danosas), 219-20
Bulgária, 131
Bund für Mutterschutz und Sexualreform [Liga para a Proteção da Maternidade e Reforma Sexual da Alemanha], 198
burca, 175
"*burkini*", 146
Bush, George W., 83
Bush, Laura, 83
Butalia, Urvashi, 138
Butler, Josephine, 127
Butler, Judith, 271

Cáceres, Berta, 275
Califórnia (EUA), 123-5, 248; Associação Pró- -Sufrágio do Estado da Califórnia, 123
Callil, Carmen, 139
Câmara dos Comuns (Inglaterra), 215
Cambridge, Universidade de, 22, 91
Cameron, David, 84
Canadá, 47, 103, 106, 199, 210, 215, 260; Conselho Nacional das Mulheres do, 210; polícia de Toronto, 230
capitalismo, 27, 38, 62-3, 70, 82, 89, 102, 119, 191, 221
Caribe, 20, 206; Encontros Feministas Latino-

-Americanos e do Caribe, 206; *ver também* Cuba
Carpenter, Edward, 166, 239
"Carry Greenham Home" (canção), 249, 252
Casa de bonecas (Ibsen), 182
Catedral de Cristo Salvador (Moscou), 260
Catedral de St. Paul (Londres), 215
Centro Feminista de Buenos Aires, 16
Césaire, Aimé, 134
chador, 147
Chant Down Greenham (cancioneiro), 255
Chapman, Tracy, 247
Chile, 16, 23, 201; Las Tesis (coletivo feminista chileno), 237; Movimiento Pro-Emancipación de la Mujer Chilena, 200
China, 16, 26, 38, 68-70, 100, 132, 157, 183, 196, 208, 216, 221, 263; Aliança Revolucionária, 69, 216; campanha pelo sufrágio feminino na, 69, 217; Dia Internacional da Mulher na, 262-3; mulheres na, 68-9, 131, 154, 208, 217, 263; *nannü* (conceito chinês de patriarcado), 54, 68, 70, 84; Partido Comunista Chinês, 217, 263; Partido Nacionalista, 216-7, 263
Choxóm López, María Isabel, 206
Chu Kilcha, 223
Cixous, Hélène, 75-6
classe média, 12, 59, 92, 109, 155, 161, 163-4, 171, 206, 213, 226, 248, 264
Clifford, Lorraine, 250
Clinton, Hillary, 13, 146
CLIT (Collective Lesbian International Terrors), 188-9
clitoridectomia, 65, 135
Clube das Mulheres de Abeokuta, 100
Code Pink (grupo feminista), 83
Coletivo de Combahee River, 193
Collins, Patricia Hill, 79
colonialismo, 10, 21, 25, 65-6, 77, 81, 100-1, 130, 134, 174, 197, 232; anticolonialismo, 10, 12, 24, 77-8, 135, 205, 268; britânico, 31, 44, 66; espanhol, 59, 147-8, 200; francês, 76; japonês, 228; neocolonialismo,

309

205, 232; norte-americano, 147-8; português, 58-9; pós-colonialismo, 232

Colvin, John, 166-7

"Comemore o Oito de Março" (canção), 263

Comissão da Liga das Nações sobre o Status Jurídico da Mulher, 23

Comitê Estudantil de Coordenação Não Violenta (EUA), 78

"complexo da Turquia" (mentalidade masculina em relação às mulheres), 64-7, 81

Comte, Augusto, 59

comunismo, 37, 39, 61, 68, 78, 100, 183, 195, 203, 205, 208, 267

concursos de beleza, 148, 160, 179-80

Conferência Lésbica da Costa Oeste (EUA, 1973), 251-2

Conferência Mundial sobre as Mulheres (Cidade do México, 1975), 23, 189, 202

Congresso Internacional Feminino (Argentina, 1905), 17

conjuntos musicais femininos (EUA), 246

Connell, Raewyn W., 81-2, 271

consciência feminista, 30, 191

conscientização, 27, 80-1, 87, 101, 142, 183, 208, 222, 260; "falar dos ressentimentos", 183, 208, 221

Conselho Coreano para as Mulheres Recrutadas para a Escravidão Sexual Militar pelo Japão, 229

Conselho Internacional de Mulheres (ICW, na sigla em inglês), 14, 23, 193-4, 244, 269

Conselho Nacional das Mulheres do Canadá, 210

Conselho Nacional das Mulheres do Peru, 269

consumismo, 119, 126, 145, 154

contracepção, 198, 227-8; pílula anticoncepcional, 224, 227-8

contracultura, 72, 102

contraviolência, 221

Convenção Mundial Antiescravidão (Londres, 1840), 116

Convenção sobre a Eliminação de Todas as Formas de Discriminação contra Mulheres (CEDAW, na sigla em inglês), 205

Cooper, Anna Julia, 78, 239-40, 268

Coordenação das Mulheres Negras, 135

Coreia, 228

Coreia do Sul, 228-9, 232

corpos, 70, 76, 87, 107, 127, 130, 138-9, 156, 179, 231-2, 251; corpo feminino, 115, 157, 185, 212, 215, 219, 231-3

Correa de Bustos, Laura, 17

Cosmopolitan, The (periódico jamaicano), 211

Costa do Marfim, 134

Costa do Ouro (hoje Gana), 9, 11

Cotten, Elizabeth, 247-9

Crenshaw, Kimberlé, 79

Cressall, Nellie, 213

cristianismo, 44-5, 53, 57, 199, 269; tradição judaico-cristã, 73

crítica de gênero, 251

Crystals, The (cantoras), 246

Cuala Press, 139

Cuba, 131, 183, 201

cultura: "feminina", 74, 77, 255; "masculina", 81, 83

Czyński, Jan, 57

Daily Mail (jornal), 242

Daly, Mary, 50, 73-6, 251, 255

Darwin, Charles, 41, 61

Davies, Emily, 91

"Da vingança das mulheres" (Kemuyama), 70

Davis, Angela, 185

Davis, Paulina Kellogg Wright, 151

Davison, Emily Wilding, 216

Declaração dos direitos da mulher e da cidadã (Olympe de Gouges), 20

Deroin, Jeanne, 22, 117

desejo, expressão do, 30

Despard, Charlotte, 121

Detroit Women's City Club, 104-5, 128

Dia Internacional da Mulher, 262-3, 270

Dialética do sexo, A (Firestone), 135, 191

Diallo, Aissatou, 136

diferença sexual, 73

Dinamarca, 177, 249, 262

direitos civis, 18, 25, 77-8, 80, 89, 130, 227, 230, 233, 237, 239-40, 248

direitos das mulheres, 10, 14, 16, 20-1, 32, 46, 56, 58-9, 69, 78, 85-6, 99, 115-7, 148, 150, 164-5, 170-1, 173, 200, 206, 238, 266-7, 275

Direitos das mulheres e injustiça dos homens (org. Nísia Floresta), 58

direitos sindicais, 94

Discurso en defensa del talento de las mujeres y de su aptitud para el gobierno y otros cargos en que se emplean los hombres (Amar y Borbón), 55

Djebar, Assia, 76

dominação patriarcal *ver* patriarcado

Double Jeopardy: To Be Black and Female (Beal), 77

Douglass, Frederick, 46

Dowse, Sara, 158

Drastic on Plastic (coletivo australiano), 250

Dream of a Common Language, The (Rich), 49

Duterte, Rodrigo, 83

Dworkin, Andrea, 127, 195, 211

ecofeminismo, 255, 274-5

écriture féminine (escritos femininos), 75-6

editoras feministas, 105, 181; *Non-Sexist Code of Practice for Book Publishing* [Código de práticas não sexistas para a publicação de livros], 75; Women in Publishing Industry Group [Grupo de Mulheres na Indústria Editorial, Grã-Bretanha], 75

educação: feminina, 32, 43, 45, 55, 59; sexual, 198, 201

Egito: Associação para a Educação das Mulheres (Cairo), 171; Conferência de Mulheres em Rasheed (1799), 171; União Feminista Egípcia, 172, 174

El Salvador, 201, 275

Elliott, Beth, 251-2

Ellis, Havelock, 197

Emenda pela Igualdade de Direitos (ERA, na sigla em inglês, EUA), 93, 95-6, 225

Emílio, ou Da educação (Rousseau), 55

emoções, 25, 27-8, 39, 80-1, 137, 141, 181-3, 191-4, 205-8; *ver também* amor; felicidade; raiva

"Empire Strikes Back: A Posttranssexual Manifesto, The" (Stone), 252

Empire Zinc Company, 223

empregadas domésticas, 108

Encontros Feministas Latino-Americanos e do Caribe (anos 1980), 206

"Enfranchisement of Women, The" [O direito ao voto das mulheres] (Harriet Taylor Mill), 22

Engels, Frederick, 61-4, 67, 70

English Woman's Journal, The, 91

erotismo, 160, 194-5

Escandinávia, 37, 39, 80, 85

Escócia, 160, 215

escravidão, 20, 23, 55, 61, 63, 77-8, 107, 116, 199, 233; abolicionismo, 23, 33, 43, 116, 151, 164, 233; Convenção Mundial Antiescravidão (Londres, 1840), 116; no Brasil, 97; servidão por contrato, 228

Escritório dos Estados Unidos para a Infância, 201

espaço feminista, 86, 94, 104-5, 113-4

Espanha, 22, 30, 55-9, 192, 200

espéculos, 127-30

esponjas, absorventes com, 131-3, 141

Estados Unidos: campanha pelo sufrágio feminino nos, 22, 33, 93, 123-6, 148, 150; Escritório dos Estados Unidos para a Infância, 201; Fundação da Maioria Feminista, 83; igrejas afro-americanas, 108; Lei Seca, 111; Marcha das Mulheres (Washington, 2017), 144; movimento trabalhista nos, 227; Mulheres do Funcionalismo Federal, 225-6

estupro, 11, 20, 35, 110-1, 127, 138, 167, 208, 259, 261

etnografia, 67, 83

expressão do desejo, 30

Face the Music (gravadora feminista dinamar-
quesa), 249
Faculdade de Medicina da Mulher da Pensil-
vânia, 43
falocentrismo, 75-6
Fanon, Frantz, 134-5
"*fanshen*" (ideia maoísta de intervenções coletivas), 221
Fazil, Nazli, 171
Federação Democrática Internacional de
Mulheres (WIDF, na sigla em inglês), 23,
203, 269
Federação Internacional Democrática de
Mulheres, 100, 113
felicidade, 30, 182, 191
Female Masculinity (Halberstam), 271
Femen (ФЕМЕН, grupo de feministas ucranianas), 231-3
Feminism and Nationalism in the Third World
(Jayawardena), 223
feminismos: ação feminista, 20, 38, 79, 98,
105, 122, 208; ativismo feminista, 12, 30,
117, 130-1, 141, 146, 173, 178, 184, 234,
238, 248; cunhagem do termo "feminismo" no final do século XIX, 14; de esquerda, 23, 113, 203, 267; ecofeminismo, 255,
274-5; espaço feminista, 86, 94, 104-5,
113-4; feminismo da igualdade, 96; feminismo de Estado, 136, 174, 261; feminismo em mosaico, 24-5, 49, 52, 119, 255,
260, 264, 267, 270, 272-3; feminismo
hegemônico, 13; feministas da justiça
social, 94; globais, 266, 272; islâmico, 178,
262; maternal, 196, 199, 201; movimento
de liberação das mulheres, 10, 49, 73, 75,
79-80, 88-9, 101-2, 113, 127, 131, 133,
138, 156-7, 159, 183, 185-6, 191, 205, 226,
229, 231, 249, 251-2, 260; negro, 18, 24,
51, 78-9, 135, 190, 193, 211; objetos feministas, 28, 124, 127; ondas do feminismo,
12, 265, 267; pós-feminismo, 14; questão
"trans" nos feminismos contemporâneos,
271; questão da mulher, 16, 25, 54-8, 60,

68, 70, 80, 171, 197, 273; radical, 12, 50,
76-7, 127, 189, 195, 211, 251-2; revolucio-
nário, 213, 263; socialista, 63, 117; *ver
também* mulheres
Feminist Daybook (Streelekha), 106
Feminist Review (revista), 51
feminist snap, 192, 208
Feministák Egyesülete [Associação Feminista
da Hungria], 16
Feministas Revolucionárias de Leeds, 230
Feminists, The (grupo nova-iorquino), 208
FEN *ver* Rede Econômica Feminista
Fernandez Legarda, Trinidad, 149-50
Festival de Música Norte-Americana (Wash-
ington, 1925), 244
FFCU *ver* União de Crédito Federal Feminista
Filipinas, 16, 148, 202, 222, 229; campanha
pelo sufrágio feminino nas, 147-8; "Maria
Clara" (traje filipino), 148, 150; mulheres
filipinas, 141, 148
Finlândia, 194
Firestone, Shulamith, 135, 191, 207, 272
Floresta Brasileira Augusta, Nísia, 58
Fórum de Ação das Mulheres Paquistanesas,
175
Fórum Feminista Africano, 137
Fourier, Charles, 30, 56-7, 117
"Fourth World Manifesto" [Manifesto do
Quarto Mundo, EUA, 1972], 77
França, 18, 20, 22, 30, 55-7, 63, 75, 85-6,
127, 134-5, 143, 177, 183, 195-6, 210,
224, 232; campanha pelo sufrágio femi-
nino na, 117; *lycée* [ensino médio] para
meninas, 22; Revolução Francesa (1789),
14, 85
Franklin, Miles (Stella), 181
Freedom Singers, 248
Freewoman, The (revista feminista britâni-
ca), 17
Frente de Libertação de Moçambique (Freli-
mo), 136
Freud, Sigmund, 73

Friedan, Betty, 186-7, 203, 205, 207, 225, 274-5

Fujin shinpo [Mensageiro das mulheres, periódico feminista japonês], 151

Fuller, Deni, 142

Fuller, Margaret, 194

Fundação da Maioria Feminista (Estados Unidos), 83

Fúrias, As (coletivo feminista norte-americano), 187-8

Fyge, Sarah, 20

Galeria Feminina (Parlamento britânico), 215

Gana, 9, 94, 100, 137

Garibaldi, Giuseppe, 121

gays, 80-1

gênero, 275; abolição do, 51; como sexo biológico, 10-1; conceito de, 271; crítica de gênero, 251; desigualdades de, 24, 84, 86; justiça de, 14, 28, 275; não binário, 136, 144, 167, 231, 259, 271; neutro, 29; normas de, 167, 209; segregação de, 31, 96, 175, 215, 218, 243-4, 264; uso do termo "transgênero", 271

Gilman, Charlotte Perkins, 33-6, 41, 48, 51-2, 62, 67-8, 199

ginecologistas, 127

Girl and the Shaikhs, The (Zain al-Din), 174

Girton College (Cambridge), 22, 91

Godwin, William, 85

Gouges, Olympe de, 20

Grã-Bretanha, 16-7, 20, 22-3, 32, 43-4, 63, 75, 78, 80, 84, 91, 93, 100, 105, 117, 120, 122-3, 138, 143, 159, 161, 167, 194, 196-7, 212-3, 227, 236, 244, 248-9, 258; campanha pelo direito ao voto feminino na, 15, 17, 22, 46, 93, 117, 121-2, 213; Império Britânico, 32, 49, 91, 97, 139; *ver também* Inglaterra

Grande amor, Um (Kollontai), 40

gravadoras e distribuidoras feministas europeias, 249

Grécia Antiga, 55, 255

Greenham Common Peace Camp (Inglaterra), 119-20, 158, 252, 254

Greer, Germaine, 251

greves, 36, 86, 94, 134, 222-3, 227, 237, 270, 272-3

Grimké, Angelina, 151

Gripenberg, Alexandra, 107, 194

Groult, Benoîte, 135

Grupo de Bristol por Protetores Sanitários Gratuitos, 132

Grupo de Mulheres Negras de Lewisham, 248

Guatemala, 206

Guerra Fria, 21, 203, 207

Gyn/Ecology (Daly), 74-5

Halberstam, Jack, 271

Hamilton, Cicely, 241

Hanisch, Carol, 183

Haraway, Donna, 130, 252

Harem Years: The Memoirs of an Egyptian Feminist [Anos de harém: Memórias de uma feminista egípcia] (Sha'arawi), 173

Harper, Frances Watkins, 18-9, 233

Hart, Nett, 163-4

"He hit me (And it felt like a kiss)" (canção), 246, 260

Herland (Gilman), 33-5, 199

heteronormatividade, conceito de, 73

heterossexualidade, 73, 89, 160, 189

He-Yin Zhen, 69, 71, 73-4

Hidalgo Lim, Pilar, 150

hijab (véu islâmico) *ver* véu islâmico, uso do

hinduísmo, 44, 269

Hipátia de Alexandria, 15

Hiratsuka Raichō, 87-9, 266

história usável, 274

histórias entrelaçadas, noção de, 23-4

Hla Oung, Mya May, 91

Holanda, 177, 262

homens: aliados das feministas, 80, 270; antissexistas, 80-1, 166-7, 221; gays, 80-1; transgêneros, 271; *ver também* masculinidade

homofobia, 80, 120, 186

313

Honduras, 275
hooks, bell, 25, 79, 178
Hopkins, Lekkie, 163
Horn, Etta, 226
Hossain, Rokeya Sakhawat, 31, 41, 199, 211
Hugo, Victor, 145
Hungria: Feministák Egyesülete [Associação Feminista], 16
Huron (nativos americanos), 268

Ibsen, Henrik, 182, 266
"Ibu Kita Kartini" [Nossa mãe Kartini] (canção indonésia), 261
ICW ver Conselho Internacional de Mulheres
Igreja Batista da Fonte (Summit, Nova Jersey), 108-11
Igreja católica, 200, 228
Igreja Episcopal Metodista Africana, 244
Iluminismo, 54-5, 69
"I'm gonna be an engineer" (canção), 249
Império Britânico, 32, 49, 91, 97, 139
Império Otomano, 170
Índia, 31-2, 43-5, 49, 65-6, 105, 138, 166, 189, 244; relações do mesmo sexo na, 189
Índias Orientais Holandesas (atual Indonésia), 45
indígenas, 19, 21, 59, 61, 74, 130, 199, 203, 205-6; ver também nativos americanos, povos
Indonésia, 45, 174, 260-1
Industrial Home for Working Girls (EUA), 109
infibulação, 135
Inglaterra, 22, 46, 85-6, 95, 119, 121, 127, 194, 215, 239, 252; ver também Grã-Bretanha
Internacional, A (hino comunista), 262, 265
International Woman Suffrage News (periódico), 172
interseccionalidade, conceito de, 24-5, 27, 77, 79, 82
Irã, 175, 177
Iraque, 83
Irlanda, 139, 215, 227-8
Irlanda do Norte, 228

Irmãs Muçulmanas, 174
Islã, 32, 76, 83-4, 170, 174, 177; feminismo islâmico, 178, 262; Irmãs Muçulmanas, 174; lei da Xaria, 177, 261; Sociedade das Mulheres Muçulmanas, 174
islamofobia, 177-8, 232-3
Islândia, 225
Itália, 22, 121, 143
IWSA ver Aliança Internacional pelo Sufrágio Feminino

Jameson, Anna, 90
Japão, 14, 24, 53, 69, 72, 138, 151, 154, 184-6, 217, 228-9, 266, 268; feministas japonesas, 185; "feminizumu", 17; metáfora de "flores no sal", 185; mulheres japonesas, 72, 88, 153; posição das mulheres no, 72; turismo sexual de japoneses em suas colônias, 228-9; vestuário no, 151-3
Jayawardena, Kumari, 223
Jeffreys, Sheila, 251
jilbab, 175
Jin Tianhe, 46, 69
"Joan Little" (canção), 248
Johnson, Violet, 107-12
Jones, Claudia, 78, 160
Jordan, June, 51, 193
Jornal das Senhoras (periódico brasileiro), 21-2
Joshee, Anandibai, 43
Journal of a Feminist (Parsons), 145
Joyce, James, 139
Jus Suffragii [O direito de votar, publicação mensal da IWSA], 172
justiça climática, 275
Justiça Natural (jornal), 69
justiça social, 15, 19, 78, 94, 96, 101, 107, 111, 174, 224, 267, 271

Kali for Women (editora feminista indiana), 105, 138-9
Kamal, Meena Keshwar, 175-6, 268
Kartini (estudante indonésia), 45, 261-2

Katz, Sue, 157, 163
"*keening*" (lamento fúnebre), 255-6
Kemuyama, Sentarō, 70
Kenney, Annie, 161
"Kerb Crawler" (canção), 249
Key, Ellen, 197, 238, 266
Khomeini, aiatolá, 238
"Kill the sexist" (canção), 237
King, Deborah, 79
Knight, Anne, 22, 116-9, 121, 267, 269
Kollontai, Alexandra, 36-41, 48, 51-2, 63, 262
kooris (aborígenes), 113
Kristeva, Julia, 75
Kropotkin, Piotr, 70
Kuti, Fela, 100
Kuwait, 267

Lansbury, George, 14-5
Lanteri, Julieta, 200, 218-9, 234
Lawrence, D. H., 73
Le Guin, Ursula, 51
Lei Seca (EUA), 111
Lênin, Vladimir, 38-9
Lenroot, Katherine, 201
Lesbian Connection (jornal), 132
lesbianismo, 13, 19, 49, 52, 73, 88-9, 103, 120, 157, 163, 186-90, 195, 198, 204, 235, 247-8, 250-2, 255, 264
Líbano, 171, 173
Libera (movimento ítalo-australiano), 219
Liberation of Women, The (Amin), 209
Libéria, 94, 137, 244-5
"libertação da privada" (manifesto feminista japonês de 1970), 185
Liga das Mulheres pela Liberdade (Inglaterra), 215
Liga de Resistência aos Impostos (Grã-Bretanha), 122
Liga dos Homens pelo Sufrágio Feminino, 122
Liga para los Derechos de la Mujer y del Niño (Argentina), 200
Likens, Sylvia, 72

Lilith Öronfröyd (gravadora feminista sueca), 249
Little, Joan, 248
locais de trabalho, 92, 150, 227
López Morla, Margarita, 57
Lorde, Audre, 50, 52, 190-1, 194-5, 207
Los Angeles Women's Center, 128-9
Love, Courtney, 260
Loy, Mina, 260, 268
Lutz, Berta, 200, 217
Lytton, Constance, 161-2

Mães da Plaza de Mayo (Argentina), 201
male gaze ver olhar masculino
Manchester, cooperativa de mulheres negras de, 105
Mandarins, Os (Beauvoir), 181
manifestos: "A mulher identificada como mulher" (manifesto do Radicalesbians), 187; "Fourth World Manifesto" [Manifesto do Quarto Mundo, EUA, 1972], 77; "libertação da privada" (manifesto feminista japonês de 1970), 185; "manifesto feminista desmancha-prazeres" de Ahmed, 191; "Manifesto feminista" (Mina Loy, 1914), 260; "The Empire Strikes Back; A Posttranssexual Manifesto" [O Império contra-ataca; Um manifesto pós-transexual] (Stone), 252
Manso de Noronha, Juana Paula, 22
Manushi (revista feminista indiana), 138
Mão esquerda da escuridão, A (Le Guin), 51
Mao Tsé-tung, 263
Maoris (nativos neozelandeses), 153-4
"March of women, The" (hino sufragista), 237
Marcha das Mulheres (Washington, 2017), 144
Marcha das vadias (movimento global), 230
Marcos, Imelda, 202
Marged Shoes (coletivo de artesãs feministas do País de Gales), 127
"Maria Clara" (traje filipino), 148, 150
Marina, Rosa, 57
Marrocos, 138

Marsden, Dora, 17, 212
Martineau, Harriet, 90
Martínez, Elizabeth, 79
Marx, Karl, 61
marxismo, 36-8, 41, 70, 72, 83, 131, 136
masculinidade, 67, 81-2, 87, 165; cultura masculina, 81, 83; masculinidade tóxica, 83; olhar masculino, 11, 88, 146, 179, 220, 232; *ver também* homens
maternidade, 12, 31, 34, 41, 49, 67, 93-4, 96, 107, 147-8, 151, 184, 187, 195-201, 206, 224, 226, 245
matriarcado, 61, 199
matriz de dominação, conceito de, 79
Matters, Muriel, 215
Mazzini, Giuseppe, 121
McClellan, Elspeth, 212, 214
McDaniels, Edward, 108
Mehrhof, Barbara, 208
Menon, Ritu, 138
menstruação, 131, 133
México, 39, 189, 202-4, 207, 222
Michigan Womyn's Music Festival, 250
Mill, Harriet Taylor, 22, 46
Mill, John Stuart, 23, 46-7, 69, 266
Miller, Frieda, 94
Millett, Kate, 72-3, 76, 135, 238, 252
Mills, Roberta, 123
mini-komi (boletins feministas do Japão), 138
misoginia, 13, 73
Mitsu, Tanaka, 185-6, 207
Moçambique, 136; Organização das Mulheres Moçambicanas, 136
Mohanty, Chandra Talpade, 146
Moitié du ciel, La (Broyelle), 183
Montagu, Mary Wortley, 170
Morena, Naomi Littlebear, 255
Morgan, Lewis Henry, 60-1, 67
Morgan, Robin, 251
Motoko, Hani, 151, 153
Mott, Lucretia, 116
Movimento das Novas Mulheres (Alemanha), 221

Movimento de Liberação das Mulheres Irlandesas, 227
Movimento pela Liberação das Mulheres de Washington (DCWLM, na sigla em inglês), 225-7
movimento trabalhista nos EUA, 227
Movimiento Pro-Emancipación de la Mujer Chilena, 200
Ms. (revista feminista americana), 251
mudança climática, 274-5
Mudhakkirati [Minhas memórias] (Sha'arawi), 173
Mujer y la sociedad, La (Rosa Marina), 57
Mulher hindu de alta casta, A (Ramabai), 43
"Mulher identificada como mulher, A" (manifesto do Radicalesbians), 187
Mulher trabalhadora e mãe (Kollontai), 37, 40
mulheres: "cultura de mulheres", 255; direitos das mulheres, 10, 14, 16, 20-1, 32, 46, 56, 58-9, 69, 78, 85-6, 99, 115-7, 148, 150, 164-5, 170-1, 173, 200, 206, 238, 266-7, 275; festivais de música feita por, 250; ideia de "mulheres", 10; movimento de liberação das, 10, 49, 73, 75, 79-80, 88-9, 101-2, 113, 127, 131, 133, 138, 156-7, 159, 183, 185-6, 191, 205, 226, 229, 231, 249, 251-2, 260; muçulmanas, 32, 84, 170, 173, 177-8, 232; mulheres de conforto (escravas sexuais em colônias japonesas), 228; música feita por, 248-50; "nova mulher", 10, 16, 146, 153, 155, 268; refúgios para, 111-3; saúde feminina, 127; símbolo que representa a "mulher", 142-3; violência contra as, 112, 221, 230-1, 255, 270, 274; *ver também* feminismos
Mulheres Asiáticas contra a Discriminação (conferência em Tóquio), 185
Mulheres do Funcionalismo Federal (Estados Unidos), 225-6
Mulheres na Nigéria (WIN, na sigla em inglês, que significa "vitória"), 101
Mulheres pela vida na Terra, 253
Mulher-Maravilha (personagem), 128-30

música feita por mulheres, 248, 250
Mutterschutz ("proteção da maternidade"), 198
My Brilliant Career (Miles Franklin), 181

nacionalismo, 11, 21, 25, 53, 78, 121, 171-2, 203, 206, 210, 223
Nagata, Hiroko, 185-6
nannü (conceito chinês de patriarcado), 54, 68, 70, 84
não binário, gênero, 136, 144, 167, 231, 259, 271
Nasser, Gamal Abdel, 174
National Gallery (Londres), 215
nativos americanos, povos, 53, 61, 146, 148, 199, 255, 268; *ver também* indígenas, 53
Near, Holly, 258
negócios feministas, 102, 104; livrarias, 105, 163, 250; *ver também* editoras feministas
negras, mulheres, 13, 15, 18, 25, 52, 77-9, 105, 110-1, 134-5, 163-4, 199, 223, 225, 233, 247; Aliança para a Libertação das Mulheres Negras, 78; Coordenação das Mulheres Negras, 135; feminismo negro, 18, 24, 51, 78-9, 135, 190, 193, 211
Nepal, 105
New York Radical Women (grupo feminista), 159
Newman, Pauline, 94-6, 223
Nicarágua, 201, 275
Nigéria, 97, 100-1; Mulheres na Nigéria (WIN, na sigla em inglês, que significa "vitória"), 101
#NiUnaMenos (hashtag), 179
No More Miss America! (Morgan), 251
Noe, Itō, 185
Non-Sexist Code of Practice for Book Publishing [Código de práticas não sexistas para a publicação de livros, Grã-Bretanha], 75
Nossos corpos por nós mesmas (manual de saúde), 130
"nova mulher", 10, 16, 146, 153, 155, 268
Nova Zelândia, 21, 153, 159, 177, 250, 267;

Associação Neozelandesa para o Vestuário Racional, 153
Novo México (EUA), 223
NOW *ver* Organização Nacional das Mulheres
Nueva Mujer, La (revista argentina), 17
NUWSS *ver* União Nacional das Sociedades pelo Sufrágio Feminino

Obama, Barack, 15
objetos feministas, 123-4, 127
olhar masculino, 11, 88, 146, 179, 220, 232
Olivia Records, 247-8, 251-2
ondas do feminismo, 12, 265, 267
Ono, Yoko, 254
ONU (Organização das Nações Unidas), 23, 202, 205, 222
OOB (*off our backs*, coletivo e periódico feminista), 188-9
Opinion des Femmes (periódico francês), 117
Organização das Mulheres Moçambicanas, 136
Organização Nacional das Mulheres (NOW, na sigla em inglês, EUA), 93, 186, 203, 225-7
Organização Nacional pelo Direito ao Bem-Estar Social (NWRO, na sigla em inglês, EUA), 225-6
Oriente Médio, 16, 26, 65, 84, 170, 178
Origem da família, da propriedade privada e do Estado, A (Engels), 61
Orquestra Hallé (Manchester), 242
orquestras femininas, 242
Otan (Organização do Tratado do Atlântico Norte), 252
"Other Kinds of Dreams" (Parmar), 51
Otto, Louise, 56
Ozyegin, Gul, 155, 211

Pachamama (deusa-mãe andina), 199-200
pacifismo, 62, 267
País de Gales, 127, 215, 253
pan-africanismo, 94, 99-100
Pankhurst, Emmeline, 121, 123, 126, 213, 215

Pankhurst, Sylvia, 213
pansexualidade, 259
"papéis sexuais", 72, 81
Paquistão, 175, 177; Fórum de Ação das Mulheres Paquistanesas, 175
Park Chung Hee, 223
Parlamento britânico, 23, 66, 215, 256
Parmar, Pratibha, 50-1
Parole aux Négresses, La (Thiam), 134
Parsons, Elsie Clews, 145-6, 270
Partido Comunista Chinês, 217, 263
Partido do Sufrágio Feminino (Nova York), 137
Partido Nacionalista (China), 216-7, 263
passabilidade, 252, 259
paternalismo, 66, 92, 108, 202, 223
patriarcado, 54, 60-2, 64-5, 67, 69-74, 76-7, 79-84, 112, 134, 137, 156, 170, 179, 186, 189, 191, 209, 211, 225, 251; como conceito etnográfico, 67, 83; como conceito feminista, 27, 54, 60, 77, 80, 83-4; conceito marxista de, 72, 83; e o movimento dos homens antissexistas, 80-1, 166-7, 221; na linguagem, 49; psicologia do, 64
"patripsíquico", noção de, 81
Peregrinations of a Pariah (Tristan), 86
Peru, 86, 159-60, 168, 170, 179, 199, 203, 205; Alimuper (Ação para a Liberação da Mulher Peruana), 159-60; Conselho Nacional das Mulheres do, 269
Pethick-Lawrence, Emmeline, 122, 126
Pieters, Donna, 248
pílula anticoncepcional, 224, 227-8
Pine Gap (acampamento feminino pela paz na Austrália), 121
piquetes, 94, 227, 229, 250, 270, 272
Pizan, Christine de, 15
poligamia, 45, 62, 135-6
política feminina, 98, 215
Política sexual (Millet), 73
Politique des Femmes (periódico francês), 117
Polônia, 23
pornografia, 229-30
Portugal, 22, 58-9

"pós-feminismo", 14
Poullain de la Barre, François, 20
prazer sexual, 75, 224
"prece punk" na catedral de Cristo Salvador (Moscou), 260
Primeira Guerra Mundial, 33, 65, 110, 178, 198, 242, 262
Problemas de gênero (Judith Butler), 271
profissionais do sexo, 101, 127, 228-9, 231
Promenades in London (Tristan), 86
prostituição, 33, 61, 71, 92, 127, 151, 228, 230
Proudhon, Pierre-Joseph, 62
pussy hat (gorro cor de rosa de tricô ou crochê), 144
Pussy Riot (grupo punk feminista russo), 237, 260-1

quakers, 116, 164, 267, 269
queer, teoria e identidade, 29, 73, 89, 114, 167, 251-2, 259, 271
Quênia, 94
Quest (revista feminista americana), 88, 246, 263
Quiché (povo indígena), 206

racismo, 50, 73, 77, 79, 135, 190-1, 205, 226, 236, 272; segregação racial, 19, 79, 110, 243
Radicalesbians (coletivo), 187
Rainbow Trout (banda feminina), 249-50
raiva, 183-92, 194, 205-8, 270, 273
Ramabai Association of America, 43
Ramabai, Pandita, 42-5, 51, 261, 269
Ransome-Kuti, Funmilayo, 12, 99-100, 234, 268
Rathbone, Eleanor, 64-8, 81, 93
Raymond, Janice, 251
Reagon, Beatrice Johnson, 247-8
"Reclaim the Night" (canção), 255
"Reclaim the Night" (passeatas), 157, 160, 230
Rede Econômica Feminista (FEN, na sigla em inglês), 104
redes sociais, 232
Reece, Florence, 236-7
refúgios para mulheres, 111-3
Reich, Wilhelm, 135, 185

republicanismo, 27, 53, 57, 60
Revista de Santiago (periódico chileno), 23
Revolução Francesa (1789), 14, 85
Reza Pahvlavi, xá, 175
Rich, Adrienne, 49, 52, 73
Richardson, Mary, 215
riot grrrl (movimento feminista), 12, 138, 258-61
risco múltiplo, conceito de, 79
Risorgimento (movimento pela reunificação da Itália), 121
Roma Antiga, 255
Rose, Ernestine, 23, 106, 268
Rote Zora *ver* Zora Vermelha (grupo guerrilheiro feminista da Alemanha Ocidental)
Rousseau, Jean-Jacques, 55, 59, 69
Roussel, Nelly, 224, 239
Rowan, John, 81
Rukh, Lala, 175
Rússia, 36-7, 55, 260, 262, 275; "ravnopravki" [lutadores pelos direitos iguais], 17; União dos Direitos Iguais para as Mulheres, 17; *ver também* União Soviética

Sakhi (rede indiana de apoio a lésbicas), 189
San Francisco Women Against Violence in Pornography (boletim), 229
Sand, George, 145, 194
Sandoval, Chela, 13
Sarabia, Anna Leah, 141
Schrader-Klebert, Karin, 272
Schreiner, Olive, 61-2, 68
Schwimmer, Rosika, 16
Seeger, Peggy, 249
segregação racial, 19, 79, 110, 243
Segunda Guerra Mundial, 229, 246
Segundo sexo, O (Beauvoir), 135
Seitō (revista), 88, 182, 185, 266
Seitōsha (grupo feminista japonês), 88-9
Sejamos todos feministas (Adichie), 13
Senegal, 134
separatismo, 74, 187-8
Serra Leoa, 21, 100
sex shops, 222, 229-30

sexismo, 27, 75, 79, 88, 135, 166, 205, 219, 225, 272
Sha'arawi, Huda, 172-4
Sharir ki Jaankari [Sobre o corpo, publicação da Kali for Women], 138
Sicília, 258
símbolo que representa a "mulher", 142-3
Sims, James Marion, 127
Sindicato Internacional das Trabalhadoras da Indústria do Vestuário Feminino, 94
Siri (assistente digital da Apple), 275
Sister (jornal), 128-9
Sisterhood is Powerful (Morgan), 251
Sisterwrite (livraria de Londres), 127-8, 189
Slits, The (banda punk), 250
Smith, Amanda Berry, 244, 246
Smyth, Ethel, 237, 241, 243, 258
Snowden, Ethel, 11, 92-3
socialismo, 11-2, 23, 27, 30, 36, 41, 53, 56-64, 67-8, 70, 78, 84, 99-100, 131, 157, 197, 205, 239, 262, 264, 267
Sociedade das Mulheres Muçulmanas, 174
Sociedade para a Promoção de Emprego para Mulheres (SPEW, na sigla em inglês), 91-2
Solomon, Daisy, 212, 214
Song Jiaoren, 217
Sonho de sultana, O (Hossain), 33
sonhos feministas, 18, 28, 30-1, 41, 43, 46, 49, 53, 115, 119, 138, 274
sororidade, 49, 113, 160, 251
Spare Rib (revista britânica), 131
SPEW *ver* Sociedade para a Promoção de Emprego para Mulheres
Spivak, Gayatri, 232
Springer Kemp, Maida, 94-5, 110, 223
St. John, Katharine, 96
Stálin, Ióssif, 38
Stanton, Elizabeth Cady, 65, 106-7, 116, 165
Steinem, Gloria, 104, 251
Stevens, Doris, 48
Stewart, Maria, 233
Stöcker, Helene, 198-9, 201
Stone, Sandy, 251-2

Stowe, Harriet Beecher, 33
Streelekha (livraria feminista em Bangalore), 105-6
Strong, Clara, 123
Stroppy Cow (gravadora feminista londrina), 249
Sudsofloppen (grupo feminista), 182-3, 191
Suécia, 13, 196-7, 249, 262
sufrágio feminino, campanha pelo, 23, 33, 47-8, 110, 164, 225, 267; Aliança Internacional pelo Sufrágio Feminino (IWSA, na sigla em inglês), 122, 172, 269; cores da, 117-9, 122-3; músicas sufragistas, 237; na Argentina, 218; na China, 69, 217; na França, 117; na Grã-Bretanha, 15, 17, 22, 46, 93, 117, 121-2, 213; nas Filipinas, 147-8; no Brasil, 22, 60, 200; nos Estados Unidos, 22, 33, 93, 123-6, 137-8, 148, 150; objetos da, 119, 123-4; Partido do Sufrágio Feminino (Nova York), 137-8; vestuário da, 121-2
Suharto, 175, 261-2
Sujeição das mulheres, A (John Stuart Mill), 23, 46
Sun Yat-Sen, 216
Sweet Honey in the Rock (banda), 247-8

Tang Qunying, 217, 268
Tanzânia, 94
Taranaki Women's Music Festival (Nova Zelândia), 250
Telling Lives (Sarabia), 141
temperança (abstinência de álcool), 23-4, 43, 124, 194, 239, 245
"terceiro-mundismo", 223; Aliança das Mulheres do Terceiro Mundo, 24, 78-9
terrorismo, 83, 221
Tesis, Las (coletivo feminista chileno), 237
Thiam, Awa, 134-5
Thorn (zine), 260
Thornton, Merle, 218, 220
Time (revista), 73
Time and Tide (jornal feminista britânico), 93
Toronto, polícia de, 230

Toshiko, Kishida, 207
trabalhista, movimento, 94, 96-7
trabalho feminino, 17, 61, 77, 90
transexuais, 251-2; passabilidade, 252
transgênero, pessoas, 251, 271
transnacionalismo, 23
Transsexual Empire, The (Janice Raymond), 251
Três Guinéus (Woolf), 165
Tribuna (conferência na Cidade do México, 1975), 202-3
Tristan, Flora, 86, 168, 170
Troll-Borostyáni, Irma von, 107
Trump, Donald, 13, 83, 144
Truth, Sojourner, 78, 164, 233
Trygg-Helenius, Alli, 194
turismo sexual, 222, 228-9, 232
Turquia, 170; "complexo da Turquia" (mentalidade masculina em relação às mulheres), 64-7, 81; Império Otomano, 170

Ucrânia, 231-2
Uganda, 275
"Under Western Eyes" (Mohanty), 146
União das Mulheres Australianas, 113
União das Mulheres Cristãs pela Temperança (WCTU, na sigla em inglês), 23, 151, 153, 244, 269
União das Mulheres de Abeokuta, 100
União de Crédito Federal Feminista (FFCU, na sigla em inglês), 103-4
União dos Direitos Iguais para as Mulheres (Rússia), 17
União Feminista Egípcia, 172, 174
União Nacional das Sociedades pela Igualdade de Cidadania (NUSEC, na sigla em inglês), 93
União Nacional das Sociedades pelo Sufrágio Feminino (NUWSS, na sigla em inglês), 121
União pela Liberação das Mulheres de Chicago, 226
União Social e Política Feminina (WSPU, na sigla em inglês), 121-3, 126, 161, 212-3, 215-6, 241

União Soviética, 38-41, 49, 63, 231; Zhenotdel [Departamento da Mulher], 38; ver também Rússia

Uruguai, 17

vagina, 128, 135, 185

Veiling and Unveiling (Zain al-Din), 173

Vênus ao Espelho (quadro de nu feminino), 215

Vergara, Marta, 200

vestuário, 106, 144-7, 151, 155, 157-9, 161, 164, 173; da classe trabalhadora, 161; das sufragistas, 121-2; islâmico, 177; masculino, 145, 165, 167; no Peru, 170; racional, 153-4, 165; reforma do, 10, 146-8, 150, 153-4, 156, 179; tensões de classe no, 161

véu islâmico (*hijab*), uso do, 31-2, 146-7, 170-1, 178; na Indonésia, 174; no Afeganistão, 175; no Egito, 172-4; no Irã, 175, 177; no Líbano, 173; no Paquistão, 175; proibições no Ocidente, 177; *ver também* feminismo islâmico; Islã

Village Voice (jornal), 102

violência: contra as mulheres, 112, 221, 230-1, 255, 270, 274; "contraviolência", 221; doméstica, 47, 111, 175, 179, 236; sexual, 83, 111, 113

Virago (editora feminista), 105, 139, 181

Virgem Maria, 200

Virgin Oi! (banda indonésia), 261

Voice from the South, A (Cooper), 239

Voina (coletivo feminista russo), 260

Voix des Femmes (periódico francês), 117, 268

Votes for Women (jornal), 122-3, 241

voto feminino *ver* sufrágio feminino

"Wald, Der" (ópera de Smyth), 241-2

Walker, Alice, 18, 193

WCTU *ver* União das Mulheres Cristãs pela Temperança

"We are a gentle angry people" (canção), 258

Wells, Ida B., 233

West, Rebecca, 14

Western Echo (jornal da Costa do Ouro), 9

Wheatley, Phyllis, 20

Wheeler, Anna, 56

"Which side are you on?" (canção), 236, 265

White, Stephen, 252

WIDF *ver* Federação Democrática Internacional de Mulheres

Wilson, Tikka Jan, 113

Wilson, Woodrow, 110

Wise, Valerie, 158

Withers, D-M, 252

Wollstonecraft, Mary, 12, 20, 29, 58, 85-6, 273

Woman and Labour (Schreiner), 61-2

Woman Not Inferior to Man (texto setecentista), 58

Woman's Bible, The (org. Stanton), 107

Woman's Century: A Journal of Education and Progress for Canadian Women (revista), 210-1

womanism, 18

Women and Economics (Gilman), 62

Women in Publishing Industry Group [Grupo de Mulheres na Indústria Editorial, Grã-Bretanha], 75

Women to Women (rede indiana de apoio a lésbicas), 189

Woolf, Virginia, 87, 165

Wrangler (jeans), 220

WSPU *ver* União Social e Política Feminina

Wyles, Sandie, 160

Xaria (lei islâmica), 177, 261

xintoísmo, 266

XY (revista australiana), 80

Yeats, Elizabeth, 139-41

Yeats, Susan, 139-41

Yeats, W. B., 139

Yi Yŏngsuk, 223

"You Can't Kill the Spirit" (canção), 255

YWCA *ver* Associação Cristã de Moças)

Zain al-Din, Nazira, 173-4

Zami: A New Spelling of My Name (Audre Lorde), 195

Zetkin, Clara, 63, 262

Zhenotdel [Departamento da Mulher, União Soviética], 38

Zia, general, 175

Zimbábue, 135, 138

zines, 138, 259-60, 273; *mini-komi* (boletins feministas do Japão), 138; *Thorn* (*zine riot grrrl*), 260

Ziyadah, Mayy, 171

Zora Vermelha (grupo guerrilheiro feminista da Alemanha Ocidental), 222

ESTA OBRA FOI COMPOSTA PELA SPRESS EM MINION E IMPRESSA EM OFSETE
PELA LIS GRÁFICA SOBRE PAPEL PÓLEN SOFT DA SUZANO S.A.
PARA A EDITORA SCHWARCZ EM FEVEREIRO DE 2022

A marca FSC® é a garantia de que a madeira utilizada na fabricação do papel deste livro provém de florestas que foram gerenciadas de maneira ambientalmente correta, socialmente justa e economicamente viável, além de outras fontes de origem controlada.